北京市课程思政示范课程成果

教育部产学研协同育人项目（项目编号：BZX1902-46）成果

21世纪经济管理新形态教材·金融学系列

数字金融

王锦慧　魏　婷　方　英　虞海侠◎编

U0366852

清华大学出版社

北京

内 容 简 介

本书共分十一章,内容包括:数字金融概述,互联网金融,第三方支付,网络借贷,智能投顾的理论与实践,大数据的发展与征信体系,普惠金融,互联网保险,区块链及其应用,全球数字货币,数字金融风险与监管。每章配有扩展阅读及分析,帮助读者更全面深入理解。本书以了解数字金融发展现状、掌握领域未来发展趋势为核心,内容丰富、通俗易懂,案例贴近实际,便于学习与借鉴。

本书可作为高等院校经济管理类专业的教学用书,也可作为经济管理相关岗位培训和自学用书。

图书在版编目(CIP)数据

数字金融 / 王锦慧等编. —北京:清华大学出版社,2024.1(2025.6 重印)
21世纪经济管理新形态教材.金融学系列
ISBN 978-7-302-64690-7

Ⅰ.①数⋯ Ⅱ.①王⋯ Ⅲ.①数字技术—应用—金融业—高等学校—教材 Ⅳ.①F83-39

中国国家版本馆CIP数据核字(2023)第182840号

责任编辑:徐永杰
封面设计:汉风唐韵
责任校对:王荣静
责任印制:曹婉颖

出版发行:清华大学出版社
　　　网　　址:https://www.tup.com.cn, https://www.wqxuetang.com
　　　地　　址:北京清华大学学研大厦 A 座　　邮　编:100084
　　　社 总 机:010-83470000　　　　　　邮　购:010-62786544
　　　投稿与读者服务:010-62776969, c-service@tup.tsinghua.edu.cn
　　　质量反馈:010-62772015, zhiliang@tup.tsinghua.edu.cn
印 装 者:艺通印刷(天津)有限公司
经　　销:全国新华书店
开　　本:170mm×240mm　　印　张:21.75　　字　数:376 千字
版　　次:2024 年 1 月第 1 版　　印　次:2025 年 6 月第 2 次印刷
定　　价:66.00 元

产品编号:099241-01

前　言

数字金融是金融与科技结合的高级发展阶段，是金融创新和金融科技的发展方向。2019 年 10 月，习近平总书记在中共中央政治局就区块链技术发展现状和趋势进行第十八次集体学习时指出，"区块链技术应用已延伸到数字金融、物联网、智能制造、供应链管理、数字资产交易等多个领域"，要求"推动区块链和实体经济深度融合，解决中小企业贷款融资难、银行风控难、部门监管难等问题"。伴随着大数据、云计算、人工智能、区块链等技术在金融行业被广泛应用，我国金融机构数字化转型不断加快。数字金融利用数字技术重塑了金融商业模式，进一步推动数字金融快速发展。

本书内容设置由浅入深，理论与实际案例相结合。通过学习本书，学生可以系统地了解数字金融体系的现状，掌握未来发展的趋势。

本书是集体研究的结果，由王锦慧副教授担任主编，负责大纲设计、分工安排、组织编写、总纂、修订与定稿。参与本书编写的工作人员有王锦慧、魏婷、方英和虞海侠。第 1 章、第 5 章、第 6 章、第 8 章、第 11 章由王锦慧编写，第 4 章、第 7 章由魏婷编写，第 9 章、第 10 章由方英编写，第 2 章、第 3 章由虞海侠编写。

本书在编写过程中参考了许多专家、学者的教材与论文，每章后罗列了参考文献，限于篇幅，恕不一一列出，特此说明并致谢。我校一些同学参与了资料收集与校对工作，在此一并致谢。同时，对清华大学出版社编辑们的辛勤工作深表感谢！

最后，竭诚希望广大读者对本书提出宝贵意见，以促使我们不断改进。由于时间和编者水平有限，书中的疏漏之处在所难免，敬请广大读者批评指正。

编者

2022 年 11 月

目 录

第1章
数字金融概述

学习目标

1. 了解数字金融的发展历程以及在我国的发展现状。
2. 熟悉数字金融的特征及其迅速发展的原因。
3. 掌握数字金融的定义和社会经济价值。

思政目标

1. 认识数字金融在我国经济发展和社会进步中发挥的重要作用。
2. 增强自身对中国特色社会主义市场经济的道路自信、理论自信、制度自信、文化自信。
3. 树立崇高理想，形成正确的价值导向和坚韧不拔的意志品质，助力我国金融健康发展。

引言

2021年10月，习近平总书记在主持中共中央政治局第三十四次集体学习中谈道："近年来，互联网、大数据、云计算、人工智能、区块链等技术加速创新，日益融入经济社会发展各领域全过程，数字经济发展速度之快、辐射范围之广、影响程度之深前所未有，正在成为重组全球要素资源、重塑全球经济结构、改变全球竞争格局的关键力量。"数字金融作为数字经济建设的重要环节，也备受金融行业、监管机构和科技领域的关注。

十四届全国人大一次会议表决通过了关于国务院机构改革方案的决定。方案中提出在国家发展和改革委员会下面新组建国家数据局，构筑自立自强的数字技术创新体系，将"数字中国"建设摆上突出位置，尤其是疫情发生以来，线上金融服务迫切性需求增加，进一步推动数字金融的发展"提档加速"。数字金融利用数字技术重塑了金融商业模式，形成了大数据风控、智能投顾（robot-advisers）、移动支付等多种新兴金融服务模式，充分印证了其特有的社会经济价值。

学习金融业的科技进化历程，掌握数字金融的相关概念及作用，有助于促进数字金融健康发展。

1.1 数字金融的内涵与特征

1.1.1 金融的功能

1. 资金融通

金融的主要功能是资金融通，包括以银行为中心的间接融资和以市场为中心的直接融资，实现期限、风险和规模的转换。

在间接融资中，资金需求者和资金初始供应者之间不发生直接借贷关系。而是由金融中介发挥桥梁作用，通过金融中介发生融资关系。在多数情况下，金融中介并非某一个资金供应者与某一个资金需求者之间一对一的对应性中介，而是一方面面对资金供应者群体、另一方面面对资金需求者群体的综合性中介。由此可以看出，在间接融资中，金融机构具有融资中心的地位和作用。在直接融资中，资金需求者直接从资金供应者手中获得资金，并在资金供应者和资金需求者之间建立直接的融资关系。直接融资是在无数个企业之间、政府与企业和个人之间、个人与个人之间，或者企业与个人之间进行的，因此直接融资活动分散于各种场合，具有一定的分散性。

2. 解决信息不对称（信任）问题

金融存在致命风险，即信息不对称，也就是交易的一方对另一方不够了解。在以银行为中心的间接融资当中，出资人和最终的用资人互相不了解，信息排查工作都转嫁给银行，也因此牺牲了一部分回报或支付更高的成本；而在以市场为中心的直接融资中，就需要投资者了解投资项目的好坏，自行承担风险。

交易双方相互了解有限便会带来问题，也就是交易之前的逆向选择和交易之后的道德风险。逆向选择指的是有钱需要投资，但找不到最好的交易对手，主动提供良好回报承诺的交易对手未必是最好的对手。道德风险是指钱贷出之后，不知道对方能否信守承诺。这些都是信息不对称所导致的金融风险问题。如果问题严重，甚至会引发金融危机。因此，金融机构内的各种安排，比如监管当中要求的信息披露以及治理结构，都是为了降低信息不对称程度并控制风险。

3. 降低交易成本

在金融市场中，借贷双方通过相互匹配，直接达成借贷交易，但是由于信息不对称，会产生道德风险和逆向选择的问题。

金融机构的出现，一定程度上缓解了匹配成本、信息不对称带来的道德风险和逆向选择问题。通过金融机构，借贷双方不直接达成交易，存款人直接将款项存入银行，借款方从银行而非直接从存款人获得资金。银行作为金融机构，可以对借款人进行专业监督和审查，审查借款人的数量非常多，使得银行专业化、程序化，这就产生了规模经济。规模经济的出现就会使交易成本降低。

4. 调节

调节功能是指金融市场对宏观经济的调节作用。金融市场一边连接储蓄者，另一边连接投资者，金融市场的运行机制通过对储蓄者和投资者的影响发挥调节宏观经济的作用。

（1）直接调节。金融市场的直接调节作用实际上是金融市场通过其特有的引导资本形成及合理配置的机制，首先对微观经济部门产生影响，进而影响到宏观经济活动的一种有效的自发调节机制。

（2）间接调节。金融市场的存在及发展，为政府实施对宏观经济活动的间接调节调控创造了条件。金融市场既是提供货币政策操作的场所，也提供实施货币政策的决策信息。此外，财政政策的实施，也越来越离不开金融市场，政府通过国债的发行及运用等方式对各经济主体的行为加以引导和调节，进而影响宏观经济活动。

5. 反映经济

金融市场历来被称为国民经济的"晴雨表"和"气象台"，是公认的国民经济信号系统。这实际上就是金融市场反映功能的写照。金融市场的反映功能表现在如下几方面。

（1）金融市场首先是反映微观经济运行状况的指示器。由于证券买卖大部分都在证券交易所进行，人们可以随时通过这个市场了解到各种上市证券的交易行情，并据以判断投资机会。

（2）金融市场交易直接和间接地反映国家货币供应量的变动。

（3）金融市场有大量专门人员长期从事行情研究和分析，并且他们每日与各类工商业直接接触，了解企业的发展动态。

（4）金融市场有着广泛而及时地收集和传播信息的通信网络，整个世界的金融市场已连成一体，四通八达，从而使人们可以及时了解世界经济发展变化的情况。

（5）金融市场金融产品的价格是所有参与市场交易的经济主体对这些产品未来收益预期的体现，因此金融市场具有价格发现的作用。

1.1.2　数字金融概述

1. 数字金融的定义

伴随着中国互联网金融的快速发展，学术界针对数字金融的认识越来越明晰、越来越精准。针对数字金融，赵昌文（2009）定义科技金融为在金融制度、业务、服务和工具四个方面使用高新技术进行创新和完善。谢平等（2012）首次从支付角度、信息处理和配置资源三个角度去阐述数字金融的定义。吴晓求（2014）从金融和互联网的功能性角度出发，阐

小视频

数字金融的含义

述互联网金融功能上的互补性，从而印证在中国互联网和金融业融合发展的必然性。黄益平等（2018）在其《中国的数字金融发展：现在与未来》一文中概括数字金融是指广义上的互联网科技企业和传统金融中介借助数字技术提供融资、投资和其他金融服务的模式。基于以往学者对数字金融和数字经济理论的研究，可以认为数字金融是指以现代数字信息为载体，依托移动互联、云计算和大数据等数字技术，并与传统金融相结合，旨在实现金融中介和市场生产力的提升以及商业模式创新目的的新一代金融业态。

数字金融泛指传统金融机构与互联网公司利用数字技术实现融资、支付、投资和其他新型金融业务模式。数字金融既包括新型科技企业为金融交易提供科技解决方案，也包括传统金融机构借助技术手段改善金融服务。数字金融具体业务分为五大类：①移动支付业务。②投资理财业务。③保险业务。④征信业务。⑤融资业务。

扩展阅读 1-1

总的来说，数字金融的本质是信息化、网络化、智能化，它既是新的金融业态、新的金融发展阶段，也是金融业持续发展的延续。

2. 数字金融业务

1）数字支付业务

在无线通信终端和移动互联网普及的渗透下，人们更多地通过手机 App 获得金融服务，基于移动技术的第三方支付也成为数字金融最常用的服务之一。截至 2021 年底，我国网络支付用户规模达 9.04 亿，较 2020 年底增加 4 929 万，占网民整体的 87.6%，同比增长 5.77%。[①]移动支付深度融合普惠金融（inclusive finance），数字红利普惠大众，体现出良好前景：①移动支付方式便捷，不受时间、地域限制，节省时间和传统的收银找零过程。②支付利用生物特征完善交易，提高账户安全保障，避免假钞收用。③利用移动支付，可以在充分记录消费数据后进行二次推广、促销，驱动销售的倍增效应。

2）投资理财业务

数字金融发展迅速，在产品带动和业务深度渗透下，大众理财意识和金融需求也大大提高。2020 年 7 月支付宝数据显示，"理财热"下，金融类相关搜索次数增两倍，搜索理财增长近 50%，体现用户的理财热情。互联网理财是一种"互联网＋金融"新模式，一方面通过 App 随时在线理财，占据灵活、方便、安全的理财优势；另一方面一些理财产品起步门槛低且期限选择多，更广泛覆盖各阶层投资者。在线投资产品种类丰富、手续简洁，依托数字技术、大数据等分析手段和互联网的信息收集优势，满足客户不同需求的投资服务，推动线上理财模式，提高理财服务普惠性和业务转型升级。

3）保险业务

数字技术也快速应用到保险领域。传统的保险机构及新型数字化保险机构的设立，不仅提高了保险服务的可触达性，使得更多潜在客户成为现实客户，而且其设计的新型互联网保险产品更加适合进行"小额"销售，满足了低收入群体的保险保障等金融需求。

4）征信业务

大数据、云计算、机器学习、人工智能等技术的运用，使得互联网用户的海量数据分析成为可能。在对数据分析的基础上，可以得出该用户的"全息画像"，进而使得全面的信用评分成为可能。征信业务对于降低信息不对称程度等具有重大意义，同时也是支付、融资等其他数字化业务的重要基础之一。

---

① 数据来源：中国支付清算协会：2022 中国支付产业年报 [EB/OL].(2022–06–16). http://www.199it.com/archives/1450269.html.

5）融资业务

数字信息技术的发展提升了信贷业务的便利性，催生大量网络对等借贷交易平台（如拍拍贷）和网络小额贷款公司。数字技术一方面增强了信贷业务的触达能力，另一方面有效提升了其风险甄别能力，因此无论是传统金融机构还是新兴互联网金融机构，都不断地在产品和服务上创新，为各类企业和个人提供相匹配的信贷服务。此外，网络股权众筹也为中小微创新企业的发展提供了新的融资平台，同时也拓宽了投资者的投资渠道。

数字金融的主要业务见表 1-1。

表 1-1　数字金融的主要业务

主要业务	概况	应用
数字支付业务	截至 2021 年底，我国从事支付清算结算服务的各类持牌机构达 4 300 余家。其中，银行机构 4 000 多家，支付机构法人 224 家。我国银行机构共处理网上支付业务 1 022.78 亿笔，金额 2 353.96 万亿元，同比分别增长 16.32% 和 8.25%；支付机构共处理互联网支付业务 1 439.57 亿笔，金额 57.37 万亿元，较上年分别增长 50.06% 和 5.19%，笔均业务金额 398.55 元[①]	目前移动支付主要由现场扫码支付和线上远程支付组成。前者指通过手机扫码直接进行消费，后者指通过发布支付指令或者借助支付工具（如支付宝）进行支付
投资理财业务	2021 年，中国互联网理财用户规模达到 6.3 亿人，比 2020 年增长超 1.6 倍[②]	理财通、电信增益宝、无忧宝等余额增值、活期资金管理理财产品；"智能投顾"新型投资服务；余利宝、易理财、现金通、零钱通等货币基金
保险业务	2021 年，互联网财产保险累计实现保费收入 862 亿元，同比增长 8%，较财产保险行业整体保费增速高出 7 个百分点。互联网财产保险业务渗透率（指互联网财产保险业务保费与财险公司全渠道业务保费的比值）由 2020 年的 5.9% 上升至 6.3%[③]	蚂蚁保、体育保险、互联网车险、大病筹款、互联网寿险、员工保险、"大病无忧宝"福利版、"微保"等保险产品以及在线风险管理与查勘理赔
征信业务	2021 年第一季度，个人和企业信用报告网银查询总量分别为 622.9 万笔和 22.1 万笔，占同期信息主体查询总量的 23.5% 和 26.1%。互联网征信查询和在线信用，便民利民，民众享受高效优质的信用权益[④]	针对不同的应用，信用评分分为风险评分、收入评分、响应度评分、客户流失（忠诚度）评分、催收评分、信用卡发卡审核评分、房屋按揭贷款发放审核评分、信用额度核定评分等
融资业务	2021 年 10 月，社会融资规模增量为 1.59 万亿元，比上年同期多 1 970 亿元，比 2019 年同期多 7 219 亿元。2021 年互联网贷款更需持续关注持牌化、严控风险、强化内控、完善数字助贷、联合贷款的风险管理与新监管要求[⑤]	工商"融 e 借"，平安"新一贷"，"微粒贷""微业贷""网商贷"等现金贷产品；花呗、拿去花等消费信贷产品

① 数据来源：中国支付清算协会.中国支付产业年报 2022 [R]. 2022.
② 数据来源：艾媒金融科技产业研究中心.艾媒咨询丨2021—2022 年中国互联网证券市场研究报告 [EB/OL].（2022-02-16）.https://www.iimedia.cn/c400/83524.html.
③ 数据来源：中国保险行业协会.2021 年互联网财产保险发展分析报告 [R]. 2022.
④ 数据来源：央行征信管理局.建设覆盖全社会的征信体系 [Z]. 2022.
⑤ 数据来源：2021 年 10 月社会融资规模增量统计数据报告 [EB/OL].（2021-11-11）.https://www.gov.cn/xinwen/2021-11/11/content_5650276.htm.

3. 数字金融与传统金融的异同

通过数字金融和传统金融的比较，分析数字金融与互联网金融和科技金融的联系，可以进一步明确数字金融的发展及其本质特征。

1）数字金融与传统金融的相同之处

（1）金融构成要素一致。金融诞生于货币运动的信用过程，随着市场经济的出现和发展，金融体系从信用到银行，再扩充到证券、外汇和衍生品等要素。但无论是数字金融还是传统金融，其构成要素都包括金融制度、货币、金融中介、金融市场和金融工具。可见数字金融的出现并没有改变金融构成的要素，而是仅仅改变了金融行为的效率和方式。

（2）金融核心功能一致。金融交易的本质是实现跨期金融资源的价值互换和信用互换，对于运行中的经济具有举足轻重和提纲挈领的地位与作用。金融在经济中的核心功能主要包括资金融通（资源配置）、宏观经济的调节和提升经济体的效率三个方面。自金融行为产生以来，不管是传统金融还是如今的数字金融，都离不开上述三个核心功能。

（3）市场化发展趋势一致。市场化发展对于成熟的金融市场来说是不可缺少的元素。由于市场上的参与者都是逐利的，所以市场化的力量能够自动发挥优胜劣汰的作用，从而夯实金融体系和金融基础结构的合理性基础。不管是数字金融还是传统金融，二者的最终目的都是加深金融体系和金融市场的市场化程度及其完善程度。

2）数字金融与传统金融的不同之处

（1）产生的科技基础不同。传统金融孕育于蒸汽时代和电气时代，运用电力等技术驱动金融行业的发展。电气和通信的发明与使用，使得金融行业进入发展的快车道。但是在此时代背景下，金融受制于时间和空间，从而制约金融全球化的进一步发展。相比而言，数字金融孕育于传统金融之中，脱胎于信息时代的背景下，数字金融大量应用大数据、云计算、人工智能和区块链等新兴技术，重塑传统金融信息收集、风险定价、金融中介和资源分配等过程。

（2）参与者不同。在传统金融的背景下，金融领域的投融资行为的参与者以商业银行为主，商业银行在投融资过程中扮演着必不可少的金融中介的角色。而在数字金融时代背景下，金融脱媒的趋势越来越显著。资金的供需双方可以借助数字金融背景下的创新工具直接实现资金的流动。例如，P2P（个人对个人）金融工具的出现，使资金供需双方越过商业银行等金融中介实现资金的流动。传统金融主要是使用 IT（信息技术）的软硬件实现金融业务和过程的电子化，提供 IT 的企业并不深入参与金融业务运营等方面。而数字金融的发展中有大量数字技术企业深入参与数字金融业务运营，成为数字金融服务的重要提供商，也成为新兴的金融机构。非金融企业通过数字金融工具避开金融行业进入门槛，快速进入金融行业，争取金融市场并规避各种风险。

（3）金融服务范围的不同。与传统金融相比，数字金融服务对象的范围更加广泛。受历史等诸多因素的影响，国有商业银行作为我国传统金融市场主要的金融服务供给方，其贷款资金更倾向于支持大型企业，对个人和中小企业的信贷与融资支持明显覆盖不足。数字金融服务通过信息网络的载体，在既定的资源条件下，最大化地覆盖用户和地区，服务对象的范围更加广泛。

（4）驱动因素不同。传统金融服务的效率较低，是过程驱动的，注重与客户面对面的直接沟通，在此过程中收集信息、管控风险、交付服务，是线下向线上发展的方式。而数字金融更加智能化、互联网化，与大数据的深度融合，能够获得更多、更精准的用户数据，并且对其进行分析计算，让金融行为更精准和专业，是线上向线下拓展的方式。

（5）金融模式的差异。传统金融的金融模式主要有两种，分别是以银行为主的间接模式和以资本市场为主的直接模式。传统金融运行模式大都需要"金融中介"介入资金配置过程中，从而使资金从供给方流向需求方，实现资金的合理配置。而数字金融在传统金融的两种类型模式基础上又开辟了第三种金融模式，即利用互联网点对点的信息技术优势，将市场上存量的资金供需双方自行直接匹配，再通过第三方支付的方式完成资金转移和合理配置的过程。在这一过程中，传统的金融部门可能仅仅发挥数字金融模式过程的结算和清算功能。

1.1.3 数字金融的特征

1. 经济特征

数字金融的经济特征体现在普惠性、市场化、长尾性和规模性四个方面。在普惠性方面，数字经济通过互联网技术为那些传统金融未能覆盖到的地区和用户提供金融服务。在市场化方面，数字金融通过大数据、区块链和人工智能等技术降低了市场上信息不对称的程度，提升了信息的流动效率和速度。从长尾性的角度看，传统的金融机构由于种种限制性因素将大部分的资源投向那些大额、信用资历良好的金融服务需求者，而往往忽视了小额、信用较差的金融服务需求者。但是在数字金融的背景下，金融机构可以借助数字技术看见所有的金融服务需求者。从规模性的角度看，数字金融通过信息网络的载体，在既定的资源条件下，最大化地覆盖用户和地区，从而产生边际成本递减和规模经济的效应。

2. 数字特征

数字特征是以数据为核心生产要素、以信息技术为加工手段，使金融核心服务具有智能化特征。数字金融首先借助数字技术将金融要素转化成数字要素，再通过大数据、人工智能等技术形成金融生产力，最后，智能终端和设备通过人工智能等互联网技术将金融行为进行智能化。

3. 兼容特征

作为数字经济的重要组成部分，数字金融是实体经济的有效支撑，具有与整体经济构成成分兼容的特点。数字金融能够联合多方机构，包括生产端的多方企业、消费端、监督机构等多主体进行产业链的金融服务提供。例如，数字金融与供应链之间的融合形成了如今迅速发展的数字供应链金融。

4. 监管特征

金融数字化的过程中难免会出现数字化安全和监管方面的问题。传统金融下的金融监管体系在迭代创新极为迅速的数字金融上无法发挥最有效的作用，尤其是针对资本市场上的数字金融行为，传统监管可能出现失灵状况。因此，科技监管成为数字金融时代背景下的显著特征。

1.2　数字金融的产生与发展

1.2.1　数字金融发展历程

数字金融的演变经历了从科技金融和互联网金融等一系列的概念到如今数字金融的渐变过程。

1. 数字金融起步阶段

数字金融起步阶段在 20 世纪 90 年代至 2013 年，其可以追溯到 1995 年的美国经营互联网银行业务的第一安全网络银行（SFNB）和 1998 年的美国电子支付 PayPal（贝宝）公司。国外学者 Mary Cronin（1997）将互联网金融定义为借助互联网技术解决企业金融业务。

我国数字金融最早期的表现是 2003 年之前银行、证券电子化、信息化的过程。这一阶段，数字金融主要内容是金融企业利用 IT 实现业务自动化和电子化，其商业模式的创新和技术的发展主要是在金融行业内，还没有扩散到传统金融行业核心业务。在这一时期，各个学者针对数字金融方面的概念和定义有很大的差异，而这种差异很大程度是由于数字金融正处于发展初期。总之，数字金融起步阶段的发展特征是以互联网公司或科技公司为发展主力。

　　2. 数字金融发展阶段

　　相较于数字金融起步阶段，这一阶段下数字金融更多地使用数字化技术创新金融服务业态。随着移动互联网及智能手机技术的革新和移动社交式平台爆炸式的增长，美国人也开始意识到基于移动社交平台的移动支付系统存在巨大的发展空间，移动支付应运而生。作为互联网支付在媒介上的补充，发达国家完善的网络基础设施为移动支付提供了良好的发展温床，而移动支付本身又能明显改善用户体验、减少刷卡费等成本。因此，发展阶段关键的战场是移动支付领域，除 PayPal 以外，海外比较大的"玩家"还有 Google Wallet、Square、Stripe 等。

　　对于中国来说，从 2013 年开始，无论是互联网科技公司还是传统金融公司，都普遍使用大数据和人工智能等数字化技术进行金融业的创新。"余额宝"的成功不仅震撼了金融业，还有力地动摇了中国传统金融的地位。2013 年是数字金融发展的分水岭，如果说 2013 年之前互联网金融仅仅是互联网企业科技应用的方式，那么 2013 年后传统金融和科技公司便开始在金融数字化的过程中同台竞技，越来越多的机构也认为数字金融将会成为金融发展的主流范式。

　　在这一阶段发展过程中，金融业更加深入地依托大数据、区块链、人工智能等科学技术，将数字金融广泛地应用于供应链、保险、支付领域乃至货币等领域，更加高层次、合理科学地配置金融资源。例如，在支付方面数字金融的广泛利用，第三方支付的快速发展改变了使用者的支付习惯，从而动摇了金融中介商业银行在支付清算市场的地位。《中国支付清算行业运行报告（2014）》显示，截至 2013 年末，我国第三方支付市场规模已达 16 万亿元，同比增长 60%，其中互联网支付业务 150.01 亿笔，金额 8.96 万亿元，分别同比增长 43.47% 和 30.04%。《2014 年中国网贷行业年报》显示，2014 年网贷行业成交量以月均 10.99% 的速度增加，全年累计成交量高达 2 528 亿元，是 2013 年的 2.39 倍。截至 2014 年 7 月底，中国人民银行为 269 家第三方支付企业颁发了支付业务许可证。同样在贷款方面，P2P、众筹等数字金融技术延展了金融服务能力，凝聚了金融资源；在供应链方面，数字金融凭借数字技术的高效率和精准性更加紧密地连接产业和金融，更加高效地提升金融对实体经济的赋能增效作用，同时也发挥了实体经济反哺金融行业发展的作用；在货币方面，随着区块链等数字技术的发展，金融市场的信任体系将被区块链等技术重构。这种依靠数字技术构建的去中心化的信任体系，相比以往传统社会信用体系，拥有更高的效率和更加安全的优点。总之，数字金融的第二阶段发展特征主要表现为传统金融公司和互联网科技公司共同成为发展主力。

3. 数字金融转折阶段

2020 年 3 月 4 日，联合国可持续发展目标数字金融工作组报告显示，利用数字金融应对危机成为全球新浪潮，以及数字金融发展的转折阶段。为推动数字金融发展，各国需要进一步完善支付体系、征信系统、反洗钱系统和金融服务技术标准等金融基础设施建设。同时，也要重视解决"数字鸿沟"问题，以及数据安全和隐私保护。

在这一时期，中国新型基础设施加快建设，监管层重建规则，鼓励创新与风险防范并重。2021 年是"十四五"规划的开局之年。数字金融行业或将重新洗牌，进入新发展阶段。

（1）数字金融监管走向法治化、规范化和数智化。在金融数字化转型趋势下，金融监管层将进一步加强顶层设计，完善风险全覆盖的监管框架，完善相应的法律法规和标准规范体系，运用数字技术增强监管的穿透性，监管沙盒试点持续推进，促进数字金融进入合规稳健、更加有序、创新发展的新时代。

（2）大型金融科技企业拥抱监管、稳步推进上市。强化反垄断和防止资本无序扩张、反对滥用市场支配地位，金融科技头部平台或将面临审查，有可能被拆分，非金融企业投资形成的金融控股公司将依法准入并被纳入统一监管。强监管持续推进，金融服务必须持牌经营，消费信贷业务的高杠杆模式将无法延续，联合贷款的放贷能力将大幅下降。我国金融科技企业上市步伐不会停滞，达到上市要求的金融科技企业积极拥抱监管，金融科技细分领域龙头企业有望成功 IPO（首次公开募股），上市金融科技企业将获得更好的发展机会。

（3）重塑服务实体经济的商业模式。在国内国际双循环发展格局下，数字金融模式创新将由消费金融向产业金融迁移，小微金融、供应链金融及"三农"金融等领域，将成为数字金融商业模式创新的主阵地。蚂蚁集团、百度、京东、美团、小米、众安等旗下的网络小贷公司或需大幅增加注册资本，一半以上的网络小贷公司将面临转型、转让、引进战略股东甚至退出，服务实体经济成为网络小额贷款发展的重要方向。否则，网络小额贷款业务经营许可证有可能得不到续展。异地网络贷款将被严格规范，联合贷款业务模式将被重塑，不得帮助合作机构规避异地经营等监管规定将出台。具有金融科技基因的创新型金融机构将持续得到监管层的支持，消费金融获政策支持将增强可持续发展能力，盘活信贷存量，扩充融资渠道，进而拓展业务。

（4）数字技术加速金融数字化转型。数字金融是技术驱动的金融创新，随着5G（第五代移动通信技术）、区块链等新技术加速金融科技深化发展，大数据、人工智能、区块链、云计算等底层技术的相互融合更加明显，5G时代有望为区块链的应用提供更多的创新场景。基于区块链技术的"自金融"将对监管提出新挑战，根据客户的数字身份划定数字司法辖区，以智能合约为重点实行去中心化金融业务监管，是应对金融科技风险的正道。在线化、数字化、智能化的非接触式金融服务，倒逼银行业等金融机构加大金融科技投入，在强大的数字技术支撑的场景中构建金融服务。金融科技将支持银行积极探索线上预约与线下服务的无感式对接，银行业务的贷款决策更加智能，更多的个人贷款和小企业贷款将通过人工智能支持的自动化流程发放，银行将更多地通过智能化贷后管理解决方案来优化不良率。金融科技将加速从信贷向保险、证券、资管等领域渗透，逐渐从线上向线下场景渗透，提升金融科技的应用广度和深度，推动更多传统业务场景和传统金融机构数字化转型。大部分头部保险公司将进行新一代核心系统的升级改造。与此同时，金融科技服务商将迎来更大的市场空间，为金融机构与金融科技公司建立合作提供更多便利性支持的"金融科技即服务"平台将兴起，金融科技产业链将更加丰富、运转更加顺畅。

（5）数据合规性驱动数字金融创新。监管机构将根据国家将要颁布的个人信息保护法、数据安全法等新的法律，及时推出"个人金融信息保护暂行办法"。更多的持牌个人征信机构将得到批准成立，规范个人信息的采集和使用，推动个人征信相关市场和业务的发展。随着《中国人民银行金融消费者权益保护实施办法》的实施，金融机构将在消费者信息安全管理上承担主体责任，中国人民银行坚持对侵害消费者金融信息安全行为"零容忍"，对侵犯金融消费者合法权益的违法违规行为将依法严厉打击。金融机构信息内部控制机制将进一步健全。随着政府数据开放共享的深入实施、国家政府数据统一开放平台的建成，金融领域将迎来政府数据开放的红利。

（6）数字人民币试点城市和场景继续扩大。数字人民币的二元架构体系有利于央行实现穿透式监管并加强宏观经济的调控，打通C/B/G三端即零售端、企业端、政府端的多种应用场景。数字人民币研发工作受到国家高度重视，2020年11月1日，习近平总书记在《求是》杂志发表重要文章，指出要积极参与数字货币（DC）国际规则制定。"十四五"规划建议表明要稳妥推进数字货币研发。未来，数字人民币研发工作将继续稳步推进，试点城市和应用场景范围逐渐扩大，在跨境支付上或将实现首次实践。

1.2.2　数字金融迅速发展的原因

1. 数字技术的发展

近年来，数字技术的快速迭代，极大地改变了全球经济的运行逻辑与治理规则，也催生了以数字金融为代表的新型金融业态。在数字技术的强大赋能以及快速发展的数字经济应用场景的驱动下，数字金融迎来了前所未有的发展机遇。"融资难，融资贵"是长期困扰实体经济企业的难题。而数字技术的发展和应用可以有效缓解金融服务实体经济面临的风控难、能力弱、成本高等痛点问题，进而提升金融服务实体经济的水平。近年来，无论是信贷领域还是债券融资、股权融资等直接融资领域，均已涌现出利用数字技术解决企业融资难题的成功经验与典型模式。同时，数字技术在社会信用体系建设中的应用也日益深入，企业融资的社会环境正在不断优化。

数字金融技术的进步大幅度提升了金融服务的触达能力，降低了服务成本，提升了金融服务满足小微企业和个人小额分散的金融需求的能力。此外，数字技术和金融服务的结合催生了多种形式的创新金融服务模式，大幅度提高了数字金融服务的商业可持续性。

2. 传统金融存在低效和扭曲

（1）相较于数字金融，传统金融由于自身局限性，服务对象有限且服务效率较低。以我国为例，融资方式比较单一，企业缺乏融资的有效渠道，在资金获取方面主要依赖银行提供的信贷。正规金融企业不能有效地满足广大中小企业和"三农"群体的信贷等金融需求，融资难、融资贵等问题持续、普遍地存在。与此同时，经济结构调整又催生了大量的新的消费信贷需求，其中很大一部分不能从正规金融企业那里得到满足。而民间金融作为一种非正规的融资途径，虽然能够部分缓解中小企业的需求矛盾，但是由于其本身固有的局限性，容易导致风险事件频发，存在较大的金融稳定性隐患。此外中国金融政策和金融体系长期以国有经济发展为优先服务对象，忽略民营经济和个人的金融需求；重视生产性的融资需求，忽略消费性的金融需求。总体上，传统金融体系覆盖面不全，服务效率较低。

（2）基于存贷款利差的保护政策导致商业银行普遍利润很高，各类资本都有进入银行业的积极性，这便带来了银行业的行业垄断倾向，加剧了金融体系中的结构扭曲。在结构扭曲的影响下，普通百姓的投资理财需求得不到有效满足，股权融资渠道不畅通，证券、基金、保险等的产品销售也同样受制于银行渠道。因此，中国金融业市场化不足，大量需求未被满足，为数字金融的发展提供了机会。

3. 数字基础设施完善

"基础设施"一词原本泛指支撑一个社会运转的一系列实体资产和机制，是能源、电信、半成品、原材料等生产要素的载运途径，是国家经济社会发展的基石。在信息社会发展浪潮中，逐渐衍生出"信息基础设施"这一概念，成为信息化发展的基础。在当今如火如荼的数字经济中，"信息基础设施"融入一些新的要素，演变为"数字基础设施"。20世纪80年代，计算机及网络技术进入生产生活，标志着信息社会的来临。在这个阶段，信息基础设施主要由计算机服务器、网络和计算机终端构成。互联网历经几十年的商用开发，迸发出旺盛的生命力，不仅突破了人际沟通的界限，还走进工业、商业，并最终深刻地影响了经济的发展。人类开始了数字化商业的运营，而高效、可靠的通信网络和服务是数字经济的基础。正如每次工业革命都伴随着基础设施的变革与飞跃，网络和IT设备构成的信息基础设施超越了人与人的互联，开始了人与物以及物与物之间的物理连接，这就组成了全连接的数字世界的坚实基础，使数字化成为可能。

数字基础设施赋予了物理基础设施中新的意义，通过数字化使社会生产、商业运作与物理实体解耦，从而更加灵活、易用（如移动支付，社交网络等），并且通过对数字信息的重新组织与处理，挖掘其中新的机会与价值。简而言之，数字基础设施是连接物理基础设施与数字金融世界的纽带，是全连接的数字世界中商业创新、交互与送达的引擎。数字基础设施的完善也为数字金融的发展提供了重要基础条件。

4. 监管环境相对宽松

监管环境相对宽松这一点在我国表现较为明显。相较西方严格的金融监管体系，中国较为宽松的监管环境使得金融创新一经推出可以马上落地和实验。此外，宽松的监管环境和法律保障为我国移动支付发展提供了有利的制度环境。2004年颁布的电子签名法确立了在线合同电子签名的法律效力。2005年后，《国务院办公厅关于加快电子商务发展的若干意见》等一系列政策的出台也为在线支付提供了宽松的政策条件。支付宝正是在这种法律风险并不大的情况下推出的。中国人民银行直到2010年才开始对移动支付进行监管和牌照管理，这使得移动支付市场在几乎没有合规性成本、准入门槛以及监管限制的情况下迅速发展，也在一定程度上促进了我国数字金融的快速发展。

1.3 数字金融的社会经济价值

随着数字技术在金融领域的应用和快速发展，金融服务和产品深度嵌入人们的日常生活，带动和促进数字普惠金融的发展。习近平总书记在全国金融工作会议上指出，要建设数字普惠金融体系，加强对小微企业、"三农"和偏远地区的金融服务。

1.3.1 保障公平的前提下提升效率

经济学在一定意义上能够促进社会资源分配在效率和公平两者间的平衡。增进社会公平本身是普惠金融的立足点，而如何提升效率则成为其社会经济价值的重要评估点。

经济学意义上的效率是指资源配置提升的一种状态，通常用帕累托改进来描述。按此推论，金融效率就是指各经济活动主体所支配的金融资源（货币和货币资本）的配置状态。作为经济运行的血脉、要素，金融效率的高低在很大程度上决定了整个社会经济的运行效率。

根据国务院公布的《推进普惠金融发展规划（2016—2020 年）》，普惠金融是指立足机会平等要求和商业可持续原则，以可负担的成本为有金融服务需求的社会各阶层和群体提供适当、有效的金融服务，即金融服务的大众化。相较于之前专属于精英阶层的金融服务，普惠金融的服务对象则是小微企业、农民、城镇低收入人群、贫困人群、残疾人和老年人等在过去难以享受金融服务的特殊、弱势群体。随着数字技术的发展与进步，POS（多功能终端）机、短信支付，特别是互联网金融等模式的出现大大促进了金融业的发展，更为普惠金融的发展提供了天然优势，极大地提高了普惠金融的效率。

按其经济活动主体的层次，数字金融的效率可以分为微观组织效率、中观行业效率和宏观经济效率。微观组织效率是指数字技术应用对普惠金融的经营机构带来的效率提升，集中体现在产品服务改进和成本的降低；中观行业效率是指数字技术应用对金融业的促进；宏观经济效率则是指从社会全局层面来看，数字金融发展对整个社会金融资源配置的提高。

1.3.2 金融服务的改进、扩展和成本降低

1. 数字技术的发展丰富了金融业务体系

数字技术，特别是大数据、云计算、移动互联等技术的发展大大提高了金融企业的服务能力。首先，金融企业依托海量用户数据，结合地方特色、产业特色和用户特色逐步并深度挖掘用户需求，不断丰富金融产品和服务内容；其次，金融企业利用移动互联技术为用户提供"无时无刻"和"无所不在"的便捷金融服务；最后，数字技术的成熟应用，提高了金融服务的稳定性和安全性。云计算、指纹识别、人脸识别、语音识别等技术，能够保证用户在使用金融产品时的资金安全、信息安全。以上这些变化在支付、融资（债务融资及股权融资）、理财、保险和信用评分领域尤为突出。

随着互联网在农村的普及度越来越高，第三方支付和网银支付下沉到农村。数字技术的提升增强了信贷业务的触达能力，拓宽了投资者的投资渠道，同时极大地降低了触达成本和管理成本，使大众理财产品体系不断丰富与完善。数字技术也快速应用到保险领域，满足了低收入群体的保险保障等更高级的金融需求。大数据、云计算、机器学习、人工智能等技术的运用，使得互联网用户的海量数据分析成为可能，进而使得信用评分成为可能。

2. 数字金融降低交易成本

数字金融依托互联网提供的服务，大大缩短了业务流程，降低了交易成本，有效提高了金融服务的效率。据测算，一家标准的物理网点的成本通常接近 200 万元人民币 / 年；互联网金融利用技术优势，在覆盖同样人群的时候，成本要低得多。特别是随着移动互联网的发展，互联网金融服务范围拓展的边际成本趋近于 0。

1）减少交易环节，降低显性经济成本

依托互联网的系统性监控技术和分析客户数据表现出的行为特征，金融机构将提高其风险管理能力，降低监督成本和风控成本。

根据全球普惠金融合作伙伴组织（GPFI）的一项调查，墨西哥政府采用电子支付方式发放工资、补贴等政府性资金的项目每年可以节约 13 亿美元的费用；麦肯锡咨询公司一项针对印度的研究指出，印度政府的类似计划每年能为其节省约 224 亿美元。蚂蚁金服充分挖掘阿里巴巴集团三大平台上卖家的售货数据，根据其行为特征统计其信用评分、评判其信用额度，为其提供小额贷款服务，使得这些在过去通过传统渠道难以获得贷款的用户可以便捷地获得贷款，同时操作成本大幅度下降。传统信贷模式下单笔信贷的操

作成本可能高达 2 000 元，而蚂蚁微贷单笔授信的操作成本仅有 2.3 元。数字技术在信用评分领域的应用也加大了征信业的竞争，极大地降低了征信服务的成本，征信查询费用由过去的 25 元降到了 10 元，并在未来会进一步降低。

2）促进信息共享，降低信息不对称产生的成本

数字金融依托互联网的便利性，通过汇聚互联网平台上产生的大量用户信息、产品信息和公司信息，可以大幅度降低金融交易中的信息搜寻成本；通过大数据处理技术对客户数据进行分析，实现对客户的精准营销，可以大幅度节省决策成本；基于客户海量数据，利用大数据技术观测消费者行为的动态变化，可以大幅度降低贷款全流程的实时监控成本和风险管理成本。

消费者通过互联网扩大了自身的认知边界，能够更加便利地对多种金融业务进行筛选和比较，降低了在金融服务消费过程中耗费的时间成本。基于数字技术的大数据信用评分会降低交易成本，因为"大数据采集""大数据分析"会通过提高信息对称程度，降低由于逆向选择、道德风险产生的成本。"大数据采集"是指运用大数据技术采集多源数据，除了传统银行征信体系的数据信息外，还包括反映授信对象信用状况的其他因素，如社会关系、行为数据、地址信息等，从深度和广度上尽可能挖掘授信对象的信用信息。首先其基础数据源于第三方合作伙伴提供的数据，既包括银行和信用卡等传统结构化数据，也包括搬家次数、法律记录等非结构化数据；其次是用户授权的数据，如电话账单、水电煤气账单、调查问卷记录等；最后是来自互联网上的公开数据，如 IP（网际互连协议）地址、用户搜索行为、社交网络数据，这些数据可以反映出借贷人的性格和行为特征，有利于从深层次挖掘用户的信用状况，评估其信贷风险。大数据分析是对海量原始数据进行分布式大数据自动挖掘，将数据库中的原始数据经过数学建模，提取特征变量，形成不同的特征值，然后放到不同的特征数据分库中，按照相应的百分比计算出最终的信用分数。由大数据采集和分析产生的多维度数据可以反映借贷人的性格和行为特征，有利于更精确地评价用户的信用状况，降低由于事前信息不对称产生的逆向选择成本和事后信息不对称产生的道德成本。

3. 数字金融降低服务门槛，扩大服务范围

数字金融借助互联网平台，降低了金融门槛，使得金融服务逐渐向大众群体蔓延，扩大了金融服务的覆盖范围。

1）推动解决中小企业融资难题

中小企业占我国企业总数的 98% 以上，但中小企业融资难一直是长期以

来存在的问题。数字技术利用大数据风控模型，实现了贷款融资的程序化管理，最大限度地减少了人工干预，降低了成本，在一定程度上解决了传统金融机构由于成本较高而没有动力向小微企业贷款的难题。数字技术在金融领域的运用以及近年来互联网金融的兴起，使大量社会资金通过 P2P 网贷平台、众筹平台和小额贷款的方式，实现了对等的借贷与权益投资，增加了对中小微企业资金需求的供给。在网贷平台上，个人投资者可以通过分散化小额投资，实现对小微企业的贷款；在众筹平台上，投资者可最低投资 10 元甚至 1 元来帮助创业项目和创业公司的成长。

2）扩展金融服务的边界，促进农村金融发展

农村金融是农村经济发展中重要的资源配置之一。在传统的金融环境中，农村金融业务主要集中在中国农业发展银行、中国农业银行、邮政储蓄银行、农村信用社、农村商业银行等金融机构。这些银行根植于农村地区，更熟悉当地情况，这有利于贷款过程中的风险控制。据统计，2021 年，我国农村总人口为 49 835 万，占比 35.3%[①]，对单笔数额小、频率高、操作简单的金融服务需求很大，但这正是传统信贷模式很难满足的。依托互联网平台的数字金融通过沉淀数据，建立农村信用体系，同时不断地累积数据并对数据进行分析，建立风险控制数据模型，就能为农村提供成本低且快速的信贷。

中国人民银行从 2012 年起逐步在全国 20 个省推动农村地区手机支付的试点，并在 2013 年主导建成了移动金融安全可信的公共服务平台，为农村地区基于移动端的普惠金融的发展提供了重要支撑。新兴互联网金融机构在农村业务的布局使得越来越多的农民享受到金融服务，互联网支付业务、互联网保险业务、产业链金融服务等针对"三农"的金融业务，大大满足了农村的金融需求。

根据 2013 年支付宝全民账单，无线支付占比最高的前 3 个地区依次为青海玉树藏族自治州、西藏阿里地区、青海黄南藏族自治州，而这些地区在过去很难直接在本地享受到传统金融机构的服务。自 2015 年开始，网商银行陆续试点推出面向农村客户的纯信用贷款——"旺农贷"系列产品，截至 2016 年已覆盖河北、山东、黑龙江、云南、甘肃等 17 个省 65 个县域下辖的村点，为农资农具下乡、农产品上行注入金融活水。[②]而在此之前，网商银行联合支

---

① 数据来源：国家统计局 . 中华人民共和国 2021 年国民经济和社会发展统计公报 [EB/OL]. (2022—02—28). http://www.stats.gov.cn/sj/zxfb/202302/t20230203_1901393.html.

② 数据来源：李丹 . 数字普惠金融浪潮迎面而来 [EB/OL]. (2016—11—04) .https://www.financialnews.com.cn/zgjrj/201611/t20161104_107205.html.

付宝、第三方农业保险公司推出了全国首个互联网气象指数保险——风力指数保险，为遭受台风"杜鹃"袭扰的农作物进行了及时赔付，成为 2015 年 10 月 1 日互联网保险新规实施以来首批进行理赔的互联网保险产品。

京东在 2015 年全面启动农村电商"3F 战略"，即工业品进农村战略（factory to country）、生鲜电商战略（farm to table）和农村金融战略（finance to country）。通过自营式的县级服务中心和加盟式的乡村合作点，京东开展"县村"两级"三农"电商布局，截至 2015 年已覆盖山东、安徽、江苏等省的 600 多个县，囊括 10 万个重点行政村。[①] 京东凭借线下渠道和客户基础，推出农村信贷品牌"京农贷"，期望借助数据分析和订单融资模式，满足农资购买环节的生产资料融资需求和农产品收购环节的融资需求。截至 2021 年底，京东已在全国对接 1 000 多个农特产地及产业带，直连超过 500 个大型优质蔬菜基地，共建 70 多个现代化、标准化、智能化农场。通过开设 700 多个助农和特产馆，帮助偏远地区和欠发达地区的农产品、手工业产品拓展销路，带动农村实现产值 3 200 亿元，帮助数百万农户大幅增收。[②]

除阿里、京东这两大电商巨头以外，其他有影响力的特色电商也在布局农村市场，并辅之以农村金融服务，如中国家电零售巨头苏宁集团旗下的苏宁易购。数据显示，截至 2018 年 11 月，苏宁已在全国布局 4 000 多家苏宁易购县镇店，2 300 多家苏宁小店，1 600 多家苏宁易购云店，400 多家苏宁易购大润发店。2017 年至 2018 年间，通过苏宁全渠道助销农产品已超 60 亿元，惠及农民 200 多万。[③] 通过 O2O（线上到线下）模式推动地方特色农产品"上行"，为农产品销售拓展市场。与此同时，苏宁易购推出"企业贷款""任性付"和"苏宁众筹"三大金融产品服务，以帮助农村企业融资和推动农村消费，创新农产品销售渠道。

1.3.3　促进金融产业发展

1. 倒逼传统金融业转型升级

信息技术推动下新兴互联网金融机构崛起，倒逼传统金融机构转型升级，产生"鲶鱼效应"。支付宝、余额宝等"宝宝类"理财产品及其他新兴的

---

① 数据来源：王硕 ."互联网＋金融"服务"三农"的现状和创新趋势分析 [J]. 农村金融研究，2015（11）：14-18.
② 数据来源：京东集团 .2021 年环境、社会及治理报告 [R].2022.
③ 数据来源：艾媒新零售产业研究中心 . 艾媒报告 |2018—2019 中国农村电商行业分析及商业模式研究报告 [EB/OL]. （2019-01-17）. https://www.iimedia.cn/c400/63427.html.

P2P、众筹等网络金融平台的出现，互联网金融产品以其便捷、灵活、低门槛和相对高收益性的特点，深受大众欢迎，同时大量资金从银行流出，活期存款锐减也对传统金融机构产生了冲击。新金融业态的冲击加之2013年"钱荒"等外力因素的作用，产生了"银行业冬天来临"的说法，对传统金融机构的盈利模式形成挑战，迫使传统金融机构加大业务创新力度，依托数字技术的发展，完善服务设备和业务体系，相应推出多样化、灵活性的理财产品，建立与客户之间有效的沟通服务体系，打造更加智能化、人性化的服务。

同时，数字技术的发展为传统金融机构的发展开辟了新的空间。从银行业的业务发展路径来看，几乎所有创新业务的发展都是基于数字技术的支撑。特别是随着互联网技术的普及，传统金融机构对其核心业务流程进行大规模升级与改造，信用卡、网上银行、手机银行等新型工具的出现，促进传统以现金、支票为主的结算方式走向无纸化、数字化；基于信息技术的自动授信系统、客户信息系统等风险管理决策系统正在取代传统的风险管理方式。这些技术在金融业的运用推动金融机构实现网点智能化，以更快的速度、更高的效率和更强的风险保障能力为用户提供多样化的产品和服务。

信息技术对银行业的创新支持示例见表1-2。

表1-2 信息技术对银行业的创新支持示例

时间	创新业务	核心技术
20世纪50年代	信用卡	磁条
20世纪60年代	后台业务自动化系统、ATM机（自动柜员机）	机电一体化技术
20世纪70年代	POS机、SWIFT系统（国际资金清算系统）	计算机技术
20世纪80年代	家庭银行、顾客在线服务系统	计算机技术
20世纪90年代	网上银行	互联网
21世纪初	手机银行、数字银行	互联网、移动通信技术等
2010年以来	数字货币、供应链金融等	互联网、区块链技术等

与此同时，数字金融使用大数据和云计算技术解决金融业务的复杂运算难题，在数据收集、整合和应用方面重塑金融业务。首先，数字金融突破以往数据收集工作以人为主导的状况，实现数据收集存储自动化。从数据收集的内容来看，数字金融借助互联网技术从线上和线下多场景收集的数据来源更加海量、多维和多源，从而打破信息不对称的传统金融现状。从数据收集的效率来看，物联网、云计算和人工智能等新技术可以对目标人群行为数据进行智能化的自动采集和处理。其次，在数据应用方面，大数据等数字技术

全面应用于金融的征信、营销、支付、保险、理财和风控等各个方面，为金融业务的开展提供更高效和精准的数据支持。总而言之，数字金融正在利用它的数据优势倒逼传统金融业转型升级。

2. 改变原有金融业态，促进金融交易脱媒

数字技术在金融领域的应用和发展降低了金融门槛，使得在技术领域先进的互联网企业进入金融领域拓展业务空间，改变了原有金融机构的竞争格局。基于数字技术形成的不同类型的资产交易平台，交易双方可以通过平台终端直接低成本实现资金的集聚和项目的匹配，加快了金融脱媒进程。

1）平台效应对传统金融业态的冲击

信息在金融市场中起着举足轻重的作用，而平台本身具有汇聚海量信息的功能，使得供求双方的信息可以实现有机结合。传统金融模式下，信息存在极大的不对称性，金融机构成为连接资金供求双方的重要平台。但此时资金需求者往往是服务的被动接受者，而且受限于服务产品种类，难以满足用户多元化的金融需求。

数字技术的发展则大大改善了这一局面，其在金融领域的普及应用具有天然的平台经济性质，特别是依托互联网技术及网民基础，数字化金融平台对资源进行整合，实现了用户数据和金融资源的有效、充分链接，从而搭建了一个透明、高效、便捷的金融交易通道。

2）"长尾"效应进一步促进金融交易脱媒

从客户的角度看，数字普惠金融立足于服务占市场绝大多数的中小微企业、普通大众和弱势群体，使金融服务借助数字化的手段泽被大众，体现了非常明显的"长尾"效应。

传统金融机构在追求利润最大化的商业动机下"嫌贫爱富"，着重关注中高收入群体，特别是高净值人群和大型企业的金融需求，普通大众和中小微企业的金融需求往往被忽视。数字普惠金融关注此类群体的金融需求，将金融触角进一步延伸，从源头上扩大金融服务的覆盖面。

此类群体的基本特征是数量庞大、所支配资金较少、金融知识欠缺、征信体系不健全、社会保障程度低，但此类庞大的群体"积小成大"所产生的金融体量也不容小觑，而且随着农村地区和我国经济的发展，此类群体的金融需求也日益多元化。传统金融机构针对此类群体金融服务过少的现状已经难以满足他们日益多元化的金融需求。而借助数字技术的优势发展起来的数字普惠金融正在逐渐弥补这一缺失的市场，力求在理财、借贷、信用评分、保险等方面提供健全的金融服务。

1.3.4　加速利率市场化

2013 年，中国人民银行宣布放开贷款利率管制，这标志着贷款利率的市场化，但贷款利率市场化仅是利率市场化关键的一步，还需存款利率市场化的推行。

利率市场化是实现金融资源市场化配置的重要条件，也是我国经济体制改革的重要内容。长期以来，受到存款利率上限的限制，我国存款利率水平处于偏低的状态，数字技术的发展，特别是数字金融的发展打破了这一局面。借助数字手段，普惠金融以互联网为渠道与货币基金市场建立连接，通过平台效应降低信息不对称程度，打通了资金供给方与资金需求方，以及不同市场间的信息渠道和资金渠道，模糊了金融业的物理边界，使用户可以将少量、"碎片化"的闲置资金以灵活的方式投到货币市场基金。如支付宝联合天弘基金推出的余额宝、腾讯与易方达基金合作推出的理财通、天天基金推出的活期宝等，因其便利性、灵活性和相对高收益性，一经推出便迅速得到了网民的喜爱。

2014 年初，数字普惠金融理财产品 7 日年化收益率甚至高达 6.74%，而当期的活期存款利率仅为 0.35%。显然，数字金融理财产品的出现导致传统金融机构的存款业务产生了严重分流，给银行业活期存款带来了强烈冲击。2015 年，中国人民银行放开了存款利率的上限，不可否认，数字金融在加快我国利率市场化变革进程中发挥了重要的推进作用。

1.3.5　促进数字货币的发展

随着数字技术在金融领域的应用和发展，货币形态也发生了巨大的变化，电子货币逐渐取代纸币成为重要的支付手段。当前在支付领域，居民的支付方式越来越呈现终端化和数字化的特点，数字化货币成为必要的支付和投资方式。电子银行、第三方支付、电子货币、虚拟货币和数字货币的出现与发展大大减少了实际交易中纸币的使用次数。依托电子银行和第三方支付平台，用户可以实现商场支付、城市服务（如电费、水费、燃气费等）缴费功能、转账功能、理财功能等，覆盖居民衣食住行的各个领域。数据显示，2017 年中国电子银行的替代率达到 84.5%，如图 1-1 所示。

目前，中国人民银行已经推出了真正意义上的数字货币的发展规划，依托于区块链技术，未来数字货币将以更低的成本、更高的效率和更大的便利性逐渐取代纸币。

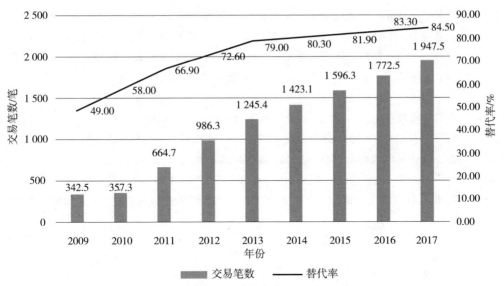

图 1-1　2009—2017 年中国电子银行交易笔数和替代率
资料来源：艾瑞咨询集团。

 思考题

1. 简述数字金融的定义与特征。

2. 数字金融经历了怎样的发展过程？

3. 为什么数字金融在我国得到了迅速发展？

4. 比较数字金融与传统金融的异同。

5. 习近平总书记在主持中共中央政治局第十三次集体学习时指出"金融活，经济活；金融稳，经济稳。经济兴，金融兴；经济强，金融强。经济是肌体，金融是血脉，两者共生共荣"。

试论述数字金融的社会经济价值并思考如何推进我国数字金融的进一步发展。

 参考文献

[1]　谢平，邹传伟，刘海二 . 互联网金融的基础理论 [J]. 金融研究，2015（8）：1-12.

[2]　吴晓求 . 中国金融的深度变革与互联网金融 [J]. 财贸经济，2014（1）：14-23.

[3]　何宏庆 . 数字金融的发展困境与创新进路 [J]. 甘肃社会科学，2019（1）：166-171.

[4] 黄益平 . 为何数字金融在中国成了气候？ [C]// 中国人民大学国际货币研究所 .《IMI 研究动态》2017 年上半年合辑 . 北京：中国人民大学国际货币研究所，2017：3.

[5] 吴继良 . 互联网金融与传统金融比较分析 [J]. 合作经济与科技，2018（24）：82–83.

[6] 傅昌銮，王玉龙 . 数字金融的涵义、特征及发展趋势探析 [J]. 产业创新研究，2020（3）：51–54.

[7] 黄浩 . 中国数字金融的发展：融合与变革 [J]. 中国发展观察，2018（16）：27–28.

[8] 欧阳日辉，柏亮，刘怡 . 数字金融蓝皮书：中国数字金融创新发展报告（2021）[R]. 北京：社会科学文献出版社，2021：37–40.

[9] 贝多广，李焰 . 数字普惠金融新时代 [M]. 北京：中信出版集团，2017：56–85.

[10] 王应贵，刘浩博，娄世艳 . 数字金融、业务转型与未来银行探讨 [J]. 新金融，2020（9）：47–52.

第2章
互联网金融

学习目标

1. 了解互联网金融的发展现状。
2. 熟悉互联网金融的特点和主要模式。
3. 掌握互联网金融面临的挑战和发展趋势。

思政目标

1. 认识互联网金融在推动我国经济高质量发展中的重要作用。
2. 增强风险意识，注意维护国家金融安全。

引言

  2014 年 5 月 22 日，习近平主持召开了上海外国专家座谈会，指出："任何一个民族、任何一个国家都需要学习别的民族、别的国家的优秀文明成果。中国要永远做一个学习大国，不论发展到什么水平都虚心向世界各国人民学习，以更加开放包容的姿态，加强同世界各国的互容、互鉴、互通，不断把对外开放提高到新的水平。"

互联网金融是金融领域的新生事物，各国都在积极探索互联网金融实践。我们应该时刻关注互联网金融的最新进展，理解、把握乃至引领互联网金融创新。

2.1 互联网金融概述

2.1.1 互联网金融的定义

20 世纪 90 年代中期开始，随着传统金融业务的网络化，银行等实体金融机构通过互联网开展了线上服务，如网上银行、网上证券、网上保险等。进入 21 世纪以来，伴随着大数据、云计算、搜索引擎、社交网络、移动支付等互联网现代科技的飞速发展，互联网不再甘于仅仅作为传统金融机构降低运营成本的工具，而是逐渐将其自身开放、平等、协作、分享的精神向传统金融业态渗透。各类互联网在线服务平台开始直接或间接向客户提供第三方金融服务业务。在新一代互联网技术的推动下，电子商务、互联网与金融业三者之间的业务交叉日益频繁，行业融合趋势明显，诞生了一种新金融形式——互联网金融。

必须明确一点，互联网金融和传统金融并无本质区别，其都是关于金钱跨时间、跨空间的流动与分配。但是互联网金融凭借其技术的优势，使得货币在存在形式、流通、交易等方面有了巨大的变化，并且在关于金融各个主体的信息数据收集与分析方面具备明显优势，在表现形式上明显有别于传统金融，由此无论是业界还是学界，都把互联网金融作为一种新型的金融业务进行研究。

谢平、邹传伟（2012）认为，互联网金融模式是既不同于商业银行间接融资、也不同于资本市场直接融资的第三种金融融资模式。从融资模式角度看，互联网金融模式本质上是一种直接融资模式。但与传统直接融资模式相比，互联网融资模式具有信息量大、交易成本低、效率高等特点。林采宜（2012）认为，互联网金融是信息时代的一种金融模式。宫晓林（2013）认为，互联网金融是依托现代信息科技进行的金融活动，具有融资、支付和交易中介等功能。

中国人民银行对互联网金融的定义是：互联网金融，是借助互联网和移动信息技术，实现支付结算、资金融通和信息中介功能的新兴金融模式。狭义的互联网金融，是指作为非金融机构的互联网企业开展的、基于互联网技术的金融业务；广义的互联网金融，既包括互联网企业从事的金融业务，也包括传统金融机构开展的互联网业务。互联网金融的本质特征为基于大数据、以互联网平台为载体的金融服务。

基于互联网金融多年的发展和革新，本书较为认同以下定义：互联网金融是运用互联网技术、移动通信技术提供金融服务的一种新型金融形式，既包括电商等互联网企业利用电子商务、社交网络、移动支付、大数据、云计算、搜索引擎等为代表的互联网技术、移动通信技术开展金融业务，也包括传统金融机构利用互联网技术、移动通信技术开展金融业务。这种定义更能凸显互联网技术对金融业的巨大促进作用，也更接近互联网技术本身作为一项信息科学技术的本质。

2.1.2　我国互联网金融的发展与现状

1. 行业规模迅速增加

进入 21 世纪以来，中国互联网金融发展态势迅猛，以电商金融、创新型理财工具、移动支付、众筹等为代表的互联网金融行业呈现出爆发性的增长。尚普咨询的数据显示，2022 年我国互联网支付业务量达到 2 649 万亿元，同比增长 20.6%；移动支付业务量达到 2 408 万亿元，同比增长 22.3%。同时，2022 年中国网络众筹累计募集资金达到 1 041 亿元，同比增长 12.3%，其中，公益类网络众筹累计募集资金达到 131 亿元，同比增长 15.9%；创业类网络众筹累计募集资金达到 910 亿元，同比增长 11.9%。这些互联网金融业务的增速都远超同期 GDP（国内生产总值）增速，行业规模迅速扩大。

2. 业态门类相对齐全

互联网诞生于美国，欧美国家的金融体系也比较完善、成熟。因此，其传统金融体系与互联网的融合较之世界其他国家时间更早、程度更高。互联网金融目前在欧美国家的主要模式大致分为六种：互联网支付、P2P 网络借贷、众筹融资、互联网银行、互联网证券以及互联网保险。中国互联网金融发展历程短于欧美等发达国家和地区，但由于中国经济的迅速发展、互联网普及率的大幅提高以及金融创新的加速发展，中国互联网金融在近几年取得了飞速发展。但学术界关于国内互联网金融业务尚未取得共识，如谢平（2014）将互联网金融模式分为传统金融互联网化、移动支付和第三方支付、互联网货币、基于大数据的征信和网络贷款、基于大数据的保险、P2P、众筹、大数据在证券投资中的应用八大模式；罗明雄（2014）将互联网金融分为第三方支付、P2P、众筹、大数据金融、互联网金融门户以及金融机构信息化六大类。尽管学术界对中国互联网金融模式尚未取得共识，但从中国互联网金融实践来看，中国互联网金融发展模式涵盖了发达国家互联网金融发展的所有模式，业态门类较为齐全。

3. 互联网基础资源良好

中国互联网的快速发展主要体现在三个方面：一是我国互联网用户规模随网民数量持续增长。《中华人民共和国2022年国民经济和社会发展统计公报》显示，截至2022年底，我国互联网上网人数10.67亿，其中手机上网人数10.65亿。互联网普及率为75.6%，其中农村地区互联网普及率为61.9%，如此庞大的数量提供了坚实的互联网金融用户基础。二是".CN"域名注册保有量居全球第一，国际出口带宽创新高。三是4G普及和5G实现商用，移动互联网更贴近生活。

4. 产业集中度高

互联网金融行业呈现出很高的产业集中度。尚普咨询的数据显示，截至2022年12月31日，排名前十位的第三方支付机构占据了市场份额的96.7%，其中排名前两位的支付宝（Alipay）和微信支付（WeChat Pay）分别占据了市场份额的54.5%和38.8%，在市场中保持着绝对优势。网络众筹的情况也是如此。排名前十位的网络众筹平台占据了市场份额的88.4%，其中排名前两位的水滴筹（Shuidi Chou）和轻松筹（Qingsong Chou）分别占据了市场份额的32.6%和28.5%，在公益类网络众筹领域具有较强的优势。

5. 法律监管体系不完善

虽然以往我国出台的用来规范约束传统金融模式的一些体系部分适用于互联网金融模式，但是我国缺乏专门针对互联网金融的一套完整的政策和法律体系，再加上我国在互联网金融方面缺乏经验，已经出台的监管体系也存在问题，需要不断改进完善。互联网金融门槛较低，大众接受起来比较容易，所以问题频发现象比较明显：金融机构无牌照经营，无法承担金融风险；金融借贷平台数量猛增，带来负面社会影响。基于此，我国迫切需要出台相应政策和法律法规对互联网金融行业进行约束。

6. 缺乏完善的征信体系

互联网金融行业的发展缺乏完善的征信体系，因此许多互联网金融用户违约现象频发。由于交易前无法对交易双方的信用进行评估，交易过程中容易出现诈骗现象，因此，我国需要建立健全征信体系，交易前能够对双方信用作出评估，以此来减少风险。

2.1.3　互联网金融的特点

1. 信息化

互联网金融凭借先进的互联网信息技术及强大的数据处理手段进行数据信息挖掘、整合，从而具备"信息化"的特征。信息对于金融行业尤其重要，通过数据判断市场行情、预测市场走向，并以获得的数据信息来开展各项互联网金融业务，能在一定程度上解决交易双方信息不充分、不对称问题。

小视频

互联网金融的特点

2. 普惠化

所谓"普惠化"即大众化，是互联网金融的特征。互联网金融打破了传统金融门槛高的进入障碍，与传统金融覆盖范围有限的缺点相比，互联网金融开辟了灵活性、包容性极强的金融服务市场。在互联网金融覆盖范围下，投资者不论资金多少，都可参与金融业务，因此，互联网金融能更好地满足普通民众和小微企业的投融资需求，在一定程度上克服了传统金融市场的缺陷。

3. 风险性

互联网金融也具备传统金融风险性特点，如资金风险、市场风险等。再加上互联网金融的互联网技术和发展时间短的背景，还具备其特有风险，如技术风险、监管风险、法律风险等。

4. 效率高

利用互联网技术，互联网金融交易从定价到协商到交易完成均可以通过互联网交易平台完成，减少了传统金融的交易程序，极大地缩短了交易时间，提高了资金融通效率。另外，现代技术的飞速发展也使得用户通过电脑端、手机端便可以便捷地享受互联网金融服务。

5. 成本低

互联网金融成本低的特点是相对传统金融而言的。在现代信息技术的加持下，金融交易主体双方利用互联网交易平台完成匹配、交易、合作，这种交易模式使得传统金融降低了线下交易所需要的营业部投入、降低了成本。

2.1.4　互联网金融的主要业务类型

1. 第三方支付

在我国，非银行机构提供零售支付服务被形象地称为"第三方支付"业务。第三方支付企业通常由银行外包服务企业演变而来，或者依托电子商务平台发展而来，这类企业利用其自身的信息技术或客户群体优势，通过提供支付通道、支付工具等方式直接为最终用户提供货币资金转移服务。

我国第三方支付平台自1999年诞生，至今经历了三个发展阶段：第一阶段是1999—2004年的导入阶段，中国最早的两个第三方支付企业——北京首信和上海环迅成立，然而影响力有限，国家也没有相关政策规范。第二阶段是2005—2013年的快速发展阶段，自2004年12月阿里巴巴推出支付宝并取得良好市场反响后，国内相继出现了安付通、买卖通、微信支付等多家第三方支付机构，推出多项金融衍生服务，用户规模破亿。这一阶段第三方支付机构扩张迅猛，与传统金融机构产生了激烈竞争，政府也相继出台相关措施，如2010年《非金融机构支付服务管理办法》，引导、规范行业发展。自2014年以来，第三方支付进入第三阶段，也就是规范发展阶段。由于互联网金融的数字化、低成本的特点，一些金融机构操作不规范，出现了各种安全问题，造成用户损失。因此，国家对第三方支付平台进行了更为严格的管理和限制，如2016年4月中国人民银行出台《非银行支付机构分类评级管理办法》，有效防止洗钱、恐怖融资等行为，维持正常经济秩序。

经过20多年的发展，中国第三方支付市场交易份额扩张迅速，在世界排名前列。《2021年中国第三方支付行业研究报告》中，iResearch（艾瑞咨询）统计数据显示，第三方支付市场经历高速发展，移动支付与互联网支付的总规模在2020年达到271万亿元，同比增长19.8%。第三方支付技术也随着互联网技术的不断升级而快速发展，支付方式从二维码支付和NFC（近场通信）支付走向生物技术支付，提升了第三方支付的安全性。目前，第三方支付已经成为网络交易的主要手段。2020年第一季度数据显示，中国第三方移动支付市场依然保持市场份额比较集中的情况，第一梯队的支付宝、财付通仍然保持大规模的市场份额，分别为55.4%、38.8%，两者市场份额合计达到94.2%。第二梯队的支付企业在各自的细分领域发力，壹钱包推出线上便捷捐助平台、平安商户业务线下进行商户经营帮扶；京东支付交易规模排名第四，线上线下联合发展，努力缩小与第一梯队的差距；联动优势在平台化、智能化、链化、国家化战略下受益，推出"面向行业支付＋供应链金融综合服务"；快钱在购物中心、电影院线等万达各场景下快速发展，苏宁支付向O2O化发展，为消费者、商户提供便捷、安全的集线上线下于一体的全场景支付服务。

2. P2P网络贷款

P2P网贷（peer-to-peer lending）是一种个人对个人、不以传统金融机构作为媒介的借贷模式。它通过P2P信贷公司（通常不需要银行准入证）搭建网络平台，借款人（borrower）和出借人（lender）可在平台进行注册，需要钱的人发布信息（发标），有闲钱的人参与竞标，一旦双方在额度、期限和利率方面达成一致，交易即告达成。

其中，P2P 信贷公司负责对借款人资信状况进行考察，并收取账户管理费和服务费等，其本质是一种民间借贷方式，起源于众包（crowdsourcing）概念。P2P 信贷公司更多扮演众包模式中的中介机构角色，该信贷模式就其特点而言可以概括为：①在线进行。②借贷门槛低。③ P2P 信贷公司只起中介作用，借贷双方自主。④出借人单笔投资金额小，风险分散。

英国 Zopa 公司成立于 2005 年，是世界第一家 P2P 信贷公司。美国的第一家 P2P 信贷公司 Prosper 于 2006 年在加州三藩市成立。随后，德国的 Auxmoney、日本的 Aqush、韩国的 Popfunding、西班牙的 Comunitae、冰岛的 Uppspretta、巴西的 Fairplace 等相继而出。我国 P2P 信贷公司的诞生和发展几乎与世界同步，2007 年 8 月中国第一家 P2P 信贷公司拍拍贷成立，2017 年 11 月在美国纽约证券交易所上市，发行价 13 美元，开盘价 13.3 美元，上市首日最高价涨至 14.63 美元，随后回落收盘价 13.08 美元，涨 0.62%，总市值约 40 亿美元。

但是目前在我国，由于借贷信息披露不完全，多数平台的运营模式发生改变，甚至完全成为线下借贷而变为非法的民间集资，民间集资是国家所明令禁止的"高压线"。从 2020 年初发布的《2019 年中国网络借贷行业年报》中可以看出，截至 2019 年 12 月底，全国网贷行业正常运营平台数量达 343 家，相比 2018 年底减少了 732 家。2019 年全年网贷行业成交量达到 9 649.11 亿元，相比 2018 年底（17 948.01 亿元）降低 46.24%，2019 年全年成交量创下近 5 年来的新低。数据显示，正常运营平台数量主要集中在北京、广东、上海，数量分别是 94 家、69 家、28 家，2019 年底的贷款余额分别是 2 709.02 亿元、576.92 亿元、1 118.38 亿元，浙江紧随其后，正常运营平台数量为 15 家，贷款余额为 239.58 亿元，四地占全国总平台数量的 60.06%。鉴于网贷平台存在很多无法保护投资者权益的问题，深圳、江西、北京、上海、济南、大连、浙江、广东、广州等地纷纷出台 P2P 平台良性退出指引，到 2020 年 11 月，我国所有网贷平台完成了清退，轰轰烈烈的网贷业务在我国暂时画上了句号。

3. 网络众筹

众筹模式也是互联网金融模式下衍生的创新模式之一，起源于美国，是筹资人通过网络发起的集体活动，大众通过互联网进行沟通联系、汇集资金。筹资人在众筹平台通过身份审核后，在平台上建立网页来向投资人介绍自己的项目，同时寻求小额资金和另外的物资支持。平台掌握筹得的资金，项目在规定时间内募集成功后，平台将资金转入筹资人账户，并抽取募集资金的一定比例作为服务费用。如果规定时间内未能筹到所需资金，那么资金会返回出资人，筹资人项目宣布失败或重新筹集资金。

我国互联网众筹金融模式是政府认可的资金募集方式，在规范性制度出台前，曾进入过一个发展爆发期。政府建立备案、监管、处罚、运行清单等完备的制度体系后，众筹平台、融资金额快速经历了跳水式下降，目前规模趋于平稳。

2011年，互联网众筹平台首次出现在我国。2014年，众筹行业发展进入爆发期，淘宝众筹、京东众筹等相继出现，众筹投资方式增多，众筹市场放量增长；2015年、2016年，众筹行业发展达到顶峰，年新增平台分别为289家、283家；2017年开始，互联网金融热度下降及政策监管趋严，众筹平台增量断崖式下跌，2017年全年新增70家，2018年仅新增14家。截至2023年3月，全国各种类型的众筹平台总共328家，其中非公开股权融资平台最多，有131家；其次是奖励众筹平台，有112家；混合众筹平台为73家；公益众筹平台仍然为小众类型，仅有12家。

随着民宿、网络电影等行业的进入，外加传统众筹模式面临的监管风险较大，股权收益权众筹越发受到追捧。作为2018年上半年融资额最高的股权型众筹融资项目，多彩投的"摩洛哥喜悦秘境酒店"融资总额达到9 900万元，远超预期1 500万元的融资目标。在烯易众筹平台上线的"齐天大圣之大闹龙宫"项目是典型的股权收益权众筹类项目，类属网络电影行业，投资成本800万元，在爱奇艺平台上线12天，分账票房超过投资成本。代表平台为人人创、众筹创、第五创、众筹中原等。

权益型众筹的投资人可以参与到商品设计生产过程中，为产品改进提供自己的建议，这种模式可以增加用户的平台黏性。权益型众筹的产品一般与生活消费贴合度高，融资金额相对较小，风险较低。近年来，权益型（奖励型）众筹模式在文化娱乐行业，尤其是IP（知识产权）周边衍生产品打造方面不断获得成功。消费者的认知度和接受度逐渐提高，IP众筹项目覆盖类型逐渐丰富，金额纪录不断被打破。2023年初，《流浪地球2》衍生品广受追捧，验证了"电影＋衍生品"模式已经具备本土化土壤。该电影的衍生品在网络平台上的众筹项目取得不俗成绩，其中赛凡科幻众筹产品原本目标金额10万元，两周时间已筹集超1.2亿元，刷新了IP周边产品众筹金额的纪录。① 权

---

① 陈砚秋.2023年中国众筹行业运营现状分析及发展前景预测报告[R/OL].（2023—09—14）. https://www.chinairn.com/scfx/20230914/150146144.shtml.

益类众筹的代表平台为点筹网、淘宝众筹等。

物权型众筹是通过互联网向大众筹集资金，用于收购实物资产，通过资产升值变现获取利润，其回报可分为经营分红、租金分红以及物权的未来增值收益。

公益型众筹是一种无偿捐赠的模式，是出资人不获得商品或资金回报的一类众筹，是赠予的法律关系。其显著特点为成功项目支持人次多、融资金额少。单个项目的融资一般为几十万元，最多至百万元，多为捐助性行为，不以盈利为目的，代表平台为水滴筹、腾讯乐捐、积善之家等。

4. 虚拟货币

虚拟货币（virtual money）指的是电子货币，即没有实物形态的以电子数字形式存在的货币。

真正的虚拟货币时代是从 20 世纪 70 年代开始的。虚拟货币经历了三个发展阶段。第一阶段为"磁卡"（magnetic strip cards）时期，70 年代初期，美国的银行研制了磁卡，卡的背面嵌有一片磁条，用于储存或识别信息。银行把代表一定金额的信息输入磁条，持卡人通过个人识别号码可以从提款机提取存款，这种磁卡称为货币卡。第二阶段为"微电子卡"（chip cards）时期，70 年代中期，继磁卡之后出现了微电子卡。微电子卡是一种嵌有微电子电路的塑料卡，它包括两个系列：一个系列是没有微处理器的微电子卡，称为记忆卡（memory cards）。它被输入不可更改的信息并装有可以执行预先设置指令的电子线路。另一个系列是装有微处理器的微电子卡，称为智能卡（smart cards）。它像一台微型计算机，对卡中记忆的信息进行控制和管理。第三阶段为"网络货币"（internet money）时期，到 90 年代中期，作为电子货币最高形态的网络货币终于出现。网络货币是指存在于互联网中的货币。如果说磁卡、微电子卡、光卡以塑料卡为载体，那么网络货币以互联网为载体。但是，它们的共同特点都是以电子数字的形式存在。

网络货币流通于互联网中，与预付卡或借记卡相比具有下述特点：①独立性，即网络货币不依赖于实物而存在。②安全性，即网络货币可以安全流通并被交换双方确认。③私人性，即隐私权在网络货币流通过程中得到保护。④传送性，即网络货币可以在互联网中传送。⑤可分性，即网络货币可以分割为较小的单位。

从 2014 年开始，我国央行成立了专门的研究团队，对从数字货币发行到业务运行框架、技术、流通环境等多方面进行深入研究后，自 2016 年正式启动推动数字货币发行准备工作。2020 年 5 月，中国人民银行开始试点发行数字货币。这一数字货币的全称是 Digital Currency Electronic Payment，简称 DCEP，也就是数字货币与电子支付的意思。央行发行的电子货币是人民币的电子版，可以理解为全国都能接受的"一卡通"。这个电子货币是 M0（流通中现金）的替代，也就是以往发给各金融机构的现钞变为电子货币；以往现钞通过押钞车运到银行金库，现在通过银行在 DC 的支付平台上的账户直接"转账"。目前，瑞典、委内瑞拉、菲律宾、厄瓜多尔等国都已经推出自己的数字货币，相信在不久的将来，会有更多的国家加入发行本国主权数字货币的行列。

2.2 互联网金融面临的挑战和发展趋势

2.2.1 互联网金融面临的主要挑战

互联网金融的快速发展能够提高人们日常生活的效率，但目前我国的互联网金融发展还是缺乏一定的安全性与可靠性，互联网金融在技术风险、法律风险、监管风险、信用风险的应对方面还面临诸多挑战。

1. 技术风险

互联网金融存在技术风险，这是相对于传统金融的新的风险。首先，由于互联网金融是以互联网、云计算为技术依托完成金融交易，其风险容易通过互联网进行传导，互联网金融企业的用户信息存储在互联网平台上，信息的安全性无法得到有效保障。其次，互联网金融机构依赖互联网催生的大数据和云计算技术，一旦互联网平台或信息库遭到偷袭，遭受数据篡改或数据泄露，会对企业、用户造成不可估量的损失。

另外，通过互联网融资、交易的技术要求也很高，软件和硬件以及系统安全保障防火墙等系统的稳定运行是实现互联网交易的前提。除此之外，不当操作也可能导致交易风险。用户自身的投资教育基础缺陷，以互联网为中介独立参与金融交易操作时面对可能出现的网络故障、平台设计故障等问题可能会导致信息泄露、资金损失等风险。

2. 法律风险

按照互联网金融业务的特点，法律风险包括：电子合同法律风险，信息泄露法律风险，传销与非法集资法律风险，非法经营法律风险等。

（1）电子合同法律风险。在实践中，电子合同与电子签名都具有法律效力，因而经常被应用于网络借贷上，但是由于电子合同信息收集得不够全面，电子合同上缺乏当事人的电子签名或者手写签名没有表明借贷双方身份，导致双方的权利义务及法律关系很难有效认定。另外，如果借款人是未成年人或出借款项被认为来路不明，合同效力存疑。

（2）信息泄露法律风险。经营者和消费者在开展相关互联网金融业务时，为了更加方便快捷地完成交易活动，需要自愿地向第三方支付机构告知自己的投资意向、资金状况和基本信息等，但是这一行为也造成了消费者和经营者自身信息与财务状况能够被第三方支付机构获取的问题。第三方交易机构对所获得的各类信息违法使用会带来法律风险。

（3）传销与非法集资法律风险。在开展互联网金融业务时，极易涉及非法集资。随着互联网金融的日益普及，不法分子利用互联网跨时空、成本低、更新快、扩散广等特征开展互联网金融传销、非法集资等违法犯罪活动，给群众的财产安全和整个金融系统乃至全社会的稳定带来不良影响。另外，还有不法分子利用金融概念、互联网多层嵌套营造投资者"资源投资"假象，导致在对互联网金融传销违法行为进行定性方面存在困难。甚至由于现行法律对传销组织的处罚较轻，互联网金融传销呈现指数型的资金归集，涉案金额巨大，非法收入甚至高达几百亿元，违法成本与收益严重不匹配。

（4）非法经营法律风险。互联网金融中的非法经营行为简单来说是未经相关部门批准而从事相关行业。在第三方支付业务中，主要表现为未经中国证监会批准从事期货、证券交易行为，或者未经中国人民银行批准从事相关支付业务。在实践中，互联网金融行业在摸索中前进，各项制度、法律规范还不完善，但是许多互联网金融企业还是会为了利益链而走险，开展尚未获批资格的互联网金融业务，这些行为很容易触及非法经营罪中的相关规定。

3. 监管风险

互联网金融有着互联网开放共享的特性，这和金融行业追求安全、稳定的行业特性有所矛盾，这就要求有关部门对互联网金融可能存在的风险进行严格的监督。互联网的快速发展大大加快了金融创新的步伐，网络金融的创新，一方面推动了金融业的发展，另一方面也使金融监管面临挑战。

2016年起，我国逐步落实了针对互联网金融的监管：建立了互联网金融协会对互联网金融行业进行自律性自我管理；监管部门发布了相关政策和专项整治工作实施方案，针对互联网金融广告、投资理财等问题进行管理。但是，问题的产生是即时的，政策落实存在一定的滞后性，因此我国互联网金融的监管存在以下问题。

（1）监管力度的把握。监管力度的把握是个难事，一旦监管宽松，单独靠市场自我调节的话，则会问题重重；一旦过于严格监管，就会遏制金融行业的发展速度，减缓经济发展。

（2）混业经营风险。由于缺乏互联网金融管理规范和互联网金融机构的市场准入标准，互联网金融行业门槛低、发展迅速，互联网金融机构和产品层出不穷，经营范围广泛，其资质、信用等真实性、合法性，交易的完整性都有待考量，加之互联网的技术支撑加剧了风险的传递，给监管带来了不便。

（3）信息不对称的潜在威胁。互联网金融科技背景的虚拟性、互联网金融服务的匿名性和隐蔽性，使得用户在线上获取的信息并不比线下获得的信息可靠性强，从而可能导致决策错误，承受损失。信息的不对称削弱了监管效率，给监管的运行和监管体系的建设都带来了挑战。

4. 信用风险

信用风险是在整个借贷过程中由于种种原因无法履行合约导致借贷过程中的任何一方受到资金或其他方面损失的风险。在不履行合约的过程中，违约方就会对另一方构成信用风险。对于互联网金融而言，一些借贷平台或机构将款项放给偿还能力不确定的人群导致资金回收风险。另外，信用良好的企业和个人在申请互联网贷款时并没有额外优势，导致了"劣币驱除良币"现象的产生，对互联网金融的发展产生不良影响。

2.2.2 互联网金融的未来发展趋势

1. 互联网金融与传统金融融合

互联网金融和传统金融并不是相互对立的关系，而是能够相互补充、共同进步、共同发展。互联网金融的巨大创新改革改变了传统的金融业务，促进金融行业更好、更快地转型升级，改变了传统意义上的金融生态圈。目前，我国各大银行不仅推出了网络银行、电子业务办理等方式，也推出了互联网形态下的理财产品。这些巨大的创新和改变，也让我国互联网金融市场有了发展的空间。我国研究互联网金融的学者和专家认为，互联网金融和传统金融能够有效融合是必不可免的，更是发展趋势，它们能够为客户提供更加多元化的服务，未来金融行业也会向多元化、综合化、集成化的方向发展。对于银行来说，互联网时代的到来是它们的机遇，同时也是对它们的挑战，要充分利用互联网的优势，做好风险规划。利用互联网创造更多的网络销售机会，促进传统金融机构和互联网金融的有效融合、共同合作，利用现代化信息技术的技术支持和传统的金融内部控制能力，在互联网的时代下实现共赢。

2. 互联网金融产品服务更具普惠性

众所周知，互联网金融发展起来之前，我国传统金融产品的服务对象主要是那些违约风险较小、信用等级较高且收入较为稳定的高净值群体。对于那些中低收入的普通民众而言，则很难切实享受到金融发展带来的诸多惠益。互联网金融产品的出现则从根本上改变了这一现状，让更多普通民众在互联网金融发展过程中获取更多收益。相关数据分析及研究结果充分表明，随着互联网金融在我国的持续发展，其未来覆盖范围必定会越来越广，全方位、更好地满足广大人民群众的现实需求，从而真正实现普惠金融。

3. 互联网金融监管继续完善

互联网金融的良性发展需要监管系统的完善。自互联网金融诞生以来，我国政府及相关部门始终高度重视对其实施监管工作，虽然历经波折，但监管工作始终未敢放松。互联网金融是一种新兴金融业态，虽具有诸多优势，具有重要发展意义，但如上文提及，也存在诸多风险和挑战。为促进互联网金融的健康发展，必须针对各种出现的新问题对其进行有效监管，帮助其在正确的道路上越走越远。

案例分析 2-1

思考题

1. 简述互联网金融的定义与特点。
2. 简述互联网金融的主要业务。
3. 互联网金融面临哪些主要挑战？
4. 分析互联网金融的发展趋势。

参考文献

[1]　邱毓婷.分析规避互联网金融风险的有效策略 [J].投资与创业，2020，31（21）：11-13.

[2]　薛春艳.互联网金融的法律风险及其防控对策 [J].商展经济，2021，4（12）：65-67.

[3]　谢欣，薛胜英.新时代背景下互联网金融风险分析与监管对策研究 [J].时代金融，2021，4（9）：10-12.

[4] 潘艾莹，王金荣.互联网发展下的金融监管问题探究 [J].现代商业，2021，4（18）：126-128.

[5] 张晓彤.互联网金融的法律风险与防范：评《互联网金融法律理论与实务问题研究》[J].广东财经大学学报，2020，35（2）：113-114.

[6] 洪新雅.关于互联网金融风险影响因素及其防范机制的探讨 [J].时代金融，2021，4（18）：8-10.

[7] 李帅.我国互联网金融的法律风险防范研究 [D].长春：吉林财经大学，2020.

[8] 李元齐.互联网金融的发展历程、类型及发展趋势浅探 [J].全国流通经济，2021，4（3）：156-158.

[9] 冯涛.浅谈我国互联网金融现状与发展趋势 [J].商讯，2021，4（12）：67-68.

[10] 周璇.新形势下互联网金融传销、非法集资的特征及风险防控 [J].金融科技时代，2021，29（7）：94-97.

第 3 章
第三方支付

学习目标

1. 了解第三方支付的相关概念和特点。
2. 熟悉第三方支付的类型。
3. 掌握第三方支付的发展现状和趋势。

思政目标

1. 认识第三方支付在我国经济发展和社会进步中发挥的重要作用。
2. 培养学生的创新意识。

引言

2016 年 4 月 19 日,习近平在网络安全和信息化工作座谈会上谈道:"要适应人民期待和需求,加快信息化服务普及,降低应用成本,为老百姓提供用得上、用得起、用得好的信息服务,让亿万人民在共享互联网发展成果上有更多获得感。"

近年来,我国第三方支付业务的迅猛发展为我国企业经营、民众消费提供了极大的便利,并有望在将来的经济生活中发挥更大的作用。

3.1 第三方支付概述

3.1.1 第三方支付的概念

1998 年，中国第一笔互联网网上交易成功，以互联网为载体的支付方式逐渐被社会认可、接受。时隔 1 年，我国第一家第三方支付企业——首信易支付平台成立。2000 年前后，电子商务的萌芽孕育了商户对于线上收款的需求，中国掀起了电子商务的探索热潮，这为第三方支付方式创造了成长契机。2017 年起，线下扫码支付规模呈现爆发式增长，线下场景的支付增速远高于线上场景的支付增速，引领移动支付经历了由线上驱动阶段到线下驱动阶段的转变。经过多年的发展，我国第三方支付用户规模快速增长，交易规模持续扩大。

1. 第三方支付

第三方支付是指非金融机构作为商户与消费者的支付中介，通过网络联通对接而促成交易双方进行交易的网络支付模式。第三方支付通过支付平台在消费者、商家和银行之间建立联系，实现从消费者到商家以及金融机构之间的货币支付、现金流转、资金结算等功能。采用第三方支付，既可以约束买卖双方的交易行为，保证交易过程中资金流和物流的正常双向流动，增加网上交易的可信度，同时可以为商家开展 B2B（指电子商务中企业对企业的交易方式）、B2C（指电子商务中企业对消费者的交易方式）、C2C（指电子商务中消费者对消费者的交易方式）交易等提供技术支持和其他增值服务。

2. 第三方支付服务

第三方支付服务是互联网支付方式中的一种，也是现代金融支付市场的重要组成部分。传统的第三方支付服务是指中介企业提供的线上资金转移服务，其具体的服务过程为买卖双方在网上达成商品交易协议后，买方使用第三方中介提供的账户进行货款支付，货款暂时由第三方中介保管，待第三方通知卖家发货并且买方检查货品无误后，买方将通知第三方中介进行付款，货款将由第三方中介的账户转移到卖方账户，则整个交易完成；若买方收到货品后因种种原因对商品并不满意，可通知第三方中介停止支付，则交易中断。随着行业的不断扩张与深化，在提供传统线上支付服务的基础上，新兴的第三方支付服务逐渐深入如移动支付、预付卡的发行与受理、POS 收单等线下支付领域，多方面丰富了人们的支付渠道（图 3-1）。

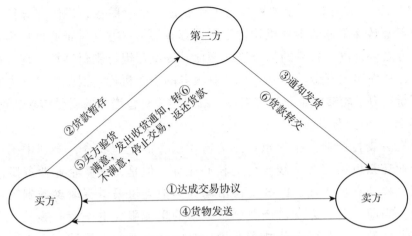

图 3-1　传统的第三方支付服务流程

因此，第三方支付服务可描述为一种信用中介服务、一种支付托管行为，其运作实质是通过在买卖双方之间设立一个中间过渡账户，使汇款资金实现可控性停顿。这种第三方中介的形式以及先发货后付款的流程设计，突破了网上支付服务发展的制约瓶颈，一方面解决了电子商务小额支付下由于银行卡不一致所导致的货款转账不便的问题；另一方面也大大降低了由于信息不对称所导致的互联网交易的欺诈风险，充分保障了消费者的合法权益，促进了支付行业的健康发展。

3. 第三方支付平台

第三方支付平台是指平台提供商通过通信、计算机和信息安全技术，在商家和银行之间建立连接，从而实现消费者、金融机构以及商家之间货币支付、现金流转、资金清算、查询统计的平台。目前，国际上较有影响的第三方支付平台是美国的贝宝，贝宝是一种直接支付的服务，能为买卖双方提供即时、安全的支付服务，其业务的开展建立在贝宝专有的反欺诈、风险控管系统基础之上，具有网上支付的安全保障。

在中国，阿里巴巴旗下的支付宝是最具影响的第三方支付平台，其是针对网上交易而特别推出的安全付款服务，其运作的实质是以支付宝为信用中介，在买家确认收到商品前，由支付宝平台替买卖双方暂时保管货款的一种增值服务，在虚拟的网络环境和信用缺失情况下，保证了网上交易与支付的安全可靠。

4. 第三方支付企业

根据央行发布的《非金融机构支付服务管理办法实施细则》(以下简称

《办法》），第三方支付企业被划分为提供非银行金融服务、提供部分货币或全部货币资金转移服务的中介机构。学者李育林将第三方支付企业概括为独立于买卖双方之外，以其自身的信誉进行担保，提供与银行支付结算系统接口和通道服务，从而实现资金转移和支付结算服务的中介机构。因此，第三方支付企业应不断致力于能够使企业持续发展、满足用户日益增长的支付需求的推进。

5. 第三方支付产业

第三方支付产业是指提供第三方支付服务的企业集合，早期中国第三方支付产业还是以第三方在线支付为核心业务。但是，随着企业业务版图的不断扩张，移动支付市场、POS 支付市场等其他支付渠道逐渐渗透到第三方支付产业。当前，第三方支付产业已从最初的生活服务电子商务领域，发展至电子商务、教育、金融、公共事业、航空等全方位的多领域，成为中国互联网经济中不可或缺的支撑力量。

3.1.2　第三方支付的特点

1. 中介性

正如第三方支付"商户与消费者的支付中介"的概念所示，第三方支付具有显著的中介性，即作为消费者、商户、银行间沟通的桥梁，更有效地解决买卖双方网上交易时出现的问题，更好地推动电子商务的健康发展。

第三方支付的特点

2. 成本低

第三方支付集中大量的电子小额交易形成规模效应，成本低，同时也降低了政府、企业、事业单位联通银行的成本，满足了企业专注在线业务的收费要求，顺应了数字化货币的趋势。

3. 安全性

第三方支付是为网上交易提供安全保障的独立机构。其本身依附于大型门户网站，且以与其合作的银行的信用为依托，因此第三方支付平台能够较好地解决网上交易中的信用问题。买家在网上购物时，钱不是直接打到卖家的账户，而是先打到第三方支付平台银行账户，在买家确认收货并且无质量问题的情况下通知第三方支付平台把钱打入卖家的账户。第三方支付交易模式让商家看不到客户的付款源信息，也避免了付款账号在网络中多次公开传输而导致的信息泄露现象。

4. 监督性

与传统支付方式相比，第三方支付起到了监督和约束的作用。第三方支付平台不仅能够保证资金传递安全，而且可以对交易双方进行约束和监督。同时，第三方支付平台可以将买家的钱划入卖家账户，而且在出现交易纠纷时能有效避免卖家收到买家订单后不发货或者买家收到货物后拒绝付款等情况，保证交易顺利进行。

5. 多样性

在具体支付手段上，第三方支付平台的支付方式是多样的，用户可以使用网络支付、电话支付、电视支付、手机短信支付等多种方式进行支付，因此第三方支付具有方式多样性的特点。

6. 整合性

通过给银行提供多方面的接口程序，第三方支付平台将不同种类的银行卡和不同方式的支付形式连接到统一平台，该平台负责交易结算过程中与银行之间的对接，能够避免不同银行账户间转账不畅的情况。

7. 便利性

第三方支付页面友好，用户不用考虑背后复杂的技术操作过程，支付平台提供多种形式的应用接口，作为一个连接点将多种银行卡支付整合集中，使在一个界面完成交易结算中与银行对接、与商家对接的行为，便利了用户网上购物。

8. 风险性

与传统支付方式相比，第三方支付的发展也带来新的隐患。第三方支付平台进行资金吸存，并且导致大量资金沉淀，当沉淀资金管理不善时，则会出现资金安全隐患，甚至会出现支付风险。

3.1.3 第三方支付的类型

当前，无论是学术界、产业界，还是监管部门，对第三方支付的分类都不尽相同，主要的分类方式有三种：①根据《办法》对第三方支付分类。②根据提供第三方支付服务的主体性质进行分类。③根据支付服务的不同业务属性进行分类。这三种分类分别是从现行监管的便利、支付业务不同属性特点出发对主流的支付业务进行分类。

1. 按《办法》中第三方支付的分类

央行《办法》是将第三方支付按业务类型划分，分别是：网络支付，预付卡的发行与受理，银行卡收单。

（1）网络支付，是指依托公共网络或专用网络在收付款人之间转移货币资金的行为，包括货币汇兑、互联网支付、移动电话支付、固定电话支付、数字电视支付等（图 3-2）。

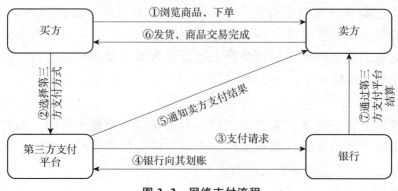

图 3-2　网络支付流程

（2）预付卡的发行与受理，是以盈利为目的而发行的一种先付费、后消费的支付模式，客户可购买商品或服务的有预付价值的包括磁条、芯片等卡片形式的卡。与银行卡相比，预付卡不与持卡人的银行账户直接关联。目前市场上流通的预付卡主要可分成两大类：一类是单用途预付卡。例如，企业通过购买、委托等方式获得制卡技术并发售预付卡，该卡只能在发卡机构内消费使用，主要由电信、商场、餐饮、健身、美容美发等领域的企业发行并受理。另一类是多用途预付卡，主要由第三方支付机构发行，该机构与众多商家签订协议，消费者可以凭该卡到众多的联盟商户刷卡进行跨行业消费，典型的多用途卡有斯玛特卡（SmartPASS）、得仕卡（Day's Pass）等（图 3-3）。

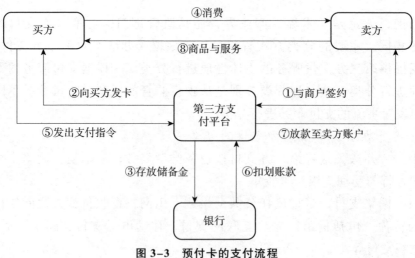

图 3-3　预付卡的支付流程

（3）银行卡收单，是指收单机构通过银行卡受理终端为银行卡特约商户代收货币资金的行为。其中，受理终端是指通过银行卡信息读入装置生成银行卡交易指令要素的各类支付终端，包括销售终端（POS）、转账 POS、电话 POS、多用途金融 IC（集成电路）卡支付终端、非接触式接受银行卡信息终端、有线电视刷卡终端、自助终端等类型。收单机构，是指与特约商户签订银行卡受理协议并向该商户承诺付款以及承担核心业务主体责任的银行业金融机构和非金融机构（图 3-4）。

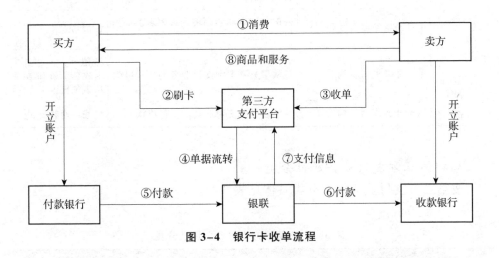

图 3-4　银行卡收单流程

按《办法》对第三方支付进行分类的方式虽然符合一般大众的认识，但分类标准前后不尽一致，不同业务分类之间有交叉，不能很好地体现完整、严谨的监管意图。

2. 按第三方支付机构主体分类

按第三方支付机构主体分类具体见表 3-1。

表 3-1　按第三方支付机构主体分类

分类标准	分类	概念	举例
支付机构本身是否有独立性	独立的第三方支付机构	本身没有电子商务交易平台，也不参与商品销售环节，只专注于支付服务	快钱、通联支付、汇付天下等
	非独立的第三方支付机构	支付机构与某个电子商务平台属于集团联盟或者战略联盟关系，主要为该电子商务平台提供支付服务	支付宝、财付通、盛付通等分别依托于淘宝网、拍拍网和 QQ、盛大网络等

续表

分类标准	分类	概念	举例
注册资本性质	国有控股第三方支付机构	国有资本占控制权的第三方支付机构	银联商务
	国有参股第三方支付机构	在企业股权结构中有国有资本，但国有资本不占控制权	通联支付
	民营第三方支付机构	全部资本由境内投资者投资的企业	支付宝、快钱
	外商独资第三方支付机构	中国境内设立的全部资本由外国投资者投资的企业	贝宝（中国）
	中外合资第三方支付机构	外国投资者和中国境内投资者共同出资的企业	首信易支付
支付机构的业务范围	单一业务支付机构	只从事某一类别支付业务的支付机构	杉德（只从事银行卡收单）、资和信（只从事预付卡）
	综合业务支付机构	从事多样化支付业务的支付机构	快钱、通联支付

3. 按第三方支付业务属性分类

按第三方支付业务属性分类具体见表 3-2。

表 3-2　按第三方支付业务属性分类

分类标准	分类	概念
按支付指令传输通道	互联网支付	按支付指令传输所依托的信息网络通道分类中对网络支付的分类
	移动网络支付	
	固话网络支付	
	数字电视网络支付	
按支付终端	POS 支付	根据支付指令发起方式分类
	PC（个人计算机）支付	
	移动电话支付	
	固定电话支付	
	机顶盒支付	
	ATM 机支付	
按支付距离	近场支付	不需要使用远程移动网络，通过 NFC、红外、蓝牙等其他技术，实现资金载体与售货机、POS 机终端等设备之间支付指令传递，支付完毕，消费者即可得到商品或服务
	远程支付	支付的处理是在远程的服务器中进行，支付的信息需要通过网络传送到远程服务器中才能完成支付

续表

分类标准	分类	概念
按交易主体	B2B 支付	第三方支付机构为企业与企业间的资金转移活动提供服务
	B2C 支付	第三方支付机构为企业和个人间的资金转移活动提供服务
	C2C 支付	第三方支付机构为个人与个人间的资金转移活动提供服务
按支付时间	预付支付	付款方在交易尚未完成前，需提前支付款项并由第三方支付机构付给收款方
	即时支付	付款方在交易完成时已同步完成款项支付，并由第三方支付机构付给收款方
	信用支付	在交易过程中，由第三方支付机构独立或者会同商业银行为付款方提供垫资服务的支付行为
按货币资金存储	卡基支付	以银行卡（包括信用卡和借记卡）和预付卡为主要支付工具载体去实现的各种支付服务
	网基支付	通过互联网、电话、手机等通信终端实现基于账户（银行账户、第三方虚拟账户）的无卡支付，这种类型支付通常不是通过读取卡片信息，而是通过密码来验证支付指令
按交易背景	有交易背景的支付	第三方支付机构服务的收付款人之间存在交易背景，如B2C 支付、POS 收单等
	无交易背景的支付	第三方支付机构服务的收付款人之间没有交易背景，如货币汇兑业务等
按是否具有信用中介功能	有信用中介功能的支付	第三方支付机构充当了信用中介的角色，在买方确认收到商品前，替买卖双方暂时监管货款的支付方式
	无信用中介功能的支付	第三方支付机构只作为单纯的支付服务中介，不承担信用中介职能

3.2　第三方支付的发展

3.2.1　第三方支付的发展历程及发展现状

1. 国外第三方支付发展历程及发展现状

国外第三方支付产业的起步略早于我国，并保持高速发展。由于各国制度以及市场条件不同，不同国家与地区第三方支付产业发展呈现不同状况。

国外第三方支付业务在市场中的占有率虽然不高，但渗透力很强，其中主要的非现金支付工具是签名借记卡和卡组织的信用卡。国外的卡组织模式由于其整体信用环境较好，并且采取无磁无密的交易方式，因此能够顺利迁移银行卡支付到互联网交易渠道中。第三方支付企业与卡组织合作，不断开拓新的业务领域。另外在业务类型方面，第三方支付也已经延伸到了学费、公共事业费、房租等各类账单支付，并在整个业务量的比例中不断提升。

1）美国

第三方支付最早源于20世纪80年代美国的独立销售组织制度（Independent Sales Organization，ISO）。在几十年的发展中形成了从较为成熟的信用卡和银行支票业务为基础转向互联网媒体的发展模式。2010年，已有51%的美国消费者使用PayPal等非金融机构的第三方支付服务。2013年，第三方支付在美国网络支付中所占的份额从2008年的18%增长到30%。但因美国信用卡体系十分完善，刷卡消费已成为美国消费者根深蒂固的习惯。另外，安全性问题是另一个阻碍美国移动支付推广的障碍，他们还需要较长的时间去习惯和适应将信用卡信息保存在手机中，再直接通过手机选择支付方式。

监管方面，美国对第三方支付业务实施多元化的功能性监管，即分为联邦层次和州层次两层监管。监管重点放在交易的过程，而不是从事第三方支付的机构。联邦层面，联邦存款保险公司（FDIC）是主要部门，各州的监管则由各州根据自己不同的法律实施不同的监管措施。美国对第三方支付机构的监管主要依据现有的相关法律，或者对现行法律法规进行相应增补，以便用于对汇款业务或者非银行机构支付业务（此类业务统称为"货币服务业务"）进行监管，重点在于监管业务的交易过程。被当作"货币服务机构"的第三方支付公司的运营牌照，需由监管机构统一发放，同时明确其投资范围限制、初始资本金、自有流动资金、反洗钱义务、记录和报告制度等内容。

资金方面，美国联邦存款保险公司认定第三方支付平台上的滞留资金是负债，而非存款，因此该平台只是货币转账企业或是货币服务企业，不需获得银行业务许可证。美国联邦存款保险公司通过提供存款延伸保险实现对滞留资金的监管。第三方支付平台的留存资金须存放在该保险公司保险的银行的无息账户中，每个账户的保险额上限为10万美元。另外，美国《爱国者法案》规定，第三方网上支付公司作为货币服务企业，需要在美国财政部的金融犯罪执行网络注册，接受联邦和州两级的反洗钱监管，及时汇报可疑交易，记录和保存所有交易。

2）欧盟

近年来，欧洲地区电子商务增长快速，但欧洲各国电子商务的发展程度不一。瑞典、丹麦、芬兰和挪威等北欧国家处于领先发展地位，意大利、希腊等南欧国家相对滞后。欧盟通过对支付媒介的规定实现对第三方支付公司的监管。任何公司需要获得银行执照或者电子货币公司执照后，通过商业银行货币或者电子货币这两种媒介开展支付业务。

监管方面，欧盟具体制定颁布了《电子货币指引》《电子签名共同框架指引》和《电子货币机构指引》，规定只有传统信用机构和受监管的新型电子货币机构同时满足在央行存有大量资金和取得相关金融部门颁发的营业执照才有权力发行电子货币。同时，三部指引也对电子货币机构的大部分电子支付工具，包括支付网关及虚拟账户等起到规范作用。归纳起来，欧盟地区对第三方支付公司的监管包括以下几点。

（1）最低资本金要求。第三方支付企业必须拥有自有资金，也规定了最低限额。同时要求其初始资本不得低于 100 万欧元。

（2）投资活动限制。明确规定沉淀资金属于负债。资金投资活动严格限制在一定的投资项目类型和投资额度之内。

（3）业务风险管理。第三方支付机构需具备适当的内控机制，坚持稳健和审慎管理的原则，拥有规范的会计核算程序。

（4）记录和报告制度。电子货币机构的交易记录需在一段时间内进行完整保留。同时，应该按时提交定期财务报告和审计报告等。

3）日本以及亚洲其他国家

在亚洲地区，日本的第三方支付行业发展较好。一方面是因为日本企业在长期经营中形成了以大企业为核心、中小企业群围绕的共生体系。大企业凭借雄厚的资本和技术积极推进电子商务，同时也带动大批中小企业与其一并发展。另一方面是日本传统的零售配送系统成功解决了电子商务配送和支付问题，这些为日本第三方支付产业发展创造了良好条件。

在新加坡电子商务的发展中，政府发挥了积极作用，尤其在对中小企业的支持方面发挥了重要作用。印度等东南亚国家近年来第三方支付产业发展迅速，但不成熟的网上支付系统以及买卖双方的信用问题依旧是制约其发展的重要原因。监管方面，亚洲国家相比欧美国家起步普遍较晚，1988 年，新加坡领先其他亚洲国家，率先颁布了《电子签名法》，明确对第三方支付的相关监管规定。亚洲其他国家和地区对于第三方支付机构的监管尚处于成长阶段。

2. 国内第三方支付发展历程及发展现状

1）行业发展历程

从 1999 年我国第一家第三方支付企业——首信易支付平台诞生至今，第三方支付已经走过了 20 多年的发展历程，可以将我国第三方支付的发展历程分为三个阶段。

（1）自由探索时期（1999—2004 年）。1999 年，中国最早的第三方支付企业成立了，但电子商务在中国发展缓慢，其影响力一直不大。2002年前后，中国银联的成立解决了多银行接口集成的问题，能够满足商家多银行卡在线支付接口的需要，有效解决了异地跨行网上支付的问题，消费者可以通过页面输入银行卡账号与密码实现网上支付。

随后，各大商业银行不断发展网络银行业务，直到2004年12月，阿里巴巴公司推出支付宝。在淘宝购物平台的强大影响下，支付宝业务取得了突飞猛进的发展，第三方支付的交易规模也呈现出飞速增长的趋势，2005年支付规模达到196亿元，随后仅用4年时间便以超过2亿用户的绝对优势胜过美国的PayPal，成为全球最大的第三方支付平台。

此阶段由于第三方支付还处于早期发展阶段，其影响力和覆盖范围均有限，因此也没有相关政策措施出台。

（2）"黄金"成长时期（2005—2013年）。继阿里巴巴公司推出支付宝之后，国内相继出现了一系列类似的支付平台，安付通、买卖通、微信支付、e拍通、网银在线等产品均以较高的服务便利度被亿万用户使用。此外，以拉卡拉为代表的线下便民金融服务提供商的出现，以及银联电子支付推出的银联商务等多项金融服务的衍生，使得中国的第三方支付平台呈现迅猛的发展态势，第三方支付企业进入持续稳定的"黄金"增长期。

由于这一时期第三方支付企业集中发展且影响力逐渐扩大，甚至对银行等实体金融造成了较大冲击，二者之间的竞争相当激烈。因此，从2005年开始，国务院及相关部门陆续发布了一系列相关政策措施，用于规范电子商务市场的发展和网上支付环境建设。

由这些政策文件可知，这一时期政府对于第三方支付的态度是积极鼓励、引导和规范，第三方支付企业利用这一有利时机和环境不断拓展业务范围，推进多样性经营的发展。

（3）审慎发展时期（2014年至今）。"风险与利益并存"这一准则在市场中被反复检验和证实。由于国内第三方支付发展迅速，片面发展和安全风险等隐患显现，因此从2014年开始，央行对第三方支付制定了系列政策。如2014年3月13日，央行支付结算司发布《中国人民银行支付结算司关于暂停支付宝公司线下条码（二维码）支付等业务意见的函》，紧急叫停了虚拟信用卡和二维码支付。同年4月，央行和中国银监会联合发布《关于加强商业银行与第三方支付机构合作业务管理的通知》（银监发〔2014〕10号）。尽管银监发〔2014〕10号文件中的20条规定都是针对商业银行提出的，但事实上每一条都指向第三方支付机构。2015年央行《非银行支付机构网络支付业务管理办法》出台。2016 年 3 月，国家发改委和央行颁布《关于完善银行卡刷卡手续费定价机制的通知》。2016 年 4 月，国家发改委和央行出台《非银行支付机构分类评级管理办法》。2016 年 8 月央行《二维码支付业务规范（征求意见稿)》《银行卡受理终端业务准入管理规则》、2017 年 12 月《条码支付业务规范（试行)》、2018 年 12 月《关于支付机构撤销人民币客户备付金账户有关工作的通知》相继出台。

2）行业发展规模

自 2016 年以来，我国对第三方支付行业的监管政策越发严格，加之支付宝和腾讯金融在账户侧渗透趋向饱和，第三方支付交易增长态势有所放缓，但用户规模和交易规模依旧保持扩张状态。

根据 CNNIC（中国互联网络信息中心）于 2021 年 2 月 3 日发布的第 47 次《中国互联网络发展状况统计报告》，截至 2020 年 12 月，我国网络支付用户规模达 8.54 亿人，较 2020 年 3 月增长 8 636 万，占网民整体数量的 86.4%；我国手机网络支付用户规模达 8.53 亿人，较 2020 年 3 月增长 8 744 万，占手机网民数量的 86.5%（图 3-5、图 3-6）。

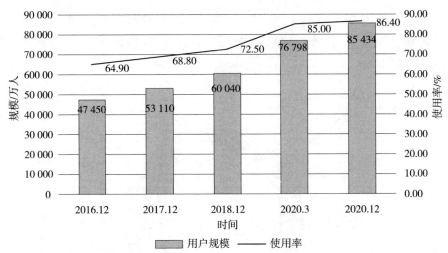

图 3-5　2016 年 12 月至 2020 年 12 月网络支付用户规模及使用率
资料来源：CNNIC 第 47 次《中国互联网络发展状况统计报告》。

3）第三方支付市场格局

我国第三方支付企业虽然较多，但主要的业务集中在几个企业。随着移动互联网的快速发展，加之线上流量场景已趋向垄断且达到饱和期，线下场景成为第三方支付巨头要挖掘的重点。目前，我国第三方支付竞争格局已基

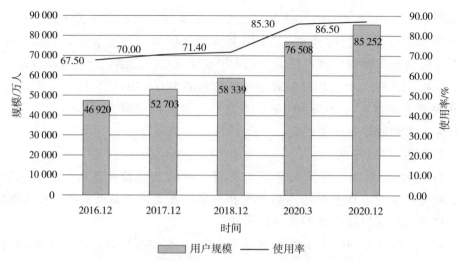

图 3-6 2016 年 12 月至 2020 年 12 月手机网络支付用户规模及使用率

资料来源：CNNIC 第 47 次《中国互联网络发展状况统计报告》。

本形成，微信支付（腾讯金融）和支付宝等机构凭借二维码支付的优势，抢占线下市场，占据第三方支付市场较大份额。从前瞻产业研究院所公布的数据来看，2020 年一季度，支付宝、腾讯金融和银联商务分别以 48.44%、33.59% 和 7.19% 的市场份额位居前三位，三者市场份额总和达到 89.22%，行业集中度较高（图 3-7）。

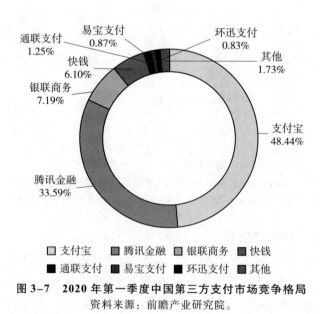

图 3-7 2020 年第一季度中国第三方支付市场竞争格局

资料来源：前瞻产业研究院。

3.2.2 第三方支付发展展望

随着 5G 技术、信息科技、人工智能、电子商务、金融科技等众多领域迅猛发展，我国第三方支付的发展趋势大致可以归纳为以下几个方面。

1. 主攻线下业务市场

由于线上市场对于平台资源和客户流量的依赖程度高，以支付宝和腾讯金融领导的"双寡头垄断"局面在较长一段时间内难以改变。目前来看，线下市场支付场景多、市场容量大，聚合支付的发展亦有效推动了交易价值链的提升。对中小型第三方支付企业来说，如若持续滞留于线上市场，不仅不会给自身带来显著收益，而且会造成战略资源的浪费，因此积极地向线下市场进行战略部署是当前的最佳选择。例如，美团、携程、百度等都推出了品牌之下的电子钱包，由以往单一的线上交易业务转为线下为主、线上线下相结合的交易模式。

2. 推进支付方式多样化

第三方支付方式在科技进步中向多样化发展，各类第三方支付形式相继出现、相互补充、共存发展。目前，广为使用的第三方支付形式有扫码支付、指纹支付、密码支付、刷脸支付等，随着未来 AI（人工智能）、5G 等技术的发展，刷脸支付或将成为未来社会支付方式的主流。虽然刷脸支付在现阶段仍存在数据安全、场景搭建、场景实现等方面的难题，但仍被许多人所使用。刷脸识别系统被应用于包括司法、税务、政务、商业消费等各个领域。例如，蚂蚁金服推出刷脸支付系统，该系统已在多省区市落地应用，接入包括家乐福、永辉超市等多家门店。同时，银联在北京和上海以及广州的多家商店、服务网点、政务服务单位等也推出了刷脸服务。

3. 打造第三方支付品牌优势

第三方支付已成为未来支付发展的潮流。第三方支付平台众多，已具备品牌效应的如支付宝、腾讯金融将占主导地位，马太效应明显，未来将会推出更多的信用消费服务、更多的支付手段、更加灵活的支付方式。然而，在有限的市场内，中小第三方支付机构为争夺市场份额，或将朝向差异化服务发展，为行业内大客户提供各种支付解决方案，建立个性化账户体系，发展自有独特功能的"电子钱包"等，建设独有品牌优势。

4. 扩展海外业务，打通跨境支付

国内第三方支付市场容量正逐步趋于饱和，而海外支付市场则因其支付基础设施建设较为滞后，为国内第三方支付机构提供了充足的增量市场，海

外支付和跨境支付建设或成为新的发展趋势。

一方面，随着中国经济的高速发展，我国选择出境旅游的人数屡创新高，消费能力变强。多数人在国内习惯于"出门只带手机"的生活方式，自然对海外第三方支付平台的构建有着较大的心理需求，这也成为众多第三方企业积极发展海外支付业务的重要推动力。另一方面，伴随着"一带一路"倡议的快速推进，跨境业务的往来将会日益频繁，跨境支付在未来一段时间有望保持高速发展。此外，跨境电商的快速发展也为跨境支付的发展提供了契机。

5. 提供多元金融服务

第三方企业在未来若只专注于服务的纯工具属性，利润空间将是十分有限的。支付宝和腾讯金融两大巨头显然已经注意到这一点，它们在发展传统支付业务的同时，已经在积极进行综合金融服务平台的建设。

其中，支付宝相继推出了余额宝、蚂蚁花呗、借呗、芝麻信用等服务模块，涵盖了资金储蓄、小额贷款、征信机制等多方面金融服务。其他中小型支付机构可能并不具备全面发展金融服务的资金实力，但亦可针对客户细分需求来提供增值服务。例如，对于部分中小支付机构而言，其在为 B 端客户提供服务时积累了大量的营运数据，这些数据可转化为向其他 B 端客户提供咨询服务的重要信息基础，这些增值服务将会为中小型机构带来可观的收益。

6. 推动规范化市场监管

第三方支付的普及，将推动更为规范的监管行为与相关法律法规的完善，建立健全政府监管、行业自律监管、企业内部监管三位一体的第三方支付监管体系对第三方支付进行规范。

目前，第三方支付的政府监管部门是中国人民银行，行业自律监管机构是国家支付清算协会，企业内部监管还没有统一的部门。中国人民银行对第三方支付的监管职责为全面监管支付市场的秩序、制定相关法规、规范市场的准入门槛、制定第三方支付行业标准等。行业自律监管机构负责行业的规则制定，以及行业的自我监管。除了行业协会，目前还包括行业主管部门的监管，行业主管部门的监管职责是指导第三方支付行业的发展。主管部门下设的支付结算机构承担着拟定支付结算政策、制定结算规则、制定行业发展规划、推进支付工具的创新等行业监管职能，是直接主管第三方支付行业的部门。我国国家支付清算协会是第三方支付行业唯一的自律组织，以实现会员单位共赢为宗旨，督促会员单位遵

扩展阅读 3-1

案例分析 3-1

章守法，特别是要遵守各项金融方针政策，敦促会员单位遵守社会道德规范要求，维护支付清算服务秩序，推动第三方支付市场的良性竞争，保护会员单位的合法权益，防范第三方支付系统的清算风险。

 ## 思考题

1. 简述第三方支付的定义与特点。
2. 第三方支付存在哪些类型？
3. 第三方支付经历了怎样的发展过程？
4. 我国第三方支付存在哪些发展趋势？

 ## 参考文献

[1] 陈新林. 第三方支付发展研究 [J]. 特区经济，2007（4）：293–294.

[2] 程美英. 探讨第三方支付发展趋势 [J]. 财会学习，2019（21）：201–202.

[3] 李育林. 第三方支付作用机理的经济学分析 [J]. 商业经济与管理，2009（4）：11–17.

[4] 刘丽文. 中美第三方支付监管体制的比较研究 [D]. 北京：北京邮电大学，2011.

[5] 骆娜. 第三方支付行业线下业务发展现状及前景预测 [J]. 现代商业，2019（25）：42–43.

[6] 任曙明，张静，赵立强. 第三方支付产业的内涵、特征与分类 [J]. 商业研究，2013（3）：96–101.

[7] 谢瑶华，栾福茂. 我国第三方支付的现状、风险及控制对策 [J]. 财会月刊，2017，4（13）：41–45.

[8] 徐显峰. 我国第三方支付发展研究 [D]. 成都：西南财经大学，2013.

[9] 杨彪. 中国第三方支付有效监管研究 [M]. 厦门：厦门大学出版社，2013：12–20.

[10] 中国互联网络信息中心. 中国互联网络发展状况统计报告 [R]. 北京：中国互联网络信息中心，2021.

[11] 中国人民银行. 非金融机构支付服务管理办法：中国人民银行令〔2010〕第 2 号 [EB/OL].（2010–06–21）. http://www.gov.cn/flfg/2010–06/21/content_1632796.htm.

[12] 魏想明，袁也. 阿里巴巴支付平台安全问题研究：以支付宝为例 [J]. 河南科技，2020（7）：17–20.

[13] 李雅倩. 支付宝盈利模式研究 [D]. 太原：太原理工大学，2018.

[14] 张皓. 互联网金融的创新与发展 [D]. 北京：对外经济贸易大学，2015.

第 4 章
网络借贷

学习目标

1. 了解网络借贷的定义以及在我国的发展现状。
2. 熟悉网络借贷的模式。
3. 认识中国网络借贷行业的风险和短板。
4. 了解中国最具代表性网贷平台"人人贷"。

思政目标

1. 认识网贷行业在中国发展存在的风险。
2. 增强对中国政府基于金融安全和保护广大人民群众财产安全的需要而取缔网贷平台的认识。

引言

习近平总书记在中共中央政治局第四十次集体学习时的讲话中谈道:"金融安全是国家安全的重要组成部分,是经济平稳健康发展的重要基础。维护金融安全,是关系我国经济社会发展全局的一件带有战略性、根本性的大事。金融活,经济活;金融稳,经济稳"。"维护金融安全,要坚持底线思维,坚持问题导向,在全面做好金融工作基础上,着力深化金融改革,加强金融监管,科学防范风险，强化安全能力建设，不断提高金融业竞争能力、抗风险能力、可持续发展能力，坚决守住不发生系统性金融风险底线。"

4.1　网络借贷概述

在传统普惠金融模式下，由于金融机构贷款审查的成本高，且与借款人之间存在信息不对称问题，中小微企业和个人获得金融服务难与服务贵的问题依然比较突出。近年来，随着互联网技术的快速发展，网络借贷为这一问题提供了新的解决方案。首先，利用互联网、云计算、大数据等技术，网络借贷可以减少金融机构与借款人之间的信息不对称问题，减少逆向选择和道德风险的发生。其次，网络借贷降低了对提供金融服务的物理网点和人力的需求，比传统金融服务更加方便、快捷，可以显著降低金融服务成本。最后，通过互联网，金融服务跨越地理限制，扩展了中小企业和个人的融资选择，扩大了金融服务覆盖面，使得服务传统金融难以触达的中小企业和个人成为可能。

4.1.1　网络借贷的概念

广义的网络借贷泛指资金需求方与提供方通过互联网平台完成借贷交易。该定义最早出现在 2015 年 7 月 18 日中国人民银行等十部委联合印发的《关于促进互联网金融健康发展的指导意见》中。根据该指导意见的定义，网络借贷包括个体网络借贷（P2P 网贷）和网络小额贷款。

狭义的网络借贷则主要指 P2P 网贷。根据中国银行业监督管理委员会 2016 年 8 月出台的《网络借贷信息中介机构业务活动管理暂行办法》，网络借贷指个体和个体间通过互联网平台实现的直接借贷，其中个体包含自然人、法人和其他组织。

该办法还规定网络借贷信息中介机构是指依法设立、专门从事网络借贷信息中介业务活动的金融信息中介公司。该类机构以互联网为主要渠道，为借款人与出借人（贷款人）实现直接借贷提供信息收集、信息公布、资信评估、信息交互、借贷撮合等服务。

4.1.2　P2P 网贷的概念

P2P 网贷，译为"个人对个人的借贷"，又称点对点网络借款，指通过网络中介平台，借款人直接发布贷款申请，出借人在了解对方的身份、信息后，可以直接与借款人签署借贷合同，提供小额贷款，并能及时获知借款人的还款进度，获得投资回报的一种贷款形式，它是一种依托互联网，将小额资金聚集起来借给有资金需求人群的民间借贷模式。从 2005 年诞生，P2P 网贷发展已有 10 多年的历史。随着 P2P 网贷业务的快速发展，它早已超出最初的业务范围，不再仅是个人对个人的借款，已衍生到个人对企业、个人对政府等业务方向。

4.1.3 P2P 网贷起源及发展

P2P 借贷模式可追溯到 20 世纪 70 年代，由诺贝尔和平奖得主穆罕默德·尤努斯（Muhammad Yunus）教授创立。1976 年，尤努斯在国有商业银行体系内部创立了格莱珉银行，为贫困的孟加拉国妇女提供小额贷款业务，意在解决孟加拉国妇女的生活难题，鼓励她们创业，"乡村银行"由此诞生。随着互联网的发展，这种将分散资金汇集起来再出借的融资方式，它的运行媒介已经变成互联网，而不再是银行等传统金融机构。

P2P 网贷模式由英国人理查德·杜瓦（Richard Duvall）、詹姆斯·亚历山大（James Alexander）、萨拉·马休斯（Sarah Matthews）和大卫·尼克尔森（David Nicholson）4 位年轻人共同创造。2005 年 3 月，他们创办的全球第一家 P2P 网贷平台 Zopa 在伦敦上线运营。其运作模式主要为：资金需求者在网上申请借款，Zopa 通过与其合作的第三方信用评级机构 Equifax 获得资金需求者的信用评分以确定信用等级，Zopa 根据资金需求者的信用等级提供不同的借款利率，然后将投资者按 10 英镑进行均分，投给不同的资金需求者。现如今 Zopa 的业务已扩展至美国、意大利和日本，平均每天线上的投资额高达 200 多万英镑。

P2P 网贷起源于英国，发展于美国。P2P 网贷于 2006 年引入美国，随着美国首家网贷平台 Prosper 的兴起，P2P 网贷模式就一直在创新发展。起初 Prosper 在 Zopa 运作模式的基础上做了些许创新，其借贷利率不再由平台根据资金需求者的信用等级制定，而是以荷兰式拍卖来决定，通过不断降低借贷利率来匹配投资者意愿。与此同时，Prosper 会将其自身运营数据披露在网上，供社会机构或者学术界进行分析研究，通过研究者的研究结果来促进自身的发展。除了在利率制定方式上的创新，Prosper 平台还向智能化方向发展，并开发了一个金融服务平台，即手机应用 Prosper Daily，这是一个与 P2P 完全不同的业务。Prosper Daily 是一个个人财务管理手机应用，和 Mint 类似，但增加了许多功能，包括信用分数查询、个人资产负债表生成、信用卡支付、识别可疑交易等。

美国还成立了 OnDeck 和 Funding Circle，从个人对个人的 P2P 借贷模式发展成为专注于中小企业贷款的 P2B（个人对企业）模式。

此后，在美国成立的 Lending Club，一度将美国推向全球第一大 P2P 网贷市场，该平台是一个专注于提供线上信贷服务的平台，主要起到交易服务媒介的作用。Lending Club 同时面向美国投资者和国际投资者，但国际个人投资者面临很高的门槛，起始资金必须达到 10 万美元，审核严格且流程复杂，需提供各种认证文件外加电话面试。平台目前更偏重机构投资者，已与包括高盛银行在内的诸多机构达成战略合作。

其实不只在美国，目前 P2P 网贷的影响力已遍布全球，各国都有相应的 P2P 网贷平台，如德国的 Auxmoney、日本的 Aqush、韩国的 Popfunding、西班牙的 Comunitae、冰岛的 Uppspretta、巴西的 Fairplace 等。且随着 P2P 网贷行业的快速发展，其规模有越发壮大的趋势，据 Transparency Market Research 的调查估计：2024 年，全球范围内 P2P 行业规模将从 2015 年的 2 616 亿美元增长至 8 978.5 亿美元，P2P 行业的复合年增长率在 2016—2024 年将达到 48.2%。2017 年 1 月，Zopa 成为英国第一家贷款规模超 20 亿英镑的 P2P 公司。2017 年 6 月，Zopa 在获得英国金融金管局（FCA）授权后，开始上线一些其他的金融产品。2018 年 8 月，Zopa 推出了自己的数字挑战者银行，之后获得了英国金融监管机构颁发的临时银行牌照，此后，Zopa 的数字银行业务不断壮大，开始提供信用卡、贷款、固存和汽车贷款等服务。随着新冠疫情的蔓延以及英国金融监管局等机构审查力度的加大，P2P 步入寒冬。2020 年 6 月，Zopa 拿到了英国金融监管局颁发的全面银行牌照。出于大环境的影响以及信用卡和定期储蓄账户等产品的强劲需求，2021 年 12 月，Zopa 放弃了 P2P 业务，转而发展银行业务。[①]

4.1.4　P2P 网贷在中国的发展及监管

1. 萌芽阶段（2007—2012 年）

1）P2P 在中国的产生

继英国、美国分别于 2005 年、2006 年出现 P2P 网贷平台，我国也于 2007 年开始了 P2P 网络借贷平台的尝试。拍拍贷是国内首家 P2P 网贷平台，其模式与 Prosper 类似。起初，P2P 网贷的社会关注度低、发展平缓，以学习

---

① 金融科技｜全球第一家 P2P 公司 Zopa 关停借贷业务 [EB/OL].（2021-12-23）. https://baijiahao.baidu.com/s?id=1719912334552680272&wfr=spider&for=pc.

国外经验为主，直到 2010 年，仅有 10 多家平台。2011 年后，线下民间借贷者开始借鉴线上经营经验，进行线上融资、线下放贷。2012 年，P2P 网贷平台超过 200 家，交易量达到 200 亿元左右。P2P 网贷在我国出现和发展，是以下因素综合作用的结果。

（1）传统的金融体系不能满足社会的投融资需求，是产生 P2P 网贷的根本原因。在融资端，受限于银行烦琐的审批程序、较高的放贷门槛等，我国大量的中小微企业和个人的融资需求不能得到有效满足。在投资端，我国个人的投资渠道匮乏，房地产和股票是人们获得高额回报率的主要渠道，在两者泡沫化严重的情况下，人们迫切需要新的投资机会。P2P 网贷实现了金融脱媒化（跳过所有中间人），直接将上述供给方与需求方联系起来，激发出强劲的活力。

（2）互联网的应用和普及为 P2P 网贷的发展创造了条件。2007 年《中国互联网络发展状况统计报告》显示，截至 2007 年 6 月 30 日，我国网民达到 1.62 亿人；2018 年《中国互联网络发展状况统计报告》显示，截至 2018 年 6 月，我国网民已达到 8.02 亿人（占全国总人口的 57.7%），其中 98.3% 的网民通过手机连接互联网。在 P2P 网贷产生之前，人们的生活和消费习惯，如交通、购物、医疗、远程教育、社会交往、娱乐方式等，早已因互联网而发生显著变化。因此，当互联网进入金融领域时，非常容易获得公众的认可。

2）风险监管滞后于金融创新政策

互联网金融政策和互联网金融行业的发展为 P2P 网贷的发展创造了条件。2011 年，中国人民银行正式发放第三方支付牌，第三方支付、众筹等互联网金融业态进入快速发展阶段，P2P 借助互联网金融的东风乘势而上。2012 年初，为了从体制、机制上解决温州中小企业资金和债务危机，国家成立温州金融改革试点，确立了规范民间融资、发展新型金融组织、创新金融产品与服务等政策方向。

P2P 初期并未引起监管者的足够关注，风险监管明显滞后于金融创新政策。中国银监会对内发布了《中国银监会办公厅关于人人贷有关风险提示的通知》（银监办发〔2011〕254 号），提示 P2P 网贷存在的问题与风险，并要求银行建立与之相关的防火墙，防止银行资金通过 P2P 渠道转化为民间借贷。但这份通知限于银行系统内部，本身并不是针对 P2P 的监管规范，没有影响 P2P 风险的积聚和放大。

2. 快速上升阶段（2013—2017 年）

1）P2P 野蛮生长

这一阶段，P2P 网贷的特点是平台数量激增、行业乱象丛生、问题平台不断增加，国家逐步加强对 P2P 平台的监管。民间借贷、小贷公司、银行以及担保融资行业的大量从业者进军 P2P 网贷行业。继 2014 年成为全球最大的 P2P 市场后，我国 P2P 的规模超过了全球其他国家的总和。2015 年 10 月，我国民营系 P2P 平台已达到 3 179 家；到 2017 年，P2P 平台达到 6 584 家。2017 年底，我国 P2P 网贷平台累积成交额 7.92 万亿元，当年成交额 3.9 万亿元，年参与人数约 2.5 亿。这一时期，P2P 行业乱象丛生，主要表现为以下两点。

（1）在激烈的竞争下，为了获得公众认可，P2P 网贷平台利用多种手段增加公信力。在媒体报道方面，利用名人效应扩大影响力，明星、专家学者宣传、央视报道等成为 P2P 平台标榜的内容；在组织构成方面，P2P 网贷平台纷纷与国有企业、银行、保险公司以及各类型的协会建立联系，提高可信度；在运作模式方面，P2P 网贷突破信息中介的模式，越来越多的平台采用信用中介的模式，即平台承诺以不同的方式承担贷款风险；在回报方面，平台纷纷打出高收益率、高返现率的旗号，有的平台收益率达 20% 以上。这些措施不仅误导了投资者的判断，也增加了平台运作的风险。

（2）伪平台与真平台并存。在无门槛、无行业标准的情况下，为了骗取公众存款的不法机构也大量入场，平台卷款跑路的事件成为常态。网贷之家的数据显示，2015 年 1 月以来，问题平台数量不断累积，每月都有大量新的问题平台出现。

2）积极鼓励与强监管并存

P2P 井喷式发展除了市场因素，也在于国家积极的政策导向。

（1）为了减少融资成本，国家从多方面推进金融体制改革，确立了利用互联网金融深化金融体制改革的思路。2014 年政府工作报告指出要"深化金融体制改革""促进互联网金融健康发展"。同时，国务院办公厅下发了《国务院办公厅关于多措并举着力缓解企业融资成本高问题的指导意见》，明确"尽快出台规范发展互联网金融的相关指导意见和配套管理办法，促进公平竞争""加快发展中小金融机构""大力发展直接融资"等政策目标。

（2）全国范围内出现"互联网+"和"双创（创新、创业）"热潮。2015 年全国两会提出"互联网+"的概念，倡导互联网与经济社会的各个领域融合，发展壮大新兴产业；设立新兴产业创业基金，鼓励与之有关的创业、创新。2015 年政府工作报告对待互联网金融表述是"异军突起"的正面态度。

面对越来越多投资人的报警投诉以及合法 P2P 网贷平台的诉求，国家管理部门加快了监管制度化进程。在管理体系方面，2014 年 3 月 25 日，最高人民法院、最高人民检察院、公安部印发《关于办理非法集资刑事案件适用法律若干问题的意见》。同年，银监会划定了 P2P 业务边界的四条"红线"：一是要明确这个平台的中介性质；二是要明确平台本身不得提供担保；三是不得归集资金搞资金池；四是不得非法吸收公众资金。

2014年9月，中国银监会又提出了P2P网贷行业监管的十大原则：①不能持有投资者的资金，不能建立资金池；②落实实名制原则；③P2P机构是信息中介；④P2P需要有行业门槛；⑤资金第三方托管，引进审计机制，避免非法集资；⑥不得提供担保；⑦明确收费机制，不盲目追求高利率融资项目；⑧信息充分披露；⑨加强行业自律；⑩坚持小额化。

2015年7月，中国人民银行、工业和信息化部、公安部、财政部等十部门联合印发了《关于促进互联网金融健康发展的指导意见》，肯定了互联网金融的重要意义，并从支持互联网金融发展的政策措施、规范互联网金融市场秩序、互联网金融监管分工和基本业务规则等方面，对互联网金融行业机构和国家部门监管提出了明确要求。2016年2月，《国务院关于进一步做好防范和处置非法集资工作的意见》发布，在防范和处置非法集资的同时，提出规范民间投融资发展。

2016年政府工作报告提出"规范发展互联网金融"。2016年4月，银监会下发《P2P网络借贷风险专项整治工作实施方案》，提出"有序化解存量风险，有效控制增量风险"。2016年8月，中国银监会、工业和信息化部、公安部、国家互联网信息办公室研究起草了《网络借贷信息中介机构业务活动管理暂行办法》，首次明确了合法网络借贷平台的特征——网络借贷平台需要备案、获得ICP（网络内容服务商）许可证、银行资金存管才能合法经营。2017年，中国银监会相继出台《网络借贷信息中介机构备案登记管理指引》《网络借贷资金存管业务指引》《网络借贷信息中介机构业务活动信息披露指引》，形成了全面的P2P网贷行业监管体系。

伴随全面监管而来的是一系列严格的整顿工作。2017年6月，中国人民银行等国家十七部门联合印发《关于进一步做好互联网金融风险专项整治清理整顿工作的通知》，要求采取有效措施确保整治期间辖内互联网金融"从业机构数量及业务规模双降"，监管部门对P2P不断加大监管力度，P2P行业规模持续降低。2017年12月，P2P网络借贷风险专项整治工作领导小组办公室下发《关于做好P2P网络借贷风险专项整治整改验收工作的通知》，要求各地在2018年6月前完成备案登记工作，重申并进一步明确整改要求和标准。

3. 危机集中爆发阶段（2018年）

1）P2P危机集中爆发

继2016年、2017年P2P网贷政策持续收紧后，2018年，中国迎来了

P2P 网贷平台风险集中爆发。这一阶段的特点是，P2P 网贷行业的成交量和资金净流入首次出现断崖式下跌；除了伪平台外，规模大、口碑好的 P2P 网贷平台也陷于危机泥潭。

2018 年 6 月以后，全国范围内 P2P 网贷平台的风险事件集中大面积爆发。当年 7 月，共有 218 家平台出现清盘、停业、实际控股人失联、停止兑付等问题，达到了历史单月问题平台峰值。到 12 月底，P2P 网贷行业正常运营平台数量下降至 1 021 家，相比 2017 年底减少 1 219 家。据网贷之家的分析，2018 年问题平台涉及贷款余额达到 1 434.1 亿元，远超此前问题平台累计涉及贷款余额总和。截至 2018 年 12 月，P2P 平台数量累积达到 6 678 家，问题平台总数达 5 409 家，问题平台占所有平台数量的 81.0%。[①]

　　2）P2P 危机集中爆发原因分析

经济环境恶化、P2P 网贷平台风险管理不到位、道德风险、金融监管影响和社会恐慌情绪是造成这次危机的主要原因，这些因素与前期积累的风险因素相结合，产生了极具破坏力的影响。

（1）经济环境和社会因素。

经济环境方面：① 2018 年我国宏观经济面临下行压力，经济增长速度放缓，内需疲弱，消费、投资、出口全面回落。这一背景下，中小微企业生存环境恶化。P2P 网贷的融资客户，主要是那些本身抗风险能力较差、难以获得金融机构贷款的企业，宏观经济形势严峻，加剧了这些企业债务偿还风险。②在宏观经济去杠杆的背景下，市场流动性整体收缩。个人或企业投资于 P2P 平台的资金到期被赎回的可能性增大。由于大多数 P2P 网贷平台属于信用中介平台，所以面临着投资短缺、贷款难以收回的双重风险，很容易出现兑付困难的情况。

社会因素方面：①部分借款人试图利用 P2P 行业平台危机、清盘时的混乱状况恶意逃废债，加剧了 P2P 网贷行业经营环境恶化。②平台问题不断爆出，特别是行业知名平台出现问题，使得投资人信心大幅下降，恐慌情绪蔓延，加速了挤兑行为。

（2）监管因素。2017 年政府工作报告明确指出，对"互联网金融等累积风险要高度警惕"。2017 年 11 月，国务院金融稳定发展委员会成立，主要承担审议金融改革发展重大规划、统筹金融改革发展与监管、分析研判国内外

[①] 数据来源：网贷之家 . 2018 年中国网络借贷行业年报（完整版）：2018 年停业及问题平台分析[R]. 2019.

金融形势并做好风险应对等任务，金融风险预防与风险管理切实成为政府工作的重要内容。

行业政策的不连续加上强监管政策对于 P2P 的震荡发展及最后全面崩盘产生了重要影响。在强监管介入后，市场无法应对突如其来的监管要求，前期积累的监管风险在这一时期集中暴露，多数 P2P 平台无法完成备案。根据《关于做好 P2P 网络借贷风险专项整治整改验收工作的通知》的规定，2018 年 6 月是 P2P 网络借贷平台完成备案登记的时间节点，过期没有整改或不符合整改条件的平台都将被视作非法机构予以处理。一方面，在这一节点上，为了避免制裁、减少损失，大量不合规的平台纷纷选择"自我爆发"的做法；另一方面，随着监管趋严，P2P 网贷平台合规成本攀升，利润空间被严重压缩，部分平台选择主动清盘退出。

（3）多方因素相互作用。这次危机是多方因素共同作用的结果。P2P 乱象丛生、行业本身的风险是 P2P 集中爆发和崩盘的根本原因，特别是 P2P 前期积累了大量的风险短期内无法消化。从表面上看，这次危机的产生是当时外部宏观环境作用的结果，实际上，外部因素仅起到导火索的作用。P2P 在我国产生之时，就已埋下危机隐患，并且这些隐患随着无序发展和事后监管而放大。其中，P2P 网贷本身最主要的风险隐患是：①大量 P2P 平台通过资金池、期限错配（如逾期债权自动投标）、刚性兑付等投机方式掩盖不良，而积累了较高的整体行业风险随着监管的加强而暴露。②正常运营的 P2P 平台缺乏完善的信用体系，难以对借款人进行有效甄别。③平台承诺保本的做法，使平台缺乏抗风险能力。④信息不对称，导致出资人难以作出有效决策等。

4. 行业转型重塑阶段（2018 年以后）

1）良性退出

2018 年 6 月，P2P 网贷危机大规模爆发后，国家采取了一系列减缓危机后果、降低风险暴露的应急管理措施。首先，互联网金融风险专项整治工作领导小组办公室于 2018 年 7 月和 8 月密集发布通知，从危机发生的直接原因入手，减缓风险发生，包括 P2P 网络借贷清理整顿完成时间延长至 2019 年 6 月。其次，整治办协调征信管理部门将 P2P 网贷逃废债信息纳入征信系统和"信用中国"数据库，对逃废债行为人形成制约；开展 P2P 网络借贷机构合规检查工作，进一步减少不合规平台和业务。

重大震荡之后，良性退出成为政策选择。2018 年底，《关于做好网贷机构分类处置和风险防范工作的意见》（整治办函〔2018〕175 号）正式出台，明确提出 P2P 网贷平台"能退尽退，应关尽关"。2019 年 1 月，监管部门下发《关于进一步做实 P2P 网络借贷合规检查及后续工作的通知》，继续收紧 P2P 政策。

监管机构在前期逐步加大监管力度的基础上，几乎是采取了"急刹车"的做法，为行业的全面清退作出最后宣告。截至 2019 年 12 月，正常运营的 P2P 网贷平台仅为 366 家。可见，整个 P2P 行业已陷入全面萎缩。

由合规备案到良性退出的政策转向，体现了监管者对 P2P 的最终政策定位。各地方政府纷纷出台 P2P 网贷平台良性退出指引，清退 P2P 平台。但是，良性退出的比例并不高。2018 年和 2019 年良性退出的网贷平台分别为 26 家和 154 家。截至 2019 年底，良性退出的平台大约占退出平台总数的 27.5%。到 2020 年底，P2P 平台实现清零。

2）行业转型重塑

在清退 P2P 业务后，监管部门出台互联网金融转型升级的政策文件，引导 P2P 平台转型。2019 年 11 月，国家出台《关于网络借贷信息中介机构转型为小额贷款公司试点的指导意见》（整治办函〔2019〕83 号，以下简称"83 号文"），为网贷转型小贷公司、持牌消费金融机构提供政策扶持。2020 年 11 月，中国银保监会、中国人民银行公布《网络小额贷款业务管理暂行办法（征求意见稿）》，提高网络小贷的准入门槛，并设置严格的监管规范。目前，仅有少量的 P2P 平台成功转型小贷公司。同时，为了满足市场的投融资需求，监管部门注重完善我国商业银行互联网贷款监管制度，填补 P2P 退出的市场空缺。2020 年 7 月，中国银保监会公布《商业银行互联网贷款管理暂行办法》。2021 年 2 月，中国银保监会办公厅公布《关于进一步规范商业银行互联网贷款业务的通知》，为满足互联网金融的业务需求、规范互联网金融的发展提供政策基础。

4.2　P2P 网贷业务模式

P2P 网贷与民间借贷的最大区别是打破了地域的限制，让借贷双方基于对项目信息披露的信任而产生借贷关系，这也就是初始的信贷类借款。然而，随着业务的发展，行业内对资源和市场的争夺也越发激烈，由此催生了抵押、质押、个人担保、公司担保等一系列增信机制，许多平台包括新成立的平台不再专注于纯粹的"信贷"模式，这种包含增信机

小视频

P2P 业务模式

制的借贷就是非信贷类业务模式。

基于此，按照 P2P 平台借贷机制，P2P 网贷业务可以分为信贷类和非信贷类两大类。按照借款人，又可以将 P2P 网贷分为个人贷款和企业贷款两种业务。将两种维度结合来看，当下的 P2P 业务模式分为个人信用贷款、个人非信用贷款、中小微企业信用贷款和中小微企业非信用贷款四种。

4.2.1　P2P 网贷主要业务

1. 个人信用贷款

个人信用贷款指的是借款人不需要提供抵（质）押物或第三方担保机构，仅需凭借自己的信誉资质就可以获取一定额度的贷款。这样的 P2P 平台既不需要实际参与借贷交易，也不需要设立专门抵抗违约和坏账的风险准备金来保障投资人的本息安全，而是仅作为信息中介方参与其中，是一种单纯的中介型模式。不过，由于个人信贷在信息不对称的情况下存在很大的风险，所以个人借款数额十分有限。

在个人信用贷款模式下，平台强调投资者要有自负风险的意识，部分 P2P 平台会通过风险保证金对投资者进行一定限度的保障，但是大多数贷款逾期和坏账风险均由出借人自行承担，出借人根据自己的借款期限和风险承受能力自主选择借款金额和借款期限。同时，P2P 平台需要严格审核借款人的借款资质以降低借款人的信用风险，主要包括借款人年龄、信用状况、还款能力及还款意愿、未来收入情况以及借入资金动向等信息。

在我国，P2P 网贷是以非信贷类业务为主，信贷类特别是个人信贷类还是少数，相比国内，国外的信贷类尤其个人信贷类贷款就比较多，这是国外 P2P 网贷最先实行也是最主要的业务模式。国外开展个人信贷业务的 P2P 平台通常需要从第三方征信机构，如 Experian 或 Equifax 购买个人信用信息，以便平台快速处理借款，并方便投资人对借款人进行评价。

在个人信贷类业务的借款用途方面，主要是购买商品和债务整理两种，前者包括购车、购房、旅行开支等；后者包括对信用类债务的整理，如信用卡还款等。

在个人信贷类业务的借款人流程上，借款人首先需提交借款用途、借款数额、时间与相关个人信息；平台会通过各种途径调查申请人的具体情况包括信用状况等，然后结合调查情况，平台给出借款人一个合适的借款利率；借款人如果同意这个利率，平台会发布相应标的供投资人选择；投资人对不同利率、不同风险程度的标的进行选择后，借款人拿到贷款。如美国的

Prosper 和英国的 Zopa 就是单纯的中介型平台。

早期 Prosper 平台的业务模式是以竞价的方式确定利率，目前已经将利率和风险即借款人的信用评级挂钩。Prosper 的业务逻辑和国内个人信贷模式基本相同，由平台负责借款人的信用审核、贷款资金追讨等，并将借款人还款转给投资者。其不同之处在于贷款资金全部由平台合作方 WebBank 发放，形成债权之后由 Prosper 购买并开放给平台投资人购买。

同样，作为全球网贷元老级平台的 Zopa 也是一家专注于个人贷款的平台，且只做个人信用贷款。平台不需要资产抵押，而是通过与全球三大征信商之一的 Equifax 合作，对借款人进行一系列身份验证、借款需求验证与还款能力验证后给出相应的信用评级，系统会根据借款需求及对应的信用评级给出贷款利率。

2. 个人非信用贷款

个人非信贷类是指借款人需要提供相应的抵（质）押物或有第三方担保机构才能获得一定额度贷款的借贷模式。此时，若借款人发生逾期违约或坏账，投资者可从担保方或者通过处置抵（质）押物获得本金，这在一定程度上可以降低或避免投资者的损失。其中，担保机构可以由平台提供，此时的担保机构一般是与平台有合作关系的企业。同时，平台需设立相应的抵抗违约和坏账的风险准备金，以保障投资者的本息安全。当出现逾期违约或者坏账时，平台将担保物如汽车、房产等资产变现或者通过担保公司先将本金或本息垫付给投资者，然后将这笔坏账划入有关联的担保公司账下，之后由担保公司对借款人的借贷进行追偿。目前，主流的 P2P 网贷个人非信用贷款有车辆抵（质）押、房产抵押、第三方担保三种模式。

1）车辆抵（质）押贷款

车辆抵押类贷款是 P2P 网贷最早涉及的业务之一，它反映的是借款人以自有车辆为担保增信的 P2P 借贷关系。车辆抵押类借贷业务的风险包括借款人的偿还能力和偿还意愿，以及贷后的追偿和车辆的跟踪处置能力。为了控制风险，目前大部分的车贷类 P2P 采取的是"线上 + 线下"的运营模式，如专注于个人车辆抵（质）押业务的车能贷平台采用的就是上述经典的"线上 + 线下"运营模式，线上主要办理借还款流程，线下主要负责抵押车辆的跟踪、估值及贷后车辆的处置。车贷业务主要分为车辆抵押贷款业务和车辆质押贷款业务。目前，大多数 P2P 平台的车贷业务以抵押贷款为主，质押贷款占比较小。

2）房产抵押贷款

房产抵押贷款是比较传统的一种抵押借贷方式。由于银行房贷手续复杂，加上房贷未偿清的购房者通常不能获得银行的再次贷款，因此，伴随着 P2P 网贷的兴起，主营房贷类的 P2P 平台也逐步活跃起来。这类业务的风险主要集中在后期不良房产的处置环节上。房产相对于车辆而言属于较大的资产，处置难度大，且周期较长，大抵要经过起诉、评估、拍卖等环节，每一个环节的费用都需要平台先行垫付，加之这类项目的借款金额较大，这些都对平台的资金实力提出较高要求。因此，考察此类平台的重点是在其贷后房产抵押物的处置能力上。

美国的 Money360 平台在 2010 年率先开展房地产借贷模式，在 JOBS（就业机会的银行服务）就业法案第二条实施之前，Money360 一直保持线下运作，直到法案正式生效才面向公众开放其网站。Money360 采用在线工具和算法匹配全国的借贷者与合格投资者 / 出借人，典型的房地产抵押贷款以商业住房为抵押，贷款价值比率最高为 80%，借款者一般采取按月付息、到期还本的方式偿还贷款。

3）第三方担保贷款

第三方担保贷款是 P2P 网贷平台与第三方担保机构合作，保障出借人借出的款项能够及时收回，保障本金能够偿还，这种模式能够有效拓展出借人数量，提高平台的交易量和知名度。该模式下的本金保障服务全部由外在的担保公司完成，P2P 网贷平台不再参与风险性服务。目前，第三方担保机构以有担保资质的小额贷款公司或纯担保公司居多。

第三方担保模式中，P2P 网贷平台作为中介不吸储、不放贷，只提供金融信息服务，此类平台交易模式多为"一对多"，即一笔借款需求是由多个出借人投资。以开鑫贷平台为例，该平台发挥国有品牌优势，引入优质小额贷款公司、国有大型融资性担保公司等，为平台借款项目提供贷前审核、贷款担保以及贷后管理等服务，切实保障投资者的资金安全。

3. 中小微企业信用贷款

中小微企业信用贷款是 P2P 平台面向中小微企业，如零售类门店、小型批发商、餐饮店铺、个体运输户等提供的可持续的小额贷款。中小微企业信贷具有"短、小、频、急"的特点，其小额、短期、分散的特征更类似于零售贷款。中小微企业对资金流动性的要求很高，但是大部分商业银行对中小微企业的信用评估和审核标准还是以大中型企业相关指标为参照，这种无差异化的信贷管理模式一方面导致大多数小微企业很难达到银行放贷标准，小微企业贷款的可获得性较差；另一方面没有充分考虑到小微企业的发展特点，难以充分反映中小微企业的真实风险情况。因此，操作相对便捷、借款相对简单、利润较高的 P2P 网贷平台在这部分业务上快速发展。

针对企业的小额贷款，有些平台的做法是把企业的小额贷款当作个人贷款处理，达到一定金额后才当作企业贷款处理。对待企业的大额借款，平台都会要求面谈，平台在其网站上一般会标明有无担保情况。被当作个人贷款的小额企业贷款和个人贷款的申请流程一致，在平台进行线上申请，填写相关借款信息和个人信息，平台在核实后决定是否接受借款，并给出合理的利息报价。

典型的企业贷款类平台有 RateSetter、信融财富等。RateSetter 于 2010 年 10 月成立，是英国第一家通过评级机构评测风险的 P2P 借贷平台，评测反映其平台风险较低，发展稳健。除企业信贷外，其业务还包括个人信贷、企业非信贷等。RateSetter 为企业提供企业贷款服务的贷款金额最低为 2.5 万英镑，低于 2.5 万英镑的项目将被当作个人贷款，最高额度为 200 万英镑。RateSetter 的投资门槛较低，投资人最少只需要投资 10 英镑，五年期的投资回报率平均为 6%。风险控制方面，平台建立了严格的信用核查以防范欺诈和恶意拖欠等行为，并通过隔离准备金来隔离风险。

4. 中小微企业非信用贷款

企业非信用贷款与个人非信用贷款在业务模式上并无较大区别，只是借款用户从个人换成了企业。但相比个人非信用贷款，企业非信用贷款的担保物更加丰富，除了常见的以汽车、房产为担保物外，企业非信用贷款的担保物还可以是应收账款、订单、存货、预付账款等，担保物的丰富性使企业在融资时相比个人融资更加方便。相对应地，平台对企业的资信能力考察需要投入更多的精力。

1）应收账款质押融资

应收账款融资，也称发票融资，即供货企业以应收账款债权作为质押品向平台申请融资，这种模式能够为企业补充流动资金，加强企业资金的周转速度，为企业带来预期经济利益，但若不能及时变现，也会使企业面临资金短缺和产生坏账的隐患。P2P 平台在向供货企业融通资金后，若购货方拒绝付款或无力付款，平台具有向供货企业偿还融通资金的追索权。应收账款融资是集融资、结算、财务管理和风险担保于一体的综合性金融服务。目前，在国际资本市场上，应收账款融资是一种常见的理财行为，为企业提供了一个以低成本筹集资金的新的融资渠道。

2）订单融资

订单融资是指企业凭借信用良好的买方产品订单，在技术成熟、生产能力有保障并能提供有效担保的条件下，向 P2P 平台申请借款，供企业购买材料组织生产，企业在收到货款后立即偿还贷款的业务。其主要流程为：企业与购货方签订购销合同，并取得购货订单，以订单为担保向平台提出融资申请。

3）存货融资

存货融资是指借款企业以存储在仓库中的货物做担保，依靠其购货的付款作为还款来源的业务。存货融资基本流程如下：将货物存入仓库，国内企业货物一般是放入保税仓库；P2P平台获得货物的担保权益，并对货物进行检验；借款企业销售货物给购货方，仓库将提货信息通报平台，帮助平台掌握货物的实际销售情况；购货方支付相应货款至借款企业账户，该账户的收款即作为借款企业的还款本金及利息。

如果借款企业要求融资时已经找好买家，也可以选择应收账款融资，不过对P2P平台来说显然存货融资比单纯的应收款融资风险要小，因为P2P平台已经检验过仓库中的存货，仓库协助P2P平台监控货物的销售情况，相应的成本转移到借款企业的融资成本中；如果借款人要求融资时还没有找到买家，那么存货融资是非常恰当的融资方式，因为借款企业可以先获得资金，再进行销售，以销售款作为还款来源。当然，存货融资不一定要对库存的货物进行抵押再去贷款，方式还有很多，如抵押库存商品的处置权、出售后的应收账款等。

4）预付账款融资

预付账款融资是指以买方与卖方签订真实贸易合同产生的预付账款为基础，P2P平台为买方提供、以其销售收入作为第一还款来源的短期融资业务。

预付账款融资的业务实质是平台给予核心厂商授信，经销商起到一定的担保作用。预付账款融资的审查包括四个方面：交易双方的信用审查；授信申请人销售能力审查；预付账款金额评估；操作方案审核。在付款人信用评级较低的情况下，预付账款融资可视为平台给予核心厂商的信用融资。

4.2.2　P2P网贷业务模式

1. 纯线上模式和线上线下混合模式

根据P2P平台对用户信息的获取渠道、信用审核及筹资过程，P2P平台可分为纯线上模式与线上线下混合模式。

纯线上模式即贷款申请、贷前审查、投资、合同签订、贷后管理等都在网上进行。这种模式最大的优势就是极大地压缩了经营成本，分散了平台所承担的风险。我国成立最早的P2P平台拍拍贷就采用这种模式。然而，由于我国目前个人征信体系建设还不健全，纯线上模式面临无法完全核实贷款相关信息的困难，因此，线上线下混合模式出现了。

在线上线下混合模式中，P2P 平台依托线上平台发布融资需求，并在多地设立门店站点，要求与借款人见面和线下交流，并审核借款人当面提交的各种证明原件以确保其真实和有效。该模式的典型代表是陆金所，目前我国大部分 P2P 平台均选择采用这种模式。

2. 纯中介模式和担保模式

根据平台是否承担交易风险，P2P 可分为纯中介模式和担保模式。

在纯中介模式中，P2P 平台扮演交易"信息中介"的角色，主要负责制定交易规则和提供网络服务平台，靠收取手续费盈利，不提供担保，不负责资金管理，也不承担借款人违约带来的损失，交易风险由出借人自行承担。中国银监会于 2016 年 8 月发布的《网络借贷信息中介机构业务活动管理暂行办法》将 P2P 网贷平台定义为信息中介，严禁提供增信服务、设立资金池和从事非法集资。

而采用担保模式的 P2P 平台不是单纯的信息中介，而是介入对借款人的信用评级。在交易中，P2P 平台或收取一定比例的"风险准备金"，或引入第三方融资担保公司，或要求借款人提供一定的抵押物。如果出现借款不能按时偿付的情况，投资人可以获得资金赔付。

3. 自由竞标模式和平台定价模式

根据平台利率设定方式，P2P 可分为自由竞标模式和平台定价模式。

在自由竞标模式中，借款人在设定借款金额、期限、利率条件后发布相关资金需求，出借人针对借款人的需求条件参与利率竞标，如果投标条件符合需求则进入实质借贷程序。典型代表为美国的 Prosper 平台模式。

而在平台定价模式下，融资利率并非通过竞标或双方商议产生，而是由 P2P 平台在所有登记的申请人中挑选出匹配的借款人，然后根据借款人的信用审核情况确定相应档次的利率水平。其典型代表为美国的 Lending Club，从实际效果看，平台定价模式更加高效，也更为市场认可和接受。

4.3　中国 P2P 网贷行业的风险

从目前的发展态势来看，中国 P2P 网贷行业发展面临的风险和挑战很多，既有来自自身的，也有受外部环境影响的。

4.3.1 P2P 网贷自身面临多重风险

1. 违约风险

虽然目前大部分 P2P 网贷平台都有不同形式的担保，但担保的有效性值得质疑。首先，有些 P2P 平台自身为投资者提供担保，承受着很高的风险。其次，对具有第三方担保机构的平台来说，一旦平台发生大规模违约事件，担保机构是否具有足够大的资本规模来进行赔付也是一个问题。若担保无效或弱有效，投资人仍面临较大的 P2P 平台违约风险。

2013 年既是中国互联网金融元年，也是 P2P 平台网贷案件频发的一年。自 2013 年以来，在上千家 P2P 网贷平台中，因限制提现、倒闭、卷款跑路、被黑客攻击等出现网站运作困难甚至停止运营等问题的平台近 300 家。P2P 平台"跑路潮"重创了整个 P2P 网贷业的声誉。

根据网贷之家的统计，截至 2018 年 4 月底，我国 P2P 网贷行业正常运营平台下降至 1 877 家，累计停业及问题平台达到 4 237 家，P2P 网贷行业平台累计 6 114 家（含停业及问题平台），累计问题率超过 69%。其中，e 租宝、善林金融等案件都造成了投资人数百亿元的损失。

P2P 平台"跑路"的原因不外乎以下三点。

（1）由于经营不善而导致资金链断裂。经营不善主要是因为平台的自融、对外担保等现象比较集中，当其经营管理和风控能力出问题时，平台无法赔付相应的款项，只能选择"跑路"。如东方创投使用投资人的资金购置房产，最后无法满足投资人的提现要求，导致资金链断裂。

扩展阅读 4-1

（2）具有一定主观恶意而"跑路"。这是因为在第一批自融、担保平台出现问题后，剩下的经营者明确感到业务模式的无法持续性，具有一定主观恶意而"跑路"。

（3）本质是恶意诈骗，为快速捞金成立平台。由于 P2P 网贷平台处于无准入门槛、无行业标准、无监管机构的"三无"状态，因此吸引了大批鱼龙混杂的创业者，有些其实是打着 P2P 的名头给自己的企业融资；有些则干脆是个骗局，吸引到一定的资金就卷款"跑路"。这一类型的平台，公布的网站和项目可能都是虚假的。

实际上，真正因为经营不规范而跑路的平台已不是"倒闭潮"的主体，频频发生"跑路"的主要是恶意欺诈的平台。这充分说明了两个问题：第一，经过数年的市场竞争，现存平台的质量比之前有了大幅度的提高；第二，诈骗跑路的平台严格意义上不能归咎于行业，无论哪个行业、哪个领域都有诈骗行为，无非因为网贷行业目前尚缺乏比较明确的准入门槛而导致诈骗更多而已。

针对频发的 P2P 网络案件，中国人民银行对"以开展 P2P 网络借贷业务为名实施非法集资行为"作出了界定：第一类为理财—资金池模式；第二类为不合格借款人导致的非法集资风险行为；第三类为典型的庞氏骗局。因此，平台的跑路现象，一方面反映出市场的不规范，另一方面也凸显出政府监管的重要性。

2. 信用风险

以企业从银行贷款为例，企业必须出具最近 3 年的财务报表，尤其是现金流量表，因为它反映出的问题直接和企业是否具有足够的偿还能力挂钩，而抵押物其实只是一种被动状态下的风险对冲工具而已。在早期的网贷行业中，由于不存在相关监管要求，没有一家平台会将企业的财务报表予以公布，这导致就算专业级别的 P2P 投资人士也只能根据对平台专业度的有限认识进行投资，这种投资其实和"盲投"近似，对平台的风险控制能力要求更高。在现实情况下，投资者往往会比较看重平台的背景等外在因素，而无法达到资金的最有效配置。因此，要降低信用风险，P2P 机构就必须做好信息监督，将股东、管理者、交易程序等资料公开，强调充分的信息披露，建立起投资者对 P2P 平台的评价体系。

另外，P2P 网贷平台风险控制的核心是数据整合、模型构建和定量分析。但由于网上刷信用、改评价等行为的存在，数据真实性、可靠性直接影响信贷质量。此外，大部分 P2P 网贷平台缺乏长期（特别是跨经济周期）数据积累，风险计量模型的科学性也有待验证。一些 P2P 平台的客户资金与平台资金未有效隔离；部分 P2P 平台同时承担筹资、中介和担保职能，对资金来源缺乏监控，放贷行为缺乏资本约束，对外宣称违约率很低，背后依靠的却是搭建资金池，拆东墙补西墙，信用风险不断积聚。

3. 流动性风险

（1）"拆标"引起的流动性风险。部分 P2P 平台采用把长期借款标的拆成短期、把大额资金拆成小额的措施，从而造成了期限和资金的错配，一旦遇到大规模挤兑，极易引发流动性风险。

（2）平台流程设置造成的投资者投资前后的资金损失。热门 P2P 平台如陆金所、民生易贷等，自投标之后很容易抢标，投资者必须时刻刷新其项目进度条，尽早下手。这通常会使投资者在满标之日提前几天投资（充值），而这几天项目投资不算利息。只有极少量平台没有充值环节，投资者资金直接进入借款方账户。另外，当借款者还款付息后，平台的提现流程需要 1～3 个工作日，在提现期间的时间价值也没有在利息上得到体现。因此，通常在 P2P 平台上，投资者的资金会损失 6～8 个工作日的时间价值，一定程度上具有流动性风险。

4. 技术安全风险

P2P 网贷平台依托的是计算机网络，网络系统自身的缺陷带来了技术安全风险。互联网本身具有传播面广、虚拟性高等特点，一旦发生网络安全问题，有可能造成系统的不稳定。自 2013 年以来，网贷平台受"黑客"攻击的不在少数，其中最常见的是 DDOS（分布式拒绝服务）流量攻击，易引发网站瘫痪，致使投资者恐慌，造成不利影响。P2P 网贷的一个重要特征是在大数据基础上对信息的分析和挖掘。当个人交易数据等敏感信息被广泛收集时，实质上对客户账户的安全提出了很大的挑战。

5. 声誉风险

对金融产品而言，收益与风险相伴。通常 P2P 业务用高收益作为营销手段，但对风险的揭示并不充分，诸多平台打出"100% 安全""100% 收益有保障"等宣传广告。中国投资市场还不成熟，广大普通投资者投资经验不足，对风险预估能力有限，一旦投资失败，对全行业的声誉都会造成负面影响，并将严重影响社会稳定。

4.3.2 信用体系无法满足 P2P 行业发展需求

P2P 网贷发展的基础是良好的个人信用体系。英、美等国的征信体系历史悠久，发展较为完善，P2P 行业相对健康。中国征信体系经历了从企业征信到个人征信、从局部试点到全国统筹的快速发展阶段，形成了以《征信业管理条例》和《征信机构管理办法》为法律框架，以中国人民银行征信中心为核心征信机构的社会征信体系。

然而，随着 2011—2015 年 P2P 网贷平台在中国的爆发式增长，中国征信体系无法满足以 P2P 网贷为代表的新兴、新型互联网金融行业征信的需求，局限性逐渐凸显。一方面，P2P 网贷行业发展迅猛，尚未能及时制定相应法律法规，对其法律身份进行界定，从而无法接入央行征信系统；另一方面，中国征信行业的发展与 P2P 网贷发展相比，仍具有明显的滞后性，如征信法律建设不完善、征信信息覆盖性差、征信产品单一等，这些都增加了 P2P 网贷平台的运营成本和运营风险。

1. 现有征信信息未实现全社会、立体化覆盖

在中国，由中国人民银行组织建立的信用信息基础数据库基本覆盖到国内每一个参与信用活动的企业和个人，并为其建立了信用档案。征信系统收集的企业和个人信息以银行信贷信息为核心，还包括社保、公积金、环保、欠税、民事裁决与执行等公共信息，但仍然存在一些不足之处。

1）未实现对征信数据主体的全社会覆盖

据征信中心发布的数据，至 2019 年 3 月底，央行征信中心覆盖人群 9.9 亿，其中信贷记录人群仅为 3.8 亿，征信数据库覆盖的人数只达到约 71%。这就是说中国有 14 亿人，仍有 4.1 亿人没有被征信体系覆盖，这部分人大多都是信用白户。其他企业或自然人在贷款时仍属于首次信贷活动，征信反映的信息不够充分。

2）未实现对征信数据主体的全社会覆盖

以央行的个人征信报告来看，中国征信系统的信息覆盖面主要集中在信贷系统，而对于个人其他经济活动和社会活动尚无信用报告，缺乏其他辅助衡量借款人风险的信息，征信内容不够立体化。而且，由于中国缺乏相应法律对信息公开问题进行规范，所以数据主体的信息披露较为困难，也难以形成长期稳定的数据来源。

2. 征信产品单一，直观性和科学性较差

从征信产品来看，中国现有的成熟征信产品以个人征信报告为主，征信产品类型较为单一，产品创新较少，不能完全满足多层次的市场需求。而且，征信报告未经过量化处理，直观性和科学性较差。虽然有公司开始尝试引入美国的 FICO（费埃哲）信用评分等征信产品，如 2015 年 3 月 FICO 与国内的宜信、有利网、搜易贷和保险领域的阳光财险以及贷款搜索与比价网站好贷网合作，但这些合作仍处于试验阶段，缺少普遍接受的评分模型，其实践效果有待时间检验。

3. 未形成规范征信过程的相应法律

2013 年颁布实施的《征信业管理条例》和《征信机构管理办法》作为中国征信体系的制度框架，极大地推动了中国征信法律体系的建设，对征信业发展中的具体问题作出了说明和规定，但在征信活动的实际开展过程中，征信机构对数据主体信息的采集加工和使用面临较大困难，难以界定因过度采集信息带来的侵害信息主体等违规行为。

在英国,《数据保护法》规定了征信信息的采集原则;在美国,《公平信用报告法》和《格雷姆－里奇－比利雷法》两项法律对个人信用信息的采集和共享,特别是对有关消费者个人信息的使用作出了明确规定。中国应以已有行业法律法规为基础,尽快健全征信法律体系,明确规定个人信息的采集使用范围,明确规定政府信息公开范围,合理界定企业商业秘密与信息公开的关系等。

4. 央行仅接受放贷机构接入其征信系统

2013 年 3 月实施的《征信业管理条例》明确规定,金融信用信息基础数据库接收从事信贷业务的机构按照规定提供的信贷信息,故从事信贷业务的机构都应该接入央行征信系统。央行《放贷人条例》界定是否为放贷机构的关键点在于用于放贷的资金必须是自有资金,严禁吸收存款;然而 P2P 网贷的监管缺失直接导致其法律身份不明,不符合放贷机构的界定。

5. P2P 自建征信系统具有较大局限性

由于接入央行征信系统受阻,尚无可以依赖的市场化征信公司,部分 P2P 网贷平台开始探索自建征信系统的道路,但面临资金实力不足、数据获取渠道有限、信息完整性不够等重重困难。①对于网贷平台来说,研发建立一套自有征信系统,前期需要投入大量专业人员,而绝大多数中国网贷平台尚不具备资金实力。②数据是征信系统的生命,P2P 网贷行业在中国起步较晚,在近两千家平台中,以"草根"创业的平台居多,较短的时间内尚未积累足够的用户数据用以支撑征信系统建设。同时,已有的用户数据类型单一,难以全面反映借款人的风险信息。虽然已有平台开始尝试和电商平台(如淘宝、敦煌网等)、社交平台(如微博、人人网)等网络平台合作共享平台信息,但与专业征信信息所需要的维度相比,仍相去甚远。③征信系统建成后,尚需较长时间来经历市场检验其对坏账率的控制效果。

P2P 网络借贷平台在自建征信系统的实践中,必须通过建立行业联盟实现同业间数据共享,才能有望建成实效有用的征信系统。就现阶段而言,P2P 网贷平台自建征信系统的局限性太大,实践探索收效甚微。自 2015 年起,芝麻征信等具有互联网背景的征信公司,由于有阿里巴巴、腾讯等巨头的大数据积累,在一定程度上改变了上述状况。诸如银湖网等 P2P 企业已经开始采用芝麻信用的产品,银湖网与芝麻信用管理有限公司(蚂蚁金融服务集团旗下品牌)达成战略合作,双方将自有资源互换互用,通过"黑名单"分享、芝麻分评定等措施,能够更好地针对信用类借款用户进行信用评估以及贷后追踪，结合芝麻信用的评分体系以及基于芝麻信用数据库中大量的用户网络交易及行为数据，对用户进行信用评估，这些信用评估将帮助银湖网对借款用户的还款意愿及还款能力作出决策判断，丰富了借款人资质评估手段。

4.3.3　法律监管存在空白

2014 年 5 月，P2P 的牵头监管部门中国银监会表态将加快推进对互联网金融平台的监管，实现互联网金融的规范化发展，并提出合理设定业务边界的四条红线。

然而，由于受传统民间借贷环境影响，几乎所有的 P2P 机构都以不同形式承诺本金担保或本息保障，以吸引投资者。无论是通过网站还是关联方提供本金/本息担保，都使本来属于双向自行的交易变成了运营方一手主导的交易，风险高度集中于平台。加入自身信用的 P2P 模式，使其盈利模式从原来的无风险的信息服务收入变成了有风险的担保收入，公司盈亏平衡取决于坏账率和担保收入，平台性质发生巨大转变。

再者，部分 P2P 平台采用将债权打包成定期理财产品（1～12 个月）的方法，与银行推出的各种理财产品差异不大，有形成资金池甚至影子银行的可能。在这种模式下，投资人和借款人都仅与 P2P 平台发生借贷关系，并签订有法律效应的借贷协议，主动权其实掌握在 P2P 平台手里。此外，很多欺诈性的 P2P 网站通过自融，或设置虚假标的吸引资金，并以此形成原始资金池，通过滚动发行、期限错配的运作方式维持平台运转。该种模式短期内风险不会暴露，一旦后续资金不足或发生客户挤提，就会引发资金链断裂，若不及时补充资金，只能关门跑路。

案例分析 4-1

思考题

1. 简述网络借贷的定义与特征。
2. 网络借贷经历了怎样的发展过程？
3. 为什么网络借贷平台在中国被清零？
4. 中国的网络借贷平台与国外的网络借贷平台有何明显不同？

参考文献

[1] 焦瑾璞.普惠金融导论 [M].北京：中国金融出版社，2019.

[2] 黄建，邓建鹏.P2P 网贷风云：趋势·监管·案例 [M].北京：中国经济出版社，2015.

[3] 杨立，等.P2P 网贷之产业链金融模式与创新 [M].北京：中国金融出版社，2017.

[4] 贺文.网络借贷平台人人贷转型探讨 [D].成都：西南财经大学，2018.

[5] 钱金叶，杨飞.中国 P2P 网络借贷的发展现状及前景 [J].金融论坛，2012（1）：46–50.

[6] 王紫薇，袁中华，钟鑫.中国 P2P 网络小额信贷运营模式研究：基于"拍拍贷"、"宜农贷"的案例分析 [J].新金融，2012（2）：42–45.

[7] 零壹财经.中国 PP 借贷服务行业白皮书 [M].北京：中国经济出版社，2013.

[8] 王朋月，李钧.美国 P2P 借贷平台发展：历史、现状与展望 [J].金融监管研究，2013（7）：26–39.

[9] 周宇.互联网金融：一场划时代的金融变革 [J].探索与争鸣，2013（9）：67–71.

[10] 张翼.P2P 网络借贷平台的信用模式比较与发展路径研究 [J].海南金融，2014（1）：62–65.

[11] 陶蕊.基于 P2P 贷款模式的互联网金融研究 [J].内蒙古统计，2014（3）：27–28.

[12] 刘本喜.基于 P2P 网络借贷平台的投资人风险研究 [D].北京：首都经济贸易大学，2014.

[13] 宋鹏程，邹震田.P2P 借贷商业模式在我国的演进及其启示：由大型金融机构和风险投资公司的动向谈起 [J].新金融，2014（4）：48–52.

[14] 叶纯敏.谁能绑住频频"跑路"的 P2P[J].金融科技时代，2014（7）：13.

[15] 钱海利.P2P 平台迎跑路与融资潮钱途光明还是火中取栗 [J].计算机与网络，2014（13）：10–11.

[16] 莫易娴.国内外 P2P 网络借贷发展研究 [J].财会月刊，2014（8）：63–66.

[17] 许海霞，赵鸿鑫，雷茜.我国互联网金融的发展现状、问题及政策建议 [J].金融经济，2014（8）：3–6.

[18] 融 360 金融搜索平台，中国人民大学国际学院金融风险实验室.2015 年网贷评级报告 [EB/OL].https://s0.rong360.com/upload/pdf/02/35/023582ad0d303f5ae813a3fbc652cc28.pdf.

[19] 安信证券.互联网金融研究系列之 P2P 贷款 Lending club[EB/OL].（2014–03–03）.https://www.doc88.com/p-5495872798020.html?r=1.

[20] 张颖，浦俊懿，竺劲，等.互联网金融研究系列 P2P 行业：新蓝海，各路显神通 [EB/OL].（2014–12–15）.https://xueqiu.com/2783475818/34088413.

[21] 东方证券.P2P 行业专题之二：来自海外市场的启示 [EB/OL].（2015–01–05）.

https://www.fxbaogao.com/detail/825050.

[22] FCA. The FCA's Regulatory Approach to Crowd funding over the Internet，and the Promotion of Non-readily realisable Securities by other Media： Feedback to CP13/13 and FinalRules [EB/OL]. http：//www.fcaorguk/your-fca/documents/policy-statements/ps14-04.2014.

[23] Ashta，D. A. An Analysis of European Online micro-lending Web-sites. CEB Working Paper，2009.

[24] Agarwal. S. a. R. B. H. The Choice between Ann s-Length and Relationship Debt：Evidence from loans. American Finance Association（Annual Meeting）NewOrleans，2008.

[25] 高娜，王伟伟. 我国 P2P 网贷发展历程的反思：基于风险链与风险管理框架 [J/OL]. 经营与管理. https：//doi.org/10.16517/j.cnki.cn12-1034/f.20220228.003.

[26] 中国行业研究网. 中国 P2P 借贷服务行业白皮书发布 [EB/OL].[2021-07-26].https：//www.chinairn.com/news/20131205/105555340.html.

[27] 周宇. 金融危机的视角：P2P 雷潮的深层形成机理 [J]. 探索与争鸣，2019（2）：109-116，144.

[28] 中华人民共和国国家互联网信息办公室. 第 20 次《中国互联网络发展状况统计报告 》[EB/OL].（2018-08-20）[2021-07-26].http：//www.cac.gov.cn/2018-08/20/c_1123296882.htm.

[29] 王涛. 温州金改细则出台民间融资走向"阳光"[EB/OL].（2012-11-23）. http：//news.xinhua08.com/a/20121123/1070087.shtml.

[30] 占韦威，任森春. 中国 P2P 网贷运营模式异化及其监管研究：基于中美对比的视角 [J]. 现代经济探讨，2019（3）：125-132.

第 5 章
智能投顾的理论与实践

 学习目标

1. 了解智能投顾的定义、作用和发展状况。
2. 掌握智能投顾的理论框架。
3. 熟悉智能投顾的主要业务及投资流程。
4. 了解智能投顾中的人工智能技术。
5. 了解智能投顾的风险及监管问题。

 思政目标

1. 智能投顾的出现，大幅度提高了系统所配置的资产组合的透明度，以其智能化、服务成本低的优势，带来了资产管理业的变革。学生应该了解智能投顾的概念、作用及其发展状况，认识到中国高度重视创新发展，把新一代人工智能作为推动科技跨越发展、产业优化升级、生产力整体跃升的驱动力量，努力实现经济高质量发展。

2. 2021 年 12 月 12 日，国务院印发了《"十四五"数字经济发展规划》，学生通过了解智能投顾的投资流程及理论基础，智能投顾过程中运用的大数据、云计算、人工智能等先进信息技术，应该认识到我国坚持把创新作为引领发展的第一动力，促进数字技术向经济社会和产业发展各领域广泛深入渗透的重要性。

3. 中国巨大的人口规模市场以及不断增长的资产管理规模趋势为智能投顾在中国未来的发展打下有利基础，但智能投顾在我国的发展仍然处于初级阶段。学生通过学习，应该重视智能投顾的风险与监管问题，认识到我国不断推动智能投顾监管机制、应用技术发展创新，服务经济社会发展和支撑国家安全，推动国家竞争力整体跃升和跨越式发展。

引言

2017 年 7 月 8 日，国务院发布《新一代人工智能发展规划》，文件中指出人工智能是引领未来的战略性技术，面对新形势新需求，必须主动求变应变，牢牢把握人工智能发展的重大历史机遇，引领世界人工智能发展新潮流，服务经济社会发展和支撑国家安全，带动国家竞争力整体跃升和跨越式发展。

2019 年 5 月 16 日第三届世界智能大会开幕时，国家主席习近平致信祝贺，他指出当前由人工智能引领的新一轮科技革命和产业变革方兴未艾。在移动互联网、大数据、超级计算、传感网、脑科学等新理论新技术驱动下，人工智能呈现深度学习、跨界融合、人机协同、群智开放、自主操控等新特征，正在对经济发展、社会进步、全球治理等方面产生重大而深远的影响。

党的二十大报告强调，"推动战略性新兴产业融合集群发展，构建新一代信息技术、人工智能、生物技术、新能源、新材料、高端装备、绿色环保等一批新的增长引擎"。当前，人工智能日益成为引领新一轮科技革命和产业变革的核心技术，在金融领域的应用场景不断落地，极大改变了既有的生产生活方式。

智能投顾作为一种基于自动化的数字投资顾问的金融服务业态，不仅是当今世界金融科技发展的重要方向之一，更是人工智能与金融业相结合的典范。了解人工智能理论及其在金融领域的实践有助于推动我国智能投顾业务的发展，建设智能社会。

5.1　智能投顾概述

5.1.1　智能投顾的发展历史

智能投顾从 19 世纪末发展至今，已在国内外孵化出成百上千个产品。全球最早的智能投顾公司是 2008 年在美国硅谷成立的 Betterment 和 Wealthfront，这两家金融科技企业

智能投顾发展的
四个阶段

主要面向中产及长尾客户。Wealthfront 的目标客户群是 20 ～ 30 岁从事科技行业且具有一定经济实力的中产阶级，如 Facebook 和 Twitter 等公司的职员。Betterment 的目标客户收入在 20 万美元以上，核心客户大部分是拥有高学历的美国职场人士。当前，美国智能投顾行业依托低成本、自动化、个性化和高透明度等优势快速发展，包括 Personal Capital、FutureAdvisor、SigFig 在内的一批新兴公司正逐步发展壮大。从 2015 年开始形成传统金融机构加入智能投顾行业的浪潮，通过自有产品或收购独立平台公司，纷纷推出智能投顾产品或平台，市场规模迅速扩大。

随着传统机构的加入，美国智能投顾的发展模式日趋多元化，在最初被动型理财平台模式的基础上，拓展到针对中等收入客户的主动性组合投资平台、针对高净值客户、以线下引流为主的 O2O 混合投顾模式，以及服务机构的互联网资产管理平台等。通过对比市场上现有的智能投顾，我们可以把智能投顾的发展划分为四个阶段。

1. 标签过滤阶段

这一阶段出现在 20 世纪 90 年代后期至 2007 年，这时智能投顾是作为"面向个人投资者、机构投资者的辅助投资工具"出现的。2005 年，美国证券商学会颁布法律文件，允许证券经纪人借助投资分析工具帮客户理财，智能投顾平台应运而生。客户在智能投顾平台上回答一个问卷，或手动选择标签，以此将不合适的投资产品去掉。智能投顾平台利用一些投资的理论或模型，从剩下的投资产品中计算出适合该客户的产品，或给出一个投资的组合。在这个阶段，智能投顾平台主要在网页和 App 上与客户进行对接，并没有与银行进行对接，更没有在证券公司开放的 App 上帮助客户进行交易。客户在获得投资组合建议之后需要到自己开户的证券公司去购买。在智能投顾的初期，产品的类别包括股票、债券、基金和其他投资产品。

2. 客户风险承受能力测试阶段

2008 年金融危机以后，科技公司开始布局金融行业，主要形式为给客户提供多样化的投资辅助工具。客户仍然需要在平台上回答问卷来筛选投资产品，但此时的问卷不仅用于筛选产品，还会用于测试客户的风险承受能力。产品的风险系数被预先定义，而智能投顾平台推荐给客户的是符合其风险承受能力的产品。除此之外，客户还可以在智能投顾平台上开户并直接进行交易，而且投资组合的类别不断增多，投资组合有时甚至演变为基金的基金。这个阶段需要真正的投资经理介入，他们通过智能投顾平台分析信息、了解客户的偏好，并给客户动态调整投资组合的建议。此时的智能投顾属于半自动化投顾，因为算法对投资经理而言是透明的，他们可以自定义一些规则，也能对模型进行微调。Betterment 便是一家成立于这个时期的公司，现已成为美国最大的在线投资顾问公司，而 Wealthfront 则是另一家成立于 2008 年的美国智能投顾公司，到 2020 年 5 月，其管理的资产已超过 230 亿美元。①

3. 个性化投资组合推荐阶段

此阶段出现在 2013 年左右，传统金融机构陆续加入智能投顾的布局开发自己的产品。虽然相较于初创科技公司，传统金融机构在智能领域起步晚，但是凭借其先天的金融基因、丰富的客户资源，它们的管理规模很快就赶上了科技公司。此时智能投顾平台给出的投资决策和组合不仅仅考虑客户的风险承受能力，而且投资组合模型变得更加智能化，是基于大数据分析、量化金融模型以及一系列智能化算法计算出来的投资组合，并动态监测投资产品的实时变化。在这一阶段，虽然模型变得更加智能化，但最终的决策依然由专业的投资顾问给出。投资经理依然需要自行分析客户的投资偏好，结合智能投顾平台计算出来的结果，对客户进行推荐。此时的智能投顾仍然是半自动化的智能投顾。该阶段典型的智能投顾产品有 2013 年推出的澳大利亚智能投顾 Stockspot，意大利智能投顾平台 Moneyfarm，瑞士在线理财平台 True Wealth。

4. 全自动智能投顾阶段

全自动智能投顾阶段，也就是现在各大机构和公司所追求的智能投顾，是结合人工智能、深度学习、云计算驱动的全自动智能投顾系统。在该阶段，用户首先需要回答更加复杂的问卷，以便人工智能算法能学习到用户复杂的风险偏好。同时，人工智能算法也会自动学习出与用户匹配的产品。智能算法能根据用户的操作历史实时捕捉用户的偏好变化，也能通过投资产品的历史数据和当前动态变化来预测投资产品未来的趋势。智能投顾系统能根据这些动态变化的用户偏好和动态调整的市场风格来给用户配置不同的资产。全自动的智能投顾甚至不需要用户的过多参与，便可直接帮助用户管理自己的财富。例如，Betterment 和理财魔方发展至今，已经初步实现全自动化的智能投顾。

智能投顾经过四个阶段的发展，逐步变得更加智能和适应投资市场，并降低人的参与度。

---

① 数据来源：埃森哲咨询. 智能投顾在中国 [R]. 2018；瑞银财经数据 [EB/OL].（2022-01-27）. http://finance.sina.com.cn/ 7x24/2022-01-27/doc-ikyamrmz7648251.shtml.

5.1.2 智能投顾的概念界定

1. 智能投顾的概念

1）传统的投资顾问

在中国，经常出现一个奇怪的现象：投资产品在挣钱，投资用户在赔钱。这是因为大部分中国的散户投资者偏向"投机"而非"投资"，常有赌徒心态，进行错误的主观判断和频繁的短线交易，更没有资产配置、分散风险的理念，这无疑会造成最终巨大的亏损。"全球资产配置之父"加里·布林森（Gary Brinson）曾经说过："做投资决策，最重要的是着眼于市场，确定好投资类别。从长远看，大约90%的投资收益都是来自成功的资产配置。"所以对于普通投资者来说，提高投资的专业素养是盈利的基石。但由于普通投资者缺乏专业培训、闲暇时间少、理财时间短，这一点很难在短时间内做到。

因此，就需要专业的投资顾问来帮助投资者理财。投资顾问是连接用户端和金融产品端的重要桥梁，通过一系列细致深入的访谈了解用户的风险偏好，再根据不同的风险偏好对用户进行划分，提供个性化的投资建议。

2）智能投资顾问

在金融服务市场中，理论上被称为"智能投顾"的服务包括两种类型：①投资建议型智能投顾，即运用人工智能对市场状况和客户个人情况进行分析，根据客户的个人特质和偏好，提供个性化的投资建议，但不代客户执行交易。②全权委托型智能投顾，即在提供第一种类型服务的基础上，根据客户的全权委托，为客户提供交易代执行和资产再平衡等服务。但目前在我国，由于人工智能发展的水平较低，且可选择的投资组合标的资产有限，真正能满足上述第一种服务要求的智能投顾公司并不多。由于我国法律上的既有限制，能够提供第二种服务的智能投顾公司则完全没有。应该说，过去法律上并未给智能投顾提供合理的制度支持，导致很多希望经营智能投顾业务的公司难以找到合适的法律政策出口。此外，甚至还有一些伪智能投顾平台打着金融科技的旗号推荐自己的理财产品。这些伪智能投顾平台并没有真正运用人工智能，实际上就是欺诈金融消费者。如果这些平台不具备基金销售业务资格，甚至还会涉嫌违规销售基金。中国证监会网站投资者保护栏目曾发布题为《智能投顾销售基金涉嫌违规，证监会严查》的投资者警示文章。文章指出，现实中市场上存在一种智能投顾销售基金模式，一些以智能投顾为名的理财公司在从事基金销售活动，但并未取得基金销售业务资格。

广发证券发布的《机器人投顾：财富管理的新蓝海》中关于智能投顾定义的阐释是："机器人投顾又称智能投顾，是一种新兴的在线财富管理服务，它根据个人投资者提供的风险承受水平、收益目标以及风格偏好等要求，运用一系列智能算法及投资组合优化等理论模型，为用户提供最终的投资参考，并根据市场的动态对资产配置再平衡提供建议。"然而，资配易创始人张家林提出：智能投顾有别于机器人投顾。他认为，机器人投顾的核心是"人＋机器学习＋Web 服务"，而智能投顾的核心则是"人工智能＋云计算"。在第一财经主办的"解码新金融——智能投顾"活动中，普华永道对智能投顾作出了如下定义：智能投顾是指通过使用特定算法模式管理账户，结合投资者风险偏好、财产状况与理财目标，为用户提供自动化的资产配置建议。蓝海智投创始人刘震则认为，智能投顾是一个机构投资的理念方法模型，通过互联网的方式，以专户的形式给个人管理资产。招商证券的报告指出，典型的智能投顾服务过程主要包含客户画像、投资组合配置、客户资金托管、交易执行、投资组合再平衡、平台收取相应管理费这六个方面。

在世界范围内，对智能投顾的典型定义来自美国证券交易委员会针对智能投顾的监管指南。根据该指南，智能投顾是指运用创新技术，通过在线算法程序为客户提供全权委托的资产管理服务的投资工具。具体而言，希望利用智能投顾的客户需要将个人信息和其他数据输入一个交互式的数字平台，如网站或移动应用程序。基于这些信息，智能投顾为客户生成一个投资组合，并为客户提供后续的账户管理服务。此外，与智能投顾相关的一个概念是数字化投资咨询工具（digital investment advice tools）。美国金融业监管局关于数字投资顾问的报告从这一概念入手，对有关智能投顾的要素进行了分解。根据该报告，数字化投资咨询工具是指在管理投资者的投资组合中支持包括客户画像、资产配置、投资组合选择、交易执行、投资组合再平衡、税务规划和投资组合分析在内的一个或多个核心活动的投资咨询工具。其中，包含前六项活动（从客户画像到税务规划）面向客户的工具，通常就被称为智能投顾。通过该报告的界定，我们基本上可以了解智能投顾的构成要素和运作模式。上述七步中，第一步至第六步构成一个最为完整的智能投顾流程，其中第六步的税收规划功能主要是针对美国市场的一项增值服务，前五步则是一般的智能投顾共同的特征。而第七步的投资组合分析是为客户提供的较专业的分析工具，可大致理解为"投资复盘"功能。因此，典型的智能投顾应当包含客户画像、资产配置、投资组合选择、交易执行、投资组合再平衡等功能。不管是从其定义还是从功能要素都可以看出，典型的智能投顾就是国内的全权委托型智能投顾。

从智能投顾的产品来看，有 Betterment、Wealthfront 等以互联网为核心的服务渠道，利用金融数学或人工智能算法，引导或代替用户进行财富管理。在国内也有不少产品，如理财魔方"强调个性化定制和调整投资方案，服务真正细化到每个用户"，不仅利用传统的投资模型来控制投资风险，还会对客户的建仓、加仓、减仓等操作的历史数据进行大数据分析，根据用户客观特征的改变，动态地修正用户风险承受能力。同时，理财魔方还会对市场的用户历史数据和产品基本面数据进行挖掘，生成个人专属的投资报告。好买储蓄罐是另一款智能投顾 App，机器人管家使用买入再平衡、卖出再平衡、调整配比再平衡、波动再平衡以及观点再平衡这几个策略规则对用户的资金进行动态管理。璇玑智投与好买储蓄罐类似，用户的投资金额将先投入指定的货币基金，并由璇玑智投算法实时监控，综合考虑市场变化、有效前沿、交易成本等因素，以最优方式为用户实现智能平衡。当然，以上提到的智能投顾产品只是冰山一角。智能投顾产业因为其效率高、成本低、效果好而得到了迅猛的发展。

综合各个机构给出的智能投顾定义，并分析各个智能投顾产品定义的共同点，我们认为智能投顾一方面利用大数据分析、量化金融模型以及智能化算法来跟踪投资市场，另一方面通过用户的历史操作数据建立用户画像。通过将两方面结合，智能投顾提供匹配投资市场和用户偏好，达到自动化财富管理、最优资产配置和动态理性决策、投资组合自动再优化等目的的投资服务。

2. 智能投顾的作用

国务院在《新一代人工智能发展规划》中明确指出，要推动人工智能与金融等行业融合创新，创新智能金融产品和服务，发展金融新业态。而智能投顾作为一种基于自动化的数字投资顾问的金融服务业态，不仅是当今世界金融科技发展的重要方向之一，更是人工智能与金融业相结合的典范。它通过在线提供基于人工智能的投资顾问服务，具有低成本、低门槛的优势，较好地解决了大量个人投资者的理财需求与自然人投资顾问数量有限之间的矛盾，不仅可以基于算法为个人投资者提供个性化的投资组合方案建议，还可以提供交易代执行和自动化账户管理服务，节省人力成本，体现了人工智能技术对普惠金融和经济社会发展的推动作用。

1）投资行为理性化

所谓理性投资，就是投资者需要在投资活动中保持独立思考、反思、总结和学习，形成完善的投资理论和实践体系，学会科学分析与合理配置资产，考虑长期收益与风险，不被短期的市场动荡所干扰，战胜人性的弱点，即使在市场行情下滑的时候，也能作出谨慎而理智的行动。即使知道正确的道理，执行起来还是太"反人性"，"知易行难"。特别是当前中国证券市场大部分为散户投资者，他们容易出现不理性的投资行为，导致市场情绪波动巨大。智能投顾由于其易于普及、费用低的特点，不断吸引投资者，其利用科学的投资方法，间接地促进投资者接受"理性投资"，实质上弥补了传统投资行为容易受情绪影响的不足。总而言之，智能投顾依赖市场理性，同时又可以是市场理性的推进力量。

2）理财推荐个性化

一个合格的智能投顾必须给客户提供有针对性、个性化的定制服务，包括使用前调研用户的风险偏好、投资期望以及用户在投资操作中的投资偏好。所有的智能投顾产品，如摩羯智投、Betterment 等都会在用户使用之前测试用户的风险承受能力和投资目的。而不同的智能投顾产品针对不同的投资目的，适合不同的用户。如 Wealthfront 给用户提供税收优化的服务，Blooom 专注于定额退休金计划资金管理，Ellevest 针对女性的收入曲线、职业生命周期等提供专门的智能投顾服务。智能投顾还能在用户投资操作中捕捉其投资偏好。例如，理财魔方会将客户的建仓、加仓、减仓等操作的历史数据考虑进来，根据用户客观特征的改变，动态修正用户的风险承受能力。理财魔方的"千人千面"逐渐积累对客户的了解并进行深入的理解，最后实践到用户的投资以及调整当中。总而言之，一个传统的投资顾问所能支持的客户群是有限的，因为"物以类聚"，而且"千人千面"，这就是"智能"起作用的地方。智能投顾产品会建立用户画像，对每个用户的偏好进行刻画，以给出更好的理财建议。

3）节省人力成本

在进行资产管理之前，我们需要对投资市场的现状和趋势有一个清晰的认识，也需要对投资产品进行分析。而传统的投资需要人工进行大量的数据分析和交易判断，以期望发现最优的投资方向和最佳的投资时机。这虽然能充分利用专业人士的经验，却使得分析效率低下，出现市场动态捕捉不及时等问题。智能投顾的出现使人工智能和交易管理、信息分析等领域相结合，可以有效地进行海量数据分析，为客户节省大量时间，提高分析效率。例如，

Kensho 为分析师提供了高效快捷的数据分析和历史数据比对，使分析师可以快速地验证自己的想法和预测。人工分析类似的问题往往需要花几小时甚至几天的时间，而 Kensho 则可以在数秒之内完成。

4）加速普惠金融

传统投顾因为费用高、门槛高、投顾效率低下等问题，主要客户为高净值人群，中产及以下长尾人群很难享受到专业化、定制化的投资咨询服务。中国大部分人群没有享受投顾服务。智能投顾的出现使投顾服务的效率增高、成本减少，因此资产管理公司更加愿意开放普惠的智能投顾产品，使投顾服务门槛降低，让有充足的现金流、存在强烈的资金管理及投资需求却没有时间精力和投资知识来打理自己资产的中产及中产以下收入的人群享受专业而高效的投顾服务。智能投顾能够大大提升中国的投顾覆盖度，帮助大众共享经济成长的红利。

扩展阅读 5-1

扩展阅读 5-2

5.2　智能投顾的理论基础

5.2.1　马科维茨与现代资产组合理论

现代资产组合理论（modern portfolio theory，MPT），又称现代证券投资组合理论、证券组合理论或投资分散理论，是由美国纽约市立大学巴鲁克学院的经济学教授哈里·马科维茨（Harry Markowitz）提出的。1952 年 3 月，马科维茨在《金融杂志》发表了题为《资产组合的选择》的论文，该论文及其观点也被称为均值－方差模型。

该模型的核心假设有三：①投资者都是风险厌恶的。②所有投资者都力图在风险既定的水平上取得最大收益。③影响投资者决策的有两个参数，即期望收益率和方差。该论文与模型可以说是现代证券组合理论体系的基石，而马科维茨也因此被奉为现代金融学的开山鼻祖。马科维茨 MPT 的中心思想是：给定投资者的风险偏好和相关资产的收益与方差，最优投资组合有唯一解。马科维茨将所有资产配置的可能组合看成一个面，其边界上的每一个点都是一个最优资产组合，如图 5-1 所示。

从纵向角度看，它是某一个确定风险水平上回报最高的资产组合；从横向角度看，它是在你希望得到的回报上风险最小的资产组合。简而言之，就

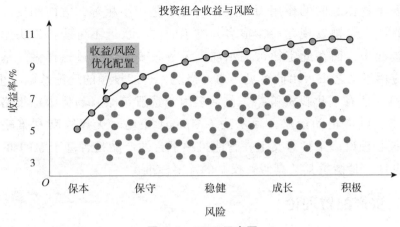

图 5-1　MPT 示意图

是通过多样化投资分散投资风险，控制稳定回报率。智能投顾正是利用了其更精准的模型和算法来实现分散风险与获得长期收益的目的。马科维茨的贡献不仅在于他揭示了在一定条件下投资者的投资组合选择可以简化为期望回报及其方差这两个因素，更在于他给出了最优投资组合问题的实际计算方法，因而其理论被誉为"华尔街的第一次革命"。1989 年，马科维茨被美国运筹学学会和管理科学协会授予"冯·诺依曼奖"，后又其因卓越理论贡献于 1990 年与他人分享诺贝尔经济学奖。

"投资收益与风险成正比。"马科维茨投资组合理论本质上是在不确定性的收益和风险中进行选择。通俗地说，它解决了两个理论问题：①在同一风险水平，投资者可以借助资产组合获得最大回报。②在同一收益水平，投资者可以选择最小的风险组合。

经过数十年的实践，马科维茨的投资组合理论被证明是行之有效的，被广泛应用于组合选择和资产配置。随着人工智能算法和大数据的普及，现在 MPT 已经能够在计算机上自动实现，通过海量计算，投顾机器人会告诉你怎样配置资产及分散风险是最优的。目前国内外大部分智能投顾平台都是基于 MPT 创建风险一定条件下回报率最高的投资组合。

MPT 之于金融界，其重要性就像"能量守恒定律"和"牛顿第三定律"之于物理界一样。"能量守恒定律"揭示了能量既不会凭空产生，也不会凭空消失，只能从一个物体传递给另一个物体，或从一种形式转换成另一种形式，因而"永动机"是永远不可能制造出来的。"能量守恒定律"的发现，让各路前仆后继的发明家对"永动机"彻底死心。同样，在"牛顿第三定律"（相互作用的两个物体之间的作用力和反作用力总是大小相等，方向相反，作用在同一条直线上）被发现之后，很多人终于明白，永远不可能拎着头发将自己从地上提起来，而在此定律被揭示前，无数人确实尝试过这样做。基础理论对产业应用意义之重大由此可见一斑。当然，智能投顾的理论基础不止 MPT。除了 MPT，还有量化投资策略，包括多因子选股策略、趋势跟踪策略、事件驱动策略、风格轮动策略、阿尔法（Alpha）策略、无风险套利策略等，但MPT 是核心理论。某种意义上，智能投顾平台的产品是否基于 MPT 的资产组合理论设计，是衡量其"真假智投"的重要标准。

5.2.2　资产配置理论

资产配置指投资者基于投资目标、投资期限和其他限制因素，合理地平衡收益和风险，将投资资金在不同的资产类别之间进行分配的过程。其最终目标是降低投资风险，提高投资收益，实现投资资金的合理优化配置，即在风险确定的情况下，给出最高收益的投资组合方案。

其基础理论主要是现代投资组合理论，主要包括均值 – 方差模型、资本资产定价模型（capital asset pricing model，CAPM）、套利定价理论（arbitrage pricing theory，APT）、B–L（black–litterman）模型等。

1. 均值 – 方差模型

1959 年，马科维茨提出均值 – 方差模型，其精髓在于只要证券的收益不完全相关就可通过分散投资降低风险。该模型基于一系列假设，通过均值 – 方差分析方法和投资组合有效边界模型对各种不同风险与收益的证券进行资产配置和组合管理，最终目标是使投资者合理地平衡收益与风险之间的关系，在预期收益一定的情况下，把风险控制到最小，或在风险给定的情况下，实现预期收益最大。

均值 – 方差模型奠定了金融数理分析的基础，建立一套可行的量化方法，但因其基于一定的刚性假设无法直接应用：①模型假设过于严苛，现实中预期收益率多数不满足正态分布，特别是预期收益率对组合中权重优化十分敏感，个别资产的预期收益率的微幅改变会牵动整个组合的权重大幅变化。②模型中并没有考虑交易费用和税收等成本问题。③投资者对风险偏好多样性并非模型假设的多数为风险厌恶型。④模型采用协方差矩阵计算组合证券方差，对于大规模投资组合问题，计算量巨大，导致模型求解难度大。均值 – 方差模型过于复杂，威廉·夏普（1963）在此基础上假定资产收益只与市场总体收益有关，提出单指数模型，简化了计算复杂性。单指数模型也存在缺陷，即不同类型的债券指数标准很难统一，后续逐步提出多指数模型。

2. 资本资产定价模型

CAPM 基于资产组合理论和资本市场理论，并假设：投资者是理性的，而且严格按照马科维茨模型的规则进行多样化投资；资本市场是完全有效的市场，没有任何摩擦阻碍投资。CAPM 主要研究证券市场中证券的预期收益率与风险资产之间的关系，它揭示了证券收益率的内部结构，指出证券的预期收益率是无风险收益率和风险补偿之和。投资者在市场中会面临两种风险：一种是系统风险，不能通过增加投资品种及调整投资组合来降低这种风险；另一种是非系统风险，可通过分散投资品种来降低甚至降至零风险。

CAPM 模型表述为

$$E（R_i）=R_f+\beta_i[E（R_m）-R_f]$$
$$\beta_i=\mathrm{Cov}（R_i，R_m）/\mathrm{Var}（R_m）$$

式中：$E（R_i）$ 表示预期收益率；R_i 表示第 i 项风险资产；R_m 表示市场收益率；R_f 表示无风险利率；$\mathrm{Cov}（R_i，R_m）$ 为第 i 项风险资产收益与市场投资组合收益的协方差；$\mathrm{Var}（R_m）$ 为市场投资组合收益的方差。

应用 CAPM 在资产配置时不但可对资产进行定价，甄别高估或低估的资产，还可利用不同 β 系数资产的不同市场风险来获取 β 收益。依据对市场走势的预测选择具有不同 β 系数的证券或组合以获得较高收益或规避市场风险。牛市选择高 β 系数的证券或组合将带来较高的收益；熊市选择低 β 系数的证券或组合会减少因市场下跌而造成的损失。

3. 套利定价理论

套利定价理论对资本资产定价理论进一步拓展，基于如下假设：①市场是完全竞争的。②投资者在风险确定情况下选择更多的财富。③投资者的预期收益率不一定相同，证券的收益率与各种因素之间呈线性关系。其核心思想是，一项资产的价格受到不同因素的影响，而且各因素对资产价格的影响各不相同，存在不同的敏感系数。资产的价格为敏感系数与各因素的乘积求和再加上无风险利率。

APT 模型表述为

$$E_i=\lambda_0+\lambda_1 b_{i1}+\lambda_2 b_{i2}+\cdots+\lambda_k b_{ik}$$

式中：E_i 表示资产 i 的预期收益率；λ_0 表示无系统风险情况下的预期收益率；λ_k 表示对于因素 k 的风险溢价；b_{ik} 表示对因素 k 的敏感系数。

套利定价理论认为资产收益受系统风险的影响而变化，而系统风险是由不同的相互独立的因素合力产生的结果，它们共同决定了风险资产的收益。APT 假设条件与现实更加接近，但仍存在缺陷。模型中并没有给出影响资产价格的具体因素，投资者只能凭借各自的经验进行判断选择，且每种因素都要计算相应的敏感系数，而资本资产定价模型只需计算一个敏感系数。APT 为后来的多因素模型奠定了基础，如 Barra 模型以多因子模型为基础，主要研究市场的业绩、风险预测及评估。

4. B-L 模型

B-L 模型利用逆最优化方法求解均衡模型的隐含均衡收益，以均衡收益为出发点，投资者以预期收益的形式设定投资观点和置信水平，并利用贝叶斯方法将预期收益与均衡收益结合，推导出 B-L 模型收益，然后应用最优化法求解最优资产组合权重。该模型削弱了对预期收益率的高度敏感性，并引入投资者对某项资产的主观判断和对不同观点赋予不同的置信水平，形成一个新的市场收益预期。因此，B-L 模型提出了更有效的估计预期收益的方法，根据市场历史数据计算的市场均衡收益和投资者的主观期望收益加权平均在一起，在实践中更具有可行性。

5.2.3　行为金融学

现代经济学理论基于"理性经济人"和有效市场假说，但是现实与理论假设不一定相符，而且投资者并非理性，投资者心理与行为会对投资产生重大影响。行为金融学是和有效市场假说对应的一种学说，它认为投资者心理与行为对证券市场的价格决定及其变动具有重大影响，力图揭示金融市场的非理性行为和决策规律。现实中投资者决策往往基于经验法则，这种决策方式具有很大的不确定性，而且投资者往往是非理性的，存在着过度自信、保守主义、厌恶损失、羊群效应等心理特征，这些特征又直接影响着投资行为。智能投顾应用心理学中认知方式、认知偏差和认知目标的研究成果对相关问题进行诠释，帮助客户克服实际投资决策中的情感因素。

5.2.4　人工智能理论

人工智能是计算机科学、控制论、信息论、神经生理学、心理学、语言学等多种学科互相渗透的综合性学科。其主要目标是应用现代科学技术手段来扩展计算机系统的智能能力，使计算机系统具备一定的自主计算、思考、学习能力，从而高效智慧地完成一些复杂的任务。人工智能是智能投顾核心基础之一，应用领域包括：应用决策树、支持向量机等分类算法分析投资者行为习惯和风险偏好；应用深度学习技术优化投资组合模型，通过动态调整资产组合更好地参与市场机会、规避市场风险；应用主成分分析对资产进行多因素分析；应用神经网络优化量化投资策略；应用机器学习预测投资策略。目前人工智能在智能投顾的投资领域应用尚处于起步阶段，后续随着技术的不断成熟，应用的深度和广度将不断扩展；而在顾问领域目前广泛使用人机交互、自然语言理解、图像识别、问答及情感分析、智能机器人等多种技术。

5.2.5　大数据理论

人类活动无时无刻不在产生数据，数据每天均以指数级增加，人类社会已经由 IT 时代步入数据技术（data technology，DT）时代。伴随着计算能力的不断提升、深度学习理论的不断发展以及海量数据的积累，对大数据进行机器学习将获得人类难以企及的分析、推断和演绎问题的能力。大数据在智能投顾领域的主要应用包括：智能客服中的自动分词、词性分析、句法分析和语义分析等自然语言处理技术；客户洞察中 A/B 测试、TopK 分析、移动平均线分析、回归分析、市场篮子分析、时间序列分析等统计分析技术；资产配置中关联规则、分类、聚类等数据挖掘技术；投资组合和市场预测中模型预测、机器学习、建模仿真、复杂网络等其他技术。

5.2.6　量化交易理论

量化交易的主要作用体现在交易执行方面，能够有效提高交易准确性和及时性、减少市场冲击、降低交易成本、提高执行效率和增加投资组合收益。量化交易的核心思想是基于金融序列研究成果，由数理模式转换为动态数学公式、先验概率判断、统计推断组成的量化模式。量化交易使用计算机确定订单最佳的执行路径、执行时间、执行价格及执行数量，其目的是降低市场的冲击成本，提高执行效率和订单执行的隐蔽性。国际市场上常见的交易算法包括：①高自由度 α 算法，通过对市场数据和财经资讯分析，发现市场效率低洼之处，赚取超额收益。②时间表驱动算法，遵循有固定的开始与结束时间的时间表。③动态市场驱动算法，实时监控市场波动并作出反应，例如依据投资者偏好，权衡一笔交易的市场冲击和事件风险，最小化实际成交价与目标价。④智能订单路由算法，通过对不同渠道的实时交易数据分析，在保证成交量前提下寻找最优价格。

5.3 智能投顾的主要业务及投资流程

5.3.1 智能投顾的业务模式

智能投顾的业务模式包括三部分：大类资产配置、投资策略和社交跟投。

1. 全自动智能投顾与半自动智能投顾

从服务模式上看，智能投顾涵盖很多不同的方向，从市场分析到智能交易，各个资产管理业务的方向都可以利用人工智能得到发展。从技术上看，有些公司以科技为本，完全利用科技进行自动化管理，而有一些公司则以传统的投顾业务为基础，利用科技进行辅助管理。从业务模式上看，根据是否需要人工参与，智能投顾可以分为全自动和半自动两种模式，两种模式的流程对比如图 5-2 所示。

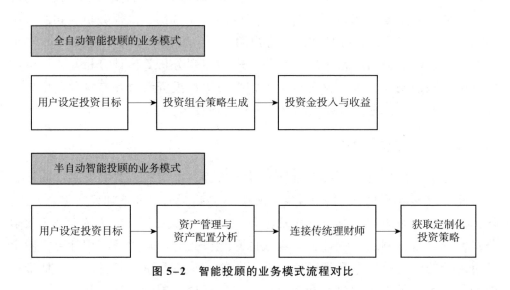

图 5-2 智能投顾的业务模式流程对比

1）全自动智能投顾

全自动智能投顾，顾名思义，就是不需要用户过多地参与或基本不需要用户参与，便能帮助用户管理财富。全自动智能投顾的业务模式分为三步——用户设定投资目标、投资组合策略生成、投资金投入与收益。

智能投顾发展最广泛的领域就是智能资产配置和管理。绝大部分智能资产配置都使用了现代投资组合理论，这个理论简言之就是投资需要多样化，不能把鸡蛋都放到一个篮子里，投资组合应该含有多种资产，以此来降低整个投资组合的市场风险。由于各种产品的收益、风险以及相关性都可以计算，因此使用人工智能可以很快地建立并优化投资组合，尽可能达到在同等收益情况下风险最小、在同等风险情况下收益最高的优质模型。

很多在线智能投顾平台正是通过这一方法为客户进行资产分配。一般的投资组合都会涉及股票、债券、交易型开放式指数基金（ETF）甚至外汇和商品等。通过不同的资产组合和客户的风险偏好，智能投顾平台为客户提供适合的投资组合产品。这一类服务的基本特点是成本低、自动配置、自动调仓，以及税收优化。客户直接将资金委托给在线智能投顾来管理投资，基本无须过问投资的细节内容。这一类中的典型代表是 Betterment、Wealthfront、iSystems 等。

2）半自动智能投顾

不少智能投顾公司开展了面向传统个人理财师或者基金经理的服务。不同于第一类全自动直接面向投资者的服务，这一类公司利用传统的投资顾问更好地为客户服务。半自动投顾资产配置计划也由智能投顾给出，但只是作为一种参考，最终投资建议必须经过专业投资顾问的检查、处理后才能提供给用户使用。在半自动智能投顾模式下，传统投资顾问由于和用户有更多的互动，因此也会更全面地了解到客户的偏好和需求，例如用户是否有税收筹划、房地产投资、子女教育投资等更广泛的财富管理需求。由于传统的金融机构本身具备专业的投资顾问、平台资源和客户渠道，很适合结合自身优势发展半自动智能投顾，因此半自动智能投顾主要是由它们自主研发或是吸收兼并全智能投顾公司产生的，典型的有先锋基金 PAS、嘉信理财 SIP 等。

对资深投资者来说，半自动智能投顾在给出投资建议之后，用户仅仅将其作为参考，最终的买入卖出还是需要用户自行操作的。这一类服务不仅涵盖投资，还包括个人理财的其他方面，例如银行账户管理、贷款、养老金等，能提供全方位的个人财务分析。另外，专业的金融投资者还能利用半自动智能投顾的新闻分析、行情分析、历史数据分析等功能来帮助他们决策。对于投资经理来说，也能利用智能投顾的用户画像分析功能来帮助他们更好地了解客户。这样的业务模式叫作半自动智能投顾，因为此时智能投顾不会帮用户做决策，而只是作为用户决策时的一个参考。

2. 大类资产配置、投资策略与社交跟投

1）大类资产配置

基于现代资产组合理论，在全球范围内配置不同的大类资产能够适应不同风险承受能力，如股票类、公司债券类、房地产类、防通胀证券类、自然资源等。该模式的关键在于被动投资，适合风险偏好较低、追求长期效益稳定的投资者。国外的代表性公司有 Wealthfront、Betterment 等。我国目前上线的大类资产配置型智能投顾平台商业模式与国外的 Wealthfront、Betterment 等平台相仿，其主要特点是采取与海外经纪公司合作的模式，帮助投资者在全球范围内遴选优质的投资标的，分散风险，帮助投资者实现跨区域、跨资产类别的全球资产优化配置，并为投资者带来长期稳健的投资回报。相较于其他平台而言，其资产种类更为丰富而且多样，充分实现资产风险分散化与多样化，同样也可以成为国内用户投资海外市场简单而且高效的工具。国内具有代表性的大类资产配置智能投顾平台包括投米 RA、蓝海智投、弥财等。

2）投资策略

投资策略型的智能投顾更偏重于策略与交易，主要有量化策略和主题策略两大类，可以自行开发或者搭建平台。由于投资策略尤其是量化策略的实施效果与交易过程直接相关，故这类智能投顾公司交易系统开发的要求更高。国外的代表性公司如基于主题策略投资的 Motif 采用的是社交金融模式，以美股为标的进行组合，主要目标用户群是有一定投资经验的人群，主打社交化投资。

3）社交跟投

社交跟投是将职业或业余投资高手的投资业绩和持仓情况分享出来，供投资者参考，让普通投资者享用投资咨询服务。其从社交投资网络中获益的最直接的方式就是复制或跟投其他用户的投资策略。社交跟投型的智能投顾代表性平台包括国外的 Covestor，国内的雪球网、股票雷达和嘉实基金推出的金贝塔等。还有一些传统的金融公司会通过对接自己的内外部资源，将智能投顾功能较好地整合到自己原有的运营体系中，更好地服务原有体系的客户，吸引更多投资者。

5.3.2　智能投顾的投资流程

以 Betterment 为例进行分析，Betterment 是个人投资管理平台，创立的初衷是"我们帮你管理财富，这样你可以去追求更美好的生活"。平台会帮客户做研究，然后根据客户提供的要求和偏好，给出投资建议，并利用人工智能技术辅助客户投资。

Betterment 一方面利用大数据分析、量化金融模型以及智能化算法来跟踪投资市场；另一方面通过客户历史操作数据建立客户画像。通过两方面结合，智能投顾达到匹配投资市场和客户偏好、最优资产配置和动态理性决策的目的，并最终通过互联网进行数据分析结果的可视化呈现给客户，帮助客户管理财富，自动化给出投资建议，优化最终的投资组合。

初次登录 Betterment，需要填写个人的年龄、收入、工作等基本信息，以及投资目的、偏好等投资信息。其他全部由 Betterment 自动完成，包括配置不同比例的各种基金、定期调整配置、完成税负管理等。例如，给定一个指标：60 岁退休能领到较为可观的退休金或者投资组合要 90% 的股票和 10% 的债券。平台便会利用算法识别客户的风险偏好以及投资能力和投资预期。之后，平台将自动推荐科学、安全、有效、长期的股票和债权配置方案。客户将会获得该配置方案的历史收益、预期收益、风险系数、期限等信息。同时客户也可以依据自己的风险承受能力，调整股票和债券的投资比例。之后，客户只需要每天微调一下投资产品的比例，以及定期存钱进去，Betterment 就可以帮助其管理财富。

Betterment 投资过程主要分为四步。

（1）投资计划推荐。客户在首页上填写投资目标相关的基本信息资料（年龄、在职或退休、年收入）。Betterment 基于年龄和收入，为客户推荐三种投资模式：保守型的安全模式、以退休金管理为目标的退休模式和保值增值型的普通理财模式。不同模式设定了不同的目标收益范围，因此也配有不同的股票、债券配置比例。

（2）选定初始目标。客户可以根据自己的需求先选定其中的一种投资模式，还可以对投资目标进行更改或增加更多的投资模式。Betterment 会根据不同的投资模式提供不同类型的投资计划建议和推荐资产配置，并告知客户达到目标所需的投资金额。随着时间的推移，Betterment 也将不断提供平衡风险和报酬的最新建议。

（3）开设账户。填写基本信息，填写财务背景资料，选择主要和备份的安全问题并设置答案。

（4）投资交易。注册成功后，该账号与客户的银行账号相绑定，客户可以通过 Betterment 平台直接投资，查看包括本金和收益的投资余额总额，并查看以仪表盘的形式显示的股票债券的投资比例和余额总额。Betterment 根据客户的风险，推荐出相应包含合适的股票和债券的投资组合。在后续的操作中，客户只需要相应调整风险的高低，决定在股票和债券两个投资项间的资金分配比例，剩下的工作就可以由 Betterment 自动完成了。

各种不同的智能投顾服务商的业务表现形式可能不尽相同，但一般具有相似的服务流程。纵观当下成熟的智能投顾应用，可以发现它们包含以下一项或多项管理投资者投资组合的核心功能：客户画像制定，大类资产配置，投资组合选择，交易执行，投资组合再平衡，税负管理和投资组合分析。这些智能投顾工具可以分为两类：金融专业人员使用的工具（这里称为"面向金融专业人员"的工具），以及客户使用的工具（这里称为"面向客户"的工具）。而两类不同的智能投顾也有不同的投资流程。2016 年 3 月，美国金融业监管局把面向金融专业人员和面向客户这两类智能投顾的共性和异性结合起来，定义了智能投顾标准流程，如图 5-3 所示。

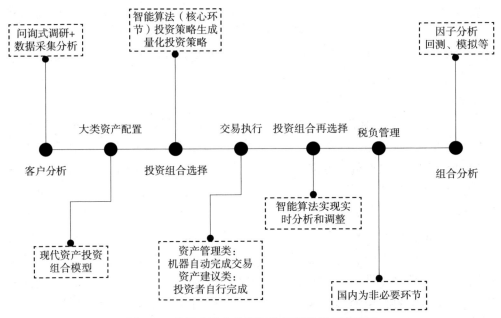

图 5-3 美国金融业监管局的智能投顾标准流程

1. 客户分析

构建客户画像时的一个关键问题是需要哪些信息才足以刻画客户画像，以便给出合理的投资建议。实际上在给出投资建议之前，智能投顾至少需要了解以下信息。

（1）客户的基本信息。其包括背景信息、其他投资状况、财务状况和税务状况等。

（2）客户的风险承受等级和风险偏好。

（3）客户的投资偏好。其包括投资目标、投资经验、投资时间范围、流动性需求等。

以上这三方面的信息一般通过调查问卷的方式来获取。客户在使用智能投顾服务之前都需要填写问卷来让智能投顾更加"了解"他们。一般而言，面向金融专业人士的智能投顾可收集有关客户的更广泛信息。一些智能投顾能够整合包括客户整体投资情况的信息，而不是单个账户。例如配偶账户的信息、退休收入（例如社会保障和退休金）以及收入和支出等关于客户财务状况的更详细的信息。

传统的金融专业人员可以向客户提出问题，收集补充信息，并对客户的需求有一个细致入微的理解。而且传统的金融专业人员可以凭借其专业嗅觉极大地提高客户信息的有效性。相比之下，智能投顾则依赖一系列独立的问题来刻画客户画像。智能投顾产品的问卷通常会设计 4 ～ 12 个问题，一般分为五大类：个人信息、财务信息、投资目标、时间范围和风险承受能力（图 5-4）。

1. 以下哪项描述最符合您的投资态度 □风险嫌恶，不希望本金损失，希望获得稳定回报 □保守投资，不希望本金损失，愿意承担一定幅度的收益波动 □寻求资金的较高收益和成长性，愿意承担一定幅度的收益波动 □希望赚取高回报，愿意为此承担较大的本金损失
2. 您的年龄是 □ 18 ～ 28 岁 □ 29 ～ 35 岁 □ 36 ～ 45 岁 □ 46 ～ 55 岁 □高于 55 岁
3. 投资目标是 □不希望本金损失，仅追求资产保值 □能承担适当风险，追求资产稳步增长 □能够承受较大风险，追求资产大幅增长
4. 您计划的投资期限是多久 □ 1 年以下 □ 1 ～ 3 年 □ 3 ～ 5 年 □ 5 年以上
5. 您的工作
6. 每年多少钱用于投资

图 5-4　智能投顾产品调查问卷

资料来源：金智塔平台。

可以看到，关于智能投顾的问卷有几个方面值得关注，包括：①它们是否旨在收集并充分分析关于客户的所有必要信息以作出适宜性的判断。②调查问卷设计的问题是否足够清晰，是否在必要时向客户进行了额外的提示。③是否已针对客户回答的不一致采取了相应对策。④是否将客户的投资概况与适当的证券或投资策略相匹配。

在刻画客户画像和制定投资建议时，风险承受能力是一个重要的考虑因素。风险承受能力包括风险承担能力和风险偏好。风险承担能力可用于衡量投资者承担风险或接受损失的能力。例如，愿意在一年内接受 20% 的潜在损失以换取更高的上行潜力的客户比专注于本金保护的客户有更高的风险承担能力和风险偏好。另外，智能投顾的问卷也需要收集投资者的投资期限、流动性需求、投资目标和投资金额等。例如，一位 25 岁的客户为退休目的开设账户可能比一位 25 岁的客户开设一个研究生教育投资账户，具有更高的风险承受能力。

在了解以上的信息后，智能投顾需要处理客户调查问卷中出现的矛盾或者不一致的回答，评估一位客户是否适合投资（而不是储蓄或还债）以及其风险能力和风险偏好。在接下来的投资顾问服务中，智能投顾还应该定期询问客户的个人资料是否已经更改，或根据客户的操作历史，通过模型和算法，学习出客户的动态偏好。理财魔方便是国内在追踪客户动态方面做得较好的例子。

2. 大类资产配置

1990 年诺贝尔经济学奖获得者马科维茨的研究发现，分散投资是金融市场的"免费午餐"，正如我们常说的"不要把所有的鸡蛋放进一个篮子里"。因此在智能投顾的过程中，包含大类资产配置，以把资金分散投资到不同的资产类别中，分散风险。

大类资产配置包括现金、股票、债券、外汇、大宗商品、金融衍生品、房地产及实物类投资等。其中股票、债券、大宗商品、现金是智能投顾在大类资产配置中的主要大类品种。智能投顾需要研究的资产选择的基础问题便是它们在不同经济阶段的表现。

尽管目前的一些智能投顾产品专注于某些特定的资产类别，但大部分的智能投顾产品都能为用户提供不同类型的资产，以多样化来降低投资风险并扩大用户的选择范围。例如嘉实基金在 2014 年推出的"来钱"智能投顾产品允许用户自主配置货币基金、债券基金、股票基金等大类资产的比例。蓝海智投推出的"蓝海财富"于 2015 年 10 月正式上线，主要投资于国内 ETF、QDII（合格境内机构投资者）以及海外 ETF。显然，对于第二类包含多种资产类型的智能投顾，在做投资组合之前，需要计算出每类资产的配置比例。资产类别的选择应当根据它们预期在投资组合中扮演的特定角色来选择，资产类别的比例应该根据当前的经济情况和市场趋势来选择。例如，由于美国的资本增长、长期的通货膨胀保护和税收效率的特性，投资组合中可能包含美国股票。通胀保值债券可能因其收入、低历史波动率、多元化和通胀对冲属性而被选择。市政债券可能由于其收入、低历史波动性、多元化和税收效率属性而被包含在投资组合中。美国股票、通胀保值证券、市政债券各有各的特点和功能，在计算它们之间的比例时仍需要结合当前的市场状况来选择。例如，在牛市中我们选择更大比例的美国股票，而在市场经济不景气、政府亟待建设时，更多地选择保值的市政债券。智能投顾在大类资产配置中的特色和作用，便是帮助客户按照自己的偏好调整资产比例，甚至更智能地从历史信息、新闻信息等数据中学习到整个市场的环境和趋势，给出大类资产配置的方案。

以灵犀智投为例，其认为资产的收益存在轮动效应，单一资产无法长期持续表现良好，但对不同资产进行组合配置则能很好地提高收益稳定性。其分别从宏观和个体两个层面进行考量，决定大类资产的筛选范围：宏观层面，其综合考虑在不同的经济周期环境下每一类资产的历史行为特征、风险 – 收益关系，以及在当前的宏观经济形势下所预测的未来一段时间的收益走势；个体层面，其综合考虑每个大类资产的收益能力、波动率、与其他资产间的相关性、抗通胀属性、手续费等特性，再通过宏观与个体层面的结合，确定大类资产的选择范围。以资产间的收益相关性来说，在相关性较低的情况下，一种资产价格下跌，另一种资产可能会上涨，因此对组合整体收益的影响小，能够有效控制风险。2005 年 1 月至 2016 年 9 月期间，我国股票、债券和商品三类资产的指数收益相关性或为负，或为弱相关性。因此，基于这三种指数所构造的投资组合能够有效对冲风险，而灵犀智投在建立投资组合时，正是基于这个标准根据大类资产进行配置的。

3. 投资组合选择

在确定大类资产配置比例之后，我们需要继续细化，确定每个资产类别中的投资产品比例。智能投顾产品利用大数据分析、量化模型及算法，根据客户画像刻画出的投资者的个人预期收益和风险偏好，来提供相匹配的资产组合建议。在每个特定的类别中，智能投顾产品使用历史数据法构建模型，用最优化方法求解模型，预测出投资产品未来的收益，根据其预测收益来配比投资组合。历史数据法假定未来与过去相似，以长期历史数据为基础，根据过去的经历推测未来的资产类别收益。最优化方法有两种：一种是给定风险求最大收益；另一种是给定收益求最大风险。根据这两种方式给出模型优化函数，进而求出模型的参数，应用模型来预测投资产品的收益。

投资组合的建议是智能投顾产品最核心的功能。其主要包含投资策略的生成和量化投资策略的执行。从不同的智能投顾产品中都能看到投资组合的身影。例如，"微量网"提供了多组近期收益情况较好的股票组合，可通过当月收益、实盘收益、昨日收益进行筛选。同时，根据选择量化投资、起投金额还可进行再次筛选，得到更符合需求的股票组合。选择当月收益最佳的股票组合后，平台会显示出该组合当月收益率、实盘收益率、当前净值、股票数目等，以及对该股票组合的评价和沪深 300 指数对比净值走势图等。

4. 交易执行

从交易类型来看，智能投顾产品按照其资产操作方式可以分为两类：资产管理类和资产建议类。资产管理类需要更少的人工操作，用户需要给机器更多的信任，让机器自动完成交易。而在资产建议类中，投资者获得建议之后，还需要进行自行判断，交易的执行还需要投资者自行完成。

从交易成本来看，智能投顾产品采取完全透明化的单一费率模式。以美国为例，传统投顾服务中的费用包括咨询费、充值提现费、投资组合调整费、隐藏费、零散费等近十类费用，项目反复且不透明，总费率超过投资金额的1%。而智能投顾产品通常只需要收取 0.15% ~ 0.35% 的咨询管理费。值得注意的是，无论是传统投顾还是智能投顾，交易进程中产生的交易费、持有费等中间费用均由投资者自行承担。

从交易市场来看，智能投顾产品由于涉及各个类别的理财产品，因此也涵盖国内市场、国外市场、股指、债券、商品等多个类型的交易市场。

从交易机制来看，由于智能投顾推荐的理财产品也由传统的理财产品类别组成，因此其交易机制和传统的资产管理机构一样，具体而言，包括信号触发机制、交易执行机制、风险监控机制等。

总体而言，交易执行可以概括为表 5-1 所示的内容。

表 5-1　智能投顾交易执行

交易类型	交易成本	交易市场	交易机制
资产管理类和资产建议类。资产管理类需要更少的人工操作，用户需要给机器更多的信任，让机器自动完成交易。资产建议类中，投资者获得建议之后，还需要进行自行判断，交易的执行还需要投资者自行完成	智能投顾产品采取完全透明化的单一费率模式。智能投顾产品只收取 0.15% ~ 0.35% 的咨询管理费，不再涉及其他费用。但交易过程中产生的交易费、持有费等由投资者自行承担	智能投顾产品涉及各个类别的理财产品。涵盖国内市场、国外市场、股指、债券、商品等多个类型的交易市场	智能投顾推荐的理财产品也由传统的理财产品类别构成。交易机制和传统的资产管理机构一样。包括信号触发机制、交易执行机制、风险监控机制等

5. 投资组合再选择

投资组合再选择是指当投资组合当前资产配置与目标配置出现偏差时，及时调整各类资产的权重以实现投资组合的资产配置，符合初始目标水平的策略。从传统的投资组合来看，买进之后，后续想要调整十分复杂，在基金组合运作的过程中，各只基金的"基本面"都有可能因市场因素、人为因素等客观环境的变化而发生变化，这里包括基金的投资风格、投研团队以及基金公司的风险控制能力等方面。买基金是需要很强的专业和技巧的，需要深入了解每一只基金，并及时了解其基本面变化，还要能随时调整策略。即便如此，投资者还会因为主观因素的影响导致投资组合偏离自己的投资目标。到了智能投顾阶段，就可以在组合投资的基础上解决动态调整这个问题。例如，遇到市场大幅上涨导致底层风险较高的资产的比重显著增大时会自动触发调整点，卖出部分股票资产，买入风险较低的债券资产，恢复到个人投资者个性化的风险承受能力点。智能投顾相信纪律、相信资产配置、避免人性影响的价值观非常适合用于投资组合再选择。

投资组合再选择可以分为两类：一类是指当前的市场变化导致投资产品的收益浮动不符合预期，需要定期更换持仓的产品和比例；另一类是指用户的风险承受能力和投资偏好出现变化，需要更换持仓和比例以满足用户的偏好。智能算法需要实现实时分析和调整的功能。投资组合再选择包括以下两种情况。

第一种情况，即根据产品收益变动和市场风格变动等因素调整持仓，这里的策略规则主要包含几个平衡。买入再平衡、卖出再平衡：在投资者买入卖出部分投资组合的时候，系统会自动调整资金组合接近目标比；组合调整配比再平衡：投资者可以人为调整资产组合配比，系统会将调整后的资产配比当作目标，每次再平衡调整就会接近这个目标；波动再平衡：定期调整资产配置至目标比例，这个目标比例是根据用户偏好的改变或市场的变动，计算出的最优资产配置比例；观点再平衡：现有的模型大多为经典 MAB（multi-armed bandit，多臂老虎机）算法在投资组合中的应用，未来可以结合深度学习等其他技术，构建复合模型。

第二种情况是用户的风险承受能力和投资偏好出现变化，需要更换持仓。如浦发银行的"浦发极客智投"（原"财智机酷人"），它通过数据分析和智能算法，了解和检视用户既往的资产及收益情况，根据用户风险承受能力、资产状况、期限偏好等维度分析，进行个性化的跨种类财富产品推荐。用户在此基础上，还可自主选择修改，一键购买以优化整体资产配置。除了资产、交易、风险偏好等数据外，用户的浏览、点击等行为足迹数据也将被放入智能算法，形成用户分析、策略制定、产品遴选、交易执行、账户持续跟踪再分析的闭环式智能投顾服务。理财魔方同样强调跟踪用户的操作记录，从而捕捉用户的偏好变化，实时修改投资组合策略。

6. 组合分析

投资组合分析主要供专业的金融人士所用。投资组合分析主要分析目前的投资组合相对于持股理想化的平衡，是用作组合优化的手段。

（1）金融专业人士进行因子分析、投资组合的回测和模拟等。这样的分析能帮助专家以不同的角度看待和分析他们的投资产品和投资配比。它可以帮助专家决定何时投入更多或更少的时间和金钱，或者帮助他们决定是否应该从产品组合中删除产品或调整比例。具体而言，智能投顾产品的业绩指标包括产品风险收益概况、产品业绩稳定性对比、智能投顾产品调仓情况等。

（2）某些智能投顾产品还会对产品的数据、基本面信息等进行分析并可视化，辅助专家对投资组合进行分析。某些智能投顾平台利用数据挖掘算法与数据可视化工具投资分析报告，内容包括业绩展示、业绩归因、风险因子分析、组合描述性统计分析、回测和模拟等。例如，以色列的 Bondit 公司提供一款专注债券投资的智能投顾 SaaS（软件即服务）软件，该软件的目的是辅助固定收益投资的从业人员设计并销售债券。具体而言，其基于领先的机器学习算法所构建的模型，让数据可视化，并提供债券投资组合设计、优化、调整、监控及分析的一站式服务。

5.4 智能投顾中的人工智能技术及实践

5.4.1 大数据融合技术

如果把数据集成的对象，即数据与知识的复合体称为数据湖，那么建立数据间、信息间、知识片段间多维度、多粒度的关联关系，实现更多层面的知识交互，是聚敛出数据湖中的"波纹"。这个"波纹"也就是我们所追求的数据融合。基于当前海量大数据的背景，如果想要实现智能投顾，全链条上的数据融合是重要环节。因此，本节将从大数据融合的背景出发，介绍当前数据的特性以及存在的问题，继而引出多源数据融合技术，为后续智能投顾的模型建立提供基础。

案例分析 5-1

1. 大数据融合的背景

维克托·迈尔－舍恩伯格（Victor Mayer-Schönberger）有一句名言：世界的本质是数据，而对于"大数据"，我们可以有很多种定义。研究机构 Gartner 给出了这样的定义："大数据"是需要新处理模式才能具有更强的决策力、洞察发现力和流程优化能力来适应海量、高增长率和多样化的信息资产。麦肯锡全球研究所给出的定义是：一种规模大到在获取、存储、管理、分析方面远超过传统数据库软件工具能力范围的数据集合，对应有海量的数据规模、快速的数据流转、多样的数据类型和低价值密度四大特征。除此以外，海量的大数据还具有如下三个特性。

（1）演化性：指数据随时间或解释的变化而变化的特性。

（2）真实性：由实体的同名异义、异名同义表示以及关系的变化引起。

（3）普适性：是指在认知范围内达成共识的特性，如"逾期"和"违约"都可以让人联想到对应的主体信用较低，因此"逾期"和"违约"的描述具有普适性，然而，大数据技术的战略意义不在于掌握庞大的数据信息，而在于对这些有意义的数据进行专业化处理。也就是说，如果把大数据比作一种产业，那么这种产业实现盈利的关键在于提高对数据的"加工能力"，通过"加工"实现数据的"增值"。从技术上看，大数据与云计算的关系就如手足般不可分离。由于海量数据对于计算的要求很高，如果只用单台的计算机进行运算，具体需要的时间将有可能超出任务的指定时间，间接地导致任务无法完成，因此，通过分布式架构让任务并行已是刻不容缓。分布式架构的特色在于对海量数据进行分布式数据挖掘，但它一般需要依托云计算的分布式处理、分布式数据库和云存储、虚拟化技术。经过千辛万苦得到的多源数据，却不可以直接进行简单融合的原因如下。

（1）割裂的多源异构数据。

（2）数据规模与数据价值的矛盾。

（3）跨媒体、跨语言的关联。

（4）知识具有隐含性。

2. 多源数据融合技术

传统的数据融合方式是处理单一数据域中的问题（图 5-5），而多源数据融合技术则指利用相关手段将调查、分析获取到的所有信息全部综合到一起，并对信息进行统一的评价，最后得到统一的信息的技术（图 5-6）。通过该技术可以对各种不同的数据信息进行综合，吸取不同数据源的特点，然后从中提取出比单一数据更好、更丰富的信息。

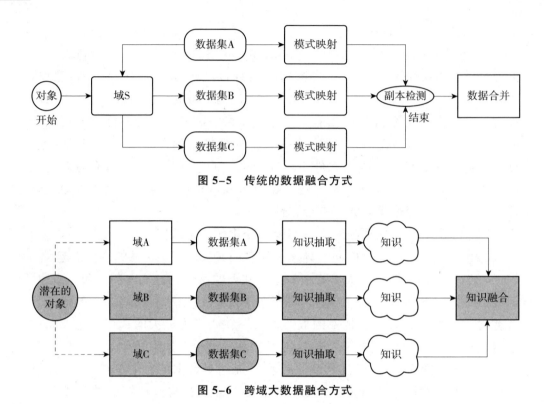

图 5-5 传统的数据融合方式

图 5-6 跨域大数据融合方式

而想要进行多源的数据融合，我们首先需要对数据的种类进行划分。针对数据的划分，可以有结构化数据、半结构化数据和非结构化数据三类。

1）结构化数据

结构化数据，简单来说就是数据库。这是一种利用二维表结构来进行逻辑表达和实现的数据。鉴于维度严格控制在二维，因此，结构化数据均遵循数据格式与长度规范。目前，关系型数据库是主要的结构化数据的存储地和管理方式。通过具体的例子可以更加容易理解。例如各个高校的学生成绩录入新系统、教育一卡通、银行客户信息登记等。

根据结构化数据示意，可以发现身份标识号、姓名等特征无论是在存储上还是在排列上，都非常整齐，这样的整齐，虽然对用户查询和修改等操作都很有帮助，但是它的扩展性不好。例如，当用户需要增加一个字段时，他们就需要修改数据表的原始结构。

2）半结构化数据

所谓半结构化数据，就是介于完全结构化数据（如关系型数据库、面向对象数据库中的数据）和完全无结构的数据（如音频、图像文件等）之间的数据,XML(可扩展标记语言)、JSON(JavaScript Object Notation, JS 对象简谱)和 HTML(超文本标记语言)文档就属于半结构化数据。它一般是自描述的,数据的结构和内容混在一起,没有明显的区分。

3)非结构化数据

非结构化数据,其字段长度可变,每个字段记录都可以由可重复或不可重复的子字段组成,这些子字段不仅可以处理结构化数据(如数字、符号等),而且适合处理非结构化数据(如文本、图像、声音、视频、超媒体等)。非结构化数据包括所有格式的办公文档、文本、图像、XML、HTML、各种报告、图像以及音频 / 视频信息,对于此类数据,通常将其以二进制数据格式直接整体存储。

针对结构化数据、半结构化数据和非结构化数据这三种不同种类的数据,可以采用不同的方式进行融合,目的是更好地进行建模,具体操作方式如下。

(1)针对结构化数据,可以尝试使用深度学习中的无监督表示学习模型。例如首先基于神经网络对海量的结构化数据进行预训练,再通过组合底层特征形成更加抽象的高层表示,自底向上地发现结构化数据的抽象表示。

(2)针对半结构化数据,常用的做法是利用频繁挖掘算法。例如针对 Web 序列日志,利用可压缩的树结构来存储日志,然后对用户 Web 频繁访问的日志序列进行挖掘,提取出非结构化数据的特征。

(3)针对非结构化数据,常用的做法是将图像、视频、语音等高维数据通过对应的图像识别、语音识别算法提取对应的低维度特征,方便在后续的网络中利用数据。

通过建立数据关联,实现不同域中的信息特征融合、统一数据的表示,以服务后续客户画像、投资组合配置模型的构建。

5.4.2　投资客户偏好画像

客户流量的三大终极问题:客户是谁?客户从哪里来?客户到哪里去?

面对客户是谁的疑问,要把客户分为现存客户和潜在客户两类。对于现存客户,又可以分为忠诚客户和非活跃客户。对于潜在客户,则需要对海量的沉默客户进行分析,达到吸引潜在客户的目标。对于客户从哪里来,我们的任务是判断客户某次推广渠道和产品目标群是否匹配。对于客户到哪里去,则需要对客户的流失进行预测以及给出相应的召回措施。得到客户信息之后,需要通过构建多维可信客户画像技术,对投资客户建立偏好画像。

1.客户画像的定义

人工智能的飞速发展，使机器能够在很大程度上模拟和替代人的功能，实现批量人性化和个性化的服务。对于传统金融公司来讲，如何精准地识别客户的真实需求是一直难以攻克的难关。而人工智能则可以通过客户画像和大数据模型精准找到客户，实现精准营销。在智能投顾领域，构建客户画像的目标，就是根据客户和产品的交互行为数据，结合客户的线上线下行为数据，构建符合客户风险偏好的投资组合，在对的时间，满足各类客户的投资需求，推荐匹配的投资组合。

作为描述目标客户并联系客户需求和设计方向的有效工具，客户画像已广泛应用于各个领域。在实际操作过程中，经常将客户的属性、行为和期望与最明确、最接近实际的词联系起来。就像"艺术"的定义一样，客户的肖像是从客户那里获取的，但高于客户的存在。客户角色标签并非建立在产品和市场之外，通过统计一类客户的行为来抽象每种类型的客户图像，并且形成的客户角色可以代表产品的主要受众和目标群体。

客户画像具有PERSONA七个要素。这个概念由"交互设计之父"阿兰·库珀（Alan Cooper）提出，是建立在一系列属性数据之上的目标客户模型，一般是产品设计、运营人员从客户群体中抽象出来的典型客户，其本质是一个用以描述客户需求的工具。

（1）P（primary）代表基本性：客户角色是否基于对真实客户的情景采访。

（2）E（empathy）代表同理性：对名称、照片和产品在客户角色中的描述，是否会引起客户共鸣。

（3）R（realistic）代表真实性：对那些每天与客户打交道的人来说，客户角色是否看起来像真实人物。

（4）S（singular）代表独特性：每个客户是否唯一，彼此之间是否几乎没有相似性。

（5）O（objectives）代表目标性：该客户角色是否包含与产品相关的高层次目标，以及是否包含描述目标的关键词。

（6）N（number）代表数量性：客户角色的数量是否足够少，以便设计团队能记住每个客户角色的姓名，以及其中的一个主要客户角色。

（7）A（applicable）代表应用性：设计团队是否能使用客户角色作为一种实用工具进行设计决策。

2.客户画像的生成流程

为了提供个性化的智能投顾服务，需要建立智能投顾客户画像。而为了实现这个目标，主要需要进行以下五个步骤。

第一步是设定目标，即决定从哪个角度来描述一个人。建立投资偏好画像的目标都是为了描述人、理解人。

第二步是运用规则建立客户画像标准。在描述客户的过程中要有一些共识。例如我们形容某个人特别"二次元"，而"二次元"这个词对方可能听不懂，因为双方对"二次元"这个词没有达成共识，所以必须有一套达成共识的知识体系，不然客户画像是没有办法建立的。

第三步是依据规则来给客户打标签。每个系统对应的打标签规则都不相同，而基于不同的规则，每个客户都将拥有不同的客户画像。这也是构建客户画像的核心。标签由以下两部分组成。

（1）根据客户的行为数据直接得到。例如，客户在网站或者 App 上主动填写的数据。严格一些的平台会要求客户上传身份证、学生证、驾驶证等，这样的数据准确性较高。

（2）通过一系列算法或规则挖掘得到。当一个客户开始购买母婴类商品，如奶粉、尿布等，算法可以根据客户购买的频次和数量，结合客户的年龄、性别推断其是否为新妈妈 / 爸爸。

第四步是将数值化后的标签作为输入，合理运用各种机器学习算法来建模。例如，我们可以设计一种自编码机（deep auto-encoder），通过对模型进行逐层预训练，之后再使用反向传播算法整体调整模型的权值，来学习结构化信息、半结构化信息和非结构化信息的联合表示，以服务于客户画像的构建，或是通过多个机器学习模型 [如逻辑回归（LR）、深度神经网络（DNN）等] 构建多个维度的预测子模型，有效聚合各个预测子模型特征，动态捕捉和征信相关的潜在因素，从而获得客户综合信用评分，得到精准的客户画像。

第五步是画像验证。做完客户画像以后，还需要对标签进行验证。例如，如果说判断一个人风险承担能力很强，在打完标签之后，还要对他能够承担的风险给出具体的依据，否则就不能给他打上一个风险规避的标签。在给客户生成画像之后，一定要给出依据与推理的过程，以及该结论是怎么得到的，否则该标签没有可信力。

5.4.3　量化投资技术

1. 量化投资的概念

量化投资是借助量化金融分析方法进行资产管理的一种投资方法，不仅可以使用历史数据来分析和验证投资的效果，而且可以在投资的执行阶段进行选择。这一系列流程都是通过计算机自动执行的。鉴于量化投资是基于数学、统计学、信息技术的背景知识来管理投资组合的，其在智能投顾中自然扮演了重要的角色。量化投资者收集分析大量的数据后，借助计算机系统强大的信息处理能力，采用先进的数学模型替代人为的主观判断，利用计算机程序在全市场捕捉投资机会并付诸实际，引入量化投资模型之后，可以很好地降低投资者因为情绪波动给投资带来的负面影响。例如，在市场极度狂热或悲观的情况下，冷静的量化结果可以很好地避免投资者因个人情绪等原因作出非理性的投资决策，以在控制风险的前提下实现收益最大化。用一句话说，量化投资就是将投资策略程序化，从而更好地利用海量的信息。

量化投资可以协助投资者优化投资，若需要梳理出量化投资的相关理论并将其应用在智能投顾中，就需要经过一系列的步骤。对应步骤主要包括量化选股、量化择时、股指期货套利、商品期货套利、统计套利、算法交易等。

2. 机器学习应用到量化投资中

随着互联网的发展，与金融预测问题相关的许多信息，可能会依赖于海量的经济数据和其他数据，而人工处理这种多源数据愈加困难。所幸我们有大数据融合技术，使得我们有能力挖掘数据中潜在复杂的非线性相互作用。这些隐藏模式虽然没有完全被金融、经济等理论所明确规定，却在很多情况下，能够优化投顾的相关预测。同时随着时代的发展，越来越多的投资者进入投资市场，而高昂的投资顾问费用却与越来越多的个性化投资需求产生矛盾，阻碍投资市场的发展。以股市中涉及的量化投资为例，高频的交易，仅仅凭借金融分析师进行人工分析，工作量大，普及的可能性小。同时，由于金融分析师不可避免地夹带个人情感与偏好，他们自身有限的数据分析能力、预测的准确性，以及对于客户的个性化需求，都将难以满足投资者多样化的需求。

在这样的情况下，将机器学习应用到量化投资中已经刻不容缓。近几年，大量基于机器学习的量化投资算法应运而生，其流程如下。

（1）数据化：把不可观测的变量数据化，如风险情绪。

（2）预测模型：选择合适的模型预测收益和风险。

（3）构建组合：根据预测结构按照规则选择对象构建组合。

（4）再平衡：定期或者不定期进行再平衡，用以提高投资收益。

从流程中可以看到，模型不仅能够不间断地调整逻辑，而且可以根据目标自行调整。对于投资者而言，这样的技术无疑能够很好地协助他们分析市场情况，更加智能地进行投资。

鉴于迫切需要一种能够学习数据输入的复杂特征的方法，且利用这些特征很好地预测目标输出变量（如资产或投资组合回报），本节将会挑选两个基础的算法进行介绍，分别对应机器学习中的分类和回归问题。

分类技术可以说是机器学习中大家最熟悉也是最常见的一种方法。鉴于量化投资中最基础的问题之一就是该产品是否推荐给用户，即推荐与不推荐的问题，以及该产品是否应该购买，即买与不买的问题，对应的都是一个二分类问题，即将要区分的数据分为两个类别。

再如在智能投顾中，收到需要投资的候选集合之后，可以设定需要对投资组合进行买入、卖出还是持有的问题，这就是一个多分类的问题（将要区分的数据分为多个类别）。在机器学习中，通常把能够完成分类任务的算法叫作分类器（classifier）。智能投顾中经常通过决策树算法和 Logit 回归（logistic regression）等进行分类。下面简单介绍机器学习在量化投资中的应用。

1）决策树

在机器学习中，决策树是一个经典的预测模型。该模型使用树结构表示对象属性和对象值之间的映射关系，即树中的每个节点都可以表示一个对象，并且每个分叉路径都表示该对象的可能属性值。以二叉树为例，这意味着每个对象最多可以具有两个可能的属性值，以此类推，三叉树就意味着最多为三个属性。

决策树仅有单一输出，若欲有多个输出，可以建立独立的决策树以处理不同输出。在数据挖掘中，决策树是一种经常要用到的技术，可以用于分析数据，同样也可以用来做预测。决策树由节点和有向边组成，一般一棵决策树包含一个根节点、若干内部节点和若干叶节点。决策树的决策过程需要从决策树的根节点开始，将要测试的数据与决策树中的特征节点进行比较，并根据比较结果选择下一个比较分支，直到叶节点成为最终决策结果为止。

决策树的结构通常如下。

（1）内部节点：对应于一个属性测试。

（2）叶节点：对应于决策结果。

（3）根节点：包含样本全集。

（4）每个节点包括的样本集合根据属性测试的结果被划分到子节点中。

（5）根节点到每个叶节点的路径对应一个判定测试路径。

以预测客户是否会购买的决策树为例，如图 5-7 所示。

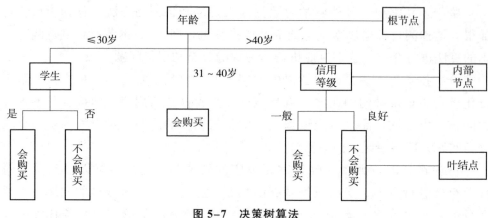

图 5-7　决策树算法

具体来说，在分类问题中，如果存在 K 个类别，并且第 k 个类别的概率为 p，则基尼系数的表达式为

$$\text{Gini}(p) = \sum_{k=1}^{k} p_k(1-p_k) = 1 - \sum_{k=1}^{k} p_k^2$$

在二分类问题中，计算就更加简单了，如果属于第一个样本输出的概率是 p，则基尼系数的表达式为

$$\text{Gini}(p) = 2p(1-p)$$

直观来说，$\text{Gini}(p)$ 反映了数据集的纯度。如果分支中样本数据均属于同一类别，这个时候，基尼系数为 0，纯度最高，则该分支应为叶节点，无须再进行计算。如果分支中样本所有特征的属性值有多种，在这种情况下，算法采用"少数服从多数"的方式，将类别标记为当前分支中样本数最多的一种。如果以上均不符合，则应针对每一组样本数据重复第一步的过程，通过递归的方式，将分支继续分解下去，直至每个分支的样本数据都具有相同的类别为止。以此类推，直到最后所有节点都分类完成。

2）Logit 回归

Logit 回归是一种分类方法，用于二分类问题。其基本思想如下。

（1）寻找合适的假设函数，即分类函数，用于预测输入数据的判断结果。构造损失函数 / 代价函数的目的是显示预测的输出结果与训练数据的实际类别之间的偏差。通常可以采用绝对值、均方根等计算方式。

（2）通过训练，最小化损失函数 / 代价函数，同时记下模型的最优参数。它通过一个 logistic 函数将输入映射到 [0, 1]，logistic 函数又称为 sigmoid 函数，形式如下：

$$\Phi(z) = \frac{1}{1+e^{-z}}$$

其中，输入 Z：$z=W^t=W_0X_0+W_1X_1+\cdots+W_mX_m$

Logit 回归并不是硬性地将分类结果定为 0 或 1，而是给出了 0～1 区间的一个分数，分数越接近于 1 意味着上涨概率越大。如果需要进行简单选股，可以选择上涨概率排名前 N 名的股票。另外也可以规定一个阈值，大于阈值的归为一类，小于阈值的归为另一类，最终选择上涨概率阈值的股票。

5.5　智能投顾在中国

5.5.1　国内主要智能投顾平台

和欧美国家相比，中国智能投顾市场起步较晚，尚处于早期阶段，但是发展速度非常快，2015 年以后，智能投顾领域的创业公司和服务陆续涌现。由于不同的国情和发展阶段，中国在智能投顾领域的发展也呈现出一些自己的特色。

中国从 2014 年开始出现第一家智能投顾平台"蓝海智投"，引导用户通过设立美股账户实现海外 ETF 投资。之后中国的智能投顾平台在 2014—2016 年分别增加了 19 家、31 家、21 家。目前中国的智能投顾行业仍处于萌芽期与初创期阶段，主要表现在数量众多的公司纷纷涌入智能投顾行业，行业集中度低，平台之间实力差距不明显，整体行业管理规模小，普通民众对于智能投顾认识度较低。中国的部分智能投顾平台有 Beta 理财师、蓝海财富、蚂蚁财富、理财魔方、理财易站、理财通、向前金服、京东智投、WE 理财、桔子理财、优品财富、平安一账通、小赢理财、蛋卷基金（2022 年 11 月更名为"雪球基金"）、查理智投、灵犀智投、璇玑智投、投米 RA、摩羯智投、且慢等。从平台主体公司的性质来看，国内智能投顾平台主要可以分为以下三大类。

1. 传统金融机构阵营：强大的资源优势

传统金融机构，如银行、券商、基金等，自主研发智能投顾线上平台。如银行系智能投顾平台，其资产配置以理财产品为主，主要投资对象为银行理财产品和代销的公募基金，为商业银行理财顾问业务的延伸。当前智能投顾产品多针对 C 端客户，传统金融机构具有强大的客户和产品资源优势——客户基础庞大，商业银行广泛的客户群体使商业银行推出的智能投顾产品有更庞大的潜在客户；庞大的客户数量也增强了商业银行的数据积累和沉淀。商业银行在金融业中，具有较为完善的风险管理体系和较强的风险承担能力，因此风险管理能力较强。

2018 年招商银行"摩羯智投"规模突破 100 亿元、中行"中银慧投"规模接近 50 亿元，工行的"AI 投"规模在 20 亿元左右；广发证券贝塔牛截至 2017 年 9 月累计交易也达 17 亿元，注册用户 47 万人。① 以招商银行的摩羯智投为例，其是国内银行智能投顾的第一个试水者，引领银行业理财从传统财富管理进入智能机器人理财时代（图 5-8）。

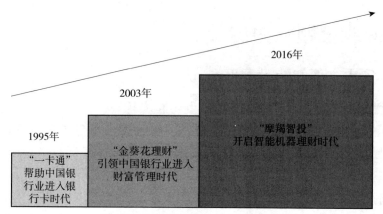

图 5-8　中国银行业理财历史沿革

2016 年 12 月，招商银行上线了主打公募基金智能组合配置服务的摩羯智投，截至 2018 年 3 月，摩羯智投申购规模已经突破百亿元。2017 年，摩羯组合整体平均收益为 8.97%，整体最大回撤为 1.52% ～ 4.03%，平均最大回撤为 2.35%，夏普比率为 2.59 ～ 4.09，相比各类基础资产有较好的超额收益（图 5-9）。② 摩羯智投以现代投资组合理论为基础，运用机器学习算法，融入招商银行 10 多年财富管理实践及基金研究经验，并在此基础上，为使用者构建以公募基金为基础、全球资产配置的智能基金组合配置服务。具体来讲，摩羯智投将用户投资期限分为三个阶段：1 年以下、1 年到 3 年、3 年以上，并且在每一个时间段中都给出 10 个风险承受等级，用户只需确定投资期限和可承受风险等级，系统便会自动构建出相应的基金组合。

2. 金融 IT 公司阵营：具有技术和业务理解双重优势

金融 IT 公司本身具备 IT 技术优势，并对金融业务较为熟悉，同时下游

① 数据来源：兴业证券经济与金融研究院 . 智能投顾行业深度报告：技术为镐，蓝海掘金 [EB/OL].（2019-08-11）. https://www.sohu.com/a/333010964_99900352.
② 数据来源：红网 . 招行摩羯智投频获大奖 顶层设计成就百亿级智投 [EB/OL].（2018-03-07）. https://baijiahao.baidu.com/s?id=1594267628644815032&wfr=spider&for=pc.

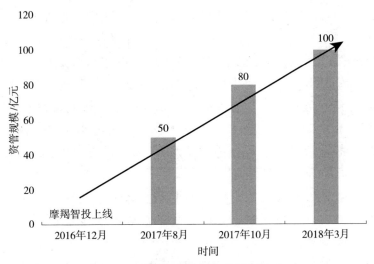

图 5-9　摩羯智投资管规模增长迅速

客户对智能投顾产品有需求，因此，以同花顺、恒生电子等为代表的公司纷纷布局智能投顾产品，多是在产品中应用 AI 技术，满足客户需求。

　　以同花顺为例，自 2009 年起，同花顺开始布局人工智能投资领域，具有技术、客户和数据等领域的资源储备和先发优势。公司 2013 年推出 i 问财，以财经类垂直领域搜索作为入口。2015 年注资 1 000 万元人民币成立浙江同花顺人工智能资产管理公司，并在 iFinD 金融数据终端的投研 BBC 板块添加了智能投顾板块；2016 年 5 月，同花顺 iFinD 智能投顾正式登陆同花顺 i 策略平台。2019 年 3 月 20 日，浙江同花顺人工智能资产管理公司，成功备案了旗下第一只私募基金产品，即同花顺阿尔法一号私募证券投资基金。同花顺智能投顾发展历史如图 5-10 所示。

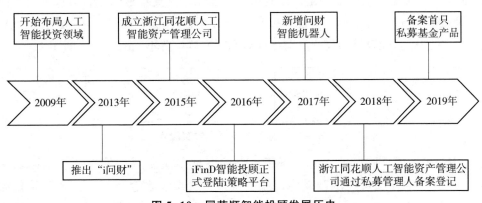

图 5-10　同花顺智能投顾发展历史

梳理同花顺布局可以发现，同花顺在智能投顾领域的布局有两条主线：一是做投资，二是做服务。在做投资方面，同花顺在 iFinD 金融数据终端里嵌入智能投顾模块，运用人工智能技术，基于策略组合提供大盘走势预测，为用户提供投资建议；在服务方面，同花顺构建了 AI 开放平台，将领先的智能语音、自然语言处理、智能金融问答、知识图谱、智能投顾等多项 AI 技术运用于银行、证券、保险、基金、私募等行业，为各类用户提供智能化解决方案。具体到智能投顾，公司打造了投顾 AI 辅助系统、智能机器人、资产配置三款产品，重点基于 i 问财提供服务。

iFinD 数据流量基础扎实，数据抓取和大数据分析能力极强，且面向个人用户免费开放，主要通过对 iFinD 金融数据库、舆情监控系统、i 问财知识库等的深度学习来构建动态的资本市场知识图谱及其投资决策模型。iFinD 通过对市场实时信息（即"情境"）的抓取和分析，不断对大盘重大拐点作出判断，筛选高胜率投资机会，为用户提供 A 股市场投资建议。

i 问财是智能选股平台，通过 AI 技术致力于为股民提供智能选股、量化投资、主力追踪、价值投资、技术分析等各类选诊股技术。以财经类垂直领域搜索作为入口，包含信息、股票、基金、港股和百科搜索等，更好地帮助同花顺提升用户黏性。i 问财嵌入同花顺炒股 App 和同花顺财经中，并独立开发了 i 问财选股和问财智能机器人以供用户快速选股。从产品来看，i 问财 Web 端定位是集数据收集、分析和运用于一体的金融大数据人工智能平台。

恒生电子自 2017 年，也在智能金融领域进行了一系列布局。恒生电子与宁波云汉、杭州云飞共同对商智神州（北京）软件有限公司进行投资，其中恒生电子出资 1 216 万元人民币，持股 31%。控股商智，开辟了恒生全新的智能投顾产品线，是公司在金融科技领域版图的补充，之后发布的商智智投致力于利用最新的金融科技为客户提供自动化、智能化、个性化的投资理财服务，大致分为客户需求探索、资产优化模型、智能择市和持仓的智能管理四个环节。在实际运作中，会收集客户的管理策略和投资意向，针对不同客群设置不同的模板（图 5-11）。

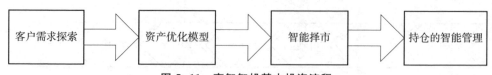

图 5-11　商智智投基本投资流程

从 2017 年开始，恒生电子每年举办面向前沿金融科技的专业技术论坛活动，并从技术开放日逐步升级为行业金融技术大会。在金融数字化转型深化的大背景下，恒生电子针对行业"数智化、自主创新"等需求，不断进行金融科技数智化应用探索，运用云原生、高性能、低码、人工智能、数据库、区块链等先进技术赋能金融机构，推动金融行业创新发展。

2023 年，恒生电子发布了金融大模型 LightGPT 最新的能力升级成果，以及基于 LightGPT 打造的多款光子系列大模型应用产品，并宣布正式开放产品公测。作为一款专为金融领域打造的大语言模型，LightGPT 基于海量金融数据训练，对金融相关问题的理解和金融任务的处理，比通用大模型更有优势。金融技术大会发布了四款大模型应用，分别为光子·文曲、光子·方圆、光子·善策和光子·慧营。其中光子·善策聚焦投顾咨询场景，通过会话意图理解、智能服务匹配、智能话术生成、智能工单创建等功能，赋能投顾会话，为投资顾问精准定位客户标签，洞察客户意图，生成专业话术。

3. 互联网巨头阵营：具有强大的流量和技术赋能优势

部分大型互联网金融公司凭借其掌握的流量和技术优势，开始互联网金融业务，并进行智能投顾业务创新。资产配置多样，投资对象不仅包括传统资本市场资产类型，还包括网络借贷等互联网理财产品；既涵盖了国内资本市场，也布局海外资本市场。技术能力突出，在技术方面具有自主研发能力，以技术创新驱动金融创新。场景化适应性强，互联网思维的渗透使这些企业对客户需求能够迅速响应，开发出人性化的产品界面。不同智能投顾平台的业务模式、产品特征等详见表5-2。总体来看，中国的智能投顾行业仍然处于生命周期中的萌芽起步阶段，虽然发展速度很快，参与主体众多，但是整体智能化程度偏低。

表 5-2　国内主要智能投顾产品对比

类型	产品名称	上线时间	投资门槛／元	业务模式	产品特色
传统金融机构	招商银行摩羯智投	2016 年 12 月	20 000	独立建议型	嵌入招商银行 App，根据投资者的投资期限和自身风险承受等级匹配投资组合
	工商银行 AI 投	2017 年 1 月	10 000	独立建议型	根据客户的投资风险等级及投资期限，为客户量身推荐基金投资组合方案
	江苏银行阿尔法智投	2017 年 8 月	2 000	综合理财型	覆盖了保险、贷款产品，将投融资相结合，提供组合产品一键购买，在线贷款一键申请等模块
	广发证券贝塔牛	2016 年 6 月	无	独立建议型	嵌入广发证券 App，提供股票和大类资产配置（以 ETF 为主）
	嘉实基金金贝塔	2016 年 4 月	无	类智投模式	主打服务于国内投资者的社交组合投资
	平安一账通	2016 年 1 月	无	综合理财型	依托集团优势，全面整合平安银行、保险、投资全领域金融服务
	量财猫	2019 年 10 月	无	综合理财型	费用较低，投资组合分散，科学性较强。有时短期来看收益不佳，长期收益稳定，抗跌性能好，反弹能力强

续表

类型	产品名称	上线时间	投资门槛/元	业务模式	产品特色
金融IT公司	理财魔方	2015年3月	无	独立建议型	客户定位中产阶级，以严格的风险控制为导向
	璇玑智投	2016年8月	无	独立建议型	B端，致力于帮助金融机构提供智能投顾解决方案
	投米RA	2016年4月	无	独立建议型	投资者可以根据自己的主观判断选择合适的投资风格
	蓝海智投	2015年3月	30万	独立建议型	定位"互联网+私人银行"，面向中高端净值用户
	钱景	2014年8月	无	独立建议型	根据客户的风险偏好，选择不同的投资基金组合
	同花顺iFinD	2016年3月	无	配置咨询型	实时结合情境对大盘拐点作出判断，筛选高胜率机会，情境变化自动切换
互联网巨头	京东智投	2015年8月	无	独立建议型	结合京东大数据体系，依托京东金融丰富的产品线，提供免费个性化智投组合
	蚂蚁财富	2015年8月	无	综合理财型	定位小白理财群体，自动理财，还会智能抄底
	蛋卷基金	2016年5月	1 000	类智投模式	部分产品有自行调仓的性质，可提供类似智能投顾的服务
	腾讯腾安	2017年1月	无	类智投模式	对于用户投资需求了解、用户触达、用户服务等具有优势

互联网公司的优势在于本身具有庞大的C端流量客户，此外在技术方面较为领先，以京东智投、蚂蚁财富为代表的公司多依托技术优势在平台上向C端客户提供灵活的投资组合。

京东智投基于大数据和AI技术提供定制化的智能资产配置管理方案，分为用户画像、财务分析、资产配置、产品筛选和再平衡投后管理五个板块。作为智投产品，京东智投具有明显的分散化优势。智投的原理，是将机构投资者使用的投资理念和纪律性应用到个人投资者层面，即进行长期、分散化配置。分散化的资产配置长期可有效地降低投资风险，提高盈利概率，降低亏损概率。除了分散化投资的优势外，京东智投还根据京东大数据，提供个性化的定制资产配置方案，不仅仅是为分散而分散，而是依据客户自身财务特征，进行千人千面的个性化投资组合构建。

蚂蚁聚宝是蚂蚁金服推出的一站式移动理财平台，和支付宝、余额宝、招财宝、芝麻信用、网商银行一样，也是蚂蚁金服旗下的品牌。平台上的"猜你喜欢"功能利用大数据向用户做智能化基金推荐。蚂蚁聚宝上线仅半年后，实名用户量就已突破1 200万人，继支付宝、余额宝和招财宝之后，再一次刷新了用户量发展速度纪录。2017 年 6 月 14 日,"蚂蚁聚宝"升级为"蚂蚁财富",并正式上线"财富号",全面向基金公司、银行等各类金融机构开放。"财富号"支持基金公司在蚂蚁聚宝自运营,精准服务理财用户。同时,蚂蚁金服还首度宣布向金融机构开放最新的 AI 技术,帮助金融理财更快进入智能时代。蚂蚁聚宝升级为蚂蚁财富后,产品定位有变化。其中,蚂蚁聚宝定位为买基金、讨论基金、投资工具;而蚂蚁财富定位为打造一站式理财平台,从以基金销售为主的平台,变成主打综合理财概念的应用,把股票和保险引入进来,相对弱化基金的概念。

5.5.2　智能投顾在中国的挑战与机遇

1. 挑战

鉴于智能投顾行业处于起步阶段,以及中国当前资本市场发展和投资者状况,智能投顾面临五大挑战。

1)投资者教育不足

国内资本市场投资者散户数量巨大,相较于机构投资者,散户投资者更加关注短期收益,大多偏向短期投机、追涨杀跌。而智能投顾的核心投资理念是建立在资产组合配置上的,是一种追求风险收益平衡的长期投资策略。智能投顾的资产配置、长期价值投资、被动投资等投资理念尚未深入人心。很多客户尝试智能投顾产品后因无法达到其短期内获得高收益的投资目的而选择放弃,导致大量客户流失,智能投顾机构的客户黏滞成本极高。

目前很多投资者对智能投顾的了解还很不充分,很多客户把智能投顾与组合产品画等号。智能投顾作为新兴事物,客户建立认知和信任都需要时间。资产配置、稳健投资的优势只有经过长时间的积累才能发挥效用。

2)智能化程度较低

国内现有的智能投顾服务大都存在用户画像简单化、静态化,形成场景过于单一、智能化程度低的问题。目前大多数智能投顾的用户画像及风险评测主要覆盖年龄、收入、婚姻状况、投资经验等,并未考虑到客户具体的家庭资产负债比率,每个月的房供、车供支出,即将支出的首付、子女教育等费用,以及每个月收入来源是否稳定。此外,随着用户的年龄增长,收入也会增加,风险承受能力会变化,这些重要动态因素也尚未考虑,因此造成智能投顾平台投资场景过于单一,甚至没有场景。不同的应用场景,会有不同的投资需求;不同的投资需求,需要不同的投资方案。

智能投顾的核心是高效可靠的智能化产品,即智能投资决策系统,其依赖数据、模型和算法。当前的智能投资决策系统仅停留在自动化的层面上，远未达到人工智能级别。多数智能投顾平台处于人工干预的线上荐股阶段。比如理财魔方，2017年5月才在投资端实现了自动化的投资决策。在这之前，很多投资决策、调仓决策都依靠个人，违背智能投顾的初衷。而多数自动化投资决策并非"真智能"，仅是投资组合的自动筛选，其算法和基金组合固定，不是实际根据客户资产、风险、投资倾向的真智能，做不到智能化全场景的伴随，也提供不了千人千面的智能化服务。

人工智能级别的投顾决策需要长时间序列的金融数据进行学习和修正，也需要较长的时间周期经由市场检验，而这些条件在国内市场短时间难以满足。中国金融市场发展时间较短，在数据积累量上较欧美发达国家存在一定差距。另外，我国缺乏成熟的投资者行为，市场整体波动较大，直接导致整体金融数据质量较差，若缺乏有效的数据沉淀，则将难以满足智能算法训练的需要。

3）人工服务欠缺

多数智能投顾的具体投资策略并不向用户公开，即"黑盒"。这对于中国投资者来说其投资的稳定性更差。如果在智能投顾的策略上不能穿透到底层的核心投资理念上，不能给客户阐述其核心的逻辑和内在的关联，客户对投资的风险厌恶情绪就会占上风，不能对资产配置起到一个比较正向或是有力的推动作用。例如，每个月智能投顾改变了资产配置比例，客户无法感知其中原委，是市场的新动态，还是模型中的某个因子、函数出现了拐点，客户唯一能感知到的是亏钱与赚钱。在没有客服解释的情况下，客户依旧追涨杀跌。

因此，智能投顾提供商提供人工服务在中国显得格外重要，通过人工顾问为客户进行必要的引导和解释，帮助客户准确衡量自身风险水平，明确定位投资标的，将投资方法论与客户需求在产品平台上进行对接。

4）监管政策不确定

首先，国内投资顾问与资产管理两块牌照分离，代客理财受限。美国的智能投顾提供商只要获得投资顾问牌照，即可同时开展投资顾问及资产管理两项业务。但根据我国相关法律的规定，投资顾问与资产管理两块业务实施分开管理，投资顾问只能提供投资建议，不得进行全权委托交易、管理。这将国内智能投顾业务主要限制在投资推荐的范围内，且因为不能以机构为主体或受托在二级市场上直接交易，只能将购买门槛较低的公募基金作为资产配置的主要标的。

而目前大多数初创公司背景的智能投顾平台属于"双无"产品。市场上较为普遍的做法是初创公司与基金代销机构合作，为后者进行用户导流，比如拿铁智投和谱蓝的交易端接入的分别为天天基金与盈米财富，然而这种做法似乎并未被中国证监会授予合法性。当前的导流模式存在很大的政策不确定性。例如，山西证监局官网发布公告称，理财魔方和拿铁理财涉嫌违规销售基金产品，原因是平台未取得基金销售业务资格。另外，针对智能投顾的监管政策也有进展。中国人民银行、中国银监会等部门联合起草的资产管理新规意见稿首度提及智能投顾，并明确规定，金融机构运用人工智能技术、采用机器人投资顾问开展资产管理业务，应当经金融监督管理部门许可，取得相应的投资顾问资质。尽管资管新规尚未对非金融机构开展智能投顾做具体规定，但其已然成为悬在非金融机构参与者头上的"达摩克利斯之剑"。

5）盈利模式模糊

针对大众群体的智能投顾提供商，不管是独立的第三方财富管理机构还是传统金融机构，多数都对客户免收服务费或是账户管理费，仅收取客户交易、购买产品（如公募基金）相应标准的佣金或申赎费用。无牌照在手的初创公司还得与基金代销机构分食基金销售佣金，加上基金行业仍处在申购费价格战之中，这样一来，其利润就更少了。国内不论是市场还是监管环境，目前都不具备收取额外费用的条件。

此外，交易成本也是一大挑战。公募基金的申购赎回费，对收益产生的磨损不可忽视。在美国资本市场，可以根据客户的交易策略而细分化收费，也就是说，某些特性的交易策略可以达到负交易成本，这在中国市场目前还无法做到。

2. 机遇

中国的智能投顾行业尚处于起步阶段，挑战不可避免。但是，面对挑战，智能投顾的市场机遇同样巨大。

1）独立第三方财富管理机构：转向 B 端

独立第三方财富管理机构并没有传统金融机构客户资源的优势，同时面对客户数据的短板、监管政策的不确定性和盈利的压力，可以从当前主要针对 C 端客户，未来向 B 端传统金融机构客户侧重，为传统金融机构服务的 C 端客户提供智能投顾解决方案。其核心竞争力可侧重在模型和算法上，从而在智能投顾行业里闯出一片天地。这样，其盈利模式不再直接面向个人客户，将极大降低营销成本，让它们能够在激烈的竞争中存活下来。此外，服务 B 端也可从为传统机构的财富顾问或基金经理提供数字化、智能化的投资辅助工具切入。针对 B 端的智能投顾在国内基本上是一个空白，充满了机会。

个别独立性的智能投顾公司已经积极向服务 B 端转型。例如，璇玑科技以 B2B2C（企业对企业对消费者）模式为平台，向拥有客户及资产基础的金融机构输出自身打磨多年的智能投顾解决方案，已经为民生证券、安邦保险等多家主流金融机构设计了智能投顾系统，同时正在积极开拓东南亚的 B 端市场，在新加坡设立了一家名为 PIVOT 的金融科技公司。

2）传统金融机构：善用客户资源

传统金融机构已拥有大量存量客户资源，获客成本低。其智能投顾的终极目标在于以客户为中心利用金融科技提供随人、随时、随地、随需的智能财富管理服务。此外，传统金融机构的投资产品资源也是一大优势。因此，传统金融机构在客户需求与财富目标把控上将更加准确。

传统金融机构近年来线上化、数字化的变革也培养了良好的客户习惯，同时品牌信任度高，且无须担忧牌照问题。此外，传统金融机构拥有资金优势，并且可通过销售自有金融产品提高盈利，短期盈利压力较小。

对于传统金融机构的高净值客户，智能投顾会更多地扮演辅助工具的角色。智能投顾将后台功能简化、财富管理数字化、资产建议智能化，帮助财富顾问更好、更有效地服务其客户。对于之前缺乏财富管理服务的长尾市场而言，智能投顾更大程度地满足年轻一代客户对被动投资的需求，对于现有财富管理市场起到更好的补充作用。

对于具体的金融机构来说，银行的最大优势在于拥有庞大的客户群体和大量的金融数据，可以更精准地制作用户画像。但在资产配置和投资分析方面，由于投资范围、风险偏好，以及人力资源方面的局限，券商和基金明显强于银行。因此，在智能投顾起步不久的当下，两方应该强强联合，探索能够利用各自优势、快速获客、实现共赢的业务模式。将来，中国智能投顾格局很可能会与美国相仿，占据客户资源和渠道资源，具有成本、规模优势的综合性平台将占有较大的市场份额。

3. 互联网巨头：善用技术创新

与传统金融机构相比，互联网巨头同样拥有丰富的客户流量，但是其在技术的创新和服务的效率上更胜一等。互联网巨头应该利用其在大数据、人工智能方面的优势，加上客户数字化体验方面的丰富经验，与初创公司或传统金融机构合作，提供差异化的"网红"智能投顾服务。

思考题

1. 智能投顾与传统投资顾问相比具有哪些特征？

2. 简述智能投顾的工作流程。

3. 智能投顾的蓬勃发展带来了风险与挑战，中国智能投顾平台面临哪些风险？

4. 试论述智能投顾的理论基础与收益原理。

5. 金融科技以科技为中心，以金融为对象。"金融＋科技"并不只是简单的物理叠加，它们的结合能形成更深层次的化学反应，不仅推动科学技术在金融服务产品上的技术创新，还将催生新型金融生产力，为传统金融的资管模式、风险控制带来颠覆性的变化。金融科技在资产管理中的应用有哪些？

6. 2020 年 4 月 10 日，在中央财经委员会第七次会议上，习近平总书记强调要构建以国内大循环为主体、国内国际双循环相互促进的新发展格局。智能投顾是如何助力新形势下的经济双循环的？

 参考文献

[1] 郑小林，贾圣林. 智能投顾：大数据智能驱动投顾创新 [M]. 北京：清华大学出版社，2021.

[2] 赵邦欧. Z 银行智能理财产品营销策略研究 [D]. 北京：北京邮电大学，2019.

[3] 杨旻玥. 我国智能投顾发展探究 [D]. 杭州：浙江大学，2018.

[4] 尹孜. 智能投顾财富管理新风口 [J]. 中国战略新兴产业，2016（22）：58-61.DOI：10.19474/j.cnki.10-1156/f.000281.

[5] 范毓婷，郑子辉，王喻. 智能投顾的现状与发展趋势 [J]. 信息通信技术与政策，2019（6）：67-70.

[6] 姜海燕，吴长凤. 智能投顾的发展现状及监管建议 [J]. 证券市场导报，2016（12）：4-10.

[7] 刘勇，李劲松. 智能投顾的理论基础与收益原理 [J]. 大众理财顾问，2018（4）：64-66.

[8] 陈智伟. 广发证券互联网金融产品创新管理研究 [D]. 济南：山东大学，2018.

[9] 蔚赵春，徐剑刚. 智能投资顾问的理论框架与发展应对 [J]. 武汉金融，2018（4）：9-16.

[10] 王东浩. 中国金融不良贷款损失管理研究 [D]. 北京：北京交通大学，2012.

[11] 乔智迪. 对智能投顾在中国发展困境的反思：以理财魔方为例 [J]. 金融经济，2017

（14）：65-66.DOI：10.14057/j.cnki.cn43-1156/f.2017.14.027.

[12] 李佳，钱晨，黄之豪.大数据时代：人工智能与商业银行创新 [J].新金融，2018（12）：31-36.

[13] 皮天雷，刘垚森，吴鸿燕.金融科技：内涵、逻辑与风险监管 [J].财经科学，2018（9）：16-25.

[14] 李文莉，杨玥捷.智能投顾的法律风险及监管建议 [J].法学，2017（8）：15-26.

[15] 李晴.互联网证券智能化方向：智能投顾的法律关系、风险与监管 [J].上海金融，2016（11）：50-63.DOI：10.13910/j.cnki.shjr.2016.11.008.

[16] 李苗苗，王亮.智能投顾：优势、障碍与破解对策 [J].南方金融，2017（12）：76-81.

[17] 董昀，李鑫.中国金融科技思想的发展脉络与前沿动态：文献述评 [J].金融经济学研究，2019，34（5）：38-52.

第6章
大数据的发展与征信体系

 学习目标

1. 了解征信的概念、传统征信和大数据征信的发展历程。
2. 掌握大数据征信的概念、产生背景、大数据对传统征信的重构。
3. 熟悉大数据征信的实现路径、风险与前景、监管方面的挑战及各国的监管实践。

 思政目标

1. 培养学生运用马克思主义立场观点方法分析和解决社会征信领域问题的能力。
2. 认识到大数据征信对于建立社会主义市场经济信用体系的重要意义。
3. 引导学生自觉践行社会主义核心价值观，识大局、尊法治、修美德。

 引言

习近平总书记在 2020 年 7 月举办的企业家座谈会上强调："社会主义市场经济是信用经济、法治经济。"信用是市场经济运行的前提和基础，也是市场经济健康发展的基本保障。

征信，是社会信用体系的核心环节。习近平总书记在中共中央政治局第三十七次集体学习时讲道："对突出的诚信缺失问题，既要抓紧建立覆盖全社会的征信系统，又要完善守法诚信褒奖机制和违法失信惩戒机制，使人不敢失信、不能失信。"征信的本质就是对数据的采集、整理和加工，大数据技术收集和分析海量数据的能力为征信提供了一种全新的数据处理模式，大数据征信已在事实上开启一个国家诚信建构的新模式与新时代。与传统征信相比，大数据征信具有覆盖人群广泛、信息维度多元、应用场景丰富、信用评估全面等优势，但在数据效用性、征信机构独立性及隐私保护等方面仍存在诸多问题。

学习大数据征信理论与方法对加快我国征信体制建设，完善诚信建设长效机制，形成良好的社会风尚和社会秩序具有重要意义。

6.1 征信概述

6.1.1 什么是征信

1. 征信的概念

"征信"一词最早出自《左传·昭公八年》中的"君子之言，信而有征，故怨远于其身"。其中，"信而有征"即为可验证其言为信实，或征求、验证信用。征信被广泛用作信用调查的同义词是在民国初期。近现代以来，中国内地、中国香港、中国台湾等地使用"征信"一词来概括企业和个人信用调查。

根据中国人民银行征信中心的定义，征信是指依法收集、整理、保存、加工自然人、法人及其他组织的信用信息，并对外提供信用报告、信用评估、信用信息咨询等服务，帮助客户判断、控制信用风险，进行信用管理的活动。

2. 征信的起源

征信活动产生于信用交易的产生和发展。信用的本质是一种债权债务关系，即授信者（债权人）相信受信者（债务人）具有偿还能力，而同意受信者所做的未来偿还的承诺。随着商品经济日益发达，信用交易日益广泛，特别是当信用交易扩散至全国乃至全球时，信用交易的一方想要了解对方的资信状况就变得极为困难。此时，了解市场交易主体的资信就成为一种需求，征信活动应运而生。专业化、独立的第三方机构为个人或企业建立信用档案，依法采集、客观记录其信用信息，并依法对外提供信用信息服务，从而为专业化的授信机构提供了信用信息共享的平台。可见，征信实际上是随着商品经济的产生和发展而产生和发展的，是为信用活动提供的信用信息服务。

3．征信的类型

（1）按业务模式，征信可分为企业征信和个人征信。企业征信主要是收集企业信用信息、生产企业信用产品。个人征信主要是收集个人信用信息、生产个人信用产品。

（2）按服务对象，征信可分为信贷征信、商业征信、雇佣征信和其他征信。信贷征信主要服务金融机构，为信贷决策提供支持。商业征信主要服务批发商或零售商，为赊销决策提供支持。雇佣征信主要服务雇主，为雇主用人决策提供支持。

（3）按征信范围，征信可分为区域征信、国内征信和跨国征信。区域征信一般规模较小，只在某一特定区域内提供征信服务，主要存在于征信业刚起步的国家，征信业发展到一定阶段后，大都走向兼并或专业细分，真正意义上的区域征信随之消失。国内征信是目前世界范围内最多的机构形式之一，近年来开设征信机构的国家普遍采取这种形式。随着西方国家一些老牌征信机构为了拓展业务向其他国家渗透和世界经济一体化进程的加快，跨国征信正在迅速崛起。

4．征信的模式

1）公共征信

征信体系由政府主导，中央银行建立"中央信贷登记系统"，采集满足一定要求的银行信贷信息。其典型代表是法国、德国、意大利、西班牙等欧洲国家。由政府部门牵头协调，并强制性地向各部门采集信用信息数据，可以快速建立信用信息数据库，产生很大的社会效益。但是，由于政府部门不以营利为目的建立起来的信用信息数据库不参与社会竞争，产品缺乏竞争力，通常各方参与的积极性不高。

2）私营征信

征信机构独立于政府，在市场中自由竞争，提供有偿征信服务。其典型代表是美国。这种征信模式可以充分调动市场积极性，在同行竞争压力下，企业规模迅速扩大，产品质量不断提升，为客户提供更高效、更优质的信用服务。但是，私营征信模式也存在诸多弊端：一方面，该模式是市场主导型，需经过较长时间才能达到一定规模；另一方面，在信息安全方面，征信机构在市场利益的驱使下，可能会过度使用信用主体的个人信息，甚至侵犯信用主体的隐私，对政府监管形成挑战。

3）混合征信

混合征信模式又称会员征信模式，是介于公共征信与私营征信之间的一种征信模式。会员有义务向协会提供其掌握的数据，协会向会员提供信息查询服务。其典型代表是日本。这种模式能较好地协调会员，稳定各方的合作关系，同时会员也必须遵守协会的行为规范，明确自身的权利义务，保证信息平台的数据质量。但是混合征信模式的适用范围十分有限，在行业协会影响力较弱的国家并不可行，同时协会的数据信息只对会员开放，不与社会共享，降低了经济效益和社会效益。

5. 征信的作用

（1）防范信用风险。征信降低了交易中参与各方的信息不对称，避免因信息不对称而带来的交易风险，从而起到风险判断和揭示的作用。

（2）扩大信用交易。征信解决了制约信用交易的瓶颈问题，促成信用交易的达成，促进金融信用产品和商业信用产品的创新，有效扩大信用交易的范围和方式，带动信用经济规模的扩张。

（3）提高经济运行效率。通过专业化的信用信息服务，降低了交易中的信息收集成本，缩短了交易时间，拓宽了交易空间，提高了经济主体的运行效率，促进了经济社会发展。

（4）推动社会信用体系建设。征信业是社会信用体系建设的重要组成部分，发展征信业有助于遏制不良信用行为的发生，保障守信者利益，有利于维护良好的经济和社会秩序，促进社会信用体系建设的发展完善。

6.1.2 传统征信

1. 传统征信的概念

在我国，传统征信一般指央行征信，即中国人民银行征信。央行征信主要覆盖在持牌金融机构有信用记录的人群，信息来源于商业银行等金融机构、政府机构以及电信企业，收录的信息包括企业和个人的基本信息、在金融机构的信贷信息以及企业主要财务指标。数据权威性高，比较完整，主要用于资产评估、银行放贷、信用卡额度等。

自 1997 年以来，中国人民银行主导推动建设了全国集中统一的企业和个人征信系统，简称征信系统，由中国人民银行征信中心专职负责建设、运行和维护。征信系统是征信中心提供征信服务所依据的数据库，广泛采集能反映信息主体信用状况的信贷信息以及其他信息。征信系统的主要使用者是金融机构，其通过专线与商业银行等金融机构总部相连，并通过商业银行的内联网系统将终端延伸到商业银行分支机构信贷人员的业务柜台。中国人民银行征信系统包括企业信用信息基础数据库和个人信用信息基础数据库。

企业信用信息基础数据库采集、保存、整理企业信用信息，为商业银行、企业、相关政府部门提供信用报告查询服务，为货币政策、金融监管和其他法定用途提供有关信息服务。企业信用报告是企业征信系统提供的基础产品。随着征信系统应用的推广与深入，信用报告已成为商业银行信用风险管理的重要工具，服务于银行信贷流程中的贷前审查、贷后管理和资产保全等各个环节。征信中心对采集的各类企业信息进行深加工，针对用户的个性化需求，先后推出了关联企业查询、企业征信汇总数据、对公业务重要信息提示、征信系统信贷资产结构分析、历史违约率等增值产品。

个人信用信息基础数据库采集、保存、整理个人信用信息，为商业银行和本人提供信用报告查询服务，为货币政策、金融监管提供统计信息服务。个人征信系统已形成以个人信用报告、个人信用信息提示和个人信用信息概要为核心的基础产品体系，以个人业务重要信息提示和个人信用报告数字解读为代表的增值产品体系。截至 2019 年底，征信系统收录 10.2 亿自然人、2 834.1 万户企业和其他组织的信息，规模位居世界前列；个人和企业征信系统分别接入机构 3 737 家和 3 613 家，基本覆盖各类正规放贷机构；个人和企业征信系统累计查询量分别为 24 亿次和 1.1 亿次。截至 2020 年 12 月底，征信系统共收录 11 亿自然人、6 093 万户企业及其他组织，其中收录小微企业 3 651 万户、个体工商户 1 167 万户。[①] 截至 2021 年底，征信系统共收录个人 11.3 亿，收录企业及其他组织近 9 000 万户。[②]

2. 传统征信的发展历程

20 世纪 90 年代初，中国以建立社会主义市场经济体制为目标的改革迈出了决定性步伐。市场经济参与主体多元化，专业银行改造成商业银行，银行贷款对象从国有企业和集体企业逐渐扩大到多方投资的企业与个人，跨地区、跨银行的经济活动日益频繁。由于信贷供求双方信息严重不对称，企业多头贷款、恶意拖欠和逃废银行债务的现象不断滋生。另外，个人消费和投资的快速增长也带动个人贷款大幅上升。面对企业和个人日益频繁的跨区域经济活动，商业银行对全面把握企业和个人信用状况的需求也愈加强烈。金融生态环境变化使商业银行经营面临诸多困难。银行业迫切需要有一个共享借款人信用信息的平台，以全面了解借款人的信用状况。2002 年 3 月，按照国务院要求，由中国人民银行牵头的 22 个单位，组成建立企业和个人征信体系专

---

① 数据来源：征信系统去年底已收录 10.2 亿自然人信息 [EB/OL].（2020–01–18）. https://baijiahao. baidu.com/s?id=1656044169528309848&wfr=spider&for=pc；中国人民银行金融消费权益保护局. 中国普惠金融指标分析报告（2021 年）[R]. 2022.

② 数据来源：中国人民银行金融消费权益保护局. 中国普惠金融指标分析报告（2021 年）[R]. 2022.

题工作小组，负责提出全国企业和个人征信体系建设总体方案。2004 年，专题工作小组向国务院上报了《建设企业和个人征信体系总体方案专题报告》，建议加快建设全国集中统一的企业和个人信用信息基础数据库，首先满足商业银行的实际需要，同时依法服务于其他部门的征信需要。

1）企业信用信息基础数据库

企业信用信息基础数据库始于 1997 年。早期的银行信贷登记咨询系统是三级分布式数据库，信息分散在 300 多个地市，很难实现信息在全国范围内的高效共享，并且随着商业银行信息技术的进步，一些大型商业银行实现了信息的全国大集中，建设全国集中统一的企业征信系统的条件已经成熟。

2004 年，中国人民银行启动银行信贷登记咨询系统升级工作，将原来分布在 337 个城市的三级分布式数据库升级为全国集中统一的企业征信系统，实现数据在全国的大集中，统一对外提供服务。

2005 年 12 月，企业征信系统实现主要商业银行的全国联网运行，并在天津、上海、浙江、福建 4 个省（市）开通查询用户试运行。

2006 年 6 月末，企业征信系统实现所有中资、外资商业银行和有条件的农村信用社的全国联网运行，并于 2006 年 7 月末完成全国范围内与银行信贷登记咨询系统的切换工作。

企业征信系统在功能和效率上均比银行信贷登记咨询系统有了大幅提高，全国集中统一的企业征信系统的建成，减少了数据流转环节，加快了数据流转速度，解决了分布式数据库各级统计汇总数据不一致的问题，提高了数据更新的及时性和一致性，扩大了企业信息的覆盖面。截至 2022 年，征信系统收录 11.6 亿自然人、1 亿户企业和其他机构。个人征信接入机构达到 5 328 家、企业征信接入机构达 5 115 家。2022 年 7 月至 12 月，免收 10 类机构征信查询费及企业应收账款质押登记服务费，惠及用户机构 13 687 家，间接惠及企业、个体户 285 余万户。[①]

2）个人信用信息基础数据库

个人信用信息基础数据库建设始于 1999 年。为满足全国集中统一的个人信贷市场发展的需要，防范住房贷款、消费贷款、信用卡业务的信用风险，中国人民银行在上海试点的基础上，积极推动建立全国集中统一的个人征信系统。

---

① 数据来源：央行：征信系统收录 11.6 亿自然人、1 亿户企业和其他机构 [EB/OL]．（2023−02−24）．https://mp.weixin.qq.com/s?__biz=MzA5MDY2NTczNg==&mid=2653487223&idx=1&sn=01716823ad33b8a70dc8dec0dc312499&chksm=8bd58610bca20f06ebd5c9fe38533a2f17095eb67560e0c9361172f1927786a00ef1c1ea470c&scene=27.

2004 年初，中国人民银行开始组织商业银行建设全国集中统一的个人征信系统。

2004 年底，个人征信系统实现了 15 家全国性商业银行和 8 家城市商业银行在北京、重庆、西安、南宁、深圳、绵阳和湖州 7 个城市的成功联网试运行。

2005 年 8 月底完成与全国所有商业银行和部分有条件的农信社的联网运行。

2006 年 1 月，个人信用信息基础数据库正式全国联网运行。

个人征信系统的建成，不仅弥补了我国征信行业的一项空白，更意味着我国的金融基础设施向着更完善、更健全的方向发展。截至 2022 年底，中国人民银行征信系统收录 11.6 亿自然人，个人征信业务查询量达到 41.7 亿次，日均查询量 1 143.2 万次。[①]

2019 年 4 月，新版个人征信报告上线。6 月 19 日，中国已建立全球规模最大的征信系统。2020 年 1 月 19 日，征信中心面向社会公众和金融机构提供二代格式信用报告查询服务。

企业和个人征信系统的建设参考了国际最佳做法，采取全国集中数据库模式，全面采集企业和个人正面、负面信息，按照统一系统、统一管理、统一标准的原则，实现了企业和个人信用信息在全国各商业银行的交换与全国共享，且征信系统效率高，实现了信用报告查询秒级响应。

3. 传统征信的信息采集

全面采集信息有助于反映信息主体信用状况的信用信息并及时更新，始终是征信系统建设的主要目标，关系征信系统的核心竞争力。

征信系统本质上是信用信息共享平台，前期主要从商业银行采集借款人的基本信息和信贷信息，随着金融业统一征信平台建设的推进，根据国务院"建立健全覆盖全社会的征信系统"的要求，企业和个人征信系统的信息采集范围已经扩大到商业银行以外，既有小额贷款公司、保险公司等非银行金融机构提供的信息，也有税务、法院、环保、公积金管理中心等公共部门提供的信息，信息采集日益广泛。

征信系统信息采集包括基本信息采集、信贷信息采集和反映信用状况的其他信息采集。

1）基本信息采集

基本信息是定位和识别企业与个人的基础信息。

---

① 中国人民银行征信中心 . 征信中心 2022 年主要工作 [EB/OL].（2023-02-24）.https://mp.weixin.qq.com/s/-ZjvoDpvEIAdK0GKp2TJnw.

（1）企业基本信息采集。企业征信系统采集的企业基本信息分为五大类：①机构标识信息，即证件类型、证件号码等机构的身份标识信息，通过标识信息可以在企业征信系统准确定位一家企业。②登记注册信息，指企业（机构）在登记注册主管部门进行登记注册时产生的关于企业基本属性的信息，以及办公地址和联系电话等联络信息。③高管及主要关联人信息。④重要股东信息，用以说明持股5%以上及银行认为重要的股东情况。⑤财务信息，主要包括企业的各类财务报表信息。

企业基本信息的采集渠道主要有两个：①企业在人民银行申领机构信用代码时，主动提交基本信息材料，由人民银行分支机构或金融机构审核后录入企业征信系统。②商业银行在与企业发生信贷业务时，采集企业基本信息，并报送给企业征信系统。

（2）个人基本信息采集。个人征信系统采集的个人基本信息主要有四大类：①标识信息，即姓名、证件类型和证件号码这三项身份标识信息。②身份信息，指个人性别等基本属性以及配偶信息和联系方式等。③职业信息，指个人单位名称及地址等职业相关信息。④居住信息，指个人居住地址及居住状况等信息。

个人基本信息的采集渠道主要有两个：①从社会保险经办机构或住房公积金管理中心采集身份和职业信息。②商业银行与个人发生信贷业务时，采集个人基本信息，报送给个人征信系统。

2）信贷信息采集

信贷信息是指企业和个人在信贷交易过程中承担的经济责任与履约情况，反映了企业和个人的还款意愿与还款能力。信贷信息是反映企业和个人信用状况的主要信息，是征信系统的核心信息。随着征信业务的发展，征信中心不断深化信贷信息采集工作，拓展金融领域的信用信息采集。

信贷信息采集需要经过数据报送、校验加载和反馈三个环节。数据报送环节，接入机构采用接口或非接口方式生成报文文件，并通过登录征信系统页面[或使用MT（消息传输中间件）]将报文文件传送至征信中心文件服务器。校验加载环节，征信中心接收到报文文件后，根据数据校验规则对报文文件中包含的数据进行校验，并将校验通过的数据保存至征信系统；将校验未通过的数据以及出错原因提示，生成在反馈报文中。反馈环节，征信系统将反馈报文反馈给接入机构（图6-1）。

（1）企业信贷信息采集。企业征信系统采集的企业信贷信息主要有五大类：①信贷交易合同信息。②企业负债信息。③企业还款记录。④信贷资产质量分类。⑤其他反映信贷交易特性的数据项。截至2022年底，中国人民银

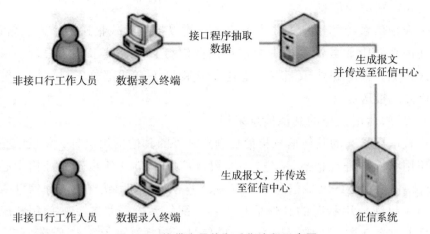

图 6-1　信贷交易信息采集流程示意图

资料来源：中国人民银行征信中心 . 征信系统建设运行报告（2004—2014）[R]. 2015.

行征信系统收录 1 亿户企业和其他机构；企业征信业务查询量达到 1.2 亿次，日均查询量 32.6 万次。[①]

企业征信系统采集信贷交易信息时遵循三个原则：①全面采集正面和负面信息，即不仅采集企业正常履约的"正面"信息，也采集企业违约的"负面"信息。②采集的每笔信贷业务都是"全程记录"，即每笔信贷业务从交易开始到结束期间发生的还款情况和五级分类调整情况都会如实记录。③完全覆盖金融机构的对公授信业务。

企业征信系统接收各接入机构以报文文件方式报送的信贷信息。近年来，随着征信系统接入机构数量逐年增长，征信中心新增了互联网接入方式，为接入机构提供更快捷的接入渠道。接入机构可根据自身实际情况，选择通过互联网或金融城域网接入。对于数据报送方式，可选择自行开发或使用市场上较为成熟的报送平台，具体包括直接接入、通过省级平台入口接入、通过其他机构代理接入。其中，直接接入及通过其他机构代理接入可选择互联网或金融城域网接入，省级平台通过金融城域网接入。

（2）个人信贷信息采集。个人征信系统采集的个人信贷信息主要包括五类：①贷款信息，指贷款发放及还款情况等。②信用卡信息，指信用卡的发卡和还款信息。③担保信息，体现个人为其他主体的担保情况。④特殊交易

---

① 中国人民银行征信中心 . 征信中心 2022 年主要工作 [EB/OL].（2023-02-24）. https://mp.weixin. qq.com/s/-ZjvoDpvEIAdK0GKp2TJnw.

信息。⑤特别记录信息。

个人征信系统的信息主要由各接入机构以报文形式报送给个人征信系统。个人征信系统中业务量较大的全国性商业银行、部分城市商业银行均采用接口方式报送；业务量小或自身信息电子化程度不高的部分农村信用社等采用非接口方式报送。

3）反映信用状况的其他信息采集

反映信用状况的其他信息指信贷信息之外的其他信用信息，是反映企业和个人信用状况的补充信息，又称为非银行信息。2007年以来，征信中心不断扩大反映信用状况的其他信息采集范围，丰富反映信用状况的其他信息内容。

（1）反映信用状况的其他信息内容。征信系统采集的反映信用状况的其他信息主要有三类：①履行相关义务的信息，包括社会保险参保缴费信息、住房公积金缴存信息、车辆抵押交易信息等。②后付费的非金融负债信息，主要有电信等公用事业缴费信息。③公共部门的相关信息，包括获得资质信息、行政许可信息、行政处罚信息、获得奖励信息、执业资格信息、法院判决和执行信息、欠税信息、低保救助信息、上市公司监管信息等（图6-2、图6-3）。

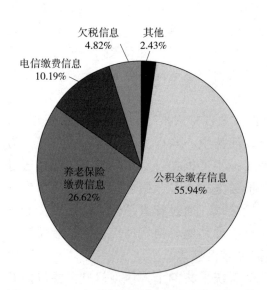

图6-2　2014年底企业征信系统反映信用状况的
　　　　其他信息
资料来源：中国人民银行征信中心.征信系统建设
　　　　运行报告（2004—2014）[R].2015.
注：其他信息包括获得认证信息、法院判决和执行信息、获得许可信息、行政处罚信息、上市公司监管信息、获得资质信息、获得奖励信息、公用事业缴费信息。

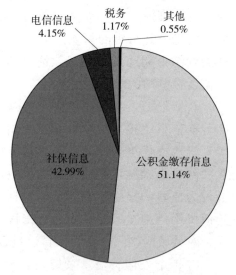

图6-3　2014年底个人征信系统反映信用
　　　　状况的其他信息
资料来源：中国人民银行征信中心.征信系统
　　　　建设运行报告（2004—2014）[R].2015.
注：其他信息包括法院判决和执行信息、低保救助信息、车辆抵押交易信息、职业资格信息和奖惩信息等。

（2）反映信用状况的其他信息采集方式。

①中国人民银行采取行政手段与政府部门进行合作采集，直接与数据源单位进行数据交换。2006 年以来，征信中心先后与环境保护部（2018 年撤销、组建生态环境部）、国家税务总局、中国证监会、最高人民法院、国家外汇管理局等签订协议，将行政执法类信息纳入征信系统。

②通过市场化手段与数据源单位进行合作采集，直接与数据源单位进行数据交换。征信中心大力推动来源于市场机构的企业非金融负债信息采集工作。2014 年，征信中心与国家电网上海电力公司签署合作协议，就信息采集合作达成共识。

③征信分中心从当地数据源单位获取数据再报送至征信中心，如征信分中心与当地公积金管理中心合作采集住房公积金缴存信息。

4. 传统征信的困境

（1）传统征信一般由专业机构，主要是政府部门、金融机构和一些公共企业，用比较固定的模式定向采集财务和金融交易信息。由于传统的征信技术只能对结构化的信息进行收集和加工，所以信息数据项的采集数量一般是确定的，涉及的内容也仅限于收入、信贷及抵押担保情况，数据来源渠道相对狭窄和固定，包含的信息量较少。

（2）传统的信用评估模式由于大多采用对离线数据的事后分析，导致传统信用评估缺乏足够的时效性和精准性。传统征信线下采集的数据往往不是动态的，当信息主体的某些特质改变后，其信用情况可能也会发生改变，但在传统模式下很难有效甄别这一变化。例如，想知道一个历史记录良好的用户是否在当前时点也是低风险者，只有动态分析此用户的行为方能确定。

数据来源的局限性和数据采集的静态性导致传统征信在信息采集和深化服务的多个方面面临挑战。

1）信贷信息采集所面临的挑战

（1）信贷信息的采集范围有待进一步拓宽。委托贷款信息、证券与保险信用信息、P2P 信息尚未完全纳入征信系统，公司债信息尚未纳入征信系统，小额贷款公司、融资性担保公司、资产管理公司和融资租赁公司尚未全部接入征信系统。

（2）信息化对信贷信息采集提出挑战。近年来，现代通信技术快速发展，宽带互联网、移动互联网广泛渗透于各个行业，快速地调整着经济结构、经营模式、生活方式，也催生出许多新业态；许多传统产业相互渗透、相互融合，特别是互联网金融的出现，需要我们充分利用大数据技术、云计算技术等现代通信技术成果，从更加开放的角度调整征信系统的战略规划与布局，探索采集互联网金融领域的信贷信息，提供更加便捷的征信服务。

2）反映信用状况的其他信息采集所面临的挑战

采集反映信用状况的其他信息是社会信用体系建设的重要组成部分。多年来，中国人民银行为推动社会信用体系建设进行了不懈的努力，先后与相关政府部门和相关单位签订信息共享协议，采集了许多反映信用状况的其他信息，为丰富征信系统的信用信息起到重要作用。但从近几年的工作实践来看，这种方式采集反映信用状况的其他信息，工作推动乏力，信息难以持续更新，信息的采集和应用远未达到预期效果。主要原因是没能充分实现"互惠共赢"，今后应在公共部门给予更多的支持和配合的基础上，更多地依靠市场手段采集一些非金融负债信息，夯实可持续反映信用状况的其他信息采集机制。在新一轮的社会信用体系建设中，对于如何采集整合更多反映信用状况的其他信息并实现该类信息的持续及时更新，提出了新的挑战。

3）全面深化为授信业务服务所面临的挑战

征信系统作为国家重要金融基础设施，其核心功能是为授信机构防范信贷风险服务。目前，我们为授信机构所提供的基础产品品种还比较单一，主要是信用报告，增值产品有待进一步丰富，数据应用有待深化，个性化的服务有待强化，尚未利用大数据技术全面整合征信系统数据，为授信机构提供个性化的授信前和授信后的风险预警跟踪服务。随着互联网金融的快速发展，授信机构的市场竞争会日益加剧，对征信产品和服务会提出许多新需求，这就需要我们进一步探索如何充分利用征信系统，满足授信机构不断发展变化的个性化的市场需求。

4）与时俱进地为宏观经济管理服务所面临的挑战

征信系统作为国家重要金融基础设施，不仅有助于防范信贷风险，还有助于中国人民银行制定宏观调控政策。征信系统在为中国人民银行制定宏观调控政策方面已经发挥了一定作用，如帮助商业银行执行二套房信贷政策和绿色信贷政策等。但征信系统如何与时俱进地采集互联网金融领域的相关信贷信息，从而使征信汇总数据的指标体系更为全面完整，更好地为中国人民银行的宏观经济管理服务，是其所面临的挑战。

6.2　大数据与征信的结合

6.2.1　大数据

1. 什么是大数据

对于"大数据",研究机构 Gartner 给出了这样的定义:"大数据"需要新处理模式才能具有更强的决策力、洞察发现力和流程优化能力来适应海量、高增长率和多样化的信息资产。大数据时代的优势就是对分散的数据和样本进行深度挖掘、综合分析,形成可以共享和利用的数据资源。大数据包括结构化数据、半结构化数据和非结构化数据,非结构化数据越来越成为数据的主要部分。互联网数据中心(IDC)的调查报告显示,企业中80%的数据都是非结构化数据,这些数据每年都按指数增长60%。

适用于大数据的技术,包括大规模并行处理(MPP)数据库、数据挖掘、分布式文件系统、分布式数据库、云计算平台、互联网和可扩展的存储系统等。大数据技术的应用使实时、高效的数据处理成为可能,数据结果真实且量化,具有精准预测和快速更迭的优势,大大提高了数据信息处理效率,这是传统技术远不可比的。

大数据应用广泛,目前已在预测、城市规划、定价机制、医疗服务等方面取得诸多成果。例如,洛杉矶警察局和加利福尼亚大学合作利用大数据预测犯罪的发生,谷歌流感趋势利用搜索关键词预测禽流感的散布,统计学家内特·西尔弗(Nate Silver)利用大数据预测2012年美国选举结果,麻省理工学院利用手机定位数据和交通数据建立城市规划,梅西百货根据需求和库存的情况,基于 SAS 的系统对多达 7 300 万种货品进行实时调价。

2. 大数据重塑征信体系

征信的本质就是对数据的采集、整理和加工,大数据正是利用技术对海量数据进行收集和分析。可见征信天然就与大数据有极高的契合度。大数据技术为征信提供了一种全新的数据处理模式。大数据对征信的影响主要体现在如下方面。

小视频

大数据如何赋能
征信体系的建设

1)征信数据的广泛性

社会信用是一项系统性工程,它宣扬的是一处失信,处处受限。为了确保社会中的每个人都能言而有信,征信数据多多益善。大数据征信可以无遗漏地覆盖全部网络使用者,而用户遗留的数据已全方位地涉及其物质与精神生活的方方面面。因此,大数据征信将传统征信的金融借贷扩展到其他的生活场景，从信用主体的消费、出行等行为信息也可推断出其相关的资质和能力，为信用评估提供多角度的评判场景。大数据使传统征信面临脱胎换骨式的变革。

2）征信数据的海量性、低成本与实时性

大数据的首要特征在于其巨大的数据产出量与存储量。我们的一举一动都可以在某个数据库中找到对应的线索。大数据毫无歧视地为每一个人保留详细的行为记录，为信用评价提供了丰富的素材。互联网信息具有实时、全貌及线上与线下相结合的特点。在网络技术的支撑下，大数据征信优势显著，不仅具有开放、平等、自由的特点，而且有较低的成本和较强的时效性。

3）数据存储的便捷性与处理的智能性

大数据征信的亮点在于大数据接入、大数据存储、大数据共享与交换、大数据展现及大数据分析与挖掘技术。随着数据量呈几何级数的增加，征信机构甚至可能并不需要投入硬件来建立实体数据存储设备，而是通过技术创新，形成由大规模计算机集群组成的云存储大数据。在大数据技术下，智能化的数据平台可自动完成信息生成、传送、收集、整理、加工、分析等一整套工序，具有强大的信息捕捉、组织、排序与检索功能，可低成本、高效率地满足信用评价的数据需求。更重要的是，借助大数据与云计算，还可将大量破碎、难以量化的"软信息"提炼为可以进行信用识别与定性的"硬信息"。这彻底革新了征信的观念与模式，极大地推进了社会信用的建设。

4）征信数据使用范围的宽广性

（1）信用评价趋于生活化与常态化。在用途上，信用评价不再局限于传统的银行信贷融资，而被广泛地应用于网购、住宿、医疗、出行等日常活动。

（2）应用于网络借贷的资信评估。为了控制信用额度与风险，一些网贷企业通过自身的数据征集对借款人的信用度进行考评，如"芝麻信用"就从客户的信用历史、履约能力、行为偏好、身份特色和人际关系五个方面来采集信息，以作为发放贷款的重要条件。

（3）应用于学术评价，遏制学术不端行为。庞大的数据库可以集中海量的学术成果，借助数据查重系统提供学术信用评价。

（4）为社会治理提供有力的数据支持。信息的占有量、种类及定性分析等直接关系到政府对行为人行为模式的预判，可以极大地提升社会治理效率，降低治理成本，对风险进行事前防控。

近年来，大数据技术逐渐被应用到征信业发展当中。基于海量、多样化的数据，大数据机构可以利用云计算等创新技术，便捷全面地获取信息主体的信息，使原本难以获取的商业信用数据、证券保险数据、消费交易数据、公共事业缴费数据等数据信息更加容易获取和利用。大数据技术可以在短时间内分析海量数据，建立实时风险监控模型，针对税务、医疗、消费等与授信者信用存在直接或间接关系的多元化数据信息进行实时分析，从而保障征信数据的时效性与准确性，实现全部数据的可视化和可量化。可以说，与传统征信相比，大数据征信能够更好地反映客户的还款意愿和还款能力。

随着现代化的数据处理技术的发展，大数据征信更加广泛，产品类型更加多样，实际用途也逐渐从信贷发放拓展到购房、消费、求职以及社交等各个方面，也由此衍生了很多不同的服务产品，最为典型的便是阿里巴巴推出的"芝麻信用分"，它能够直观反映出用户个人信用，在不同履约情境如共享单车等信用用车中发挥着重要作用。

案例分析 6-1

6.2.2　大数据征信

1. 大数据征信的概念

信用国民、信用社会、信用国家是我们孜孜以求的目标。大数据与征信的结合标志着大数据征信已在事实上开启一个国家诚信建构的新模式与新时代。

大数据征信是指将大数据技术运用于征信活动，通过采集、分析、挖掘多维度海量数据信息，借助机器学习等模型和算法来描述信息主体的信用状况，形成对个人、社会团体、企业的信用评价，为多样化的应用场景提供征信产品。

由于大数据与互联网之间的关联，亦有"互联网金融征信"这一概念。从狭义上讲，互联网金融征信仅指收集企业和个人的互联网行为信息，再通过互联网技术手段来进行信用处理及评价。从广义来看，互联网金融征信还应包括收集企业或个人的互联网金融信贷信息数据及线下的公共信用信息数据，并以此为基础来进行信用评价。

大数据征信活动在《征信业管理条例》所界定的征信业务范围内，本质仍是对信用主体信息的收集、整理、保存、加工和公布，但与传统征信相比，突出大数据技术在征信活动中的应用，强调数据量大、刻画维度广、信用状况动态交互等特点，是征信体系的有益补充。

2. 大数据征信与传统征信的比较

1）大数据征信的优势

与传统征信相比，大数据征信具有覆盖人群广泛、信息维度多元、应用场景丰富、信用评估全面等优势（表 6-1）。

表 6-1　大数据征信与传统征信的区别

比较项目	大数据征信	传统征信
数据来源	主要是线上行为数据	线下借贷和履约行为数据
数据类型	主要是交易数据、社交数据等网络数据	信贷数据、公共事业缴费、罚款等数据
数据内涵	体现：人的性格和心理，由此推断履约可能性	体现：借贷领域的履约可能性
数据格式	主要是大量非结构化数据	结构化数据
信用评价思路	用实时行为反映人相对稳定的性格	用昨天的信用记录来判断今天的信用
覆盖人群	在互联网上留下足够痕迹的人	有信用记录的人（银行信贷、信用卡、公用事业缴费）
应用场景	生活中各种履约场景	借贷
	特点：碎片化、生活化	特点：金融属性强

（1）覆盖人群广泛。传统征信主要覆盖在持牌金融机构有信用记录的人群。大数据征信通过大数据技术捕获传统征信没有覆盖的人群，利用互联网留痕协助信用的判断，满足 P2P 网络借贷、第三方支付及互联网保险等互联网金融新业态身份识别、反欺诈、信用评估等多方面征信需求。

（2）信息维度多元。在互联网时代，大数据征信的信息数据来源更广泛，种类更多样。大数据征信数据不再局限于金融机构、政府机构以及电信提供的个人基本信息、账单信息、信贷记录、逾期记录等，还引入互联网行为轨迹记录、社交和客户评价等数据。这些数据在一定程度上可以反映信息主体的行为习惯、消费偏好以及社会关系，有利于全面评估信息主体的信用风险。

（3）应用场景丰富。大数据征信将不再单纯地用于经济金融活动，还可将应用场景从经济金融领域扩大到日常化、生活化的方方面面，如租房租车、预订酒店、签证、婚恋、求职就业、保险办理等各种需要信用履约的生活场景，在市场营销支持、反欺诈、贷后风险监测与预警和账款催收等方面具有良好的应用表现。

（4）信用评估全面。大数据征信的信用评估模型不仅关注信用主体历史信息的深度挖掘，更看重信用主体实时、动态、交互的信息，以信用主体行为轨迹的研究为基础，在一定程度上可以精准预测其履约意愿、履约能力和履约稳定性。此外，大数据征信运用大数据技术，在综合传统建模技术的基础上采用机器学习建模技术，从多个评估维度评价信用主体的信用状况（图 6-4）。

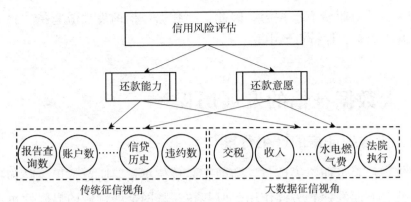

图 6-4　大数据征信与传统征信在信用风险评估上的区别
资料来源：贾拓 . 大数据对征信体系的影响与实践研究 [J]. 征信，2018，36（4）：17-25.

2）大数据征信的劣势

大数据征信借助大数据技术能够更全面地了解授信对象，从数据维度和分析角度提升传统征信水平，让征信更加科学严谨，是对传统征信的必要补充。但在数据范畴和内涵的效用性、征信机构独立性及隐私保护等方面，大数据征信仍存在诸多问题。

（1）数据范畴和内涵突破"金融属性"，效用性尚待验证。传统征信的数据主要来源于金融机构和公共部门构成的数据循环，以银行信贷信息为核心，包括社保、公积金、环保、欠税、民事裁决与执行等公共信息，数据相对完整且权威性高。大数据征信采集数据的范畴突破"金融属性"，数据主要来源于电商类平台、社交类平台以及生活服务类平台等，涵盖网上交易数据、社交数据及互联网服务过程中生成的行为数据，这些数据多与借贷行为关系不大，权威性较弱，且各平台的数据完整性各有不同，因而能否作为判断信用主体信用状况的主要指标，尚待市场验证。

（2）数据采集和使用未遵循"独立第三方"基本原则。传统征信坚持独立第三方征信原则，征信机构是"市场中立"的——既不与信息提供者或信息使用者有直接的商业竞争关系，也不介入或影响信息提供者或信息使用者在各自细分市场的竞争。而大数据征信突破"独立第三方"的边界，征信机构数据的采集和使用多源于并应用于自身开展的业务，这样征信报告的有效性得不到保障，公信力备受质疑。而且如果信息提供者或信息使用者控制征信机构，也很难约束其不滥用征信数据，或者损害个人征信权益。另外，征信机构无形当中会获取一定的市场影响力，可能扭曲信息提供者和信息使用者的行为，并对收费有操控力。因此，大数据征信的发展应坚持"独立第三方"的基本原则，保持市场中立。

6.3 大数据征信的发展历程

6.3.1 大数据征信的产生背景

传统征信在方便个人信贷、辅助金融授信决策、防范信用风险和提升金融获得性等方面发挥着关键作用，但其在互联网金融领域的局限性也不容忽视。大数据征信的出现有助于弥补传统征信的局限，并在一定程度上取得了快速发展。大数据征信得以发展的基本条件有以下三点：①我国政策扶持和部署所释放的良好信号。②以"金融线上化"为代表的互联网金融更巨大的长尾需求。③大数据技术的强力支撑。

1. 政策扶持

自2013年起，我国陆续颁布了一系列法律法规，为征信业的健康发展构建了法律制度框架。2013年1月国务院发布《征信业管理条例》，成为我国首部征信业法规，也是我国征信法制建设的基石。2013年11月，为配合《征信业管理条例》的实施，中国人民银行出台《征信机构管理办法》，贯彻建立健全社会征信体系的要求，确立征信经营活动遵循的制度规范和监管依据。

此外，为提高个人征信服务水平，引入市场竞争，我国为逐步开放征信市场做好立法准备。2015年1月，中国人民银行印发《关于做好个人征信业务准备工作的通知》，批准8家机构做好开展个人征信业务的相关准备工作。2015年7月，中国人民银行等十部门发布《关于促进互联网金融健康发展的指导意见》，提出推动信用基础设施建设，培育互联网金融配套服务体系，鼓励有条件的机构依法申请征信业务许可。监管的改革措施为大数据征信的发展创造了良好的外部环境。

为加快大数据部署，深化大数据应用，推进落实"互联网+"国家战略，2015年8月国务院印发《促进大数据发展行动纲要》，2015年9月国务院办公厅印发《国务院办公厅关于运用大数据加强对市场主体服务和监管的若干意见》。《促进大数据发展行动纲要》中最引人注目的就是开放政府数据和推动产业创新，鼓励大数据在征信业的应用和发展。相关专家认为，大数据是征信建设的重要"矿产资源"，征信建设必须以大数据为依托和支撑，在广度和深度上运用大数据建立信用体系，提高信用评价的全面性、实时性和授信效率。

　　大数据时代，数据俨然成为等同于能源的战略资源，信息公开和数据开放成为当下时代发展的主题。行政机关在履行行政管理和公共服务职责过程中掌握了海量信息，如何通过信息公开管好、盘活这些数据资产，成为行政机关亟待解决的问题。党的十八届四中全会通过的《中共中央关于全面推进依法治国若干重大问题的决定》明确提出要全面推进政务公开，推进政务公开信息化，加强互联网政务信息数据服务平台建设。数据公开制度的逐渐确立，为社会信息资源的开放、共享与服务提供了制度保障。

　　以上这些法律、法规、条例及制度的制定有利于加强整个征信市场的管理，规范信息提供者、信息使用者以及征信机构的行为，保障信息主体的权益。同时，其他配套制度也正在逐步制定和完善，将与《征信业管理条例》共同构成征信法律体系，促进我国征信业的健康、可持续发展，更好地满足个人和企业的融资需求。

　　2. 市场需求

　　近年来，互联网金融异军突起，成为我国经济发展的新兴力量。互联网金融在繁荣发展的同时，由于成立时间较短，自身风险防控能力较弱，信用评估、风险定价和风险管理等方面都不完善，问题事件不断涌现。

　　一方面，互联网金融的用户大多是具备"长尾特征"的网络用户，这部分用户难以被传统征信所覆盖，且由于行业机构间缺乏信息数据的沟通和交流，"一人多贷"重复借款现象突出，整个行业面临着巨大的信用风险。

　　另一方面，由于征信体系不健全，互联网金融公司普遍以线下风控为主，大量尽职调查耗时耗力，既增加了自身的运营成本，又对借款人的信用水平的评估易存有偏差，间接提高了融资成本。传统征信机制不健全成为制约互联网金融发展的主要因素。互联网金融的发展为大数据征信的发展提供了广阔的应用前景，倒逼征信跟上时代的步伐，推动征信机制的变革。

　　3. 技术支撑

　　大数据和云计算技术的进步为大数据征信的发展提供了支撑和便利，人工智能算法模型为全面刻画用户违约概率和信用状况提供了有力补充。

　　（1）随着"互联网+"的发展，老百姓的衣食住行、社会交往与互联网趋于紧密结合，互联网上产生、沉淀了大量与个人征信相关的数据。借助大数据抓取和挖掘技术、云计算技术，这些数据的采集、记录、储存和分析变得更加容易。

　　（2）以机器学习为代表的人工智能技术相继被采用，不仅可以分析、归纳和汇总各种渠道获取的结构化、非结构化数据，还可设计多种预测模型（如欺诈模型、身份验证模型、还款意愿模型和稳定性模型等）预测信用主体的履约意愿和履约能力，减少违约风险、降低坏账率。

6.3.2 大数据征信在中国的实践

1. 我国大数据征信的发展历程

我国个人征信从 1999 年起步以来，发展迅速，个人信用信息基础数据库逐步完善，但是传统个人征信业务的覆盖率仍然较低。央行权威数据显示，截至 2022 年 8 月末，日均提供查询 1 084.4 万次；企业征信系统接入金融机构 3 811 家，收录 9 874.6 万户企业和其他组织信息，日均提供查询服务 27.3 万次。在人民银行分支机构备案的企业征信机构 136 家，已实现企业注册登记等公开信息的全覆盖，仅 2022 年前 8 个月累计提供信用评分、反欺诈、企业画像、联合建模、决策支持等征信产品征信服务就达 52 亿次。[①]

截至 2022 年 8 月末，各地已建成地方征信平台 40 余家，累计收录企业 9 049 万户，接入金融机构 3 280 家，提供查询服务 8 170 万次，帮助 90.66 万户企业获得贷款 3.41 万亿元，其中首贷率超过 60%。[①]

截至 2022 年 8 月末，全国备案评级机构 55 家，标普、惠誉等知名外资评级机构以独资形式进入中国市场。在"引进来"的同时，我国本土信用评级机构也在逐步"走出去"，提高了国际影响力。[①]

大数据征信的出现一定程度上缓解了信用记录空白人群借款难的问题。私营征信机构不仅与银行、互联网金融等机构合作，也在跨界与电商、媒体、电信运营商、公安和其他公共服务机构共同探索新的征信模式。即使这部分人在传统银行业未发生过借贷行为，但通过丰富的数据源，依然可以对其进行信用评估。

随着互联网金融和大数据技术不断发展，我国不断出现一些大数据公司，如阿里巴巴集团。利用自身的技术优势，阿里巴巴集团和蚂蚁金服平台积累了大量网络经济用户和商户的数据，包括交易数据、第三方支付、信用卡还款和物流信息等重要数据，还有用户自主上传的数据和合作伙伴回流数据等，依靠这些数据可以更好地刻画出个人信用状况，芝麻信用成为最先出现且被大众认可的大数据征信机构。

此后，市场上的私营征信机构不断涌现，行业竞争日益激烈，监管的缺

---

① 数据来源：央行征信管理局.建设覆盖全社会的征信体系 [Z]. 2022.

席使得行业乱象丛生。2015 年 1 月，中国人民银行发布了《关于做好个人征信业务准备工作的通知》，授予 8 家私营征信机构（芝麻信用、腾讯征信、深圳前海征信、鹏元征信、中诚信征信、中智诚征信、拉卡拉信用、北京华道征信）个人征信的资格，这被视为中国个人征信体系向商业机构开闸的信号（表 6-2）。这 8 家征信机构非传统意义的综合信用评价机构，大多都携带各自的特定基因，例如芝麻信用的基因来自淘宝和支付宝，腾讯征信的基因来自 QQ 和微信。

表 6-2　国内 8 家征信业务机构特点比较

征信机构	运营模式	目标客户	产品特点	应用节点	研究机构支持
芝麻信用	自主	个人（To C）芝麻分	应用于生活场景	终端节点、终端用户使用	北京大学互联网金融研究中心
腾讯征信	自主	个人（To C）腾讯分	应用于生活场景	终端节点、终端用户使用	
考拉征信	联盟（诚信中国行动联盟）	个人+企业（To C+To B）考拉分（个人）、商户分（企业）	企业信用报告、反欺诈	全流程、放贷所有环节使用	中国科学院大学征信模型实验室
北京华道征信	联盟（同业征信联盟）	个人+企业（To C+To B）	猪猪分（个人）、反欺诈联盟、征信联盟（黑名单共享、贷后催收）	全流程、放贷所有环节使用	清华大学五道口金融学院互联网金融实验室
深圳前海征信	自主	个人+企业（To C+To B）	好信度分（个人）、云系统（催收、信审、反欺诈）、黑名单共享平台	全流程、放贷所有环节使用	
中智诚征信	自主	企业（To B）	反欺诈平台（信息共享）	终端节点、终端用户使用	
中诚信征信	联盟（互联网征信联盟）	企业（To B）	个人、企业信用报告、账务管理、催收	终端节点、终端用户使用	
鹏元征信	自主	企业（To B）	联手 P2P 打造互联网金融安全新高地	终端节点、终端用户使用	

2018 年大数据征信崛起。3 月 19 日，由中国互联网金融协会与上述 8 家征信机构联合设立的百行征信有限公司在深圳成立。4 月 1 日，百行征信"信联"正式上线，征信系统被"信联"替代。百行征信是中国人民银行指导组建并批准的首家市场化个人征信机构，专业从事个人信用信息采集、整理、保存和对外提供信用报告、信用评分、反欺诈等各类征信服务。百行征信正

式成立后，依靠大数据技术采集了海量的消费信息、网贷信息以及电商信息等，其数据来源和数据维度如表 6-3 所示。它的成立体现了"政府 + 市场"双轮驱动的新型征信模式，是中国人民银行征信中心的有力补充、我国征信体系的重要组成部分，对我国普惠金融的实施和社会信用体系的建设影响深远，进展颇受外界瞩目。截至 2021 年 5 月 22 日，百行征信累计拓展法人金融机构 2 084 家，个人征信系统收录信息主体超 2 亿人，面向市场推出征信产品 28 款，所有产品累计调用量突破 1 亿笔。

表 6-3　国内 8 家征信机构数据

征信机构	企业特点	信用数据	数据来源	数据维度
芝麻信用	依托阿里巴巴集团	信用卡还贷款、网购、转账、理财、水电煤气费、住址搬迁历史、社交关系等	蚂蚁金服、阿里电商合作的互联网平台以及金融机构等	信用历史、履约情况、身份特点、人际关系
腾讯征信	依托腾讯集团	主要为社交网络数据，如在线时长、好友、消费、游戏等	QQ 与微信用户、财付通、京东等第三方合作平台	履约情况、财富情况、消费特点、社交情况
前海征信	全牌照的金融企业，依托平安集团	保险、银行、投资等金融业务体系中收集相关信用数据	平安集团综合金融数据，银联、小贷、P2P 等合作方	身份特点、履约情况、失信风险、消费特点、行为特点
鹏元征信	老牌征信企业，几乎覆盖深圳所有小贷公司	个人基本信息、银行信用信息、个人缴费信息、个人资产信息等	深圳、广东地区政府、事业单位、合作银行以及小贷企业	身份特征、收入水平、资产财务、信用历史、公共评价
中诚信征信	老牌征信企业，联合众多 P2P 平台、小贷公司、电商平台	个人基本信息、银行信用信息、履约能力、行为数据和社交数据等	积累的银行、保险、教育等信息，合作的中小金融机构与企业平台	身份数据、信用记录、履约情况、行为特点
中智诚征信	老牌征信企业，主要为反欺诈征信	个人信用活跃度、履约能力、个人缴费信息、个人资产信息等	合作的网贷平台以及第三方机构	个人信用度、履约情况、信用历史、消费能力
拉卡拉信用	服务人次高，覆盖范围广	全国 50 万家便利店信用卡使用和还款信息、水电费、网购数据等	拉卡拉集团旗下个人支付、企业支付、小贷、P2P/O2O 社区电商，银联等合作机构	信用历史、履约情况、社交情况、交易记录
华道征信	最早的短彩信商务平台，积累大量用户	个人基本信息、运营商数据、公共事业单位数据、公安司法数据等	银之杰金融服务体系、亿美软通的移动商务平台、新奥燃气信息和第三方合作机构	身份认证、消费能力、日常生活信用

2. 大数据时代我国的征信体系

1）基本体系

改革开放 40 多年，我国征信业已经初具规模，初步形成了以中国人民银行征信中心运营的国家金融信用信息基础数据库为基础、以政府为背景的征信机构为主导、各种商业运营征信机构共同发展的多元化发展格局。以市场发展为主导、各类征信机构互为补充、信用信息基础服务与增值服务相辅相成的多层次、全方位的征信市场体系在我国经济发展过程中发挥着越来越重要的作用。

我国的征信服务基本涵盖了债券市场、信贷市场、个人消费信用市场、商业信用市场等，企业、个人、银行、非银行金融机构、专业服务机构和政府部门等多类市场主体，还有少数机构已经走出国门，开始向海外市场提供征信服务。

金融创新背景下，我国的征信体系如图 6-5 所示。

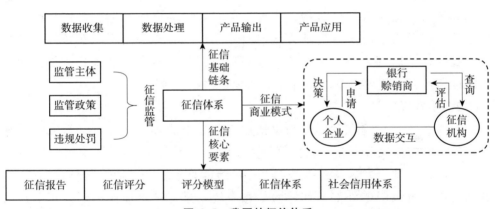

图 6-5　我国的征信体系

资料来源：叶治杉 . 我国征信体系建设发展障碍与战略对策——基于美国经验的考察与借鉴 [J]. 西南金融，2021（5）：89-96.

（1）征信基础链条。从征信基础链条来看，主要包含数据收集、数据处理、产品输出及产品应用四个子系统。数据收集和数据处理环节，具有政府背景的征信机构主要从央行征信中心获得信用数据，信用数据采集维度涵盖个人贷款、信用卡及担保等信贷信息，以及个人住房公积金缴存、社会保险缴存、税务等公共信息。社会征信机构的信用数据来源与其主营业务息息相关，不同主体的信用数据来源不同。例如，芝麻信用的征信数据来自淘宝及天猫等电商平台，腾讯征信数据来源于自身支付体系内数据，前海征信数据来源于平安集团内部数据，中智诚征信数据来源于社会各大网贷平台，考拉征信数据来源于线下还款交易数据。在产品输出和产品应用方面，政府征信机构和社会征信机构并无较大差异，均是提供个人信用评分及信用报告服务，差异主要体现在应用场景。

（2）征信核心要素。从征信核心要素来看，政府征信机构和社会征信机构组成差异不明显，都包含五个核心要素：征信报告、征信评分、评分模型、征信体系及社会信用体系。要素之间的差异主要表现在信用评分与评分模型环节。社会征信机构的技术更加全面和领先，信用模型的准确度和针对性更强。

（3）征信商业模式。征信商业模式的目的是帮助客户识别、控制信用风险以及开展信用管理等活动。其具体运作流程为：客户需要贷款时，征信机构会对其进行背景和信用调查，根据相关历史数据进行信用评级并生成信用报告，而出资人则会根据相应的报告决定是否进行放贷等服务。

（4）征信监管。在征信监管环节，我国征信业监管主体分为全国性监管部门和地方性监管部门。其中，央行征信管理局为全国性监管部门，而地方性监管部门只有上海等少数地方政府设立了征信管理办公室。在监管政策方面，我国征信监管主要集中在信息采集环节，具有较强的准入式风格，而在信用信息保管、整理以及加工等环节的规定约束较少。

2）实践经验

（1）各大银行。在我国，为更快适应新的发展环境与氛围，多家银行都已开始积极布局大数据在个人信算业务中的应用。

工商银行基于大数据升级外部欺诈风险信息系统。工商银行早在2013年就研发出了升级版的外部欺诈风险信息系统。进行试点应用之后，相继投入全集团境内外所有机构和16大业务系统中使用，并取得显著的风险防控成效。2016年，基于大数据的应用对系统进行了再次创新升级，使之可以刻画出风险客户的"三维立体"视图，能立体化地呈现出风险客户基本信息、风险信息、往期风险处置信息这三大类信息，从而进一步提高风险防范系统的准确性和有效性。

光大银行推出"风险预警平台"。光大银行的"风险预警平台"将互联网大数据的挖掘技术、文本数据分析技术以及风险欺诈数据挖掘模型技术综合运用，可以挖掘出客户的财务、信用、账户等相关信息，对信贷过程中可能存在的潜在风险均进行评估，从而将事前风险控制做到最大化。同时，此平台还可以对特殊个体、携带风险可疑点、复杂社交圈的客户进行过滤筛选，从而发现隐蔽的风险目标，经实验效果显著。

城商行积极布局大数据风控体系。2016 年，贵阳银行发布了基于大数据技术的信贷产品——"数谷 e 货"。该产品在大数据的基础上，能够最大限度地缓解信贷过程中信息不对称的问题，有效提高贷款效率和风控精准度。2017 年，重庆银行宣布推出"Holo Credit"大数据金融风控平台。该平台借助大数据在数据获取、处理以及分析等方面的优势，构建出用户画像，从而形成在贷前、贷中、货后完整的风控体系，提高管理效率，降低信贷风险的概率。互联网银行通过大数据自建风控策略。国内首家互联网银行——微众银行，通过利用大数据对欠款人进行综合评估、多维度画像，可以将风险锁定在可控的范围内，同时提升了客户的还款意愿。除此之外，利用身份识别确认、短信确认、网络环境确认、移动设备确认等手段，避免可能存在的信用欺诈行为。以微粒贷为例，该产品的笔均借款金额低于 1 万元，目前逾期率和不良率等资产质量类风险指标数据均优于监管要求和同业水平。

（2）芝麻信用。芝麻信用是阿里体系蚂蚁金服旗下子公司，信用信息主要来源于阿里巴巴的电商交易数据、蚂蚁金服的互联网金融数据，并与公安网等公共机构及商业合作伙伴建立数据合作。与传统征信信息不同，芝麻信用的信息涵盖了信用卡还款、网购、支付转账、理财、水电燃气缴费、租房信息、社交关系等。芝麻信用依托阿里云的大数据分析技术，整合分析用户的个人信息，从用户的信用历史、行为偏好、履约能力、身份特质和人脉关系五个维度评价用户的还款意愿和还款能力，对不同的用户给出相应的芝麻分。目前，芝麻信用已经与北京银行签署战略合作协议，并已成为蚂蚁花呗等互联网金融领域快速授信、现金分期服务的信用依据，同时与合作伙伴在租车、租房、婚恋、签证等多个生活领域展开合作。

芝麻信用分是根据当前采集的个人用户信息进行加工、整理、计算后得出的信用评分，分值范围是 350～950，分值越高代表信用水平越好，较高的芝麻分可以帮助个人获得更高效、更优质的服务。芝麻信用分综合考虑了个人用户的信用历史、行为偏好、履约能力、身份特质、人脉关系五个维度的信息，其中来自淘宝、支付宝等"阿里系"的数据占 30%～40%。

①信用历史：过往信用账户还款记录及信用账户历史。目前这一块内容大多来自支付宝，特别是支付宝转账和用支付宝还信用卡的历史。

②行为偏好：在购物、缴费、转账、理财等活动中的偏好及稳定性。比如一个人每天打游戏 10 小时，那么就会被认为是无所事事；如果一个人经常买纸尿裤，那这个人便被认为已为人父母，相对更有责任心。

③履约能力：包括享用各类信用服务并确保及时履约，如租车是否按时归还、水电煤气是否按时缴费等。

④身份特质：在使用相关服务过程中留下的足够丰富和可靠的个人基本信息，包括从公安、学历学籍、市场监管、法院等公共部门获得的个人资料，未来甚至可能包括根据开车习惯、敲击键盘速度等推测出的个人性格。

⑤人脉关系：好友的身份特征以及跟好友互动的程度。支付宝芝麻信用中的人脉关系评估是基于支付宝用户的社交网络数据进行分析得出的。具体来说，支付宝会根据用户在支付宝上的社交行为（如好友关系、交易记录、互动频率等）对用户的社交质量进行评估，从而判断用户的社交信用水平。

（3）腾讯征信。腾讯征信依托腾讯集团，信用信息主要来自社交、游戏、电商及第三方支付平台和合作平台。腾讯征信由腾讯旗下财付通团队负责，通过其大数据平台 TDBank，运用统计学、传统机器学习等方法综合考察用户的消费偏好、资产构成、身份属性和信用历史四个维度，为用户建立基于线上行为的征信服务，已推出的产品包括人脸识别、反欺诈产品、信用评分和信用报告。目前，腾讯征信已与浦发银行信用卡中心展开合作，并涉足 P2P 贷款、小贷公司、婚恋交友、租房租车等多个领域。

腾讯信用主要是基于社交网络，通过 QQ、微信、财付通、QQ 空间、腾讯网、QQ 邮箱等社交网络上的大量信息，如在线时长、登录行为、虚拟财产、支付频率、购物习惯、社交行为等，利用其大数据平台 TDBank，在不同数据源中，采集并处理包括即时通信、SNS（社会性网络服务）、电商交易、虚拟消费、关系链、游戏行为、媒体行为和基础画像等数据，并利用统计学、传统机器学习的方法，得出用户信用得分，为用户建立基于互联网信息的个人征信报告。

（4）51 信用卡。51 信用卡主要是基于用户信用卡电子账单历史分析、电商及社交关系强交叉验证，根据用户的信用卡数据、开放给平台的电商数据所对应的购买行为、手机运营商的通话情况、登记信息等取得多维信息的交叉验证，确定用户的风险等级以及是否贷款给该用户。

51 信用卡风险等级由五个维度构成。

①账单管理时间。信用卡有效存续时间越长，用户风险越低。

②账单表现。根据用户的授信卡数、授信额度，以及还款比和账单完整度判断用户的还款能力和诚信程度。

③手机入网期限。手机入网期限越长，用户风险越低。

④运营商。通过近 4 个月有效通话记录以及通信录中是否存在负面联系

人判断用户自身的可靠程度。

⑤淘宝。主要看常用收货姓名及电话号码是否与申请人预留号码一致。

（5）聚信立。聚信立主要是基于互联网大数据，综合个人用户运营商数据、电商数据、公积金社保数据、学信网数据等，形成个人信用报告。聚信立通过借款人授权，利用网页极速抓取技术获取各类用户个人数据，通过海量数据比对和分析，交叉验证，最终为金融机构提供用户的风险分析判断。

聚信立以报告形式展现，报告主要由四个维度构成。

①信息验真。通过交叉比对验证用户是否真实存在的人、是否有欺诈风险。

②运营商数据分析。分析用户生活、工作及社交范围，与家人朋友的联系频率等。

③电商数据分析。分析用户消费能力及消费习惯，判断用户是否有能力还款。

④其他数据分析。其包括公积金社保数据、学信网数据、全国高法执行名单、黑名单等数据，判断用户是否存在欺诈风险。

聚信立的底层 IT 架构为丰富的技术线提供稳定支持，对所有数据源网站进行实时监控，人工智能自动排错，可用率超过 90%。

（6）Wecash 闪银。Wecash 是一款基于微信，用大数据方式进行信用征集，快速授信、快速完成个人小额贷款的产品。用户添加其微信公众账号（bank_9f）后，可直接在微信上提交社交网络地址、拍照上传必要的身份信息、资产信息、网银流水等资料，Wecash 随后通过其评估模型对个人完成信用评级，从而对个人完成最快 15 分钟的快速授信过程。授信后，提款、还款的功能均可通过微信完成。借助大数据方法分析社交信息的方式，Wecash 将传统征信的绝大部分过程改为机器计算，而非人工审核。正是这一去人工化和社交计算的方式，让传统小额贷款的授信审批过程大大缩短。

这一社交分析的具体过程是：首先分析微博、人人、微信朋友圈的社交数据，通过分析诸如"关注的人""粉丝""发布内容常用词"等信息，Wecash 能大体判断出一个用户的职业范围以及社会影响力等因素；再结合用户上传的资产信息和银行流水等交叉验证，从而在信用模型中对该用户进行打分和评估，完成授信过程。在中国缺乏成熟的征信体系和数据的情况下，Wecash 产品最具创新的地方就是这一用大数据分析来快速征信、授信的过程。

对于小额的借款需求，传统银行的信贷是覆盖不到的，即使想覆盖这一部分需求，银行征信成本的高昂也会导致产品无法盈利。银行的做法是，这一部分借款的需求统一由信用卡来满足。数据显示，中国 2013 年年底信用卡累计发卡 3.9 亿张。再加上一线城市较为普遍的一人多卡的现象，中国拥有信用卡的人数要低于 3.9 亿人。这与中国 7 亿网民相比，还是有接近一半的网民没有信用卡。[①] Wecash 这一产品形态的出现，使小额贷款服务覆盖全体网民成为一种可能。几乎所有的网民用户都会遇到急需一笔小额借款的情况，当遭遇没有信用卡或者当月信用卡额度不够的窘境时，Wecash 小额贷款服务是一个不错的选择。

Wecash 全部在微信上操作，不需要提供纸质的信用报告、工作证明，并且可以借助社交信息来快速授信，将大大降低门槛，让更多的用户尝试使用小额贷款服务。在完成授信过程的同时，Wecash 同样会根据分析出的用户信用评级来决定用户借款的利率，根据用户信用评分的不同，用户借款的月利率在 1% ～ 1.6% 浮动。完成授信后，用户可以自由选择借款分期（1 个月到 2 年），然后进行提款和借款操作。用户提款同样在微信申请，提交银行卡信息后，由 Wecash 的工作人员电话验证后完成提款过程。

6.3.3　大数据征信在国外的实践

近年来，国外政府和市场越来越重视征信业，大数据征信作为传统征信的一种新兴模式，凭借互联网金融和大数据技术的支撑，创新应用不断增多，逐渐形成了具有标志性的征信机构和市场运作模式。我国的监管体系在建立和完善的过程中，也会参考这些国家成功的经验和手段。

1. 美国

1）基本情况

美国是世界上私营征信机构最为发达的国家，大量的征信机构由民间资本投资建立和经营，按照市场化原则开展服务。FICO 评分体系是被最广泛运用于银行及授信机构的评分体系，专业从事商业分析和信用评估，其客户信息来源于三大征信调查机构：益博睿（Experian）、艾克飞（Equifax）和环联（TransUnion）。

美国《公平信用报告法》《隐私权法》《平等信用机会法》《金融隐私权法》等法律法规的颁布实施为信息主体权益保护提供了比较完善的制度支撑。

---

① 数据来源：中国银行业协会银行卡专业委员会. 中国信用卡产业发展蓝皮书 2013[M]. 北京：中国金融出版社，2014.

美国没有专门的征信业监督管理部门，但联邦储备委员会、联邦贸易委员会等部门有权分别对征信行业实施监管。美国征信机构的准入退出完全由市场决定，不需要政府部门特别批准。

在美国，传统的基于 FICO 评分的信用评估模型存在覆盖人群窄、信息维度单一、时间上滞后等局限。为了获得 FICO 信用分，个人需要至少有一个持续 6 个月以上还款记录的银行信贷账户。美国消费者金融保护局（CFPB）2016 年的分析指出，占美国成年人口 11% 的消费者的信用报告中没有信贷信息，因此不能进行 FICO 信用评分。另外还有占美国成年人口 8% 的消费者的信用报告中没有足够的信贷历史信息来支撑信用评分的基本应用。因此，美国信贷市场上对于大数据信用评估解决方案的需求非常迫切。

美国许多信用信息服务机构开始探索评估信用能力的新方法。替代数据（alternative data），是指银行和征信机构收集的传统信贷偿还数据（如信用卡、车贷、房贷、消费贷等）之外的数据，包括电话费、公共事业账单和地址变化记录等内容。一些替代传统信贷风险管理的解决方案正在不断涌现，如利用手机预付费信息、心理测试数据、社交媒体活动信息和电商行为数据进行信用风险评估等。这些数据的引入为风险评估注入新的活力，为美国大型银行开辟了新的消费者客户群体。例如，益博睿投入研究团队关注社交网络数据对信用评分的影响，FICO 公司开展在线评估的信息工具和基于互联网的信用评估系统的项目研究，美国金融科技公司（ZestFinance）除传统征信中的决策变量外，还将社交网络、互联网行为等能够影响用户信用的其他因素也运用到信用主体的评估坐标中，通过大数据挖掘和模型开发，评估信息主体的真实信用状态。

2）经验借鉴

在美国，征信调查机构益博睿、艾克飞、环联、律商联讯（LexisNexis）、决策分析公司费埃哲积极尝试大数据应用，利用大数据技术完善传统信用评估体系。它们将大数据纳入信用报告，抽取新的指标变量开发新信用评分，而且在数据采集、信息透明和维护消费者权益方面，有着规范和专业的做法。美国金融科技公司、大数据信贷公司 Kabbage 和美国商业银行 Capital One 通过不同的方式将大数据应用于风险评估中，更好地发展信贷业务。这些先进的行业实践，可以为国内方兴未艾的大数据征信提供参考。

（1）益博睿：将房租数据纳入信用报告和评分。2010 年 6 月，益博睿收购了一家拥有 700 万美国人房租历史的公司；到 2011 年 1 月，房租数据已经包含在美国的消费者信用报告中。2012 年 3 月，益博睿在英国开始了房租信用机构的业务。通过将房租支付记录包含在信用报告中，使得几百万需要租房的人借助征信系统的帮助，可以享受更低价格的租房服务。

除了将消费者的房租数据加入信用报告中，为了提高信用评分的普适性，益博睿也将房租信息作为主要指标加入信用评分模型中。2014年以来，房租信息越来越广泛地被纳入个人征信产品和服务中。

益博睿的研究报告表明，如果不将房租信息包含在信用评分中，具有租房缴纳记录的消费者中会有11%因为没有信用记录而不能获得信用评分；这些正面的租房交易信息可以帮助消费者获得信用评分；80%没有信用评分的消费者在益博睿的房租数据库中有超过12个月的租房历史记录。这些缺乏传统信贷信用记录的消费者由于信用报告中有及时的每月房租偿还记录，可以接受金融机构的授信。

益博睿增加了房租信息的信用评分，未来可能会形成新的信用评分框架。每一个租房的消费者都应该充分利用新的评分来享受更好的金融服务，特别是对于学生和才进入社会的年轻人这些传统信贷信用记录缺失的消费群体。

（2）费埃哲、艾克飞和律商联讯：利用电信和公共事业缴费数据。费埃哲这样的信用评分机构受监管和银行的双重压力，被要求找到为上百万没有信用分的美国人提供可靠信用评分的方法。

费埃哲已经做出了行动——和艾克飞及律商联讯集团合作，开发名为费埃哲替代评分（FICO XD）的新信用评分。新信用评分关注有线电视/电话、公共事业缴费和移动电话的支付历史。在新评分开发过程中，费埃哲负责算法模型，艾克飞提供移动电话和有线电视/电话账户中的数据，律商联讯集团提供财产记录和其他公共数据。

费埃哲替代评分和传统信用评分一样，使用三位数衡量，分数越高，风险越小。新的信用评分和传统的费埃哲信用评分有相同的得分范围，都为300～850分。不同分数段对应的预期违约率也是相同的。因此不管是从费埃哲分数上看还是从费埃哲替代评分分数上看，750分都是一个很高的分数。费埃哲已经在一些银行中测试了该新信用评分，35%～50%测试个体的费埃哲替代分数超过620分，这意味着很多人将从该新信用评分中获益。

费埃哲替代评分并没有替代传统的费埃哲评分。如果消费者的信用报告中有足够的信息能够获得传统费埃哲评分，则费埃哲替代评分对他就没必要，也不适用。事实上，费埃哲替代评分推出的目标就是使人们可以从费埃哲替代评分向费埃哲评分升级：可以让传统信用记录不足的消费者利用费埃哲替代信用评分获得金融信用服务，等消费者逐渐有了信贷记录之后，就可以升级为传统费埃哲信用评分的获得者。

费埃哲替代评分的应用也比较注重消费者权益保护：每个消费者都可以在年度信用报告网站上获得一个免费、每年一次的信用报告，这些信用报告中的信息可以用来产生费埃哲评分。在利用费埃哲替代评分时，征信机构将会把评分用到的信息（电话付费和公共事业缴费信息）存储在一个单独的数据库中，并把这些信息加入信用报告。和传统的信用信息一样，这个专用的数据库可能包括错误信息，消费者需要及时查询和检查，对相关错误进行修改。

费埃哲替代信用评分正在大量的信用卡提供方（主要是银行）之间进行测试，在未来几年将得到广泛应用。银行在前期接触的时候对此非常感兴趣，在测试过程中，费埃哲替代评分给半数以上过去无法评分的信用卡申请者提供了评分，这是一个绝对飞跃。尽管到目前为止，费埃哲替代评分还不能广泛应用，但是消费者可以从艾克飞和律商联讯处得到相关的免费信用报告。

（3）环联：整合大数据与传统数据。环联也在推广其替代评分系统，目标是给没有传统评分或分数较低的人提供更合理的信用分数。环联的新信用评分体系命名为信用视野连接（credit vision link），结合了替代数据，号称是第一个将征信机构的数据和替代数据源结合的信用评分模型。研发该模型的目的，一方面是提供一种对消费者风险更精细的预测；另一方面是扩大征信覆盖人群，将使美国 95% 的成年贷款人获得信用评分。

环联称其新评分利用替代数据结合了对消费者传统支付历史的分析，可以得到对风险更准确的评估。例如，传统信用评分揭示的是消费者是否按时支付最低信用卡还款额度，而新信用分关注消费者每月的支付规模和支付增减的变化。除此之外，新评分考虑了消费者改变住所的频率、支付日的数据、账户历史等因素。

信用视野连接需要充分的传统征信数据，新增的数据可能使消费者的信用评分变差，但大多数时候还是会提高消费者的信用评分。在主要汽车贷款消费者的测试中，新评分使超过 24% 的贷款得以实现。和费埃哲信用评分一样，环联信用视野连接分数的范围也是 300 ～ 850 分。如果消费者使用信用视野连接评分，替代数据将成为环联信用报告中的一部分，并且每年提供给消费者。

信用视野连接还在进行不同的测试，如果新的评分模型性能超出传统的风险评分模型，将取得信贷容量和信贷质量的重大进展，这将是消费者和信贷机构的双赢。

基于特别的数据资源、分析和决策服务，环联近期研发的征信大数据产品和服务示例如下。

①面向金融机构的征信产品 CreditVision：基于消费者的信用大数据，给机构客户提供一个消费者在一定时间窗口的风险变化趋势，不同于传统的信用报告只提供当月时点数据的服务，该产品基于 30 个月的时间序列数据，说明客户风险随时间变化的速度和严重程度，更精确地划分了风险。

②面向保险公司的征信产品 DriverRisk：整合司机历史上至少 3 年的违规记录和其他大数据，高效地识别司机违规的可能性，从独特的视角来考察司机的风险，可以降低保险公司的成本。

③面向商业机构的市场营销产品 AdSurety：基于环联自身的大数据，利用 O2O（互联网数据和数据库数据）匹配技术，帮助机构用户从包含 1.35 亿美国消费者的网络中识别潜在顾客，显示其个人信息并且测算效果，提升了找到目标顾客的可能性。

④面向商业机构用户的决策分析产品 DecisionEdge：是一款软件即服务的产品，允许商业机构客户在和消费者交互的情况下识别并验证消费者用户，对数据和预测模型的结果进行解释，根据机构客户定义的消费者用户标准来帮助实现实时和自动化的决策。

案例分析 6-2

（4）ZestFinance：专注于大数据信贷评分。ZestFinance 是一家专注于大数据信贷评分的互联网金融公司。该公司的基本观点是，所有的有可能收集到的数据都是和信用相关的，要在能够获取到的数据中尽可能地挖掘信用信息。该公司的核心业务是个人消费信贷审批，主要客户是次级贷消费者，主要的竞争对手是银行其他信贷金融机构，核心竞争力在于强大的数据挖掘能力和模型开发能力，在传统的信贷风险给管理领域内注入大数据机器学习领域比较成熟的技术创新。该公司信贷模型围绕大数据主要由三部分组成：大数据采集、大数据分析以及最终形成信用风险评估框架，以供其他互联网金融机构使用。

案例分析 6-3

（5）Kabbage：与网店平台共享数据。Kabbage 是一家针对中小型电商的大数据信贷公司，2008 年成立于美国亚特兰大，最初只为美国电商平台 eBay 的电商提供信贷服务，随后经过快速发展，业务范围逐步扩展到 Yahoo、Shopify、Amazon 和 Etsy 等平台。

Kabbage 与诸多网店相关平台共享数据，其中包括网店信息流、现金流、物流、记账信息和社交网络上与客户的互动情况等方面。在申请者提供申请后，Kabbage 将收集、核对并分析相关数据，完成放贷决策，整个流程平均只需 7 分钟，其决策算法先进，并配有拖欠还款的惩罚机制，还可根据最新信息实时调整放贷策略，坏账率显著低于同行业水平。Kabbage 也拓展了其面向中小企业和个人在线贷款的业务，并向各金融公司出售其大数据信用评价技术。

2011 年，在第二轮战略融资中 Kabbage 得到了 UPS（联合包裹运送服务）公司旗下基金会的入股，至此美国物流配送平台 UPS 正式开始和 Kabbage 共享物流配送数据，这极大地促进了 Kabbage 的发展。随后，Kabbage 推出了独家商家信用评分体系，并且鼓励贷款人将自己的 Kabbage 账户与 Facebook 和 Twitter 账户关联起来，创新地将社交网络信息数据引入商家信用评分体系。作为第一家引入社交网络数据到信贷评价的企业，Kabbage 彻底颠覆了传统信用评分体系的理念。随后，Kabbage 又与多类型的第三方平台达成合作共享其数据。

Kabbage 和 ZestFinance 一样，通过利用贷款者提供的信息，并结合多个第三方数据平台验证的方式，构建大数据多维度的信用体系。由于 Kabbage 针对电商商户，所以相比 ZestFinance，Kabbage 关联的第三方平台更加贴合电商的经营轨迹。

Kabbage 主要有如下特点。

①将社交数据纳入评分当中。这一点与 ZestFinance 类似，Kabbage 鼓励申请者将自己的账户与自己的 Facebook 账户或 Twitter 账户相关联。实践证明，将其 Facebook 或 Twitter 的数据关联到 Kabbage 的账户，拖欠款项的概率要比没有关联的账户降低 20%。

②多方比对被查真实性。由于有多方平台的数据，Kabbage 将会比对数据确保数据的真实性。如比对物流信息与销售数据的发货时间、金额等是否一致等。对于数据不符合的申请者，Kabbage 将不给予合作。多平台数据的分析下很大程度上可以降低虚假数据对 Kabbage 造成的坏账风险。

③Kabbage 的放款通常是多期的，可随时根据最新信息进行动态调整。能更好地根据网商的经营状况进行最新的决策，进一步降低坏账率。另外，不固定的放款额度同时也激励贷款商户努力经营。

（6）Capital One：自建数据库。美国商业银行 Capital One 通过自建数据库运用大数据做个人信贷业务。Capital One 借助大数据信息来研发金融产品，其管理层的这一前卫的理念使 Capital One 成就斐然。其根据自主建立的用户数据库研发的模型已受到广泛应用，它将欺诈风险分为两大类，做到了将信息技术、大数据技术与银行风险管理有效结合起来。

Capital One 全称美国第一资本投资国际集团，成立于 1988 年，是美国十大银行之一，全球领先的金融控股公司。

Capital One 一直坚持对金融信息的获取、处理和分析才是银行间竞争的重点，提倡应当借助大数据信息来研发金融产品的理念，践行数据驱动理念，将信息技术、大数据技术与银行风险管理有效结合起来。

Capital One 具有自己的风险决策模型，具备以下两大优势。

第一，样本收集的数据量庞大、范围广泛、效率高。在 Capital One 的模型当中，囊括了美国三大征信局的数据、用户在各个金融平台的数据、社交记录和违约记录等，通过将这些数据整合，并且以季度为节点对模型进行验证，在保证营利性并且降低风险的最大限度下，实现了根据模型动态地对资产策略进行调整的目的。

第二，涉及可循环贷款业务时，对客户重新进行风险评估。如果有客户需要进行再贷款业务，那么 Capital One 将会依照模型对客户重新进行风险评估。如果新的风险评估结果评估出的信用等级高于所设定的标准水平，那么系统将会在模型的运作下自动审批客户的再贷款申请；如果新的风险评估结果评估出的信用等级低于所设定的标准水平，那么将需要客户提交其最新的信用资料，然后对其新的资料进行评估，直至评估结果达到所设定的标准水平，系统才会在模型的运作下自动审批客户的再贷款申请。

目前，这一风险决策模型已经成为相对较为成熟的风控模型。

Capital One 还针对信贷风险中的欺诈风险进行了分类，将其分为"first-party fraud"和"third-party fraud"。"first-party fraud"指的是一手借款人，即借款人是本人，但是身份信息却是不真实的情况，即通过不真实的身份信息来获取借款。这种欺诈的风险主要来自申请借款人填写虚假身份信息以获取信贷资金。"third-party fraud"，顾名思义，指的是涉及第三方的欺诈借款，即借款人所填写的身份信息是真实有效的，但是却并不是借款人自己的。这种欺诈的风险主要涉及第三方，可能会对银行以及第三方均造成不同程度的风险，涉及盗取第三方个人信息。

对欺诈情况分类后，Capital One 借用大数据的优势，通过一系列手段，如人脸动静态识别、手机实名制、指纹识别等，从而解决借款人是否本人这一问题。同时，通过对客户进行网络画像，分析其家庭住址、公司地址等信息，从而判别其可能进行欺诈的概率。

2. 其他国家和地区

1）英国

在英国，个人信用等级非常重要。英国全国征信机构采集的信息包括消费者的基本信息和信用信息。采用先进的计算机和网络技术对数据进行集中处理，建立庞大的数据中心并异地备份。这些数据每月都更新，最终形成每个消费者的信用等级。而且，英国征信机构获取个人的信用信息也是多途径的。据了解，缴纳电话费、水电费等甚至都会影响个人信用记录，如果不能按时缴纳电话费，就有可能被列入黑名单，从而影响信用积分。

英国先后发布了《消费信用法》和《数据保护法》。《消费信用法》体现了保护消费者的立法原则，充分维护消费者的知情权；《数据保护法》严格规定了立法目的和监管机关、信息采集的渠道和目的、信息的使用范围和用途、信息的准确性和质量要求等。

2）欧盟

欧盟主要国家征信行业发展已有上百年的历史。由于各国多方面差异，欧洲征信行业没有统一的组织和运营模式，大多数欧盟国家都建立了以公共征信机构为主、私营征信机构为辅的征信体系模式，多数欧盟国家还建立了专门的征信监管机构对征信业进行监管。以法国、意大利、西班牙等欧盟成员国为代表，主要采用以央行建立的中央信贷登记系统为主体的社会信用管理模式，用于金融监管和服务商业银行的风险控制工作。央行负责建立信用信息局并搭建全国数据库；所有银行根据统一接口，依法强制向信用信息局提供征信数据。以政府为主导模式的公共征信体系是在政府的主导下，由中央银行统一建立并在其监督管理下，严格执行法律法规要求，统一收集、管理所有客户的消费信用资料。所有金融机构都必须强制性加入该征信体系，为该体系提供客户消费信用资料，同时也可以从该体系中获取信用信息。目前，欧洲大部分国家主要执行政府主导模式的个人征信体系。

2016 年，欧洲议会通过了《一般数据保护条例》，在规定信息主体享有知情权、查询权、异议权等权利之外，特别指出信息主体还应享有"被遗忘权"，即当个人数据被处理或者数据持有者已经没有合法缘由保存该数据时，信息主体有权要求相关机构删除其数据，以阻止该信息主体数据的进一步传播。

3）日本

日本主要采用的是由行业协会牵头的会员制模式建立征信体系。会员制个人征信机构主要包括全国银行个人信用信息中心、信用卡信息中心以及全国信用信息中心。作为补充，日本也有商业性征信机构，以帝国数据银行和东京商工所为主要代表。会员有义务向征信机构提供信用信息，禁止向非会员提供任何个人信用信息。

以行业协会为主导模式的个人征信体系是以行业协会为基础建立的不以营

利为目的的信用信息体系。个人信用信息在行业协会平台范围内，可供行业协会所有成员内部共享。日本行业协会十分规范、普遍，每个行业都有自己的行业协会，基于这种行业发展特点，日本的个人征信体系以行业协会为主导模式。

在日本，征信方面的立法主要包括《行政机关保有的电子计算机处理的个人信息保护法》《信息公开法》《个人信息保护法》等，从不同层面、不同角度对信息主体信息归档、信息使用与传播限制、信用数据准确性、数据异议处理等方面作出规定。在监管方面，政府部门直接干预较少，征信行业管理主要依靠行业协会的条例、规章等内部制度进行约束。

4）韩国

韩国从事企业征信的机构主要有韩国信用担保基金（KCGF）、韩国技术信用担保基金（KOTEC），从事个人征信业务的主要有韩国信息服务公司（KIS）、国家信息及信用评价有限公司（NICE）及韩国征信公司（KCB），其中 NICE 和 KCB 为私营征信机构。以 KCB 为例，其数据库几乎覆盖了全部有信用记录的韩国人，"信用不良者"占总人数的 14%。

在立法方面，韩国先后颁布了《信用信息使用及保护法》《个人信息保护法》和《个人信用评价体系综合改善方案》。《信用信息使用及保护法》是韩国征信业的基本法律规范，确定了韩国采取两级架构、三级共享模式进行信用信息管理；《个人信息保护法》在赋予信息主体个人信息自决权利的同时，也规定了通过信息纷争调停委员会调解、向个人信息申告中心申告、提起团体诉讼等权利救济的途径；《个人信用评价体系综合改善方案》强调了个人消费者就个人信用评价的结果向金融机构、征信机构要求详细说明、复议，甚至当信息错误时重新评价的权利。

3. 小结

国外知名征信机构对大数据征信的探索目前还处于测试和推出阶段，还需要进一步的商业应用来检验和完善，但是这种大数据征信的应用代表一种前沿趋势，其中有四个方面值得关注。

（1）在对征信大数据进行应用时，这些征信机构并不是全盘拿来，应用目前国内外热炒的电商数据和社交数据等所谓的"征信大数据"，而是首先选择和信用风险强相关的大数据，如电信预付费、房租缴费、公共事业缴费和支付数据，纳入信用报告和信用评分中，而且对这些大数据深入研究、反复测试后谨慎推出。

（2）在使用这些大数据时，这些国外征信机构的做法也比较规范和专业，兼顾消费者的权益保护。例如：这些大数据不涉及消费者的隐私敏感信息，符合《公平信用报告法》的规定；为了保证信息的透明性，这些应用到的大数据都放在信用报告中（信用报告是信用评分的基础和数据来源，这是专业征信机构的基本业务逻辑）；尊重消费者的权益，这些征信机构如果提供消费者基于大数据的信用评分，就会同时将包含这些数据的信用报告免费提供给消费者查询、检查纠错，并对存在的数据问题进行处理。

（3）这些国外知名的征信机构在引入征信大数据时，并未对信用评分模型算法作出很大的改变。

（4）从欧美征信市场发展的经验看，征信机构在激烈的市场竞争和快速发展中，其数据源也逐渐趋同。为确保数据采集的及时、准确和完整，并且符合法律监管要求，数据采集的标准化必不可少。如美国征信业信息采集标准《数据报送资源指南》即是在美国消费和数据行业协会的指导下，由环联、艾克飞、益博睿等几大征信业巨头共同制定的。

6.4　大数据征信的实现路径

6.4.1　大数据征信的应用技术手段

1.数据采集

在数据采集方面，由传统的标准接口报送改为使用互联网的大范围采集。多重采集方式结合使用保障了大数据征信在数据源获取上的便利。

（1）离线采集：传统的数据抽取加工转换，要求数据源有标准的数据定义及稳定的加工标准。

（2）实时采集：如网络监控的流量管理、金融应用的股票记账。其很大程度地满足时效性的要求。

（3）爬虫技术：按照一定的规则，自动抓取万维网信息的程序或者脚本，它支持图片、音频、视频等文件或附件的采集。爬虫技术可谓大数据征信获取的利器。例如使用爬虫进行各大主流网站的舆情监视。但是也有非法之徒使用爬虫盗取别人隐私及成果。

2.数据处理

大数据具有规模大、更新快、类型复杂的特征，相应的数据处理技术必不可少。如基础大数据处理技术 Hadoop 等。

（1）可靠的分布式文件系统（DFS）、能效优化的存储、计算融入存储、大数据的去冗余及高效低成本的大数据存储技术；突破分布式非关系型大数据管理与处理技术、异构数据的数据融合技术、数据组织技术、研究大数据建模技术；突破大数据索引技术。

（2）新型数据库技术，数据库分为非关系型数据库、关系型数据库以及数据库缓存系统。其中，非关系型数据库主要指的是 NoSQL 数据库，分为键值数据库、列存数据库、图存数据库以及文档数据库等类型。关系型数据库包含了传统关系数据库系统以及 NewSQL 数据库。

（3）数据安全技术。改进数据销毁、透明加解密、分布式访问控制、数据审计等技术；突破隐私保护和推理控制、数据真伪识别和取证、数据持有完整性验证等技术。

3. 算法与模型

大数据征信依托多样化、高频率和高体量的非结构化数据，通过收集和处理能够反映主题行为习惯的全方位、多维度信息，构建反映其性格特征、身份特质、履约能力等多维度的定量模型，利用各种算法推断其信用特征，并获得量化信用评估结果（图 6-6）。

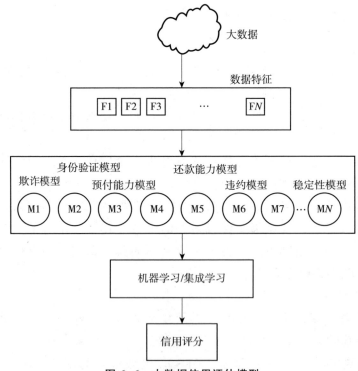

图 6-6 大数据信用评估模型

资料来源：贾拓. 大数据对征信体系的影响与实践研究 [J]. 中国信用，2018（9）：128.

　　传统的"5C"[道德品质（character）、还款能力（capacity）、资本实力（capital）、担保（collateral）和经营环境条件（condition）]个人信用评估模型所对应的计算方法是传统的数理统计法，对大量的个人信用相关数据进行统计、总结和归纳。目前信用评估机构常用这种方法对个人的信用进行评分，称为线性加权模型。常用的线性加权模型主要包括判别分析法、Logit 模型、Probit 模型等。

　　但是以上模型过于单一，仅能适配传统的"5C"个人信用评估体系，只是从相对静态的角度评估个人的信用状态，无法很好地适配大数据背景下具备多维度、大容量、时间变化周期短等特征的个人信用数据，同时也无法满足当今动态变化的社会和金融环境对算法精确度的需求。而人工智能算法则能够自动对数据进行分类训练，会不断根据数据的变化进行学习，更加精准地实现数据的分类，从而适应大数据背景下个人信用数据多维、多变的特点。机器学习算法在信用评估领域的应用正越来越趋近于完善，支持向量机、随机森林（RF）、决策树（C5.0）、贝叶斯、神经网络等算法都曾被提出应用于动态的信用评估。信用评估常用算法的比较见表 6-4。

表 6-4　信用评估常用算法的比较

评估算法	优点	不足
随机森林	在数据分类和回归中表现好；对高维数据的数据处理能力强；能输出特征的重要程度	解决回归问题时不能给出连续的输出；不能作出超越训练集数据范围的预测
人工神经网络（ANN）	分类准确度高；容错性较强；能逼近任意非线性关系	黑盒过程无法观察中间结果；学习过程较长
决策树	处理速度更加快捷；能够自动归并自变量中的类别，使其显著性达到最大	无法处理缺失值；忽略集中属性的相互关联；易出现过拟合问题
极限梯度提升（XGBoost）	在简化模型的基础上能够大幅度提升训练的精度和速度；防止过拟合现象的产生	占用的内存高；数据分割的复杂度高

　　资料来源：王冬一，华迎，朱峻萱. 基于大数据技术的个人信用动态评价指标体系研究——基于社会资本视角 [J]. 国际商务（对外经济贸易大学学报），2020（1）：115–127.DOI：10.13509/j.cnki.ib.2020.01.009.

　　大数据征信涉及机器学习方法、统计方法、神经网络方法和数据库方法等丰富多样的数据分析算法，主要包括回归分析（如多元回归、自回归等）、判别分析（如贝叶斯判别、费歇尔判别、非参数判别等）、聚类分析（如系统聚类、动态聚类等）、探索性分析（如主元分析法、相关分析法等）等数据挖掘与分析技术。

6.4.2 我国大数据征信的数据来源

大数据征信使用的数据包括传统的银行业信贷记录、消费记录、身份数据、社交数据、经营数据，以及日常活动和偏好数据、特定场景下的行为特征数据等。大数据不仅为征信业发展提供了广泛的数据信息来源，同时也改变了征信产品的生产流程，成为我国征信业发展的重要助力。

互联网金融背景下的征信机构凭借各自的数据来源、信息优势、数据处理经验和建模方法，提供多元化的信用信息，为破解银行业的信息垄断、增强新兴金融机构及互联网金融平台的竞争能力提供了解决方案。在我国，首批获得个人征信机构牌照的 8 家征信公司各有独特的数据来源和优势，可用于互联网征信模型的大数据总共可分为以下六类。

1. 电商大数据

电商大数据，如阿里巴巴提供的芝麻信用分。芝麻信用数据来源于支付宝，截至 2020 年 6 月 30 日，蚂蚁集团支付宝的月度活跃用户 7.11 亿名，年度活跃 10 亿多，月度活跃商家 8 000 万。截至 2019 年第四季度，支付宝占第三方支付综合支付市场的 48.8%。[①] 支付宝作为第三方支付工具，不仅为淘宝提供支付服务，也早已走出了淘宝平台。芝麻信用采用国际上通行的信用评分方法，最低 350 分，最高 950 分，这与美国 FICO 分（300 ～ 850 分）相似，分数越高代表信用程度越好，违约可能性越低。芝麻信用的评分模型主要包括信用历史、行为偏好、履约能力、身份特质、人脉关系五个维度。通过长期积累人们在日常生活中点点滴滴的行为轨迹和细节，可以全面判断其信用状况。

2. 信用卡类大数据

根据信用卡申请年份、授信额度、消费金额、消费次数、消费种类、消费场所、卡片等级、还款记录等作为信用评级的参考数据。其代表性企业是成立于 2005 年的"我爱卡"，依据自身积累的数据利用 FICO 信用评分模型来发放互联网金融小额信贷。

3. 社交网站大数据

其代表性企业为腾讯公司。腾讯拥有最多的社交用户，包含最复杂的人

---

① 数据来源：中商产业研究院.支付宝 APP 年度活跃用户超 10 亿！ 2020 年网络支付市场现状及竞争格局分析 [EB/OL].（2020–08–27）.https://www.askci.com/news/chanye/20200827/1455021200142.shtml.

际关系、对话关系，截至 2023 年 6 月 30 日，旗下微信及 WeChat 月活跃用户 13.27 亿，QQ 终端月活账户数为 5.71 亿。[①] 腾讯征信的评分模型主要包括四大因子：安全指数（如是否实名认证、是否开通数字证书、过去一段时间更换手机号码的次数等）；消费指数（如过去一段时间内腾讯业务、游戏、生活服务类消费次数等）；财富指数（如财付通账户余额、理财通财富、QQ 号价值等）；社交指数（如 QQ 登录场所、微信有红包及资金往来的好友占比）。腾讯征信采用七级信用评级法，分别用不同的星级代表信用等级，五星代表较高的信用评级，六星、七星代表特高信用评级。

4. 小额贷款类大数据

其包括信贷额度、违约记录等。由于单一企业信贷数据的量级较低、地域性较强，业内共享数据的模式正被逐步认可。

5. 第三方支付大数据

根据用户消费数据进行信用分析，支付方向、月支付额度、消费品牌都可以作为信用评级数据。比如考拉信用评分主要依托拉卡拉的支付数据，利用 FICO 评分法、回归、分类、Web 挖掘和神经网络技术，主要按照五个维度：履约能力、身份属性、信用记录、社交关系和交易行为进行信用评估。

6. 生活服务类网站大数据

其包括水、电、燃气、物业费缴纳等，能够客观真实地反映个人基本生活信息。比如持有华道征信 15% 股份的新奥资本，是新奥集团旗下从事股权投资和投资管理的平台公司，旗下新奥能源是国内规模最大的清洁能源分销商之一，掌握大量居民燃气数据。华道征信的数据主要包括五个方面：信贷数据、公安司法数据、运营商数据、公共事业数据、网络痕迹数据。

6.4.3　我国大数据征信的应用

1. 反欺诈策略

反欺诈策略主要用于应对个人欺诈和团伙欺诈两种情况。常见的个人欺诈一般分为身份欺诈和主观还款意愿欺诈。

对于身份欺诈，主要采用活体检测的方法，并将采集到的人脸图像与公安部的图像库进行比对，防止身份盗用的发生；主观还款意愿欺诈，通常申请人信用状况较差，存在主观故意违约的风险，策略上主要筛查申请人是否

[①] 数据来源：腾讯控股 2023 年中期报告 [R/OL].（2023-08-29）. https://static.www.tencent.com/uploads/2023/08/29/1d726a2226130c610975c21480cf1890.PDF.

命中黑名单，是否存在多头申请、多头负债等情况。

至于团伙欺诈，较为有效的方法是筛查申请人使用的设备、IP 地址等是否被他人多次使用过，客户端的操作轨迹是否异常，以及是否关联高危群体、黑中介等。在这一环节，除使用以上反欺诈规则之外，还可结合使用机器学习模型，利用金融机构积累的欺诈样本开发模型，并持续监控与优化。

2. 信用评估

基于采集的数据，运用相应的算法模型输出信用评分。依据不同的信贷产品样本，可分别构建不同的信用评分模型，使之更具有针对性，模型精度也更高。例如消费分期产品、小额现金贷以及信用卡代偿等。各产品的建模流程大同小异，基本流程如下。

（1）特征工程。处理字符型数据、异常值、缺失值等，完成变量的衍生、分箱和筛选。

（2）模型训练。根据数据的特征选择合适的机器学习算法，并进行参数调优。

（3）模型评估。模型评估一般使用 KS（Kolmogorov–Smirnov，柯尔莫哥洛夫 – 斯米尔诺夫）值。KS 值是累积好客户占比与累积坏客户占比之差的最大值，介于 0 和 1 之间，KS 值越大，模型区分能力越强，一般认为 KS>0.2 时模型具备一定的区分能力。

3. 授信策略与风险定价

根据个人基本信息、负债情况、历史还款表现和资产收入状况等数据评估授信额度及适用的利率与期限，同时可根据客户提供的房产等增信数据适当提高授信额度。

4. 贷后管理

征信机构持续收集客户的信用风险状况信息并及时更新，提供最新数据给信息使用者，方便信息使用者预测客户未来一段时间的还款趋势，对有可能逾期的客户进行预警，从而降低损失。此外，还可以利用征信数据建立催收模型，配合使用不同的催收策略，提高工作效率。

6.5　我国大数据征信业的未来展望

6.5.1　征信市场参与者越来越多

互联网技术的不断发展，为征信业发展提供了便利的技术支持。

以中国平安集团为代表的大型金融类企业，因客户众多，掌握了大量客户的金融信息，可以对客户的信用情况及还款能力进行判断，更好地开发客户、服务客户。

以阿里巴巴、京东商城和苏宁易购为代表的大型电商类企业，依据客户持续消费掌握的客户基本信息和消费情况等数据，可以更便捷地为客户提供消费类信用服务。

以腾讯为代表的社交类互联网企业，依据用户大量的社交信息，能够很容易地判断客户的真实社交情况、人际关系和行为偏好等。丰富的信息资源为征信业发展提供了良好的数据资源基础，也为众多机构参与征信业发展提供了良好条件。

百行征信正是在此背景下应运而生，成为获得中国人民银行颁发的首张个人征信业务牌照的征信机构。百行征信的服务对象有五大主体，都是从事互联网金融的个人机构，是信用信息的主要来源，也是征信机构的重点服务对象。同时，百行征信的服务对象还包括从事借贷业务的金融机构、司法部门、个人信息主体以及从事征信和反洗钱、反欺诈服务的其他符合资质要求的机构等。未来，随着市场经济的发展，更多手中掌握海量用户数据的机构将会参与到征信市场中来。

6.5.2　征信业思维模式发生较大改变

传统征信一般由专业机构用比较固定的模式定向采集财务和金融交易信息，信息数据项的采集一般只有固定的几十个，涉及的内容也仅限于收入、信贷及抵押担保情况，数据来源渠道相对狭窄和固定。

大数据时代的优势就是对分散的数据和样本进行深度挖掘、综合分析，形成可以共享和利用的数据资源，并将以往零星、分散的各类数据汇集起来处理，进行全方位分析，实现数据更高程度的共享和利用，这是传统技术远不可比拟的。征信机构可以借助大数据的思维模式将征信对象细小的信息有效利用并加以分析，从而对征信对象的发展趋势作出更加科学准确的预测。

6.5.3　征信业务的覆盖范围进一步扩大

截至 2017 年年底，中国人民银行金融信用信息基础数据库中，只有 4.8 亿人和 690 多万家企业拥有信贷关系等实质内容的信用报告，相比我们国内 14 亿人口总数和众多的企业数量来说，覆盖面还很小。[①] 有相当一部分没有

---

① 数据来源：中国人民银行金融基础数据中心 . 企业发展分析报告（2017）[R]. 2017.

信用卡和银行贷款的客户，根本没有实质性的信用报告，但他们也正常从事着各类互联网活动。互联网征信业的发展，将会覆盖这类人群，为他们生成具有实质内容的信用报告或作出具体的评分、预测，有效服务于这些未能被传统征信体系很好覆盖的长尾客户。

2015 年 7 月，支付宝新增了一项电子借条功能，借贷双方只要在支付宝上签署数据电子文件形式的借款协议，并约定好借款金额、利息和还款期限，到期时支付宝将会自动从借款人账户里扣划，同时该笔民间借贷的记录也会被"芝麻信用分"记录下来，其交易和结果将影响到借贷双方的信用评分。这是我国较早通过互联网平台开展的民间借贷，也是较早实现将民间借贷纳入征信系统的产品。支付宝的电子借条功能，在我国征信业发展过程中具有里程碑意义。随着这项产品的推广开来，越来越多的民间借贷将被纳入征信系统。

6.5.4 征信产品日渐丰富，服务质量不断提高

大数据的广泛应用，使征信业能够借助大数据和云计算技术，充分深入地发掘各类数据，寻找和发现各类数据之间的微妙关联关系，从中获得数据蕴含的巨大价值，并通过数据之间的关联关系形成内容更加丰富的征信产品。例如，信用业务决策、风险评估、生产风险预警等增值产品，都可以通过大数据对传统数据的挖掘及非结构化的数据分析获得，从而形成对传统征信产品的重要补充。

大数据时代，不仅能够使传统的征信产品，如信用报告、信用评分、信用评级、信用风险管理等的质量得到有效提升，而且促进创新满足经济发展需求的征信产品，服务因此更加广泛。比如，可以对征信主体的基本数据进行个案分析，预测客户的潜在需求，结合客户的基本情况和个性特点来评判个人的信用状况，量身定做征信产品，更加注重征信产品的多样化和适应性，为征信主体提供更加丰富的征信服务。

 思考题

1. 大数据征信的主要特征有哪些？
2. 简述大数据征信与传统征信的区别。
3. 我国大数据征信的监管主要面临哪些挑战？
4. 试从信息经济学的视角分析大数据征信兴起的原因。
5. 大数据征信对于我国建立和完善社会主义市场经济体制有何意义？

参考文献

[1] 贾拓. 大数据对征信体系的影响与实践研究 [J]. 中国信用，2018（9）：128.

[2] 邓舒仁. 关于互联网征信发展与监管的思考 [J]. 征信，2015，33（1）：14-17.

[3] 张改艳. 大数据技术在征信中的应用 [J]. 无线互联科技，2021，18（11）：79-80.

[4] 罗建雄，封玉莲. 大数据时代我国征信业发展及安全思考 [J]. 征信，2019，37（6）：27-33.

[5] 石红英. 大数据时代我国征信业发展问题探讨 [J]. 征信，2018，36（12）：49-52.

[6] 何玲，孟佳惠. 大数据征信潮：大数据时代下征信业现状与发展前景扫描 [J]. 中国信用，2021（3）：24-37.

[7] 朱浩，黄险峰，陈彦舟. 国内城市个人信用评分指标体系和应用场景研究 [J]. 征信，2019，37（4）：9-15.

[8] 王冬一，华迎，朱峻萱. 基于大数据技术的个人信用动态评价指标体系研究：基于社会资本视角 [J]. 国际商务（对外经济贸易大学学报），2020（1）：115-127.

[9] 杨亚仙，庞文静. 我国大数据征信行业的发展现状、问题与对策 [J]. 征信，2020，38（2）：49-52.

[10] 叶治杉. 我国征信体系建设发展障碍与战略对策：基于美国经验的考察与借鉴 [J]. 西南金融，2021（5）：89-96.

[11] 张晨，万相昱. 大数据背景下个人信用评估体系建设和评估模型构建 [J]. 征信，2019，37（10）：66-71.

[12] 赵海蕾，邓鸣茂，汪桂霞. 互联网金融中的大数据征信体系构建 [J]. 经济视角（上旬刊），2015（4）：18-21，65.

[13] 常征. 大数据环境下的征信体系 [J]. 中国金融，2017（7）：41-43.

[14] 曹辉. 网络借贷中大数据征信的应用：背景、实践与展望 [J]. 贵州社会科学，2019（10）：116-122.

[15] 刘新海，丁伟. 大数据征信应用与启示：以美国互联网金融公司 Zest Finance 为例 [J]. 清华金融评论，2014（10）：93-98.

[16] 卢芮欣. 大数据时代中国征信的机遇与挑战 [J]. 金融理论与实践，2015，427（2）：103-107.

[17] 余丽霞，郑洁. 大数据背景下我国互联网征信问题研究：以芝麻信用为例 [J]. 金融发展研究，2017，429（9）：46-52.

[18] 孔德超. 大数据征信反思：基于个人征信视角 [J]. 现代管理科学，2017，294（9）：103-105.

[19] 周诚君. 构建多层次征信市场思考 [J]. 中国金融，2021（11）：27-30.

[20] 黄益平，王海明，沈雁，等. 互联网金融 12 讲 [M]. 北京：中国人民大学出版社，2016.

第7章
普惠金融

 学习目标

1. 了解普惠金融的概念及特点。
2. 了解普惠金融的理论基础。
3. 了解普惠金融的国际探索。
4. 掌握中国普惠金融的发展历程、特点和存在的问题。
5. 了解中国普惠金融代表性银行的运作方式。

 思政目标

1. 认识普惠金融在我国经济发展和社会进步中发挥的重要作用。
2. 增强自身对中国特色社会主义市场经济的道路自信、理论自信、制度自信、文化自信。

 引言

2015年11月9日，习近平在中央全面深化改革领导小组第十八次会议上的讲话中指出：发展普惠金融，目的就是要提升金融服务的覆盖率、可得性、满意度，满足人民群众日益增长的金融需求，特别是要让农民、小微企业、城镇低收入人群、贫困人群和残疾人、老年人等及时获取价格合理、便捷安全的金融服务。

7.1　普惠金融概述

7.1.1　普惠金融的概念和关键要素

1. 普惠金融的概念

2005 年，联合国首次提出了普惠金融的概念，将其定义为"一个能有效、全面地为社会所有阶层（特别是贫穷、低收入群体）提供服务的金融体系"。

2006 年，世界银行扶贫协商小组（Consultative Group to Assist the Poorest，CGAP）给出了普惠金融体系的定义：普惠金融体系是通过各种渠道，为社会上任一阶层提供金融服务的体系，尤其是那些被传统金融体系排除在外的广大的贫困、低收入人群，向其提供包括储蓄、保险、信贷、信托等差别化金融服务，其核心是让所有人特别是金融弱势群体享受平等的金融权利。

普惠金融中心（center for financial inclusion，CFI）在 2011 年将普惠金融描述为："向所有有需求的人提供一系列高质量的金融服务（便利、可负担、适当、尊重客户及保护客户权益）。"金融服务由各类主体在竞争性市场中提供，"具有多样的服务提供者、强大的金融基础设施及清晰的监管框架"。

普惠金融全球合作伙伴（global partnership for financial inclusion，GPFI）将普惠金融进一步定义为："所有处于工作年龄的成年人（包括目前被金融体系所排斥的人），都能够有效获得正规金融机构提供的以下金融服务：贷款、储蓄（广义概念，包括活期账户）、支付和保险。"同时将"有效获得"定义为："消费者能够以可负担的成本获得、提供者能够持续供给的便捷、负责任的金融服务，使那些被排斥在金融服务之外和金融服务不足的消费者能够获得和使用正规金融服务。"

国务院《推进普惠金融发展规划（2016—2020 年）》基于普惠金融的特点，结合中国的实际情况，将普惠金融定义为："立足机会平等要求和商业可持续原则，以可负担的成本为有金融服务需求的社会各阶层和群体提供适当、有效的金融服务。小微企业、农民、城镇低收入人群、贫困人群和残疾人、老年人等特殊群体是当前我国普惠金融重点服务对象。"

综上，普惠金融有别于传统金融，它强调要构建一个包容性的金融体系，目标是在任何经济主体有金融服务需求的时候能够为其提供理想的金融服务。普惠金融的"普"与"惠"高度概括了普惠金融的内涵。首先，普惠金融的"普"字，说明了金融服务的普遍性，体现的是一种平等权利，即所有人应该有获得金融服务的机会，从而保证其有效地参与社会的经济发展当中，进而完成全社会的共同富裕、均衡发展的目标。其次，普惠金融的"惠"字即惠民，指金融服务的目的就是便利金融的需求者，即强调金融对普通人特别是贫困弱势群体的支持，体现了金融为人民改善生活水平、为企业提供融资渠道带来便利。普惠金融强调金融服务的普遍性与平等性，服务社会各个阶层，进而实现全社会共同富裕、均衡发展的目标。

随着普惠金融核心内涵的逐步明确，普惠金融概念的外延也在不断演进和丰富，涵盖账户、储蓄、信贷、支付、汇款、保险、养老金、证券等各类金融产品和服务，已逐渐形成一整套涉及金融基础设施建设、金融改革和结构调整等重大问题的发展战略与操作理念。如今，普惠金融被视为国家和全球层面涵盖广泛的综合性政策目标，涉及一系列产品、消费者群体、金融服务提供者、交付渠道、政府机构以及其他利益相关方。

2. 普惠金融的构成要素

普惠金融的定义中包含四个关键要素：可得性，多样且适当的产品，商业可行性和可持续性、安全与责任。

1）可得性

可得性是指消费者在物理上能够充分接近各类服务设施（包括分支机构、代理点、自动柜员机或其他网点及设备），可便捷地获得和使用金融产品和服务。可得性不足会给金融服务群体带来高额的交易成本，导致正规金融产品和服务的获得与使用水平较低，影响消费者的选择。

在许多国家，金融机构根据经济效益设置分支机构，导致金融弱势群体金融服务的可得性严重不足。为扩展金融服务的可得性，金融服务提供者进行了有益的探索。①建立为金融服务不足群体提供低成本、简单业务的实体网点，如中国的村镇银行、卢旺达的储蓄与信贷合作社。②建立无网点的服务设施，以较低的成本为消费者提供更便捷的金融服务，如自动柜员机；印度尼西亚、马尔代夫等国的船载银行、摩托车银行、汽车银行；越南的移动自动取款机；印度、俄罗斯等国具有支付功能的售货亭。③利用便利店、邮局、大型零售商或其他店铺等第三方代理机构的代理模式，这些代理机构主要依靠POS机和移动设备运营。零售代理机构在巴西、中国、印度和秘鲁等国家被广泛应用。

尽管这些新模式能够提高金融服务可得性，但发展并不均衡。从小额交易中获取的收入往往难以弥补前期投资和运营成本，制约普惠金融发展的成本收益问题仍然没有消失；金融服务提供者或服务渠道存在差别，不同的网点类型在便捷性、产品提供、渠道功能以及运营质量等方面有很大差异；金融服务提供者的代理点在多大程度上能提供实体网点的基本业务功能受有关法律、监管规定及实际商业模式的制约；手机和计算机等个人数字设备不能完全取代消费者与金融服务提供者之间面对面的交流，尤其是首次进入正规金融体系的消费者。

2）多样且适当的产品

多样且适当的产品是指设计合理、能够满足消费者需求的产品，特别是针对那些无法获得金融服务和获得服务不足的群体。金融产品的合适性体现在可负担、便捷、产品与需求匹配、安全、维护客户尊严、保护客户权益等方面。在产品设计过程中，应深入地了解客户群体的特征和需求、金融服务消费者行为偏差、便利性、可负担性、产品覆盖面及多样性等因素。

近年来，数字技术在促进产品多样化方面的重要性日益凸显，包括适用于数字载体的金融产品和服务创新（如移动货币、网络借贷等），数字技术驱动的商业模式创新（如利用大数据进行信用评分、代理模式创新等）及通过数字技术渠道获取传统的金融产品和服务。数字技术的发展降低了金融服务提供者创新金融产品与服务的成本，使金融服务需求者能够获取更加丰富的金融产品和服务，有助于普惠金融目标的实现。

3）商业可行性和可持续性

商业可行性和可持续性是指构建与维持良好的金融生态系统，使金融服务提供者能以成本节约的方式，长期可持续地提供产品和服务。实现商业可行性和可持续性需要三个关键因素：①多元、竞争和创新的市场。各类金融服务提供者，包括商业银行、农村地区的银行、金融合作社、微型金融机构、邮政银行、支付服务提供者、移动网络运营商以及金融科技公司等，可以共同推动产品设计或交付模式的创新，在普惠金融方面发挥各自的作用。②强大的金融基础设施，包括信用基础设施（征信体系、担保交易体系、抵押登记以及破产制度）和全国性支付体系，能够支持信息和交易在市场主体间有效传输。③政府部门的有效作用，包括与私人部门建立良好的政策对话机制，建立有利的法律和监管环境，构建覆盖面广、稳定可靠的金融和信息通信基础设施等。

4）安全与责任

安全与责任是指负责任地向消费者提供金融产品和服务，同时普惠金融政策目标应与金融稳定和市场诚信的政策目标相一致。具体而言，一要加强金融消费者保护，这对增强消费者对金融体系的信任至关重要；二要提升消费者金融能力，包括消费者的知识、态度、技能和行为等；三要确保金融体系的安全和稳健；四要维护好市场诚信。

3. 相关概念

普惠金融的出现大致经历了三个阶段：最初以扶贫金融的形式出现，包括教会融资、政府融资、小额信贷、行业银行，形成了小额信贷的概念；随后出现了微型金融的概念，主要包括分散的小额的资助性融资，并逐步推广到保险、汇款、信托等领域；随着微型与大型金融服务体系的边界逐渐模糊，最终出现了有包容性、全方位、广宽度、深内涵的金融服务，普惠金融的概念应运而生。小额信贷和微型金融是普惠金融最初的基本形态。

1）小额信贷

由于国际上小额信贷的经营结构、所服务的客户、操作方式都不太相同，小额信贷尚未有统一、明确的定义。例如，世界银行扶贫协商小组（2004）在《小额金融信贷手册》中对小额信贷定义为："为满足低收入者生产、经营、消费方面的需求，从而向他们提供类似贷款、储蓄等的金融服务。"国际上的一些主流观点则认为，小额信贷是专门向低收入阶层和小微企业提供持续、较小额度信贷服务的金融活动。而在我国最先引入小额信贷这一概念时，则认为小额信贷是向低收入者即贫困人群提供存贷款服务的金融活动。

小额信贷具有五个特征：①贷款对象主要为生活和生产经营中存在困难，且无法通过传统商业贷款满足需求的低收入阶层及微型企业。②贷款主要为债务人的生产活动所用。③担保替代方式灵活，债务人既可凭自身信誉获得贷款并作为还款保障，也可选择其他担保方式。④贷款还贷方式灵活，既可固定还款，也可灵活还款。⑤申请借贷的程序简便。

按照目标差异，可将小额信贷分为福利主义与制度主义。福利主义把全社会的发展作为首要职责，关心、改善贫穷地区人民的信贷状况，更多地为其提供额度较小的金融业务以及医疗、教育等非金融服务。而制度主义则是把机构的可持续性和目标管理作为首要任务，在以此为前提的基础上，再为贫困群体提供更为广泛、持续的金融服务。

2）微型金融

微型金融是指以低收入群体、微型企业为服务对象，向其提供贷款、储蓄、转账、租赁、保险等多种金融业务以及其他金融产品的金融形式。微型金融已经成为发展中国家缓解贫穷、解决低收入者尤其是农民、中小微企业融资困难的一项重要的金融制度安排。在我国，微型金融是以小额信贷为核心，并结合储蓄、保险等金融服务，以为农村贫困人群提供服务为基础，逐步扩大其服务范围至中小企业和个体工商户的金融活动。

尽管微型金融有着不同的模式，但各种模式的微型金融均包括以下四个基本特征：①服务于特定目标群体，这个特定目标群体就是指被正规金融体系排除在外的客户群体。②仍然符合小额信贷的一些特征，即额度小、周期快、担保替代方式灵活。③定价合理、利率灵活。④信贷技术和服务方式创新。

3）小额信贷、微型金融和普惠金融的关系

小额信贷旨在通过不同于正规金融机构的技术安排，来为无力提供担保抵押品的低端客户提供额度较小的信贷服务。小额信贷打破了传统意义上的扶贫融资模式，为后期的微型金融的产生和发展奠定了良好的基础。然而，小额信贷只是提供贷款，而老百姓不仅需要贷款，还需要存款、取款、转账等基础金融服务。这便有了微型金融的概念，其含义较小额信贷更为丰富。

从小额信贷到微型金融，有三点突破：①覆盖的客户更加广泛，从原先的贫困偏远地区居民扩大到包括城市中的较贫穷群体。②业务更加广泛，不仅包括小额信贷，还包含贷款、储蓄、保险等综合性金融服务。③金融服务提供者更多样化，20 世纪 80 年代早期形成的"华盛顿共识"使非政府组织取代政府成为小额信贷的主要提供者，随后，私人商业银行、国有银行、保险公司、金融公司等都能为微型金融提供服务。

进入 21 世纪以来，"微型金融"很难描述和涵盖当前融资市场中多样化的金融机构，特别是人们在实践中逐步认识到，向贫困人群提供金融服务也同样是一项切实可行的商业活动。商业银行、国有银行、邮政银行、非银行金融机构（如金融公司、保险公司）、非政府组织等零售金融服务提供者越来越多地涉足小额信贷领域和微型金融领域，"微型金融"这一术语已不能准确描述多样化的金融机构。用"普惠金融"的概念取代"微型金融"的概念也就更准确，可有机地将微型金融机构与商业银行和其他正规金融机构融合在一起，建立起一个多层次、广覆盖、可持续的金融服务体系。在这个体系中，不仅包括专业的小额信贷机构、微型金融机构，而且包括商业银行和正规金融机构，是一种更加广泛的金融体制融合，是一种完善的服务网络和体系。

7.1.2 普惠金融的内容

1.普惠金融服务对象

普惠金融主要服务于被排斥在传统金融市场外、无法通过正常途径获得合理金融资源分配的企业或个人。他们有以下共同特征：贫困、收入低、处于偏远地区、信用不高，因此不能得到正规传统的金融服务；大多数个人与企业都能按时还款，具有信用，但难以获得银行的贷款；有收入来源支付保险金额，但难以得到保险公司的服务；希望能够安全地储蓄资金、积累财富，通过可靠的方式从事汇兑和收款。所以，他们需要普惠金融机构向其提供安全、便利、可持续、可负担的金融服务。普惠金融的服务对象可以从经济主体、客户贫困程度的角度进行划分。

1）按经济主体划分

按经济主体，可将普惠金融的服务对象分为农户、城市低收入群体、企业等。

（1）农户。农户经济主体又可以分为普通农户和贫困农户。普通农户的主要信贷需求是小规模的种植业贷款需求、专业化规模化生产和工商业贷款需求以及生活开支。贫困农户的主要信贷需求为生活开支、小规模种植养殖贷款需求。

（2）城市低收入群体。城市低收入群体这一经济主体又可分为城市创业、失业人群和城市低收入人群。城市创业、失业人群所需信贷需求为生活开支、创业资金贷款。城市低收入人群的主要信贷需求为生活开支。

（3）企业。企业经济主体又可分为小微企业、有一定规模的中型企业、发育初期的龙头企业三类。其中，小微企业的信贷需求用于启动市场、扩大规模；有一定规模的中型企业的信贷需求则是面向市场的资源利用型生产贷款需求；发育初期的龙头企业则需要信贷进行专业化技能型生产规模扩张。

2）按客户贫困程度划分

根据世界银行的研究，目前对客户贫困程度的划分存在很多争论，其中比较重要的划分方式有以下两种：①将最贫困群体（poorest）定义为每天生活花费低于1美元或者处于贫困线以下后50%的群体。②将社会人群按照贫困程度分为赤贫者、极贫者、贫困者、脆弱的非贫困者、一般收入者、富裕者六类。前三类为贫困者，后三类为非贫困者。赤贫者约占贫困线以下人口的10%，极贫者占贫困线以下人口的10%～50%，大多数客户属于贫困类别（排名在贫困线以下家庭的前50%），脆弱的非贫困者是贫困线以上的人口，但也有陷入贫困的可能性。

在此研究的基础上，我们可将金融市场内（潜在）服务对象分成三类：①可以通过正规金融途径获得服务的客户，主要是经济状况良好的群体，即非贫困者。②被正规金融排斥但能通过微型金融途径获得服务的客户，即极贫者、贫困者、脆弱的非贫困者。③通过以上两种途径都无法获得金融服务、金融需求难以实现者，即赤贫者。其中，后两类被排除在正规金融体系外，乃是普惠金融体系的服务对象，包括赤贫者、极贫者、贫困者、脆弱的非贫困者、一般收入者。

总之，普惠金融的服务对象应包含社会各个阶层，但其服务重点是目前被排除在正规金融体系外的贫困、低收入经济主体。这些主体迫切需要普惠金融机构向其提供便捷、广泛、合理、持续的金融服务，从而解决其无法依靠现有资金和途径获得金融服务的窘境。

2. 普惠金融体系框架

世界银行（2006）构建了具有包容性的金融体系框架，提出把为贫困群体提供的金融服务融合到金融体系的所有层面当中（包括微观、中观、宏观三个层面），这样就能使被传统金融排斥在外的群体获得合理的金融服务。

1）客户层面（客户群体）

客户群体是普惠金融体系的核心，它驱动着微观、中观、宏观层面活动的开展。因此，构建普惠金融体系，首先要明确普惠金融的服务对象。普惠金融的服务对象应包含社会各个阶层，但其服务的重点是目前被排除在正规金融体系外的贫困、低收入经济主体，具体包括农村农户、城镇中小企业或小微企业以及城乡低收入群体。这些经济主体往往都具有贫困、收入低、处于偏远地区、信用较差等特点。

这些经济主体往往有以下几方面的金融需求：①贷款需求。其需求的基本是额度较低、期限较短的贷款，这是其经济特征导致的，并且他们一般没有传统金融机构所要求的抵押品或信贷记录。②储蓄需求。其不关心利率的高低，而是注重安全、保值以及低成本，最好以零存零取的方式。③转账汇款服务需求。转账汇款服务意义重大，其便利程度的改善可直接改善很多家庭目前的生活状况。④保险需求。保险服务可以在单个家庭面临经济压力时，将其压力分散在众多个体之间，从而减轻家庭的经济压力，降低贫困人口的脆弱性。只有当以上金融需求得到充分的满足时，贫困人群才有能力控制自己的生活，采取自己的方式摆脱贫困。

2）微观层面（金融服务提供者）

普惠金融的微观层面，基本上是指普惠金融服务的提供者，他们是普惠金融体系的支柱。在普惠金融体系中，需要不同的金融服务提供者，从而满足不同阶层客户的不同需求。这些金融服务提供者包括：①银行类金融机构。②非银行类金融机构，主要是保险公司、证券公司、抵押贷款公司、信托公司、租赁公司等。③非政府组织，在我国主要包括乡村发展基金会、人口福利基金会、青少年发展基金会等，它们在很大程度上填补了银行不能有效为穷人服务的空白。④合作性金融机构，主要包括合作社和资金互助组织。这些机构大多数具有经济和社会双重目标，它们在保证自身可持续经营的前提下，在一定程度上兼顾减少贫困、维系社会公平等社会目标。

3）中观层面（金融基础设施）

普惠金融的中观层面，即能够保障普惠金融微观层面正常运作的金融基础设施和服务，主要指能够降低交易成本、延伸金融服务范围、提高金融服务透明度、保证金融体系完整度的一系列辅助服务，主要包括：①能够允许资金在金融机构中自由流动、保证安全交易的支付和清算系统。②能够使管理者提高经营决策能力、使投资者作出科学正确决策、帮助降低机构风险的信用管理服务。③能够提高并完善金融机构现有管理能力和效率的技术支持服务。④能够确保金融消费者权益不受侵害并有效提高其金融能力的金融消费者保护和教育。⑤能够使普惠金融机构分摊金融基础设施和服务成本的网络支持组织等。

4）宏观层面（政策和法律环境）

适当的立法和政策框架对促进普惠金融可持续与蓬勃发展起到基础性作用。在构建普惠金融体系的进程中，政府等相关职能部门扮演了很重要的角色，即提供一个良好的金融环境，以吸引更多的金融服务提供者并促进市场竞争。良好的政策环境是指允许一定范围内的不同金融服务提供者共存，并且进行有序竞争，大量贫困客户能够较容易获得高质量、低成本的金融服务。宏观层面的主要参与者包括中央银行、财政部门以及其他政府机构实体。

综上，普惠金融体系内容框架包括客户、微观、中观和宏观四个层面，它们的不断融合就是逐步向弱势群体开放金融市场、提供金融服务的过程。

7.1.3　普惠金融服务的特点

1. 公平性

实现金融公平是普惠金融的特点之一。普惠金融的公平性是指金融不能仅仅服务于富人，而应使所有群体和各种企业都有享受合理金融服务的机会，强调的是金融服务的普及性，更加注重的是在当前经济环境下无法获得足够金融服务的弱势群体。

小视频

普惠金融服务的
特点

在我国，经济主体包含政府、企业、个人，其中企业包含大、中、小微型企业和个体户等，个人则包括城市一般居民、城市低收入群体、农民等。目前，中小微企业、城市低收入群体和农民融资难的问题比较突出。这些金融弱势群体因为拥有资金较少、居住地区偏远、金融服务成本较高等，往往被排除在传统金融市场之外。而随着普惠金融的发展，其服务对象包括所有居民和企业，特别是低收入群体和中小微企业，他们都能以合理的价格获得所需的金融服务和金融权利，充分反映了普惠金融公平性的特点。

2. 多元性

普惠金融的提供机构具有多元性。提供普惠金融服务的金融机构涵盖正规金融机构以及非正规金融组织，具有数量多、组织形式多样的特点。低收入群体、中小微企业在普惠金融还没有发展之前，虽然仍能通过各种形式的民间金融或非正规渠道获得金融服务，但存在一些不公平待遇，使得其获得服务成本较高、获得服务的需求不到位以及承担较高的金融风险。随着普惠金融的发展，由具有较高风险防范能力的正规金融机构向低收入群体、中小微企业提供有保障、受监管的正规金融服务，能够保障他们获得合理金融服务的有效性。

此外，普惠金融体系对金融自由化的强调和重视，会使整个金融市场的包容性得到加强。各种竞争性资本更容易突破壁垒，过去无法完全充分覆盖的区域通过设立专业金融服务机构，将与常规的银行类金融机构形成互补和竞争，有助于提高整体市场资源配置效率。

3. 丰富性

普惠金融的丰富性是指为特定的服务对象提供多样化的金融服务，除了向客户提供不同期限的信贷业务外，还包括保险、储蓄、转账、汇款、租赁、抵押等全功能、多层次的金融服务。通过不同类型的普惠金融服务可以满足不同阶层客户的金融需求，使其以合理价格获得所需的金融服务。例如，面向低收入人群的自愿储蓄业务为他们提供了安全、方便、可细分并能带来收益的金融服务；小额保险业务能够增强低收入者对风险的防控、应对能力，特别是医疗、养老保险，为他们提供了及时必要的资金。另外，低收入者同样会产生如投资、抵押、理财等其他金融需求，普惠金融也已在此类产品方面不断进行创新。随着金融创新的不断发展，为满足客户日益丰富的需求，普惠金融产品及服务会更加多样化，且质量会日益提高，成本会不断降低。此外，金融基础设施的日益完善及金融科技的不断发展提高了普惠金融服务的便捷度，使服务需求者能够更加便捷地获取和使用金融产品与服务。

4.政策性

在普惠金融的发展进程中，政府的最大作用就是通过制定适当的货币和财政政策以保持宏观经济的稳定。此外，明确的政策立场、配套的规章制度、完善的法律体系及适当的监管，都是政府所应发挥的积极作用。

（1）政府应在政策法律层面给予普惠金融机构一个合法、合理的定位，将其视为国家整体金融的必要组成部分，而不应该将其边缘化。

（2）为普惠金融发展提供一个适宜的环境，加快推进基础设施建设，健全普惠金融法律法规体系，加强普惠金融教育与金融消费者权益保护，建立能够促进宏观经济稳定、公平增长，金融体系健康发展，公共部门稳健运行，交易环境竞争、多样、公平、透明，公众利益得到保护的政策体系，有效激励和引导公共部门、金融部门以及其他利益相关者在发展普惠金融方面付诸实际行动，鼓励机构创新与业务创新，推动普惠金融的发展。

（3）坚持"政府引导、市场主导"，政府发挥适当的作用，提供合理的政策指导和监管环境，有效解决发展普惠金融进程中的市场失灵问题，防范金融风险，保护金融市场，维护其公正和稳定；同时，使普惠金融机构具备健全的市场监管体系和合理的行业标准，激励金融机构不断进行普惠业务的探索，扩大金融服务，在机构和政府的共同作用下，实现普惠金融的可持续发展。

7.2 普惠金融的理论基础

7.2.1 金融排斥与金融包容

1.金融排斥的概念

1993年，金融排斥（financial exclusion）由两位金融地理学家安德鲁·莱申（Andrew Leyshon）和奈格尔·思瑞夫特（Nigel Thrift）作为专门金融术语首次提出，特指银行关闭分支机构而影响了民众对银行服务的可获性，强调金融排斥具有明显的地理倾向性，以美国历史上发生的"划红线"拒贷为典型代表。其后的学者 Kempson 和 Whyley（1999）将金融排斥的研究扩展到人文指向性，在地理排斥之外将金融排斥概括为五个维度：评估排斥、条件排斥、价格排斥、营销排斥和自我排斥。其后越来越多的研究开始关注某些特定社会阶层无法获取现代支付服务及其他金融服务的情况。

具体来说，金融排斥主要体现在三方面：①在排斥主体上，主要是指特定的社会阶层；②在排斥内容上，主要是指为人们日常所必需的金融产品或服务，如信贷、储蓄、支付、保险等；③在排斥原因上，既包括外部排斥（如价格、资格），也包括自我排斥。

金融排斥会给社会带来多方面的危害，主要表现在转寻高利贷、限制支付活动，带有社会排斥现象，损害金融稳定。

2. 金融排斥的原因

金融排斥是一个复杂、动态化过程，不能以单一原因解释，可能是暂时的，也可能是长期的。从宏观层面来说，经济发达程度、政府干预措施是影响一国普惠金融的重要原因，而从微观层面来说，地理、基础设施、价格、教育与金融意识、交易成本等因素均有可能产生显著影响。

1）宏观层面

从宏观上看，经济发达程度、政府干预等因素都是影响一国普惠金融的重要原因。一国经济发展水平越高，居民获得金融服务的比例越高。数据显示：2020 年，OECD 国家、全球高收入经济体和中高收入经济体的中小企业贷款同比增速的中位数分别是 −1.04%、−0.08% 和 −5.47%。与此同时，新兴经济体的中小企业贷款份额长期偏低的状况也并无改善。从 2022 年开始，全球金融市场环境不断收紧，为应对通货膨胀而采取的紧缩货币政策导致利率上升，普惠群体融资难度进一步加大，尤其是发展中经济体的小微企业和低收入者融资尤为困难。[①] 这些发展中经济体的成年人必须依赖非正规渠道获得贷款、储蓄，以防御季节性收入、不稳定现金流、计划外或突发性的金融需求（如疾病）的不良影响。由于缺乏正规金融服务，金融弱势群体被迫接受高利贷，在紧急情况下时常寻求典当资产。

---

① 数据来源：OECD Database。

此外，一国政府失当的干预措施也会影响中小微企业、城市低收入者等受金融排斥的情况。利率管制可能导致信贷配给、金融抑制（financial repression）等问题，导致中小微企业贷款难、贷款贵，甚至无法满足基本的融资需求；严格的市场准入会降低金融供给端的自由竞争，在利润驱动下，已具有垄断地位的金融机构不愿为金融弱势群体提供金融服务；政府补贴项目可能存在政治寻租，导致补贴低效率，也可能导致道德风险，阻碍金融机构进入信贷市场，加剧金融排斥。

2）微观层面

从金融供给角度来看，一方面，由于金融机构自身的客观原因，如成本高昂、流程烦琐、耗时长、机构间竞争不足等提高了金融弱势群体获取金融服务的难度。如在布隆迪，开户的成本可能达到人均年收入的3%，在加蓬、墨西哥和南非，开户平均需要耗时3天左右。成本越高、程序越复杂、耗时越长，开户的数量越少，金融排斥程度越高。另一方面，金融机构从主观上可能由于运营成本高、监督不方便等不愿给中小微企业、城市低收入者等金融弱势群体提供贷款。

从金融服务需求方的角度来看，教育、金融知识的匮乏，收入不稳定，信用信息、合格抵押品或担保品的不足，对银行信任的缺失等都阻碍了普惠金融的发展。以缺乏教育为例，如金融服务需求者受教育程度低，金融知识匮乏，就会很少使用金融服务，接触金融体系的经验几乎没有。在赞比亚，只有一半的成年人知道如何使用最基本的金融产品，如储蓄账户。在印度和南非，金融机构的客户几乎不知道复合利率、银行为什么收费等知识。在巴西，如果受教育程度高于小学水平，则其拥有银行账户的可能性提高两倍；在墨西哥，受到银行服务的家庭明显比未受到银行服务的家庭受教育程度高。

此外，产生金融排斥的原因还有：地理排斥，如遥远的山区；条件排斥，如由于最低存款额度要求、不良信用记录、不符合身份验证要求等；价格排斥；市场排斥，即低利润客户不是金融服务供给者的目标群体；自我排斥，如文化或心理上的障碍等。

3. 金融排斥与金融包容

金融包容（financial inclusion）与金融排斥都是一定的社会制度和经济背景作用于金融生态的产物，金融排斥与金融包容实际上是一个问题的两个方面，正是由于要克服金融排斥，才出现了金融包容的概念。然而，虽然源起于金融排斥，金融包容概念内涵却逐渐丰富和体系化，是金融排斥的拓展和深化。

如同金融排斥一样，金融包容的概念也经历了发展的过程。在研究的早期，金融包容被定义为产品的可接触性以反对地理排斥。如威尔士议会政府（WAG）将金融包容定义为不论收入水平或社会地位，每个人都可以接触到合适的金融产品和服务以有效管理资金。随着对金融包容研究的不断深入，Regan 和 Paxton（2005）将金融包容的内涵扩展到了需求宽度与参与深度。需求宽度体现在人们需要在适当时接触到一系列产品与服务，不仅包括银行账户，也包含合适、支付得起的信贷、储蓄及保险工具，使人们能够应付收入波动、管理额外支出及规划未来财务。参与深度则不仅限于接触，而且需要能力及机会去使用这些金融产品和服务。2005 年，联合国在宣传"国际小额信贷年"时正式提出了普惠金融的概念，主要包括四个方面的内容：①家庭和企业以合理的成本获取较广泛的金融服务。②金融机构稳健，要求内控严密、接受市场监督以及健全的审慎监管。③金融业实现可持续发展，确保长期提供金融服务。④增强金融服务的竞争性，为消费者提供多样化的选择，强调金融包容不仅致力于对需求主体的包容，也注重供给主体的可持续发展。

金融包容的概念经历了对金融服务从产品接触性到使用效用性的转变，从单纯考虑资金需求者演进到兼顾资金供给者可持续发展的转变，发展至普惠金融，旨在建立一个广覆盖、平等、可持续的金融体系，可以为社会各个阶层提供合理、有效、可负担的金融产品和服务，进而消除金融排斥。

7.2.2　普惠金融的理论沿革

普惠金融主要服务于被排斥在传统金融市场外的弱势群体，这一群体通常无法从正规金融体系获得足够的金融服务。关于正规金融体系缺陷方面的理论至少有以下三个。

1. 信贷配给理论

古典经济学家认为，交易双方对信息的掌握是对等的，并且都具有充分的信息，信贷市场资金价格（利率）会调节信贷资金的供给和需求，这使信贷市场最终出清并决定均衡利率。然而，在现实的信贷市场上，利率并不能完全引导信贷供给。出于信息不对称、资金安全、风险定价技术水平等方面的原因，微型、小型企业或个人在向正规金融中介机构借贷时处于弱势地位。即使一些借贷人愿意支付较高的利率，同时银行也有提供信贷的能力，但银行仍不愿意向这些借贷人提供信贷，存在较为严重的信贷配给（credit rationing）现象。

斯蒂格利茨和韦斯（Stiglitz 和 Weiss，1981）将信贷配给定义为以下两种情况：一种是在无差别贷款申请人中，一些人获得了贷款而另一些人没有获得贷款，那些没有获得贷款的人即使愿意支付更高的利率也得不到贷款；另一种是无论贷款的供给多么充足，总会有些人在任何利率水平下都无法得到贷款。他们将信息不对称和道德风险引入 S–W（Stiglitz–Weiss）模型以解释银行的信贷配给。由于在信贷市场上存在逆向选择和道德风险等信息不对称的情况，银行可以利用利率的选择效应和激励效应来判断不同借款人的还款概率、风险态度和行为。

如图 7–1 所示，在信息不对称的情况下，利率上升到超过一定程度 r* 之后，银行预期收益曲线向下弯曲，即银行预期收益下降。这是因为越是接受高利率贷款的企业就越有可能不偿还银行贷款，即存在逆向选择问题，这给银行造成的贷款损失将会大于银行提高贷款利率所形成的收益，所以银行的预期收益反而会下降。信息不对称会导致银行采取信贷配给策略。假设低风险和高风险的借款人同时提出借款申请，在图 7–1 的情况下，为了避免逆向选择，银行将采取信贷配给策略，对所有借款申请者收取相同的利率，对信息透明度高的大企业提供足额贷款，而对信息不透明的小企业不提供贷款或只提供部分贷款。

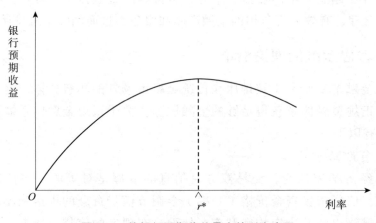

图 7–1　使银行预期收益最大的利率水平

2. 交易成本理论

交易成本理论是用比较制度分析方法研究经济组织制度的理论。它是由英国经济学家罗纳德·哈里·科斯（Coase，1937）提出来的，其基本思路是：围绕交易费用节约这一中心，把交易作为分析单位，找出区分不同交易的特征因素，然后分析什么样的交易应该用什么样的体制组织来协调。科斯认为，交易成本是获得准确市场信息、谈判和经常性契约的费用。交易成本可以看作一系列制度成本，包括信息成本、谈判成本、拟定和实施契约的成本、界定和控制产权的成本、监督管理的成本和制度结构变化的成本。具体到信贷市场，交易成本主要包括银行获取贷款客户信息的成本、监督成本以及违约成本。一般来说，微型、小型企业或个人贷款客户具有以下几个特点：①缺乏系统完整的财务报表，甚至没有基本的财务信息和信用记录。②居住分散或者居住于交通不便的地区。③没有稳定的收入来源，有的投资于风险极高的项目。④单笔贷款的需求额低。

从银行的角度来说，上述几个特征决定了银行向这些客户提供金融服务的成本是高昂的。①在缺乏客户的财务信息和信用记录的情况下，根据传统的信贷决策方法，银行很难判断客户的类型，因此很难作出是否授信的决定。②这些客户居住分散，或者居住于交通不便的地区，这使银行很难监督贷款人的资金使用情况，甚至贷款的催收都变得极为困难。③由于客户缺乏稳定的收入来源，一旦高风险的项目失败，银行就面临着极高的违约成本。④单笔授信额度很小，使得面向这些客户贷款的平均固定成本极高。

银行作出贷或不贷的决定取决于银行向客户收取的利息是否能够覆盖成本。一般认为，小微信贷业务的成本可以达到传统信贷业务的几倍，如果可以向客户收取足够高的利率，银行是愿意提供这种服务的。问题在于，类似于银行这一类的正规金融机构受到政府颁布的利率上限的限制，不能随心所欲地提高利率，其后果就是，金融机构将这部分人群排除在正规金融体系之外。

从这些金融需求者的角度来看，同样面临着很高的交易成本。除了必须付给金融机构的利息成本之外，还有一些隐性成本，包括搜寻合适的贷款人的信息成本，繁杂的程序以及路途上耗费的时间成本，甚至一些潜在的心理成本，比如担心被银行歧视。因此，这些低收入人群很难鼓起勇气向正规金融机构提出贷款申请。

3. 金融抑制理论

20 世纪 70 年代初，以罗纳德·麦金农（Mckinnon，1973）、爱德华·肖（Shaw，1973）为代表的经济学家以发展中国家为样本论证了金融发展与经济发展相互制约、相互促进的辩证关系，提出了金融抑制理论。金融抑制，是指当金融市场受到政府或货币当局的严格约束与强制干预时，以利率、汇率为核心的资金价格无法通过市场机制实现，使金融市场上的部分资金需求者在金融市场上无法获得所需资金，从而致使经济发展受到制约的一种现象。

该理论认为，金融抑制是发展中国家的一个共同特征，在金融抑制下，政府按照自己的偏好将金融资源投入大项目和国有部门中去，而对中小企业和非国有部门支持不够。在金融约束下，银行部门拥有较强的激励和动力支持实体经济，但由于竞争不足，中小企业的融资需求难以得到满足。金融抑制的出现主要从四个方面给经济体带来极大的负面影响。

（1）产生负收入效应。低利率条件下的存款收益减少，市场参与者的存款意愿下降，从而减少投资的资金来源，致使投资枯竭，而这又会使经济缺乏增长动力，最终降低整体收入水平。

（2）形成负储蓄效应。在低于均衡利率水平的条件下，由于市场上金融衍生工具的创新性不足，大量持有资金而又拥有利益驱动性质的市场参与者倾向于购买物质财产来满足自身的财富效应，或者将自有资金投资于拥有大量金融衍生工具的国外金融市场，最终导致金融市场流动性不足，甚至资本外流的情况，形成负储蓄效应。

（3）产生负投资效应。由于信贷配给情况的出现，庞大的资金需求群体中必然有部分企业无法获得资金支持，以资本、技术密集为主的企业由于其低风险和相对稳定收益的特性，在获得信贷时拥有优先权，而一些以劳动密集型企业为主的传统部门相较于前者更难获得资金，这就使得资源配置方面更容易出现两极分化的结构性问题，不利于投资效应的扩大，进而无法带动经济发展。

（4）产生负就业效应。资本、技术密集型企业在金融抑制环境下更容易获得资金进行发展，这就使大量劳动力从劳动密集型企业转移到资本密集型企业，最典型的例子就是农村大量劳动力向城市转移。这种结果一方面会形成资本密集型企业的劳动需求与劳动供给方面的缺口，另一方面也会使农业等劳动密集型行业出现空洞化，导致整体就业结构失衡。

正规金融在满足低收入群体的金融需求方面具有先天的缺陷，而非正规金融融资规模有限、风险隐患较大，由此所导致的金融资源配置和发展的失衡将会极大地阻碍经济的发展；反过来，滞后的经济又限制了资金的积累和金融业的发展，从而很可能使金融和经济陷入"促退"的恶性循环。因此，促进金融服务覆盖更广泛的人群，消除信贷配给，降低交易成本进而消除金融抑制，是释放经济金融活力的重要路径，同时也是提高资源配置效率的有效方法。通过普惠金融理念来解决这一问题的思路应时而生。

7.3　普惠金融的国际探索

7.3.1　普惠金融理念在国际上的提出

1. 国际普惠金融发展历程

自"普惠金融"理念提出以来，在国际社会的共同努力下，经过几十年的发展，人们对该理念的认识从单一的"小额信贷"逐渐拓展为"微型金融"，进而上升为内涵更广泛的"普惠金融"。相应地，国际普惠金融发展历程也可以划分为三个阶段。

1）小额信贷阶段（20 世纪 70 年代至 90 年代）

国际上普遍认为，现代意义上的小额信贷起源于孟加拉国经济学家尤努斯在 20 世纪 70 年代开展的小额信贷试验，这也被认为是后来"普惠金融"的雏形。

尤努斯建立乡村银行的想法于 1983 年实施。尤努斯认为，尽管穷人的经济状况很不稳定，但他们依然非常注重自身的信用；如果建立一个向穷人提供信贷的体系，就可以鼓励他们投资于能创造收入的项目，改善自身的经济条件，因为穷人非常清楚如何通过小额贷款争取最大的收益；即使不存在没收抵押品的约束，穷人依然会按时归还贷款。基于这样的理念，尤努斯创建了格莱珉银行。格莱珉银行的组织层级分为总行、大区行、分行、支行、乡村中心五级，每 5 个人组成一个小组，每个乡村中心有 6 ～ 8 个小组。每个管理员管理 10 个乡村中心，每个管理员每周召集所负责的乡村中心开会，会上可以办理存贷款业务、宣传银行新产品或进行交流。孟加拉国的格莱珉银行小额信贷模式发展成熟后，逐渐得到了世界各国特别是亚洲、非洲、拉丁美洲等地区发展中国家的效仿，它们根据自己国家的基本国情创新出不同的信贷模式，如拉丁美洲的 Accion 国际组织、印度的自我就业妇女协会银行等。20世纪 80 年代小额信贷的发展及实践表明，贫穷群体的还款信用较好，贫穷群体有能力负担信贷成本，从而支持了小额信贷的可持续发展性，为后期微型金融的产生与发展奠定了良好基础。

扩展阅读 7-2

2）微型金融阶段（20 世纪 90 年代至 21 世纪初）

根据世界银行的定义，微型金融是指对低收入家庭提供储蓄、贷款、保险及货币支付等一系列金融服务，其核心是微型信贷，即对没有收入来源的借款者提供无抵押贷款。微型金融阶段是小额信贷阶段的延伸和发展。随着时间的推移，人们逐渐认识到，弱势群体对金融服务的需求很广且是动态变化的，并不仅仅局限于贷款。除信贷外，储蓄、支付、保险等服务对穷人、农民等群体也很重要。到20世纪90年代，微型金融机构纷纷涌现，在满足客户多样化需求的同时，这些金融机构突破传统的客户边界，覆盖的客户更加广泛，从原先的贫困偏远地区居民扩大到包括城市较贫穷群体，金融服务提供者也更为多元化。经过发展，微型金融已成为金融体系中的重要组成部分，各国政府和社会努力通过推动微型金融发展，进而改善对弱势群体的金融服务。

3）普惠金融阶段（21世纪初至今）

进入21世纪，普惠金融向更体系化、科学化的方向发展。2005年，联合国第一次明确提出"普惠金融"，在国际组织的积极推动下，越来越多的国家开始践行普惠金融理念。这些国家认识到，普惠金融不仅可以帮助贫困群体摆脱贫困，还有助于促进一国经济发展、金融稳定，甚至货币政策、财政政策的传导。因此，各国纷纷制定国家战略，加强对发展普惠金融的引导与支持，大力推进支付、征信等普惠金融基础设施建设，鼓励对信息技术成果的吸收和运用，注重对金融消费者权益的保护，构建既包括大型金融机构又包括微型金融机构等在内的普惠金融供给体系，着力提高金融体系的包容性，同时提高金融供给质量。

2. 国际组织对普惠金融的推动

国际组织对普惠金融的倡导、研究和实践推动，有力地促进了普惠金融在全球的发展。在联合国、二十国集团（G20）、世界银行等国际组织的倡导下，普惠金融的理念逐渐得到了各个国家，特别是发展中国家的广泛认可，普惠金融概念逐渐成为一套涉及经济金融结构调整和金融体制变革等重大问题的发展战略与操作理念，普惠金融实践也随之不断深入。

1）联合国

联合国是普惠金融理念的提出者和推动者。2005年联合国"国际小额信贷年"提出，让联合国成员、联合国机构以及小额贷款机构携起手来，共同建设可持续的包容性的金融部门，实现"千年发展目标"。2005年11月，在纽约联合国总部召开了"建设包容性金融部门论坛"。此后，联合国通过发布报告等形式，积极推广普惠金融理念。

联合国《2030年可持续发展议程》（以下简称《议程》）于2015年正式通过，为金融服务在包容性发展中的重要作用赋予了新的动力。《议程》认为，普惠金融有助于解决发展问题，能提高金融服务的可获得性，有利于《议程》的各个方面（人、地球、繁荣、和平与合作），并会对可持续发展目标产生重大影响。《议程》将普惠金融视为实现全球可持续发展的关键推动因素。

得益于联合国的倡导和推动，各国逐渐认识到普惠金融问题的重要性，并采取了一系列措施推动普惠金融发展。

2）二十国集团

二十国集团一直积极推动普惠金融工作。2009 年 12 月，二十国集团成立普惠金融专家组。2010 年 11 月，G20 首尔峰会批准了二十国集团普惠金融行动计划（financial inclusion action plan，FIAP），并宣布成立普惠金融全球合作伙伴作为 G20 框架下推动普惠金融发展的国际组织。2010 年 12 月 10 日，普惠金融全球合作伙伴正式成立，GPFI 由此成为 G20 框架下实施普惠金融行动计划的机构，并成为推动全球普惠金融发展的一支重要力量。此后，G20 在中小企业融资、侨汇、金融消费者保护与教育、普惠金融监管、普惠金融指标体系、数字普惠金融等领域取得了积极成效，有力地推动了全球普惠金融的发展。2016 年，中国人民银行代表中国担任 GPFI 主席国，提出"数字普惠金融""普惠金融数据库和指标体系"等议题，得到了 G20 国家和相关国际组织的认可。

3）世界银行

世界银行致力于减少贫困，推动共同繁荣，促进可持续发展，并将普惠金融视为发展的重要组成部分。因此，世界银行是全球范围内普惠金融理念的重要提倡者、普惠金融实践的重要推动者、普惠金融经验的重要推广者。世界银行从 2011 年开始，每 3 年一次在全球范围内开展全球普惠金融调查，从需求端评估普惠金融活动，调查结果形成全球普惠金融数据库（global findex），该数据库已成为全球范围内对各国普惠金融发展状况进行比较的基本数据库。2015 年，世界银行提出了到 2020 年在全球普及金融服务（universal financial access by 2020）的目标。世界银行一直密切关注中国普惠金融发展的实践经验，并积极向世界推广中国经验。2018 年，世界银行与中国人民银行合作撰写并发布《全球视野下的中国普惠金融：实践、经验与挑战》（中英文）。此外，世界银行还在全球范围内开展普惠金融全球倡议（FIGI）项目，中国、埃及、墨西哥三个国家入选，成为项目试点国家。该项目为期 3 年，其进行的探索和取得的经验将有助于实现在

扩展阅读 7-3

全球普及金融服务的目标。

4）普惠金融联盟

普惠金融联盟（Alliance for Financial Inclusion，AFI）于 2008 年 9 月成立于泰国曼谷，是一个由发展中国家和新兴市场金融市场监管者与政策制定者组成的联盟，旨在通过利益相关者的沟通与合作，推动各国制定普惠金融相关政策，提高金融服务不足群体的金融可得性。AFI 的愿景是让金融服务缺失或不足群体能更多地享受到金融服务。截止到 2023 年，AFI 拥有来自 82个国家的 86 个成员机构，中国人民银行也是其成员机构之一。[①]

2011 年 9 月，在墨西哥召开的第三届全球政策论坛上，AFI 通过了《玛雅宣言》（*Maya Declaration*），这是世界上第一个对普惠金融的全球性承诺。2014 年 9 月，中国人民银行和中国银监会对"普惠金融国家战略""金融素养和金融教育"等主题联合作出承诺。

7.3.2 普惠金融发展的成功模式

1. 代理银行模式

代理银行模式是指在缺乏银行分支机构的地区，商业银行与药店、邮局、超市等商业实体达成协议，通过其商业网点为当地居民提供部分基础金融服务（如存取款、查询余额等），从而实现金融服务功能的拓展和延伸的普惠金融模式。

巴西是最早大规模采用代理银行模式的国家。鉴于在边远地区设立银行分支机构固定成本支出大，实现盈利难度高，巴西创造性地采用了代理银行模式，通过将彩票投注站、药店、邮局、超市等发展为银行代理机构来解决以上问题。代理机构的服务范围包括开立储蓄账户、存取款、转账支付、发放政府津贴和养老金、代理申请银行贷款以及收集客户信息等。使用代理机构的商业银行必须对代理机构的经营行为负全责，但为控制支付结算风险和代理机构运营风险，巴西金融监管部门对代理机构从事金融业务的限制经历了一个逐渐放宽的过程，且对不同类别的代理金融服务实行差别化监管。据巴西中央银行统计，目前巴西有超过 40 万个代理机构，已发展成为世界上最大的代理网络之一。此外，在代理机构办理业务，不需要客户拥有银行账户，这大大拓宽了可以享受金融服务群体的范围。巴西的代理银行给弱势群体及农村地区、边远地区、东北部地区（巴西最贫穷的地区）的居民带来了很大的好处。

[①] 资料来源：Members – Alliance for Financial Inclusion[EB/OL].https://www.afi-global.org/members/.

肯尼亚和墨西哥也允许代理机构提供部分基础金融服务。肯尼亚 2009 年修订的《银行法》和 2010 年修订的《小微金融法案》允许金融机构设立代理机构向顾客提供特别的金融服务。目前，肯尼亚代理机构可以从事现金存取款、支付账单、查询余额、收集开户表格等业务。墨西哥多次对《信贷机构法》进行修改，允许银行以签订第三方（银行代理）合同的方式提供基础金融服务，用户可在银行代理点办理开立低额度交易账户和低风险交易账户、存款、提现、缴纳公共服务费用以及查询账户余额等银行基本业务，银行承担银行代理机构的操作风险。

普惠金融的目标群体多数处于农村或边远贫困地区，这些地区长期存在大量的机构空白，给目标群体获得金融服务带来不利影响。采用代理银行模式，将银行功能分解外包给代理机构，不仅极大地降低了银行在偏远地区开展业务的经营成本，还提高了用户获取金融产品与服务的便利性，有效地提高了金融服务的覆盖率和可得性。

2. 简易账户模式

简易账户模式是指为方便普惠金融群体获得金融业务，基于风险为本的原则，银行通过合理简化开户程序及降低基本要求，为客户提供仅能办理小额业务、费用及风险较低的银行账户的普惠金融模式。

出于反洗钱及筛选客户等因素的考虑，在不少国家开设银行账户成本（包括经济成本和时间成本）较高，客户在满足开户条件的情况下不仅需要提供一系列证明文件，还需要保证账户中保有最低存款额，否则就要被收取一定的账户管理费。为进一步改善金融产品与服务供给，降低客户获取金融产品与服务的成本，墨西哥等国推出简易账户。

墨西哥政府于 2009 年修改反洗钱规定，简化客户信息调查及交易信息的监控程序，并在国内大力推广低成本简易账户。此外，墨西哥规定银行必须清晰披露金融服务的各项费用，并规定对开设存款账户和办理工资业务不收取任何费用。与之相似，菲律宾中央银行也创设了一种包含微型储蓄的微型金融产品（也称为小额储蓄存款），该产品免除了客户开立银行账户通常面临的费用和要求。2004 年起至今，巴西监管部门一是推广账户分级制度，允许个人开立简化账户，减少开立条件，简化开户程序，还推广免费匿名账户，以此鼓励低收入人群使用银行账户。二是开展小额信贷计划。针对低收入人群、农民和妇女等特殊人群设置了简化信贷流程的信贷计划，如收入增长小额信贷计划（PNMPO）和增强农村家庭计划（Pronaf），此类信贷计划的共同特点是信贷额度小、申请流程简单，主要目的是通过小额信贷提升特殊群体的收入水平。

拥有账户是获得正规金融服务的前提，简易账户的创立成功破解了满足反洗钱等要求和金融服务可得性之间的两难问题。为用户提供可实现小额存取等基本功能的账户，既满足了用户的日常金融需要，又大大降低了利用该账户洗钱的风险。同时，由于该类账户运营成本和风险较低，金融机构可降低开设此类账户的要求和费用，这在一定程度上消除了低收入群体获取金融服务的障碍。

3. 移动支付模式

移动支付（也称"手机支付"）是指用户使用手机等移动终端进行转账、缴费，或对所消费的商品或服务进行支付的手段。肯尼亚等国是推广和使用移动支付业务的代表。肯尼亚是非洲具有代表性的发展中国家，金融服务普及率很低，特别是在偏远贫困地区，大多数居民没有银行账户，而手机的普及率却很高。随着经济的发展、人口流动性的提高，国内城乡间的个人汇款需求也逐步增加，但受制于金融服务状况，很多汇款是通过邮局或公交司机等渠道完成的，这些方式不但成本高、效率低，而且存在安全隐患。2007 年 3 月，肯尼亚第一大手机运营商 Safaricom 推出了手机银行系统 M-Pesa，该系统将金融应用集成到客户的手机 SIM（用户识别模块）卡中，能提供汇款转账、账户查询等金融服务。

肯尼亚 M-Pesa 模式的成功主要是因为：①契合了城乡居民的需求，有效弥补了银行机构少，城乡汇款需求大、成本高的不足。②以成熟的短消息技术体系为依托，运用移动通信技术为用户办理支付业务，用户只需要一部手机和 Safaricom 公司发行的 SIM 卡就可以完成支付，极大地降低了使用移动支付的门槛。③肯尼亚中央银行作为主要监管机构，对 M-Pesa 项目持支持态度，允许 Safaficom 公司将 M-Pesa 作为独立于银行体系之外的支付系统来运作，对于这一新生事物的成长起到了至关重要的作用。M-Pesa 成功推动了肯尼亚的普惠金融进程，因而成为这一领域的典范。

印度政府也鼓励民众使用印度中央银行和私营银行联合开发的统一支付界面（UPI），通过该界面，用户无须拥有信用卡和网上银行账户即可借助手机进行转账，有助于解决金融服务"最后一公里"问题。在发展中国家，发展移动支付具有得天独厚的优势：它利用居民手机拥有率高的特点，满足了普通民众最迫切的需求。肯尼亚 M-Pesa 移动支付的成功经验表明，移动支付是弥补农村地区金融基础设施薄弱、传统金融机构物理

扩展阅读 7-4

网点服务不足的重要方式。

4. 微型金融模式

微型金融机构是专门为贫困、低收入人群和小微企业提供金融产品与服务的金融机构。通过设立微型金融机构，可以为目标人群提供包括小额信贷、储蓄、汇款和小额保险等在内的一系列微型金融服务。印度尼西亚和孟加拉国是该领域比较有代表性的国家，印度尼西亚的微型金融主要依靠政府推动和正规金融机构的参与，而孟加拉国的微型金融则通过以格莱珉银行为代表的小额贷款机构实现。

印度尼西亚拥有超过 5 万家微型金融机构，包括商业银行、农村银行合作社、基金会、信用社、国有开发银行以及国有典当行。印度尼西亚微型金融的一个特征是政府参与，各级政府都投资成立微型金融机构。另一个特征是正规金融机构的参与，印度尼西亚人民银行（BRI）是印度尼西亚主要国有商业银行之一，该银行从 1996 年开始在全国建立了 4 000 多家村行（Unit）。该行从 1996 年开始建立村行服务系统，在该系统中，处于最基层的是农村银行，农村银行设立在乡镇，由熟悉当地风土人情和文化背景的本地人担任农村银行经理，负责一定区域范围内的所有贷款业务，专门为农民提供贷款。农村银行在自然村设立办事处，专门负责吸收储蓄和回收贷款。印度尼西亚人民银行村行系统发放的贷款以期限较短的小额贷款为主，贷款期限一般为 3 个月到两年，最长不超过 3 年，而且贷款只能用于购买固定资产或用作流动资金。

孟加拉国乡村银行（也称为"格莱珉银行"）是当今规模最大、效益最好、运作最成功的小额贷款金融机构之一，其运营模式被众多发展中国家模仿和借鉴。格莱珉银行专门为低收入者、妇女提供贷款，其主要特点为：瞄准最贫困的农户，并以贫困家庭中的妇女作为主要目标客户；提供小额短期贷款，按周期还款，整贷零还；无须抵押和担保；按照贷款额的一定比例收取小组基金和强制储蓄作为风险基金；执行小组会议和中心会议制度，检查项目落实和资金使用情况，办理放款、还款、存款手续，同时还交流致富信息，传播科技知识，提高贷款人的经营和发展能力。

低收入人群和小微企业通常由于信息缺失、抵押物缺乏而无法获得正规金融机构的贷款。印度尼西亚和孟加拉国的微型机构通过创新运营模式，有效地控制了这些群体的信用风险。在印度尼西亚模式中，扎根当地的农村银行对贷款的个人和企业比较了解，可有效控制风险。在格莱珉模式中，

扩展阅读 7-5

通过小组会议等方式，贷款人在熟人环境中能受到组员的帮助和监督，这被证明是一种有效的做法。

5. 生物身份识别模式

在不少发展中国家，缺少身份证明文件是获取金融服务面临的最大问题，而科技的发展为解决这一问题提供了新的方案。印度是人口数量居世界第二的大国，自1947年独立以来一直没有统一的国民身份证制度，这限制了银行账户的开立，也限制了基础金融服务的普及。利用信息科技，印度为超过10亿人口提供了独特的生物识别身份（包括虹膜扫描和十指指纹），并向每个印度居民配发唯一的12位身份证明编码，有效解决了缺少身份证明文件的问题。目前，印度身份证明管理局（UIDAI）已研发出基于生物识别身份数据库的电子版"了解你的客户"电子平台。印度还推出"数字锁"和"数字签名"（或电子签名），可实现主体间资料共享和合同签订的数字化与远程化操作。

印度的成功在于将科技运用到身份识别中，通过科技手段解决了制约普惠金融发展的难题。居民通过生物识别身份开立账户后，就能够获得支付、贷款等一系列金融服务。此外，数字技术的使用还能降低社会成本、提高社会效率。

7.3.3　各国普惠金融发展的经验与教训

普惠金融是一个新领域，也是一个政策性、实践性很强的领域，需要在探索中不断推进。各国在推进普惠金融过程中进行了很多尝试，其中有一些探索取得了良好成效，但有一些并不尽如人意。成功的普惠金融发展模式固然值得我们借鉴，但一些失败的教训对我们而言也是值得研究的素材，只有总结研究正反两方面的经验教训，才能更好地推进我国普惠金融发展。

1. 成功之道

1）抓住主要矛盾，创新金融服务供给模式

金融机构在为弱势群体提供金融服务时，不可避免地会遇到各种各样的问题和矛盾。这些矛盾在不同国家、不同时期有多种多样的具体表现形式。例如，在一些边远地区设立分支机构不经济，当地居民因此无法获得基本金融服务；由于信息不对称和缺乏抵押担保等原因，低收入群体和小微企业难以从正规金融机构获得贷款；由于缺乏有效的身份证明文件，许多国家的居民无法在银行开设账户，或出于反洗钱等考虑，很多国家对开设账户要求较高。这些问题严重阻碍了普惠金融的发展。目前世界各国探索出的成功经验和做法无一不是准确地找到这些矛盾，并创新金融服务供给模式，从而使更多群体享受到适当、有效的金融服务。例如，代理银行模式解决了在边远地区设立分支机构不经济的问题；简易账户解决了开立账户要求较高的问题；微型金融模式解决了小微企业难以获得贷款的问题。

2）正确处理市场与政府的关系

政府和市场在推动普惠金融发展中互为补充、缺一不可。普惠金融重点服务群体具有一定的特殊性，对商业机构来说，为其提供金融服务往往会出现收益无法覆盖成本的情况，导致商业机构提供金融服务的内生动力不足。因此，政府的引导、鼓励必不可少。但普惠金融本质上仍是商业性金融，其发展仍需遵循经济规律，市场在普惠金融发展中起决定性作用。事实证明，只有充分发挥市场和政府的各自优势，协调处理好市场与政府之间的关系，才能有效推动普惠金融发展。肯尼亚、巴西等国的代理银行模式就是这方面的典范：政府出台相关法律法规，允许金融机构设立代理机构为边远地区居民提供基础金融服务，为普惠金融营造良好的制度环境；代理商的选择、日常管理等具体经营细节由市场决定。这使代理银行模式能够长期、有效发展下去。再如，针对大量印度居民缺乏身份证明的问题，印度政府推动生物识别身份系统的建立，使金融机构向这些民众提供基础金融服务成为可能。

扩展阅读 7-6

3）注重商业可持续性

商业可持续原则是普惠金融的重要原则之一。普惠金融并不是财政补贴或公益资助，提供金融服务的金融机构可以、也有必要收取一定的费用，而且从长期来看，这些费用应能够弥补其提供服务的成本。与单纯的转移支付不同，普惠金融试图建立一种市场化、可持续的运营机制，即在金融服务提供者"有利可图"的情况下，让更多的人享受到适当的金融服务，只有这样，普惠金融才能持续运行下去。上文所述几条普惠金融经验，都较好地体现了普惠金融的商业可持续性。代理银行模式就是其中的代表，在边远地区设立代理银行既节约了银行设立分支机构的成本，又为边远地区居民提供了基础金融服务，还为代理机构扩展了客户，较强的商业可持续性是代理银行等模式取得成功的重要原因。

4）注重对信息技术成果的运用

信息技术的发展为解决普惠金融领域的诸多难题提供了新的方案，这些难题涵盖身份证明、远程服务、替代性信息收集、产品设计和创新、在边远地区提供金融服务等方面。近些年，信息技术成果的运用在很大程度上推动了全球普惠金融的发展。来自发展中国家的经验更是说明，如果对本国消费者的需求进行深入了解，并结合本国实际加以创新运用，信息技术将会释放出巨大潜能，突破制约本国普惠金融发展的瓶颈。当然，对于新技术运用所带来的监管滞后、监管空白、消费者保护等问题，也应引起重视。

2. 失败之因

1）过度信贷

小额信贷是普惠金融的一部分，但不是普惠金融的全部。目前，世界上一些失败的普惠金融案例往往将普惠金融等同于小额信贷，盲目追求小额信贷数量和规模的扩张。印度安德拉邦"小额贷款危机"主要是由"大水漫灌"式过度信贷产生的巨额坏账引发的。在借款人还贷能力有限的情况下，向借款人提供过度信贷，会显著提高风险水平，不仅无法达到为有融资需求者提供信贷的目的，而且不利于小额信贷行业的健康发展。

2）政府的不当作为

政府推动是发展普惠金融必不可少的因素之一，但政府的作用应仅限于建设基础设施、完善相关法律法规、营造良好的外部环境等方面，而不应直接插手普惠金融服务的具体经营，更不应"越俎代庖"成为普惠金融服务的提供者。政府的不当作为不仅不会有助于普惠金融发展，反而会扰乱市场秩序，不利于普惠金融市场的培育和构建。泰国政府主导的大规模小额信贷，由于片面追求小额信贷的规模和数量，缺乏风险意识，导致大面积的坏账。这不仅造成了巨额的社会成本，而且不利于居民树立正确的金融意识，不利于普惠金融的长期发展。

7.4　中国的普惠金融

7.4.1　中国普惠金融发展历程

1. 前普惠金融阶段（2005 年以前）

普惠金融是由联合国在 2005 年提出的概念，2005 年之前普惠金融的概念虽然还没有正式提出，但客观上存在类似的金融服务和理念。所以这一阶段是"前普惠金融阶段"。要理解中国普惠金融（或类似金融服务）在这一阶段的发展情况，我们可以从两个角度来观察：①农村地区传统金融机构的发展与演变。②小额信贷机构的出现与发展。

从第一个角度看，农村信用社始终是县域金融服务的主力军，其次是邮政储蓄系统和国有商业银行。虽然在 2003 年新一轮信用社改革启动之前，农村信用社的体制机制及经营管理存在诸多问题，但农信社在农村地区的网点广泛存在。邮政储蓄系统在农村地区也有广泛的网点分布，并提供基础金融服务。国有商业银行曾经在县域地区也有较为广泛的分布。从此角度出发，尽管当时没有提出普惠金融的概念，但我国广大农村地区基础金融服务总体而言仍能得到基本保证。

从第二个角度看，受国际上发展小额信贷实践的影响，1993 年，中国社会科学院农村发展研究所成立了"扶贫经济合作社"，将孟加拉国格莱珉银行的小额信贷模式引入我国，开始接受多方面的援助和低息贷款。1994 年，国务院决定实施《国家八七扶贫攻坚计划》之后，公益性小额信贷成为政府解决农村扶贫问题的工具之一。1999 年，中央扶贫开发工作会又再次强调了小额信贷对扶贫工作的重要性，并提出要在总结经验、规范运作的基础上，积极稳妥地推行小额信贷业务。可见，公益性小额信贷此阶段在我国的推广，致力于减缓农村贫困，体现了普惠金融的基本理念，是扶贫方式、途径的重大创新。随着经济的发展，到 20 世纪末，我国贫困状况得到了缓解，小额信贷不再仅仅是扶贫的工具，而且是提高居民生活质量、促进就业的重要手段。2002 年，多部委联合出台小额担保贷款政策的目的就是解决企业人员下岗失业问题和创业资金困难的问题。

2. 普惠金融稳步发展阶段（2005—2013 年）

2005 年，联合国指定该年为"国际小额信贷年"，并于 2006 年 5 月发布了名为 *Building Inclusive Financial Sectors for Development* 的报告。此后，普惠金融概念在国内被广泛使用，普惠金融理念影响力不断扩大，有力地推动了我国的普惠金融发展进程。

从传统金融机构的角度看，在这一阶段，国有商业银行改革基本完成，其县域网点布局趋于稳定；农信社系统 2003 年启动的改革也已经完成，不良贷款比例大幅降低，资本充足率大幅提高，支持县域经济发展的能力显著增强。

在这一阶段，新型农村金融服务提供者（包括村镇银行、农村资金互助社等新型农村金融机构以及小额贷款公司）相继获准试点。2005 年，中央一号文件《中共中央 国务院关于进一步加强农村工作提高农业综合生产能力若干政策的意见》

扩展阅读 7-9

明确指出"有条件的地方，可以探索建立更加贴近农民和农村需要，由自然人或企业发起的小额信贷组织"。2005年，小额贷款公司开始试点。2006年，村镇银行、农村资金互助社开始试点。新型机构的设立，丰富了农村金融机构体系，为农村金融市场增添了生机与活力。

3. 普惠金融加速发展阶段（2013年至今）

2013年11月，党的十八届三中全会通过的《中共中央关于全面深化改革若干重大问题的决定》正式提出"发展普惠金融"，这是普惠金融第一次写入党的重要文件，标志着普惠金融已由一种发展理念上升为国家战略。2015年12月31日，国务院正式印发《推进普惠金融发展规划（2016—2020年）》，这是我国第一部国家层面的普惠金融战略规划。2017年7月，习近平总书记在全国金融工作会议上指出，要建设普惠金融体系，加强对小微企业、"三农"和偏远地区的金融服务，推进金融精准扶贫，鼓励发展绿色金融。2017年10月18日，习近平总书记在党的十九大报告中指出，要"增强金融服务实体经济能力"。发展普惠金融，是增强金融服务实体经济能力的重要内容。

近年来，移动互联网和信息技术的迅猛发展推动着我国普惠金融向数字普惠金融方向不断迈进。高速发展的金融科技不但直接增加了金融供给，也推动了传统金融的数字化、移动化，使金融服务的供给和获取变得更加便捷，成本和门槛更低，有利于提高普惠金融的整体发展水平。当然，数字普惠金融的出现，也相应对监管理念和监管手段提出了要求。

扩展阅读 7-10

7.4.2 中国普惠金融发展特点及成效

在全社会的共同努力下，近年来我国金融服务的覆盖率、可得性、满意度均显著提升。世界银行和中国人民银行联合发布的报告称"中国在普惠金融方面已经取得了巨大的进步"。

1. 传统银行的积极参与

传统金融机构是相对于村镇银行等新型金融机构而言的，是指国有商业银行、股份制商业银行、邮储系统（邮储银行）、城乡信用合作社（或地方法人银行）等金融机构，传统金融机构是发展普惠金融的主力军。中国的传统银行网点数量增长很快，但在地理分布上不均衡。近年来，传统银行通过设立特色支行、代理机构、流动服务点和自助服务点等方式，不断拓展金融服务网络，延伸金融服务终端。

1）商业银行分支机构

金融服务提供者的分支机构或代理点的存在，对于消费者使用金融产品、利用普惠金融产生的潜在收益很重要。这是因为分支机构或代理点的功能较为齐全，能提供面对面的服务，给缺乏金融知识或技能的消费者提供引导与帮助，这一点对于普惠金融目标群体至关重要，对于金融机构拓展和推广服务也很重要。

（1）重新重视县域网点布局。国有商业银行曾在县域有较为广泛的布局，1998 年国有银行改革开始之后，为了解决国有银行业不良资产问题，提高国有银行的竞争力，效益不好、扭亏无望的营业机构被撤并或降级。此举虽有助于改善国有商业银行的财务指标，但大规模撤并基层网点也使县域基础金融服务水平受到影响，与此同时，城市和发达地区的网点则出现集中趋势。有研究表明，四大国有商业银行分支机构数量多、遍布广，同时其分布更加考虑经济因素。类似地，股份制商业银行、外资商业银行的网点布局也主要围绕着经济效益考虑。随着时间推移，由于城市和经济发达地区银行业竞争激烈，以及金融管理部门对金融机构推进普惠金融的鼓励和提倡，商业银行重新重视下沉网点和机构与县域及以下地区的金融服务。

（2）设立特色支行。商业银行设立的分支机构是居民和企业获取金融服务的重要途径。由于商业银行分支机构设置要经过严格审批，为推进普惠金融发展，鼓励中小商业银行为小微企业、社区等领域提供专业、便捷、贴心的金融服务，2013 年《中国银监会办公厅关于中小商业银行设立社区支行、小微支行有关事项的通知》在统筹研究此前中小商业银行支行发展模式的基础上，对中小商业银行社区支行、小微支行的牌照范围、业务模式、风险管理、退出机制等内容进一步明确，有利于中小商业银行明确定位，发挥比较优势，实现差异化经营和特色化发展，有利于中小商业银行社区支行、小微支行规范化管理和运营，更好地服务实体经济。

特色支行包括社区支行和小微支行两种类型。社区支行、小微支行是指定位于服务社区居民和小微企业的简易型银行网点，属于支行的一种特殊类型。与传统银行相比，特色支行功能设置简约、定位特定区域和客户群体、服务便捷灵活。社区支行以"自助＋咨询"模式为客户提供服务，主要业务为储蓄（但不能办理人工现金业务）和销售金融产品，部分社区支行也提供小额贷款业务。社区支行通常配有 ATM 机或 CRS（存取款一体机），每个支行一般有 2～3 名员工，具体负责为客户提供业务咨询和产品营销等服务。小微支行与社区支行类似，但主要为小微企业提供基础金融服务，这些支行通常设立在居民区或工业园区，并可根据服务对象的时间灵活安排自身工作时间。目前，商业银行的特色支行多达几千家，已成为银行网点体系中一个富有特色的组成部分。

2）商业银行代理服务点

为解决居住在偏远地区的居民难以获取基础金融服务的问题，在 2010 年试点的基础上，中国人民银行积极推动商业银行银行卡助农取款点建设。依托代理服务点（可以是便利店、邮政所、超市或商铺），通过绑定银行账户的借记卡，助农取款点能够向农民提供取现、查询等基本金融服务。在农村地区设立助农取款点属于金融机构组织上的创新，因为其利用了在农村广泛存在的基本商业设施，设立取款点能够节约金融机构在偏远地区开设常规网点的场所、人员、机具等开支或成本。截至 2021 年末，全国助农取款服务点 81.1 万个。以银行卡助农取款服务为主体的基础支付服务村级行政区覆盖率达 99.6%，较上年增加 0.3 个百分点。[①]

扩展阅读 7-11

在一些没有设立助农取款点的偏远自然村，金融机构还通过流动服务车等形式，定期为村民提供开销户、存取款、支付缴费等金融服务。

随着移动互联网的快速发展，消费者可以更加便捷地使用手机、电脑及其他远程设备来获取与使用金融产品和服务，这减少了消费者（特别是那些距离物理网点较远的居民）对物理网点的依赖，同时也为金融机构创新业务开展数字金融服务提供了契机。2023 年 3 月 2 日，中国互联网络信息中心发布第 51 次《中国互联网络发展状况统计报告》。报告显示，截至 2022 年12 月，我国网民规模达 10.67 亿，较 2021 年 12 月增长 3 549 万，互联网普及率达 75.6%。其中，城镇网民规模为 7.59 亿，农村网民规模为 3.08 亿。截至 2022 年 6 月，我国农村地区网络支付用户规模达到 2.27 亿。2021 年银行业金融机构、非银行支付机构处理的农村地区移动支付业务分别达 173.7 亿笔、5 765.6 亿笔，同比分别增长 22.2%、23.5%。[②]

2. 产品创新和科技支持

随着经济的发展及人民生活水平的提高，普惠金融群体所需的产品和服

[①] 数据来源：中国人民银行. 中国普惠金融指标分析报告（2021 年）[EB/OL].（2022-09-30）. http://www.pbc.gov.cn/goutongjiaoliu/113456/113469/4671788/index.html.

[②] 数据来源：中国数字乡村发展报告（2022 年）[EB/OL].（2023-03-04).http://hnxczx.cn/news_xx.asp?msg=1541.

务也日益多样化。传统金融机构和新兴金融科技公司各自立足于自身的优势，不断加大创新力度，开发出满足消费者需求的金融产品。

1）传统金融机构产品创新

尽管近些年金融科技公司的创新受到了社会各界的共同关注，但传统金融服务提供者也利用新技术开发了众多产品和服务，更好地服务于普惠金融目标群体。

（1）支付产品和服务创新。传统金融机构借助现代技术创新产品设计，大幅提高基础支付服务的可得性。比如，中国银联在产粮区试点推出银联卡农产品收购支付服务，粮食经纪人、收粮企业通过 POS 机可将资金实时转入售粮农民的银联卡中；为向客户提供快捷支付，中国银联推出了云闪付、手机闪付及可穿戴支付产品。再如，中国工商银行不断创新，使客户快速归集资金、付款更加方便，从而提高资金使用效率和财务管理水平；此外，工商银行还利用技术、网络优势，协助客户对账户资金流入、流出及留存进行有效运作和监控，提供完善的信息服务，为客户提供更全面的业务决策信息支持。

（2）存款和理财产品创新。传统金融机构改进产品设计，通过提高存款和理财产品的适用性来吸引公众尤其是农村居民的存款。为了与诸如支付宝公司的"余额宝"类互联网理财产品竞争以及满足潜在的市场需求，商业银行推出了一些能够灵活申购和赎回的理财产品，这些产品大部分对接的是基金公司的货币市场基金产品，支持灵活赎回、快速到账。此外，一些商业银行也推出了诸如银行卡"定活期约定互转"等具有更大灵活性的新业务。随着大额存单起点金额的降低，许多普通民众也能够享受到利率更高的存款服务。如浦发银行推出的"按月付息大额存单"存款产品一改到期兑付本息的方式，以每月付利息、每月领"工资"的全新形象上市，一经亮相便备受关注和追捧。客户成功购买大额存单之日起，每月固定付息日自动将当期利息给付客户。浦发银行大额存单产品期限丰富，同时还可提前支取，部分产品提前支取时可靠档该行挂牌定期存款利率计算利息。

（3）信贷产品创新。信贷产品创新的方向包括：①拓宽抵质押物的范围，如农业银行根据农民的特点，开发了各种非土地相关抵质押物，如农机具、库存农产粮食直补资金等；内蒙古农村信用联社扩大委托贷款、股权质押贷款、应收账户质押贷款业务范围，探索大中型农机具设备、仓单、存货、蔬菜大棚等抵质押业务。②利用大数据为客户画像，进行网上贷款。③各要素的组合，如上海市各银行结合客户实际经营情况和需求，通过期限、担保、还款方式等要素的优化和组合，开发出各种具有普惠金融特色的产品。④传统金融机构和金融科技公司通过进行跨界合作，结合双方优势合作发放信贷产品，如微众银行和传统商业银行之间进行的信贷业务合作。此外，自国务院办公厅2017年10月发布《国务院办公厅关于积极推进供应链创新与应用的指导意见》，明确提出积极稳妥发展供应链金融以来，我国供应链金融领域迎来了空前的发展机遇。2022年，我国供应链金融行业余额规模达到了36.9万亿元，过去5年CAGR（复合增长率）为16.8%，高于中国企业贷款规模增速和小微企业贷款规模增速。随着政策、经济、社会、技术等各方面环境的进一步优化，预计未来5年中国供应链金融行业规模将以10.3%的CAGR继续增长，到2027年，规模超60万亿元，中国将成为全球最大的供应链金融市场之一。①

2）金融科技公司产品创新

金融科技公司在商业模式、销售渠道和产品等方面开展创新，利用互联网等新兴技术为消费者提供低廉、便捷的金融服务。例如阿里巴巴旗下蚂蚁金服的支付宝、腾讯旗下的财付通等非银行支付平台充分发挥已有的线上电商或社交平台的规模化、网络化优势，为消费者提供场景化的便捷数字支付服务。数字支付改变了人们的金融交易行为，人们可以使用其方便快捷地购物、缴费、转账、购买基金和理财产品等。对许多消费者而言，数字支付已经取代了现金交易。

金融科技公司还依托互联网创新一系列网络借贷产品，如"蚂蚁花呗"等在线信用贷款服务为消费者提供了便捷的消费贷款，余额宝等互联网基金产品为消费者提供了新的财富增值渠道。P2P网络借贷、股权众筹（基于互联网平台面向公众进行股权融资的模式）的出现不仅为拥有闲置资金的个人提供了获取资产收益的机会，也为解决个人和小微企业面临的融资困难提供了一条路径。

3. 政府及政策的大力支持

实现普惠金融可持续发展需要全社会的共同努力。政府的作用主要体现在为普惠金融营造良好的发展环境。具体而言，我国政府主要从以下几个方面推进普惠金融可持续发展。

1）促进市场的多元化和有效竞争

为了构建一个多元、竞争和创新的普惠金融市场，我国政府支持并引导

---

① 资料来源：艾瑞咨询.2023年中国供应链金融数字化行业研究报告[R].2023.

各方参与普惠金融供给。2003 年，国务院启动对农信社的深化改革，并创造了两个新型的组织形式——农村商业银行和农村合作银行。2005—2006 年，金融管理部门开始进行新型农村金融服务提供者（如村镇银行等）试点。2017 年 5 月 23 日，中国银监会、中国人民银行等 11 部门联合下发《大中型商业银行设立普惠金融事业部实施方案》，鼓励大中型商业银行参与普惠金融市场。

2）进行金融基础设施建设

信用基础设施和支付基础设施是一个国家金融基础设施的基本要素，是解决信息不对称、交易成本过高等阻碍普惠金融发展问题的关键。中国在推进普惠金融方面取得的进展，很大程度上要归功于近年来在加强全国金融基础设施建设方面所做的努力。

在支付基础设施建设方面，中国政府建立起功能完备、强大的全国性支付体系基础设施，并先后推动建立了城市商业银行资金清算中心、农信银资金清算中心，分别为全国农村中小金融机构、城市商业银行提供资金清算服务。在信用基础设施建设方面，中国人民银行于 2006 年成立征信中心，从包括银行、农信社、小贷公司等超过 3 000 家金融服务提供者处收集相关数据、信息，并根据这些机构的查询请求反馈信息。

扩展阅读 7-13

3）制定支持普惠金融发展政策

中国政府采取一系列政策措施促进普惠金融发展。2015 年 12 月，国务院印发《推进普惠金融发展规划（2016—2020 年）》，为发展普惠金融确立了指导思想、基本原则、总体目标和具体举措。2016 年，财政部会同有关部门制定了《普惠金融发展专项资金管理办法》。除采用再贷款、再贴现等工具支持金融机构发展普惠金融外，2017 年 9 月，中国人民银行决定，从 2018 年起，对符合宏观审慎经营标准，且向普惠金融对象贷款达到一定比例的商业银行实施定向降准政策。此外，中国金融管理部门还采用差异化监管等政策，提高"三农"和小微企业金融服务的可得性。

扩展阅读 7-14

4）推动制度创新

一些金融机构由于自身体制机制问题，无法较好地向普惠金融目标群体提供服务。通过改革，能够增强金融机构服务实体经济的能力。农村信用社改革就是这方面的典型代表。通过 2003 年农村信用社改革，农信社进入历史上发展最快的时期，在农村地区金融服务中起到了更大的作用。此外，如

2005 年小额贷款公司试点、2006 年村镇银行和农村资金互助社试点，通过创设贴近市场和客户的微型机构，丰富农村市场机构体系，增加金融服务供给，因而也是制度创新方面的积极尝试。

4. 相应的法规制度保障

实现普惠金融的长期发展目标需要负责任地向消费者提供金融产品和服务，我国一方面制定相关法律法规，完善监管框架；另一方面，提高消费者的金融能力，使消费者能够辨别和使用安全的金融产品。

1）制定相关法律，营造良好的监管环境

监管方面的进展主要表现在数字金融领域。2015 年中国人民银行等十部委发布的《关于促进互联网金融健康发展的指导意见》，是中国在该领域迈出的第一步，也是非常重要的一步。2016 年《互联网金融风险专项整治工作实施方案》出台，聚焦于互联网金融行业相关风险的整治、管理。在《关于促进互联网金融健康发展的指导意见》出台后，中国人民银行出台了非银行支付行业新规——《非银行支付机构网络支付业务管理办法》；中国银监会牵头起草了网络借贷规则——《网络借贷信息中介机构业务活动管理暂行办法》；中国保监会也出台了《互联网保险业务监管暂行办法》。此外，作为互联网金融行业的自律组织，中国互联网金融协会已于 2016 年 3 月成立。

2）建立完备的金融消费者权益保护框架

2014 年，新修订的《中华人民共和国消费者权益保护法》正式实施；同年，中国保监会发布《关于加强保险消费者权益保护工作的意见》；2015 年，国务院办公厅印发《国务院办公厅关于加强金融消费者权益保护工作的指导意见》；2016 年，中国人民银行发布《中国人民银行金融消费者权益保护实施办法》。2020 年 11 月 1 日，《中国人民银行金融消费者权益保护实施办法》正式施行。2022 年 12 月 30 日，中国银保监会发布《银行保险机构消费者权益保护管理办法》（以下简称《管理办法》），自 2023 年 3 月 1 日起正式实施。《管理办法》作为银保监会在金融业消费者权益保护领域制定的基础性、纲领性文件，着力压实银行保险机构消费者权益保护主体责任，同时也适用于信托公司、消费金融公司、汽车金融公司、理财公司等非银行金融机构。目前，中国逐步建立健全金融消费者保护监督管理机制，金融消费者保护部门深入开展现场检查，并开展一系列非现场监管。此外，我国还在金融消费纠纷多元化解决机制探索上迈出了重要步伐。

中国政府还认识到，消费者金融能力的提升可以帮助他们更好地使用金融产品和获取服务。为达此目的，中国金融管理部门经常开展大规模的宣传教育活动。

7.4.3　中国普惠金融发展的不平衡及政策建议

在各方的共同努力下，中国的普惠金融发展取得了明显成效。不过，从满足普惠金融目标群体日益增长的金融需求及可持续发展角度看，中国普惠金融仍存在一些不足之处。

1. 不足之处

1）可得性方面

我国通过设立商业银行分支机构、代理服务点等方式拓宽金融机构的服务范围，提高了金融服务可得性。目前，我国居民的基本金融需求（账户、支付等）已得到满足，基本实现"乡乡有机构，村村有服务，（成年人）人人有账户"。尽管如此，在一些偏远的自然村，居民离最近的金融机构或助农取款点仍有较远的距离；新型农村金融机构、商业银行特色支行的数量总体而言还不够多，分布还不够广泛、均衡；出于防范风险的考虑，助农取款点目前能办理的业务还比较单一，如不能办理开户、存款等服务；许多弱势群体没有掌握远程终端的使用方法，影响了这类终端可得性的提高。此外，由于保险、理财等金融服务具有较高的金融知识门槛，普惠金融重点服务群体也较少主动获取这类金融服务。

2）产品方面

我国的传统金融机构和金融科技公司积极创新，创造出丰富多样的金融产品。这些金融产品虽然品种繁多，但也存在同质性较强、差异性不足等问题。更广泛存在的问题是，许多金融科技公司推出的产品，没有真正体现普惠性，离普惠金融目标群体的实际需求相差甚远。

出现这种现象的原因比较多，有的在于金融机构或金融科技公司市场定位不明确，有的在于其创新能力有限，但与其没能深入了解普惠金融目标群体的需求也有很大关系。与人们通常的感觉相反，普惠金融目标群体对金融服务的需求不但迫切，而且丰富多样，同时，该群体获取服务时受到的约束又比较多（如对产品便捷、易操作等的要求，对成本费用的要求等），所以，如果不能深入了解消费者需求，就难以开发出适当的产品。

3）商业可行性和可持续性方面

我国金融机构通过积极创新，探索出众多新的金融产品及业务模式，不但大大提高了金融服务的可得性，也提高了金融机构的商业可持续性。但由于普惠金融业务具有业务小而分散、成本及风险高的特点，商业银行尤其是大中型商业银行开展普惠金融业务的内在动力仍显不足，普惠金融的商业可行性和可持续性亟须提高。在一些地方，业务不活跃的助农取款点还为数不少。从总体上看，助农取款点的业务也出现了下降的情况。部分特色支行也出现业务量小、盈利困难、未达到预期效果等现象。一些新型农村金融机构的经营也未达到预期，一些小额贷款公司甚至出现经营困难。这些都对普惠金融的商业可行性和可持续性造成了一定影响。

4）安全与责任方面

我国非常重视普惠金融的安全与责任，积极制定相关法律法规，同时注重加强金融消费者保护和教育。但近年来，由于金融科技快速发展，不可避免存在监管相对滞后的情况，同时我国金融分条线监管，在金融行业的不同业态之间存在监管空白和监管盲区。我国居民的金融素养，特别是理性消费意识和风险意识有待提高，部分居民的信用意识也有待提高，这为一些不法分子提供了可乘之机。此外，还有一些地方信用文化缺乏，非法金融活动时有发生，金融生态亟待优化。

2. 政策建议

中国一直重视普惠金融发展，在社会各方的共同参与下，我国普惠金融发展取得了一系列成就，同时仍存在一些问题和不足，据此提出如下建议。

1）加强制度设计与协调

普惠金融内涵很广，涉及发展的各个方面、社会各个群体，发展普惠金融需要各方共同努力。正因为如此，发展普惠金融需要做好制度设计，要有合理的战略规划，同时也要建立良好的推动机制。首先，要厘清对普惠金融不正确、不全面的认识，纠正对普惠金融的误解和误读，确保各利益相关方具有与时俱进、科学全面的普惠金融理念；其次，加强各部门之间的合作，加强中央监管部门和地方政府相关部门之间的协作，建立有效的协调分工机制，确保形成发展普惠金融的合力；最后，加强政府和金融机构及其他金融服务提供者之间的对话、沟通、协调，提高推进普惠金融发展的有效性。

扩展阅读 7-16

2）鼓励创新

引导金融机构了解普惠金融重点服务群体的金融需求，并根据其需求推出具有针对性的普惠金融产品。既要鼓励金融服务提供者在创新过程中积极运用最新信息技术成果，更要鼓励其坚持创新的"普惠性"，坚决杜绝以普惠之名而不行普惠之实的"创新"。此外，在鼓励创新的同时要积极防范各类风险，密切监测，不断优化监管效果。国际经验表明，在平衡创新和风险防范关系方面，试点和"监管沙盒"是较为有效的办法。

扩展阅读 7-17

3）推广"负责任的金融"理念

所谓"负责任的金融"，就是金融机构、监管部门与第三方、消费者要共同承担相应责任的一种关系。在这一关系中，金融机构要做到自我约束、合规经营，监管部门和第三方要适当监管与积极帮扶，消费者则应做到理性选择和行为担当。"负责任的金融理念"的提出，有助于明晰各市场参与主体的责任，防范打着"普惠金融"旗号进行违法违规活动，保护消费者权益，同时鼓励正当的金融创新。

4）提高消费者金融素养和能力

一方面，应提升金融消费者的金融知识与素养，提升消费者选取适当金融产品、识别风险的能力与意识，使消费者享受到安全、适当的金融服务。另一方面，应引导消费者使用数字支付等新兴金融产品，消除"数字鸿沟"。通过有针对性的教育等方式，使消费者熟练使用数字金融工具和产品，从而享受信息技术带来的便捷，也有助于推动金融体系的包容性进一步增强。

5）积极参与国际交流

普惠金融是一个较新的领域，也是实践性很强的一门学问。要积极参与国际交流，及时了解国际普惠金融领域的最新做法和最佳实践，并因地制宜地加以利用，这有助于推动我国普惠金融的高质量发展。同时，在中国普惠金融发展成效引人注目的今天，也要积极向国际社会介绍中国普惠金融领域行之有效的经验。

案例分析 7-1

思考题

1. 什么是普惠金融？其特点是什么？

2. 什么是金融排斥？金融排斥的原因是什么？

3. 普惠金融发展的模式有哪些？各自的特点是什么？

4. 了解中国普惠金融的发展历程、特点和存在的问题，国际普惠金融发展对中国有何启示？

5. 自行检索并了解某一个中国普惠金融的代表银行，了解其运作方式。

参考文献

[1] 焦瑾璞.普惠金融导论[M].北京：中国金融出版社，2019.

[2] 宋宛霖.新网银行互联网运营模式案例研究[D].重庆：西南大学，2020.

[3] 敖惠诚.优化区域金融生态是超越"马太效应"的关键环节[J].中国金融，2005（24）：11-13.

[4] 白钦先，李钧.中国农村金融"三元结构"制度研究[M].北京：中国金融出版社，2009.

[5] 中国人民银行，世界银行.全球视野下的中国普惠金融：实践经验与挑战[R].2018.

[6] 雷格伍德.小额金融信贷手册[M].马小丁，朱竞梅，译.北京：中华工商联合出版社，2000.

[7] 焦瑾璞.微型金融学[M].北京：中国金融出版社，2013.

[8] 星焱.普惠金融：一个基本理论框架[J].国际金融研究，2016（9）：21-37.

[9] 易纲.普惠金融与宏观经济发展：新理念与新思考[R].2017.

[10] 曹子娟.中国小额信贷发展研究[M].北京：中国时代经济出版社，2006.

[11] 陈斌开，林毅夫.金融抑制、产业结构与收入分配[J].世界经济，2012（1）：3-23.

[12] 陈晓枫，叶李伟.金融发展理论的变迁与创新[J].福建师范大学学报：哲学社会科学版，2007（3）：52-57.

[13] 邓向荣，周密."麦克米伦"缺口及其经济学分析[J].南开经济研究，2005（4）：63-68.

[14] 丁志国，赵晶，赵宣凯，等.我国城乡收入差距的库兹涅茨效应识别与农村金融政策应对路径选择[J].金融研究，2011（7）：142-151.

[15] 杜晓山.以普惠金融体系理念促进农村金融改革发展：对中西部农村地区金融改革的思考[J].农业发展与金融，2007（1）：45-47.

[16] 何德旭，饶明.金融排斥性与我国农村金融市场供求失衡[J].经济学研究，2007（9）：32-36.

[17] 李涛，王志芳，王海港，等.中国城市居民的金融受排斥状况研究[J].经济研究，2010，45（7）：15-30.

[18] 李延敏，中国农户借贷行为研究[M].北京：人民出版社，2010.

[19] 刘亦文，胡宗义.农村金融发展对城乡收入差距影响的实证研究[J].山西财经大学学报，2010（2）：45-52.

[20] 王国良，褚利明.微型金融与农村扶贫开发[M].北京：中国财政经济出版社，2009.

[21] 吴晓灵.普惠金融是中国构建和谐社会的助推器[N].金融时报，2010-06-02.

[22] 吴晓灵，焦瑾璞，张涛，等.中国小额信贷蓝皮书2009—2010[M].北京：经济科学出版社，2011.

[23] The Welsh Assemblly. Financial inclusion and the impact of financial education [R]. National Assembly for Wales Communities and Culture Committee，2010.

[24] REGAN S, PAXTON W. Beyond bank accounts: full financial inclusion [R]. Production and Design by EM-PHASIS, 2003.

[25] STIGLITZ J E, WEISS A. Credit rationing in markets with imperfect information [J]. The American economic review, 1981, 71（3）: 393-410.

[26] AGHION P, BOLTON P. A theory of trickle-down growth and development[J]. Review of economic studies, 1997, 64（2）: 151-172.

[27] ALPANA V. Promoting financial inclusion: an analysis of the role of banks? [J]. Indian journal of social development, 2007, 7（1）: 107-126.

[28] ANDRIANAIVO M, KPODAR K. Mobile phones, financial inclusion and growth [J]. Review of economics and institutions, 2012, 3（2）: 1-30.

第 8 章
互联网保险

学习目标

1. 了解保险的基础知识、互联网保险的发展历程和社会影响。
2. 掌握互联网保险的基本概念、理论与模式、面临的问题与挑战。
3. 熟悉互联网保险产品的主要类型和特征、国内外发展现状和发展趋势。

思政目标

1. 认识到发展互联网保险对于解决我国社会主要矛盾、提升人民幸福指数的意义。
2. 对比分析国内外互联网保险的发展现状，激发学生科技强国、人才强国的信念。
3. 深刻领会习近平新时代中国特色社会主义思想，做社会主义合格建设者和可靠接班人。

引言

习近平总书记在深圳经济特区建立 40 周年庆祝大会上的讲话中强调："要从人民群众普遍关注、反映强烈、反复出现的问题出发……努力让人民群众的获得感成色更足、幸福感更可持续、安全感更有保障。有温度的人民保险要让人民群众真正感受到保险的温暖，关键是为人民群众提供更贴心、更便利、更诚信的保险服务。"

保险不能阻挡风险，但是在风险来临时，可以把损失降到最低。党的二十大报告指出，"扩大社会保险覆盖面，健全基本养老、基本医疗保险筹资和待遇调整机制，推动基本医疗保险、失业保险、工伤保险省级统筹"，"加快完善全国统一的社会保险公共服务平台"。由于我国不同地区社会经济承载力的不同，各地区自然因素和人为因素导致的社会经济损失会放大地区间的不平衡、不充分，而保险业作为市场经济条件下风险管理的基本手段，是社会保障制度的重要组成部分，也是处理这类问题的重要抓手。互联网保险作为新型的保险形式，依托互联网技术平台，具有时效性、成本低、透明化等特点，为保险行业注入新的活力，有望推动保险业成为更"有温度的人民保险"。

8.1　保险行业概述

8.1.1　保险的基本知识

1. 保险与保险市场

1）保险业

《中华人民共和国保险法》第二条规定，保险是指投保人根据合同约定，向保险人支付保险费，保险人对于合同约定的可能发生的事故因其发生所造成的财产损失承担赔偿保险金责任，或者当被保险人死亡、伤残、疾病或者达到合同约定的年龄、期限等条件时承担给付保险金责任的商业保险行为。

从风险管理角度看，保险是一种风险管理的方法，或是一种风险转移的机制。这种风险转移机制不仅体现在将风险转移给保险公司，而且表现为通过保险，将众多的单位和个人结合起来，将个体对付风险变为大家共同对付风险，能起到分散风险、补偿损失的作用。

从经济角度看，保险是分摊意外事故损失和提供经济保障的一种非常有效的财务安排。通过缴纳保险费购买保险，将不确定的大额损失转变为确定性的小额支出（保费），或者将未来大额的或持续的支出转变成目前固定的或一次性的支出（保费），从而有利于提高投保人的资金效益。

2）保险市场

保险市场是保险商品交换关系的总和或是保险商品供给与需求关系的总

和。它可以是集中的有形市场，如证券交易所，也可以是分散的无形市场。

保险市场的交易对象是保险人为消费者所面临的风险提供的各种保险保障及其他保险服务，即各类保险产品。

一个完整的保险市场由保险商品的供给方、保险商品的需求方、保险市场中介方、保险商品和监督管理者构成。

（1）保险商品的供给方。保险商品的供给方是在保险市场上，提供各类保险商品，承担、分散和转移他人风险的各类保险人。它们以各类保险组织形式出现在保险市场上，如国有保险人、私营保险人、合营保险人和合作保险人等。

（2）保险商品的需求方。保险商品的需求方是在一定时间、一定地点等条件下，为寻求风险保障而对保险商品具有购买意愿和购买力的消费者的集合。保险商品的需求方就是保险营销学所界定的"保险市场"即"需求市场"，它由有保险需求的消费者、为满足保险需求的缴费能力和投保意愿三个主要因素构成。

（3）保险市场中介方。保险市场中介方既包括活动于保险人与投保人之间，充当保险供需双方的媒介，把保险人和投保人联系起来并建立保险合同关系的人，如保险代理和保险经纪人，也包括独立于保险人与投保人之外，以第三者身份处理保险合同当事人委托办理的有关保险业务的公证、鉴定、理算、精算等事项的人，如保险公证人（行）或保险公估人（行）、保险律师、保险理算师、保险精算师等。

（4）保险商品。保险商品是指保险市场上供求双方具体交易的对象。从经济学角度看，保险商品是一种无形的服务商品，具有以下特点：无形商品、"非渴求商品"、具有灾难的联想性。

（5）监督管理者。在我国，保险监督管理部门是指国家金融监督管理总局。保险监管部门监管的主要目的是维护保险市场秩序，保护被保险人和社会公众利益。我国保险市场上还有一些政府监管机构也对保险市场实施监督管理，如市场监督管理机构、劳动管理机构和税务管理部门等。

2. 保险的类型

1）财产保险和人身保险

按照保险标的的不同，保险可分为财产保险和人身保险两大类。

财产保险是指以财产及其相关利益为保险标的的保险，包括财产损失保险、责任保险、信用保险、保证保险、农业保险等。它是以有形或无形财产及其相关利益为保险标的的一类补偿性保险。

人身保险是以人的寿命和身体为保险标的的保险。当人们遭受不幸事故或因疾病、年老以致丧失工作能力、伤残、死亡或年老退休时，根据保险合同的约定，保险人对被保险人或受益人给付保险金或年金，以解决其因病、残、老、死所造成的经济困难。

2）原保险和再保险

按照与投保人有无直接法律关系，保险可分为原保险和再保险。

发生在保险人和投保人之间的保险行为，称为原保险。原保险又称第一次保险，是指保险人对被保险人因保险事故所致的损失直接承担原始赔偿责任的保险。在原保险关系中，保险需求者将其风险转嫁给保险人，当保险标的遭受保险责任范围内的损失时，保险人直接对被保险人承担赔偿责任。

发生在保险人与保险人之间的保险行为，称为再保险。再保险也称分保，是保险人在原保险合同的基础上，通过签订分保合同，将其所承保的部分风险和责任向其他保险人进行保险的行为。简单地说，再保险即"保险人的保险"。

3. 保险的特征

1）互助性

保险具有"一人为众，众为一人"的互助特性。保险在一定条件下，分担了单位和个人所不能承担的风险，从而形成了一种经济互助关系。这种经济互助关系通过保险人用多数投保人交纳的保险费建立的保险基金对少数遭受损失的被保险人提供补偿或给付而得以体现。

2）法律性

从法律角度看，保险又是一种合同行为，是一方同意补偿另一方损失的一种合同安排，同意提供损失赔偿的一方是保险人，接受损失赔偿的一方是投保人或被保险人。

3）经济性

保险是通过保险补偿或给付而实现的一种经济保障活动。其保障对象财产和人身都直接或间接地属于社会再生产中的生产资料和劳动力两大经济要素；其实现保障的手段，大多最终都必须采取支付货币的形式进行补偿或给付；其保障的根本目的，无论是从宏观的角度，还是从微观的角度，都是与社会经济发展相关的。

4）商品性

保险体现了一种对价交换的经济关系，也就是商品经济关系。这种商品经济关系直接表现为个别保险人与个别投保人之间的交换关系；间接表现为在一定时期内全部保险人与全部投保人之间的交换关系，即保险人销售保险产品、投保人购买保险产品的关系；具体表现为，保险人通过提供保险的补偿或给付，保障社会生产的正常进行和人们生活的安定。

5）科学性

保险是处理风险的科学有效措施。现代保险经营以概率论和大数法则等科学的数理理论为基础，保险费率的厘定、保险准备金的提存等都是以科学的数理计算为依据的。

4. 保险业的组织形式

保险业的组织形式依其经营主体的不同，可分为四种类型。

1）国家经营保险组织

国家经营保险组织又称公营保险，指国家、地方政府或者其他公共团体所经营的保险机构。

2）公司经营保险组织

公司经营保险组织属民营保险组织之一。根据责任形式，公司包括有限责任公司、股份有限公司、无限公司等形态。股份保险公司组织具有经营灵活、业务效率高的特点，但由于公司的控制权操纵在股东手中，被保险人的权益易受到限制和忽略，因而各国立法上均对公司经营保险组织进行监督管理。

3）保险合作组织

保险合作组织属民营保险中非公司形式的一种，是由社会上需要保险保障的人或单位共同组织起来采取合作方式办理保险业务的组织，有相互保险合作社、相互保险公司、保险合作社等形式。

4）个人经营保险形式

世界上只有英国法律允许个人为主体作为保险承保保险业务。个人承保保险业务是通过劳合社这一组织开展的。劳合社是保险市场上的一种特殊现象，它自1871年以劳埃德公司的名义向政府注册以来存在至今。

按我国《保险企业管理暂行条例》（于2001年10月废止）的规定，我国保险事业的组织体制是由国家保险管理机关、中国人民保险公司、其他保险企业和农村互助保险合作社组成的。

现行《中华人民共和国保险法》规定：保险公司的组织形式应当采取国有独资公司和股份有限公司。关于国有独资保险公司和股份有限保险公司，除保险法有特别规定的外，适用《中华人民共和国公司法》的有关规定。至于保险公司的其他组织形式，如相互保险公司等，可以根据保险业改革和发展的情况，由法律、行政法规另行规定。

5. 保险基本原则

1）保险利益

保险利益原则又称"可保利益"或"可保权益"，是指投保人或被保险人基于对保险标的上的某种权益，而能享有的财务利益。例如：在财产保险中，当某项财产（保险标的）遭受不幸事件时，倘若某人将有财务损失，则他对此财产就具有保险利益；反之则不具有保险利益。在人寿保险中，保险利益即为投保人或受益人对于他人的继续生存而能享有的财务利益。投保人或被保人或受益人对其所投保的保险标的必须具有保险利益，否则保险契约不能生效。

2）最大诚信

这一原则是指民法中的诚信原则在保险法中的体现，要求保险活动当事人向对方充分而准确地告知和保险相关的重要事实。保险活动中对当事人诚信的要求要高于一般的民事活动。实践中，这一原则更多地体现为对投保人或被保险人的一种法律约束，当投保人违反该原则时，保险人可解除合同或请求确认合同无效。

3）近因

保险关系上的近因并非指在时间或空间上与损失最接近的原因，而是指造成损失的最直接、最有效的起主导作用或支配性作用的原因。而近因原则，是指保险人只有在造成损失的最直接、最有效原因为承保范围内的保险事故时才承担保险责任，对承保范围外的原因引起的损失，不负赔偿责任。

4）损失补偿

损失补偿原则是保险人在保险合同所约定的危险事故发生之后，对被保险人所遭受的实际损失或损害，给予充分的补偿。其基本含义包含两层：①只有保险事故发生造成保险标的毁损致使被保险人遭受经济损失时，保险人才承担损失补偿的责任，否则，即使在保险期限内发生了保险事故，但被保险人没有遭受损失，就无权要求保险人赔偿。这是损失补偿原则质的规定。②被保险人可获得的补偿量仅以其保险标的在经济上恢复到保险事故发生之前的状态，而不能使被保险人获得多于或少于损失的补偿，尤其是不能让被保险人通过保险获得额外的收益。这是损失补偿原则的量的限定。

5）代位求偿

代位求偿原则是从损失补偿原则中派生出来的，只适用于财产保险。在财产保险中，保险事故的发生是由第三者造成并负有赔偿责任，则被保险人既可以根据法律的有关规定向第三者要求赔偿损失，也可以根据保险合同要求保险人支付赔款。如果被保险人首先要求保险人给予赔偿，则保险人在支付赔款以后，有权在保险赔偿的范围内向第三者追偿，而被保险人应把向第三者要求赔偿的权利转让给保险人，并协助向第三者要求赔偿。反之，如果被保险人首先向第三者请求赔偿并获得损失赔偿，被保险人就不能再向保险人索赔。

8.1.2　保险的收益与风险

1. 保险的收益

保险的收益即保险利益，是指投保人或者被保险人对保险标的具有的法律上承认的利益，又称可保利益。保险利益产生于投保人或被保险人与保险标的之间的经济联系，它是投保人或被保险人可以向保险公司投保的利益，体现了投保人或被保险人对保险标的所具有的法律上承认的利害关系，即投保人或被保险人因保险标的遭受风险事故而受损，因保险标的未发生风险事故而受益。

2. 保险的风险

保险的风险是指尚未发生、能使保险对象遭受损害的危险或事故，如自然灾害、意外事故或事件等。被视为保险风险的事件具有可能性和偶然性。

1）保险风险的类型

按风险产生的原因，风险可分为自然风险、社会风险、政治风险、经济风险和技术风险。

按风险的性质，风险可分为纯粹风险和投机风险。

按风险产生的环境，风险可分为静态风险和动态风险。

按损失的范围，风险可分为基本风险和特定风险。

按风险的对象，风险可分为财产风险、人身风险、责任风险和信用风险。

2）主要的保险风险

（1）道德风险。道德风险是传统保险面对的主要风险。投保人和保险人均存在道德风险。投保人的道德风险主要体现在投保时，投保人在投保书上所填写的信息是否真实，这完全取决于投保人的自觉程度和素质水平，这些因素易导致投保人为了降低保费而故意隐瞒真实情况；保险公司的道德风险主要体现在，由于投保人对保险公司的相关信息缺乏了解，投保人很难辨别电子保单的真假，而产生道德风险。

（2）逆向选择风险。逆向选择一般由交易双方的信息不对称而导致，保险公司难以全面掌握投保人和被保险人的真实信息，具有高风险的投保人往往会选择相应险种分散风险。另外，由于投保人对自身情况具有信息优势，所以在信息填报中也会极力隐瞒不良信息，使保险公司以低费率承担了高风险，如果出险将给保险公司经营带来巨大风险。

（3）法律风险。我国互联网保险的法律建设相对其快速发展的趋势而言略显滞后，这使得互联网保险存在法律风险。互联网保险在营销过程中发生损失，是否有法律作为支撑，一定程度上影响了互联网保险的进一步发展。同时，我国缺乏互联网消费者权益保护管理规则及试行条例，投保人在互联网上填写的信息一般都是真实的，其中不乏涉及个人隐私部分，若投保的互联网站遭受病毒入侵，投保人信息很可能泄露，投保人的权益得不到有效保护。

8.2　互联网保险发展历程与社会影响

8.2.1　互联网保险的起源

国外发达国家的互联网保险发展时间较长，发展比较充分，美国、日本、英国等国家互联网保险销售金额上升速度极快，逐渐占领了保险行业市场，呈现出互联网保险取代传统保险的趋势。国外发达国家互联网保险业务主要呈现出五大特点。

（1）互联网保险由独立的网络公司承担，它主要起到连接保险公司和互联网的作用，为保险公司提供一个网络销售平台，而自身并不参与实质性的保险运作。

（2）互联网保险销售的产品种类多，服务范围广，几乎涵盖了所有线下险种。

（3）互联网保险技术发展快，安全防护措施完善，能较好地保护消费者的信息。

（4）互联网保险充分利用互联网优势，业务流程短、方便快捷。

（5）互联网保险监管措施完善，能有效控制互联网保险风险，保护消费者利益。

1. 互联网保险最早出现在美国

20 世纪 90 年代，美国的国民第一证券银行最早开始通过互联网保险销售保单，此后各家保险机构纷纷推出在线销售业务，专门在线销售保险产品和服务的电商也开始出现。

1997 年初，81% 的美国保险公司至少有一个网址。同年，美国加利福尼亚州的互联网保险服务公司 InsWeb 用户数是 66 万人，1999 年增加到了 300

万人。Forrester 的调查显示，1997 年，美国家庭购买的汽车、住宅、人寿保险金额是 3.91 亿美元；1999 年大约有 70 万户美国家庭在网上购买了价值 5 亿美元的汽车保险；2003 年，美国家庭购买的汽车、住宅、定期人寿保险金额达到 41 亿美元；2004 年，美国家庭购买的汽车保险金额达到 118 亿美元，还有 300 户的美国家庭购买价值 12 亿美元的家庭保险。[①]

现在，美国所有保险机构都有在线销售渠道，eCoverage 公司更是所有业务均实现了互联网化或移动互联化，经过数年时间已经成为美国保险业巨头之一。美国的互联网保险业务主要包含代理模式和网上直销模式，这两种模式都是互联网公司与保险公司共同参与保险市场的模式。代理模式使保险公司能在互联网的促进作用下获得大批潜在客户，网上直销模式能够提升企业形象，为保险公司开拓新的营销渠道和业务。据 EverQuote 的数据，2020 年约 70% 的消费者习惯在网上浏览购买保险产品。保险行业广告支出中数字营销 2016 年仅占比 19%、远低于其他行业，该比例 2019 年提升至约 36%，预计到 2024 年将有望保持 16% 的增速。[②]

美国作为互联网保险行业发展最早的国家，技术和市场经济环境具有较大优势，是目前全球互联网保险业务量最大、涉及范围最广、客户数量最多、技术水平最高的国家。其互联网保险业务广泛，涵盖汽车、房屋、人寿、健康等险种，并形成了自建网站、第三方保险超市、互联网综合金融超市等多元化的经营模式，使消费者不仅能获得便捷的保险产品服务，更能体验到集保险、投资、信贷、储蓄等多种功能于一体的"一站式"优质服务。

无论是在全球保险业中，还是在美国国内金融行业中，美国的保险市场都占有很重要的地位。同时，美国也是全球保险业相对成熟的国家，在保险产品的创新、保险资金的积累和运用以及保险监管的模式及其演变等方面，美国都是其他国家借鉴和参考的主要对象。美国互联网保险的快速发展主要得益于以下三个方面。

1）完善的电子商务环境

美国政府为了推动电子商务的发展，以市场为导向不断提供法律和政策支持，营造了良好的电子商务经营环境。从 20 世纪 90 年代到 21 世纪初，美国陆续出台或修订一系列相关法律法规，逐步形成了以自由化和公平化为核心的政策体系，促进了电子商务安全可靠的快速发展。完善的电子商务环境

---

① 袁勤俭.网络保险的发展现状、前景、问题及对策[J].江西财经大学学报，2023（3）：39-43.
② 数据来源：中金点睛.中金看海外｜美国保险科技行业：小荷已露尖尖角[EB/OL].（2020-10-21）.https://mp.weixin.qq.com/s/fmLkgUk8rk0r9QeZiFrvAg.

为美国互联网保险发展及其监管创造了良好的条件。

2）健全的偿付能力监管体系

美国采用的是双重监管机制，联邦政府与州政府在其中发挥着不同的作用。前者重在协调各州保险监督，后者具体掌控立法管辖权。由于曾经出现过偿付危机，无论是联邦政府还是州政府，都十分重视对偿付能力的监管，并逐步形成了健全的偿付能力监管体系。该体系由保险监管信息系统（IRIS）、财务分析追踪系统（FAST）、风险基础资本（RBC）和现金流测试（CFT）四个系统构成，并适用于互联网保险业务。

扩展阅读 8-1

而对于互联网保险的风险问题，一方面，通过修订和补充法律法规，规范互联网保险人的行为，例如 2001 年纽约州政府保险局出台的《第五号函件》为互联网保险业务提供操作指南，加强了对网络执业资格和广告信息发布的监督；另一方面，完善网络信用体系建设，运用失信惩罚机制维护互联网保险市场的有序发展。

3）高效的行业自律监督功能

美国根据自身的互联网保险特点，采用了宽松审慎的监管模式。在依法实施互联网保险监管的同时，还非常注重发挥民间组织和服务机构的行业自律监督功能，如保险行业协会、保险市场标准协会和保险学会等。这些自律组织在维护互联网保险发展、满足消费者需求和保护投保人利益方面制定了相关规则。如保险学会 2000 年公布的《电子商务和保险的公共政策原则》，为政府出台的政策法规提供了重要参考。高效的行业自律是对政府监管的有益补充，更有助于保证市场的开放性和竞争性。

在美国的保险市场上，存在着大量的保险公司，其中既有大型公司，也有众多的中、小型公司，它们共存于一个市场中，并展开激烈竞争。在这场竞争中，少数大型公司处于优势和垄断地位。例如，美国有 2 000 多家财产责任保险公司，前 10 家占市场份额接近 50%[①]；寿险公司也大体如此。

近年来，美国保险市场竞争日趋激烈，并购浪潮风起云涌。1988 年 11 月，加利福尼亚州通过“103”提案，开拓了允许银行经营保险业务的先河，随后各州相继效仿，于是便出现了当今美国市场上保险与银行混业经营的局面，促进了保险业务的创新和发展。1998 年 4 月，美国花旗银行与旅行者集团合并，所涉及的金额达 700 亿美元，不仅创下了并购规模的历史纪录，更意味

---

① 潘瑾，徐晶 . 保险服务营销 [M]. 上海：上海财经大学出版社，2005.

着美国保险业与银行战略联盟迈出了重要的一步。美国保险业正在努力采取新的战略战术,寻求扩大新的保险市场,努力满足特殊的市场要求,并采取各种积极措施,解决所面临的问题,如责任险赔偿数额过高而带来的责任险危机,力图继续保持世界头号保险市场的地位。

2. 意大利创立互联网保险服务系统

1997年,意大利KAS保险公司用微软技术建立了一套造价为110万美元的互联网保险服务系统,其利用网络对保险进行销售,并在网上为消费者提供最新的投保服务信息和报价信息。该公司月售保单从当初的170套快速上升到了1 700套。

3. 英国建立第一家保险公司

历史上,伦敦是全球保险业的发源地。1688年,世界第一家保险公司——伦敦劳合社宣布诞生。如今保险业已成为一项国际业务。按照英国保险业协会(Association of British Insurers,ABI)的说法,伦敦已成为国际保险和再保险交易的领先市场,航空和海上保险业务已成为伦敦市场上的强势险种,约占全球同类保险业务的30%。近年来,在全球并购风潮席卷下,英国保险业也并购迭起,其中最为著名的当属商联保险并购案:1998年6月,英国商联保险(Commercial Union,CU)和保众保险(General Accident,GA)合并成立了商联保险(CGU plc)。2000年5月30日,CGU又与Norwich Union保险公司合并成立了现在的商联保险集团(CGNU plc)。目前CGNU已是英国最大的保险公司。英国大部分保险公司仍由英国当地公司控制,但实际上其中部分公司早已被外国公司掌控。

英国互联网保险涉及的业务范围较广,有汽车保险、意外伤害保险、家庭财产保险等,产品种类多,服务面广。随着互联网保险行业的发展,有传统保险销售逐渐被互联网保险销售代替的趋势,互联网保险销售的份额所占总保险销售份额的比例也在逐渐增大。

2004年,英国财产险在线销售比例就已超过25%,车险在线销售比例超过了40%。目前,英国互联网保险销售已经在B2C模式的基础上,逐渐发展起B2E(bussiness-to-employee,企业对雇员)模式和B2B模式。这使英国互联网保险行业的运营效率进一步提高。英国互联网保险行业的发展主要呈现出以下特征。

1)服务质量不断改善

由于市场竞争十分激烈,英国互联网保险机构不得不通过提升服务质量、改善用户体验来提高自己的市场份额。经过不断创新,英国互联网保险机构的服务明显强于其他国家，多数在线保险机构做到了操作简洁、报价透明。在线保险的购买和理赔实现了全年全天候服务。英国互联网保险机构在产品的介绍和解释上也更加详细，在线平台会对不同保险产品以文字介绍和在线客服的形式进行解释，消费者还可通过电话、邮件等方式对感兴趣的产品进行咨询。

优质的服务和用户体验切实提升了英国消费者的购买意愿，埃森哲的数据显示，超过六成的被调查对象认为相对于传统保险，互联网保险销售模式更加方便，他们也愿意通过互联网购买保险产品和服务。

2）商业模式不断创新

在发展初期，英国互联网保险行业由于保险机构数量众多，市场竞争激烈，线上保险机构都致力于通过技术进步来完善和简化互联网业务流程，以吸引消费者。

经过多年的发展，英国的互联网保险行业已发展出三种全新的商业模式：门户网站模式、信息总汇模式和逆向竞拍模式。门户网站模式的本质是通过在线保险代理平台进行保险产品销售，在线保险代理平台为专业型的保险门户网站，由于访问量较大，受到了保险机构的欢迎。信息总汇模式俗称比价模式，保险公司同样将产品放到第三方平台进行销售，这类平台通常为专业互联网公司或者大型电商平台。第三方平台按保险的种类、价格等信息进行分类，消费者可以轻松地按照自己感兴趣的分类对不同的保险产品进行对比和选择。逆向竞拍模式是由专业的在线销售平台牵头，欲进行融资的项目或企业在平台进行公开招标，保险机构通过平台进行竞标。

和美国的第三方平台销售模式类似，英国能够比价的信息总汇模式的发展最为迅猛。随着互联网保险规模的迅速增长，信息总汇模式的竞争也日趋激烈，一些机构为吸引消费者，对保险产品的范围和收益进行夸大宣传，道德问题逐渐增多。

3）监管相对宽松和一致性相结合

针对互联网保险的迅速发展，英国采用了相对宽松和一致性相结合的监管模式。依托健全的行业自律组织和有效的电子商务环境，政府监管对产品研发和费率厘定通常不加干预，对互联网保险实施统一的行业标准，赋予电子保单与纸质保单同等的法律效力，保证线上线下监管一致，为互联网保险的发展提供了广阔的空间。

英国的政府监管主要集中在互联网保险的区域管辖权、市场准入、技术安全、服务质量等方面。互联网保险产品可以不受地域限制进行销售和交易，所以必须明确跨区活动的管辖权以减少法律纠纷。在市场准入方面，以适度审慎的原则进行制度安排，筛选道德和信用良好、技术操作规范、风控体系完善的商业保险经营主体。在技术安全方面，消除网络各类隐患，加强技术更新。为了维护消费者利益、保证服务质量，在互联网保险经营过程中实时监控在线业务流程的实施情况，以有效评估服务能力是否达标，及时发现问题并进行治理。

尽管政府监管相对宽松，但针对互联网保险业务规模扩大而产生的各种风险，英国特别重视加强防范与监管合作。首先，提供清晰透明的法律法规支撑，降低互联网保险的法律风险和信用风险，如《数据保护法》《电子商务条例》《远程销售条例》等。其次，要求保险公司的信息披露必须全面充分，保单中对新产品的潜在风险作出具体描述。在强化风险防范的同时，为提高监管效率，英国还十分注重市场和监管机构以及监管机构之间的协调与合作，形成多元监管体系。

4. 日本首开网上申请及结算的车险

日本是亚洲最先建立互联网保险公司的国家，它主要是为 40 岁以下的消费者服务。1999 年 6 月，日本的 American Family 保险公司开始提供可以在网上申请及结算的汽车保险。同年 9 月底开始推出电话及互联网销售汽车保险业务的日本索尼损害保险公司，到 2000 年 6 月 19 日通过互联网签订的合同数累计已突破 1 万件。

日本朝日生命保险公司于 2000 年 4 月 7 日宣布，该保险公司决定与第一劝业银行、伊藤忠商事等共同出资设立网络公司，专门从事保险销售活动，并于 2001 年 1 月开始正式营业。2008 年，日本首次出现互联网保险公司销售人寿保险，随后互联网人寿保险销售市场逐渐在日本打开。2011 年，日本首家互联网保险平台在东京交易所上市。

日本保险业的密度和深度长期居于亚洲首位，并在亚洲拥有最大的市场规模。其中，拥有先进互联网技术的保险业务面向全亚洲，发展迅速。日本互联网保险行业主要呈现出以下发展特征。

1）大力发展特色险种

日本是个老龄化国家，也是全球老年人上网比例最高的国家之一。埃森哲的数据显示，2010 年日本 60 ～ 64 岁老年人使用互联网的比例超过 70%。

针对这一现状，日本的互联网保险机构采取了针对性的策略，开发了大量专门针对老年人的健康险和寿险，使得日本的互联网健康险和寿险的比重远高于其他国家。

Life Net 是日本专门从事网络投保的寿险公司。该公司只推出四个在线销售品种：定期寿险、长期失能险、定期健康险和终身健康险。四个品种各具特色，在公司"诚实、易懂、廉价、方便"的经营理念的指导下，每个险种的条款介绍简单明了，减少了消费者选择的障碍。四个险种中，定期寿险的保费较低，续保更加灵活，受到消费者的欢迎，其市场份额也最高，已超过60%。

此外，针对近些年移动互联网的快速发展，Life Net 首先开发移动互联业务，成为全球首家可以借助移动互联网通过手机购买寿险的保险公司。

2）产品设计和营销均有所创新

得益于整体较高的工业设计和创意水平，日本互联网保险产品的设计在简洁易懂的同时，也非常吸引人，消费者初次接触便能清楚理解其内容。保险品种也以责任单一的简单产品居多，较为复杂的储蓄型保险和分红险较少，消费者更容易找到适合自己的产品。

为进一步降低保费，更便利地和消费者互动，日本互联网保险公司利用媒体发布的广告并不多，而是通过出版保险知识类书籍，并由公司高层带头到各地演说宣传公司理念和产品来进行宣传。保险业务在销售过程中也不主张采用推销劝服等方式，更多地主张利用关爱型的营销模式提高营销效率和客户忠诚度。

3）近乎苛刻的监管制度

相比其他国家，日本保险行业的准入制度十分严厉，1996 年之前，外国的保险公司难以进入日本市场，互联网保险在日本兴起以后，外国的保险机构才逐渐被允许进入日本保险市场，但是近乎苛刻的监管使这些公司难以取得进一步发展，多采用和日本保险公司合作的方式运营。

2010 年日本政府颁布的《新保险法》在法律上肯定了互联网保险，也同样采取了十分严格的监管方式，要求互联网保险机构和传统保险机构一样，进行详尽的信息披露，定期对公司财务情况和运营状况进行公开，通过信息透明来降低保险机构和消费者的风险。

日本的互联网保险的监管模式有别于英、美，呈现出新的特点。

（1）以行政手段为指导。日本政府一直在经济发展中扮演重要角色。为了使监管部门能够对互联网技术在经济领域的各项应用进行依法监管，颁布了相关法律，如《电子契约法》。在完善的法律框架下，日本政府善于运用教育、示范、警告等各种行政手段，通过现场检查和非现场检查来指导互联网保险的发展。由于日本的社会信用度较高，与强制执行相比，这些行政指导在前期处理市场违规和非法交易行为方面，发挥着更为有效的作用，同时也削弱了市场对监管机构的抵触，促进了监管的有序进行。

（2）以资质认证为标准。日本政府在利用行政指导开展监管工作的同时，为了降低互联网保险的信用风险，以资质认证为标准设立了多层次的市场准入条件。不同经营主体通常获得第三方机构签发的资质认证后，才能在市场上进行互联网保险交易。在经营过程中，经营主体还会不定期被监管部门和第三方认证机构跟踪评估，从而保障了互联网保险整体信用度的提升。

（3）全球数字保险知识库。The Digital Insurer（TDI）是全球最大的数字保险专用知识库，致力于加速保险的数字化转型，截至2023年，吸引了50 000多名数字保险有共同兴趣的人。[①] TDI已发展成为全球保险业中有关数字事务的内容和知识的全球平台，在其平台上为领先专业社区提供服务。

TDI建立和维护全球最大、免费、分类的保险科技目录，为全球保险科技的研究者创建一站式商店。TDI的口号是"世界上的保险科技数据库"，目标是使TDI成为保险科技的在线"黄页"。

在这个生态系统中，提供"支持服务"的公司成为越来越重要的群体。尽管不是保险科技或保险公司，但这个新的TDI类别在通过开发、实施、法规和教育支持成功地部署保险科技解决方案中起着至关重要的作用。

TDI的总体目标是使寻求技术服务的保险公司与技术服务提供商InsurTechs在全球范围内更轻松、更快速地进行研究和建立联系。

TDI平台的主要功能有：①免费提供全球最大的数据库。②方便的搜索和过滤功能。③参与承载内容和消息传递的虚拟展位。④展位可自定义和更新，无须额外付费。⑤上市保险公司分类信息。⑥连接到TDI动态的InsurTech地图。⑦会员类别——所有针对初创企业的定价都很高。⑧给保险公司的好处。⑨全球最大的免费访问和搜索的数据库。⑩更快、更轻松和高效地发现符合其需求的InsurTechs解决方案提供商。⑪保险专业人士的见解和信息。⑫对保险科技和服务提供商的好处。⑬无须外出即可进入全球买家和投资者市场。⑭高级会员可传播自己的信息，创建频道。⑮主动将高级会员提升为TDI社体的一部分。⑯每年推广到超过40 000个会员社区，价格低廉。

8.2.2　我国互联网保险的产生基础

1. 技术基础

一方面，互联网技术的发展与普及为我国互联网保险发展奠定了良好的

[①] 数据来源：宣传册 – The Digital Insurer[EB/OL].https://www.the-digital-insurer.com/zh-CN/brochure/.

用户基础。中国互联网络信息中心发布的第 49 次《中国互联网络发展状况统计报告》显示，截至 2021 年 12 月，我国网民规模达 10.32 亿人，其中使用网上支付的用户数为 8.54 亿人，通过互联网理财的达 1.7 亿人。移动互联网的力量也不容小觑，手机网民规模达 10.29 亿人。

另一方面，大数据、物联网、云计算等新兴科技的发展为互联网保险提供了技术支持，不仅有利于精准营销，而且基于物联网的数据采集、基于云计算的存储运算能力、基于大数据的挖掘与精算使开展互联网保险业务公司在开发新产品、优化产品价格、业务流程等方面变得更科学、更合理。

2. 经济基础

改革开放以来，我国经济保持快速稳定增长，为互联网保险的发展奠定良好的经济基础。根据国家统计局的数据，2006—2021 年，我国 GDP 总量从 21.94 万亿元增长到了 114.37 万亿元，虽然近年来增速有所下降，但 2021 年仍实现了 12.8% 的增长。银保监会的数据显示，2021 年保险业累计实现保费收入 4.49 万亿元，同比微降 0.79%，是 10 年来我国总保费收入首次下降，背后体现出我国经济转向高质量发展，经济社会需求发生变化。

21 世纪被称为网络时代，这是由于网络已经成为人们生活方式的构成要素。由国家统计局《中华人民共和国 2021 年国民经济和社会发展统计公报》可知，2021 年我国互联网上网人数 10.32 亿人，较 2020 年 12 月新增网民 4 296 万人，以"互联网 + 生活""互联网 + 购物"为模式的互联网消费时代已经出现，保险行业发掘网络业务成为必然，互联网保险依托庞大的网络用户，相对于传统的保险行业具有针对性的客户定位来看，差别营销、精准营销使互联网保险的市场容量急剧扩大，且向不同收入、习惯、需求层次的用户拓展。但我国互联网保险市场的发展水平仍远低于发达国家，互联网保险渗透率不足 10%，最顶峰的时候也仅为 2015 年的 9.2%，未来还有巨大的成长空间。[①] 随着保险业的发展和互联网的普及，我国互联网保险的潜力将进一步释放。

3. 政策基础

近年来我国出台了一系列有关互联网保险的政策。2009 年的《保险公司信息化工作管理指引（试行）》、2011 年的《保险代理、经纪公司互联网保险业务监管办法（试行）》和 2012 年《关于提示互联网保险业务风险的公告》

---

① 数据来源：我国互联网保险市场规模超 2 900 亿　现存保险经纪企业近 5 万家 [EB/OL].（2021–06–17）. http://finance.people.com.cn/n1/2021/0617/c1004-32133126.html.

都是针对互联网保险的专门政策，为规范管理互联网保险业务提供可依之据。2015 年出台的《互联网保险业务监管暂行办法》提出了适度放开人身保险及个人财产保险产品区域限制，加快保险资源的流动与共享。2021 年 2 月 1 日起《互联网保险业务监管办法》施行。办法规定，互联网保险业务应由依法设立的保险机构开展，其他机构和个人不得开展互联网保险业务。中国银保监会办公厅 2021 年 10 月印发了《中国银保监会办公厅关于进一步规范保险机构互联网人身保险业务有关事项的通知》，作为配套规范性文件，细化并完善了互联网人身保险业务相关监管规则。可见扶持与规范政策始终伴随着我国互联网保险的发展，为其快速发展营造了良好的政策环境。

扩展阅读 8-2

8.2.3 我国互联网保险的发展历程

我国互联网保险起源于 1994 年。我国第一家保险网站——中国保险信息网的建立，标志着我国保险电子商务的起步，之后国内保险公司纷纷建立自己的门户网站。2005 年，人保财险签售国内第一张电子保单，我国出现真正意义上的互联网保险。之后，互联网保险市场不断细分，竞争加剧，各个保险公司在竞争中发展壮大。

1. 萌芽期（1997—2000 年）

1997—2000 年是中国互联网保险发展的萌芽期，在此期间，"中国保险信息网"正式建立，寓意中国传统保险业正式开启创新性互联网模式。3 年间，陆续有保险公司上线自有网站，原有传统保险公司也呈现规模式网络化互联网产品，由于当时互联网市场容载量和关注度不够，仅支持对产品的推广、介绍、咨询等业务，暂不支持完成全套的保险理赔流程。但互联网保险扩大了保险的经营范围，发挥了其在保险业中的作用。

2. 探索期（2001—2011 年）

2001—2011 年，互联网保险完成了整个发展变迁的探索阶段。首先，太平洋保险一次性推出 20 多个险种作为它开拓互联网保险市场的措施。与此同时，部分保险公司普及电子签名，相关部门出台一系列保护保险业与客户合法权益的法律法规。2008 年，网上购物出现在百姓生活中，使互联网保险具有较大的发展空间，也让传统保险业的垄断格局被打破。投资者抓住机遇为互联网保险业的探索奠定了经济基础。虽然此时互联网保险的理赔金额依旧不如传统的理赔额度，但已呈现好转态势。

3. 成效期（2012—2018 年）

2012—2018 年，保险业与互联网模式开始融合创新，从互联网保金增至百亿大关，60 余个险种在互联网上正式运营，互联网保险业正式进入大众视野，各大保险机构纷纷向网络销售商提供互联网保险服务，2013 年互联网金融紧随其后诞生，支付宝也加入此次变革，阿里巴巴的"双十一购物节"，再次让互联网保险走向成熟的运营模式。此时，这一类模式仍然具有较大的发展空间，对整个商业生态起到承上启下的作用，提倡主动变革、大胆创新、体验至上，成效期的互联网保险业在整个发展历程时间短，实现了跨时代的创新变革，主要通过第三方渠道合作模式打通行业链的走向，从而探索出用户的优质体验。专业传统保险公司向互联网保险公司转型也是成效期的标志性意义。中国互联网保险行业经过本阶段的不懈创新搭售保险产品已得到国家的全方面支持和鼓励。2012—2018 年我国互联网保费收入及渗透率如图 8-1 所示。

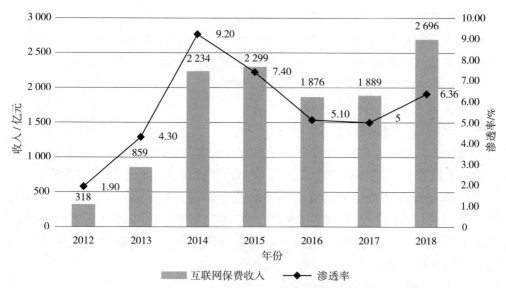

图 8-1　2012—2018 年我国互联网保费收入及渗透率
资料来源：中国保险行业协会公开数据。

4. 爆发期（2019 年至今）

2019 年至今被业内人士评定为互联网保险业的爆发期，在此阶段互联网技术为互联网保险聚集了大量现代创新能力，互联网保险的转型蓝图已勾勒成型，智能移动终端吸引的一些保险产品也广受欢迎。

保险业的规则模式是以理财类产品为主，要完成种类与销售方式升级与更替，并非简单的数据分流，要提高网络平台的支付技术和基数值，改变现有的保险产品、规则与模式，开发构建产品的认知筛选和咨询。因此保险业在大数据互联网的推动下爆发出的增长态势非常可观。

近年来，我国互联网保险市场发展迅猛，产品结构日益多元，销售渠道快速变革，对整个保险行业业务的发展发挥着越来越重要的作用。

来自中国保险行业协会的统计数据显示，2013年到2022年，从事互联网保险业务的企业已从60家发展到129家，互联网保险的规模从290亿元发展到4 782.5亿元，年均复合增长率达到32.3%。互联网保险以其便捷高效、低成本的特点，作为传统保险体系的有益补充，具有巨大的发展潜力。

8.2.4 我国互联网保险发展对居民消费的影响

从宏观层面看，互联网保险的发展能够扩大就业、推动经济结构调整与升级，支撑和引领经济发展方式的转变。从微观层面看，互联网保险可以通过承保前的风险调查与承保期间的风险监督等活动来加强个人的风险管理。同时互联网保险作为社会保险的补充，能够稳定个人的收入预期，对家庭正常的经济生活起到保障作用。互联网保险通过促进居民收入水平的提高、居民消费结构的改善，带来居民网络消费的增加。

1.互联网保险与居民网络消费

传统的消费理论强调收入对消费的影响，而没有将风险因素纳入居民的消费决策。Leland（1968）将不确定性风险引入消费理论，提出预防性储蓄理论。在此基础上，国内外学者对保险和消费的关系进行了理论与实证研究，大部分研究表明保险与居民消费之间有着密切的关系。随着互联网和大数据的不断发展，保险与互联网也开始结合并迅速发展。可以通过互联网保险的风险分散效应、技术创新效应和产业结构升级效应，促使居民收入水平的提高以及消费结构的改善，从而增加当期网络消费。

1）互联网保险的风险分散效应

互联网保险的风险分散效应是指互联网保险可以通过丰富的保险资源供给来帮助居民降低或规避各类风险，从而降低居民的不确定性，提高居民收入水平、改善居民消费结构，促进居民网络消费的提高。

互联网保险风险分散效应是通过各类互联网保险产品实现的。互联网保险产品具有购买便捷、选择范围广的特点，能够为居民提供多类型的保障服务和投资产品，满足居民更高层次的保障需求，有利于整体提升社会保障水平，从而对居民网络消费产生影响。

一方面，与传统保险相比，互联网保险具有便捷性的特点，居民足不出户就可以挑选保险产品，降低了居民生产生活、投资等不确定性，从而对收入水平产生显著影响，并且能够引领居民消费结构的改善，进而促进居民网络消费的提高。另一方面，互联网保险通过发挥风险分散效应，增加了互联网保险需求，从而促进地区居民收入水平的提高，进一步推动居民网络消费的提高。

2）互联网保险的技术创新效应

互联网保险的技术创新效应是指由于互联网保险发展过程中储备了丰富的科技人才，互联网保险创新水平较高，使得互联网保险公司之间的信息与技术人才交流频繁，加快互联网保险产品的开发速度，促使互联网保险产业迅速发展，进而对居民网络消费产生影响。

技术进步会促进居民消费水平的提升，互联网保险技术创新效应的发挥对居民网络消费存在正面效应。一方面，互联网保险公司的技术创新水平较高，加强了公司间的技术交流与合作，使产品开发成本显著减少、互联网保险产品价格降低，从而促使居民购买互联网保险产品意愿提升，进而推动居民网络消费水平提高。另一方面，当前大数据与人工智能等新技术发展迅速，"互联网 + 保险"是保险业未来发展的重要趋势，新技术的应用有效推动互联网保险的发展，从而提供大量的就业岗位，进而对居民网络消费产生正面影响。

3）互联网保险的产业结构升级效应

互联网保险的产业结构升级效应是指互联网保险产业作为第三产业的重要组成部分，有效地促进了产业结构优化升级，并推动了相关产业的产生和发展，从而提供了大量的就业岗位，提升了居民的收入水平，进而对居民网络消费产生正面效应。

一方面，互联网保险通过产业结构升级效应促进区域间技术合作与人才交流，促进经营与管理成本降低，优化资源配置，促进居民网络消费需求的提升。另一方面，互联网保险的产业结构升级效应促使相关新产业的发展，从而导致就业规模的扩大，提高居民收入水平，进而对居民网络消费产生影响。

2．互联网保险对居民网络消费的溢出效应

1）互联网保险和居民网络消费的空间溢出效应

一方面，区域间各类要素的流动性较强，有利于互联网保险公司共享技术、劳动力资源等要素，使区域间公司之间的技术投入成本、人力资源成本等都得以降低，互联网保险逐渐呈现空间集聚特征。

另一方面，互联网设施的完善和网络通信设备的普及，提升了区域间金融信息共享水平，从而加强公司间的合作，提高行业整体效率，促使互联网保险产业产生集聚效应。同时，区域间的互联网保险政策往往容易出现相互学习和相互模仿的现象，有利于形成竞争和开放的发展环境，进一步促使互联网保险产业呈现空间集聚和空间依赖特征。居民网络消费行为除了受到自身消费习惯的影响，还受到邻近地区居民网络消费的影响。这是因为区域间交通基础设施的不断完善以及信息化建设的推进，使得生产要素的流动成本降低，地区间经济的关联性和外溢性增强。

此外，通信技术和互联网技术的飞速发展加快了居民网络消费理念与方式的传播，邻近地区的居民网络消费对本地区的居民网络消费示范效应加强。因此，相邻地区的居民网络消费可能存在关联，呈现出空间集聚和空间依赖特征。

2）互联网保险对居民网络消费的网络溢出效应

由于互联网设施的完善、网络通信设备的普及，区域间的经济联系越来越紧密；人才、技术等生产要素流动频繁，使各类资源在区域间得到合理分配，人力资源逐渐集聚；行业技术创新和产业升级加快，形成外部规模经济效应，使互联网保险空间溢出效应产生并逐渐扩大。互联网保险的外部性超越省域边界，互联网保险发展水平高的地区向互联网保险发展水平低的地区扩散，实现区域间互联网保险发展水平的整体提升。

由于互联网保险对居民网络消费会产生影响，当互联网保险存在空间溢出时，将影响邻近地区的居民网络消费。同时，影响互联网保险的诸多因素存在跨区域的空间关联，互联网保险不仅对空间邻接或地理距离相近地区的居民网络消费存在影响，而且对跨区域地区的居民网络消费也存在影响。

8.3 互联网保险的理论与模式

8.3.1 互联网保险概述

1. 什么是互联网保险

互联网保险，也称网上保险或者网销保险，是新兴的一种以计算机互联网为媒介的保险营销模式，有别于传统的保险代理人营销模式。从理论上讲，互联网对保险业的冲击体现在两个方面：一方面是传统保险行业的互联网化，是借助互联网进行保险创新。另一方面则是互联网企业布局保险领域。

2020 年，中国银保监会发布《互联网保险业务监管办法》明确了互联网保险业务的定义，即保险机构依托互联网订立保险合同、提供保险服务的保险经营活动。《互联网保险业务监管办法》规定，同时满足以下三个条件的保险业务，即为互联网保险业务：①保险机构通过互联网和自助终端设备销售保险产品或提供保险经纪服务。②消费者能够通过保险机构自营网络平台的销售页面独立了解产品信息。③消费者能够自主完成投保行为。

广义的互联网保险，是指以信息技术为基础，建立网络化的经营管理体系，以网络为主要渠道来开展保险的下单、认证、明确、理赔等一系列保险经营和管理活动。

狭义的互联网保险，是指保险人或保险中介人以互联网和电子商务技术为工具，向客户提供保险产品和服务信息，并通过在线订立契约，直接向客户销售保险产品或提供各种保险服务的经营行为。

互联网保险实现了保险信息咨询、保险计划书设计、投保、缴费、核保、承保、保单信息查询、保权变更、续期缴费、理赔和给付等保险全过程的网络化。无论是从概念、市场还是从经营范围，都有广阔的发展空间。

互联网保险的核心竞争优势在于：在互联网思维引领下，互联网保险产品可以依据更多场景向特定用户发送保险产品；互联网保险产品可依据市场需求，根据客户要求定制个性化产品与服务；互联网网络及其技术的应用可重塑保险产业整个售后环节，无论是咨询还是理赔，都可以借助互联网网络实现效率的提升。

互联网保险主要有两种模式：①保险公司自建渠道，或成立网上保险商城，或设立电商子公司。②借助现有第三方的网上保险平台，具体包括保险公司自行开辟的保险网销通道、保险公司在第三方综合网上购物平台的保险店铺、独立的第三方互联网保险平台、专门性的互联网保险公司。

2. 网络投保的步骤

浏览网站，选择适合自己的产品和服务项目，填写投保意向书、确定后提交，通过网上银行或信用卡或者各种网络支付工具支付保费，生成保险单后，保单正式生效。经核保后，保险公司同意承保，并向客户确认，则合同订立；客户可以利用网上在线咨询工具进行售前售后咨询，对产品信息、合同签订、划交保费过程进行查询（图 8-2）。

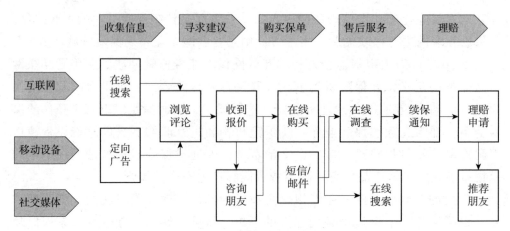

图 8-2 互联网保险购买流程

资料来源：上海银保监局，"上海保险业依托互联网发展与监管研究"课题组. 国外互联网保险发展的理论与实践 [J]. 上海保险，2015（2）：57-60.

3. 互联网保险的特征

1）时效性

互联网保险和传统保险业务相比，具有 7×24 小时运行的特点，投保人能够随时随地在有网络的情况下办理业务，如投保、核保、理赔、保单信息查询与修改等操作，不再受保险代理人、经纪人工作时间和工作地点的限制。同时客户可以通过网页上的自动报价功能对比各公司产品价格，选择适合自身且价格最优的产品进行购买，这种优胜劣汰的模式可促使保险公司强化客户体验，不断提高产品和服务竞争力。

2）流程标准化和透明化

传统保险实行保险代理人面对面的推销模式，而互联网保险将产品信息置于互联网平台，投保人需要自己理解保险条款的内容并决定其保障范围是否适合，并自主在网站上完成投保和支付流程。和传统保险相比，互联网保险退保率低，后续纠纷少。

3）成本低

目前保险公司主要是通过直销、电销、保险中介等渠道开展保险业务，这种经营模式下保费收入的 20% 以上将用于渠道费用支出，但互联网保险可以将渠道费用下降至少一半。互联网保险的交易及服务均通过网络进行，抛弃了人海战术，充分利用客户的主观能动性，跳过传统模式中业务员或代理人的中间环节，大大节省了佣金和手续费等成本支出，保费相比传统业务占有价格优势。

4）电子化

互联网保险的全流程都在互联网上进行，支付方式电子化、承保过程电子化、保单形式电子化。在传统渠道下，投保时业务员需要亲自上门辅助投保人填写投保书，再将投保书和保费交回公司，由核保人员审核无误同意承保后打印好纸质保单，最后再由业务员亲自交到投保人手上，或者投保人亲自去保险公司的营业网点现场投保并缴纳保费。不论哪种方式，都将大量的时间耗费于来回奔波的路上，还可能因为疏忽造成投保书、保单遗失。但互联网保险避免了以上传统承保过程中的诸多弊端，能够及时且精确地交互双向数据信息，投保人只需几分钟就可完成所有流程，成功投保。

4. 互联网保险的风险

互联网保险既有传统保险不可比拟的优势，又给保险行业带来了新的风险，这些新型风险与传统保险风险交织在一起，需要高度重视。

1）技术风险

互联网保险主要依赖计算机和网络技术，因此技术风险与互联网保险发展相伴相生。

（1）网络安全风险。互联网保险业务依赖于严格的网络安全，但同时网络又具有很强的开放性和脆弱性。硬件设备不完善、网络黑客攻击、计算机病毒入侵等都可能引发金融基础设施风险。

（2）信息泄露风险。大数据虽然提高了保险公司精准营销的能力，但由于网络的开放性和安全技术的有限性，很难保证客户信息在获取、传输、存储和处理过程中不被泄露，使客户面临个人隐私泄露的风险，甚至引发客户信任危机。

（3）新技术运用风险。新技术在互联网保险中发挥了很大作用，然而任何一种新技术的应用都存在一定的风险。例如，互联网保险重要的技术依托——大数据可能面临海量数据存储的挑战，云计算也面临服务外包的问题等。

2）金融风险

互联网保险是保险行业主动运用互联网技术发展的金融业态，本质上属于金融范畴，伴随互联网保险发展而产生一些新型风险，和传统的金融风险可能产生叠加效应。

（1）信用风险。从保险公司的角度看，互联网保险广泛运用大数据技术，风险识别能力和水平均优于传统保险。但由于互联网保险业务主要是通过客户在线交易完成，缺乏面对面的信息交流，相比线下面对面的实体交易，互联网保险线上交易的虚拟性使保险公司难以准确判断客户的身份信息、信用评级等，有可能使保险公司面临道德风险和逆向选择。从消费者的角度看，互联网环境下投保人获得保险产品信息的准确性也可能大打折扣。

（2）操作风险。随着互联网保险的快速发展，移动支付和远程支付在给消费者带来便利的同时，也存在诸多安全隐患，由于客户的安全意识薄弱，在身份认证、网络安全环境方面有可能出于操作不当引发风险。另外，由于保险业务运营系统集中化，单个操作风险有可能在互联网平台加速发酵，进而造成重大损失，这就对互联网保险运营系统的稳定性和风险防控水平提出了更大的挑战。

3）系统风险

随着互联网的日益发达和普及，再加上时下大数据的兴起，每天大量的信息通过互联网进行交互，无形中加大了互联网信息安全风险。保险公司信息系统的设计、运行或后期维护不周会阻碍保险产品或服务的有效传送；计算机系统软硬件不完善，会导致计算机病毒的入侵，从而给保险公司和客户造成巨大损失。

互联网保险较强的开放性和共享性，很容易将单体风险演化为系统性风险。

（1）行业间关联性风险。在互联网保险创新中，统一的支付平台架构是支付方式发展的趋势，金融机构之间的关联性增强，风险的传递性和对平台安全风险的敏感性也大大提高。同时，由于互联网保险的碎片化、传染性、跨界性，一旦出现风险，极易引发大规模资金链条断裂，导致关联性或流动性风险。

（2）与消费者相关的风险。互联网保险融入更多的消费者行为学和心理学因素，即消费者行为特征在互联网保险业务创新中占据了非常重要的地位。然而由于互联网保险投资门槛较低，主要消费群体抗风险能力较弱，在一定程度上缺乏专业的金融知识和投资能力，且参与人数众多，恐慌情绪和挤兑风波可能在短时间内迅速膨胀，有可能导致保险业出现系统性风险。总之，我国保险业还没有经历过完整经济周期的考验，缺乏应对系统性风险的经验，行业防范风险的任务依然很重。

4）定价风险

保险的基本原理是大数法则，需要足够的数据支撑和经验积累，但当前我国的征信体系建设还不足以支撑风险可控的保险产品费率定价。加之一些跨界领域市场本身的发展尚处于初级阶段，如果贸然跨界会导致极大的定价风险。一些互联网保险公司与 P2P 平台企业合作，提供保证保险服务，近年来 P2P 平台企业屡屡爆出的风险事件为这种跨界合作敲响了警钟。

5）伪创新风险

对于互联网保险产品的创新，保险监管部门允许保险公司在创新过程中适当"试错"。但自互联网保险发展至今，出现的"高温险""雾霾险"等，这些险种带有一定的博彩性质，混淆了创新的边界，有伪创新之嫌。这种所谓的创新与互联网保险的本质相悖，难以契合社会大众的合情合理且合法的消费需求，不但不能提升保险公司的品牌效应，反而造成损害。

6）操作风险

由于互联网保险的投保网页设计大致相同，不同险种的操作流程也相差无异，因此投保人在界面操作时由于警惕性降低更容易出现差错，且产生操作问题的原因多样，不利于查找来源。一旦投保人投保成功，但信息输入错误，网站没有阻断同意承保，后期出险理赔时可能会造成投保人与保险公司的纠纷。

7）合规风险

由于互联网保险的创新，目前出现多样化的新兴保险，保险本是为了分散风险，然而很多保险产品已经偷换了保险的本质概念，出现了合规风险。如某车险手机 App 发布的有名的"贴条险"是一项创新车主服务，顾名思义，就是车辆被贴条可以获得赔偿。而后保监会认为贴条险的销售平台不隶属于任何保险公司，有关机构和人员涉嫌非法经营保险业务，因此叫停了该业务。

8.3.2　互联网保险的"四个定位"

1. 功能定位

保险，在法律和经济学意义上，是一种风险管理方式。因此，保险产品创新的基本原则和底线是创新的产品具有风险管理的可能性，即通过经验的积累和有效的管理措施能够降低保险标的风险。互联网保险具有分散风险和保障的功能，在社会经济发展过程中起着"经济助推器"和"社会稳定器"的作用，促进经济与社会的协调发展 。

风险保障是互联网保险的核心功能，现在我国互联网保险理财功能更为突出，但不能偏离风险保障这一核心功能定位。

2. 需求群体定位

互联网保险的出现将会改变传统保险那种以保险产品为主导的模式，进而转变成以用户需求为核心、超强用户体验的模式。明确其需求群体定位，这是培育有效市场、将潜在需求转变为现实需求的前提。

互联网保险的用户主要通过网络获取产品信息，因此相应的保险公司应该站在客户的角度，为不同的客户提供不同的保险产品，帮助客户选取最优的保险产品。

传统保险产品的客户比较分散,有不同年龄段人群,但是互联网产品的购买客户集中在"80后""90后"人群。"80后""90后"人群是互联网使用的主力军,对互联网保险有更多的尝试和探索,并不局限于线下营销员的见面和邀约。因此,互联网保险公司更倾向于服务年轻人,这些年轻人将是社会的中坚力量,也是整个国家经济发展的推动者,这些客户有着更好的教育、更多的精力、更强的判断能力,也成为更加需要保险保障的人群。

如今互联网的发展日趋多样化,用户的需求也趋于多样化、碎片化,这就要求互联网保险产品更多的是碎片化、个性化、定制化产品。互联网产品在设计时要准确把握用户需求,利用大数据等技术全面分析用户在互联网场景中各种需求的变化。

3. 产品服务定位

保险公司应该在调查了解和分析互联网保险用户需求的情况下,以客户体验为中心,不断创新互联网保险产品设计,尽快出台专供互联网销售的保险产品,形成互联网销售的独特优势。应积极优化产品结构,不断提高保障类保险比重,降低理财类保险产品比例。

目前互联网保险产品开发的重点应该是工具型互联网产品,对此就不能从传统销售的角度去考虑问题,而是应该打造最合适的产品,去嫁接和对接更多、更好的平台与渠道。除了现有的产品体系竞争外,未来的互联网保险产品要将保险需求与消费场景融合并通过保险产品连接起来,设计场景化、定制化、多样化的标准产品,以批发的形式通过相应第三方平台提供给客户。

针对综合购物类平台,可在现有退货运费险、账户安全险的基础上进一步延伸产品层面和领域,提高产品渗透率、扩大产品覆盖面,比如在淘宝平台售卖充电器的商家,保险公司可找一些销量大、质量好的与其合作,推出充电爆炸险。

针对生活场景类平台,可根据不同平台的客户消费类型嫁接不同产品。

针对社交资讯类应用平台可以推出信息错漏险、口碑指数险等。针对专业比价类应用平台则重点突出专业性、定制化、个性化和性价比高的特色,引导消费者客观理性地分析比较来选择合适的产品。比如自驾车、主题游、定制游、小众游等受到了越来越多游客的追捧。

旅游消费者对于个性化、定制化的旅游保险产品所涵盖内容、配套服务都有新的需求,保险公司应该细分客户群体,推出有针对性的"定制化"保险产品,改变产品不对称的现状。要真正落实"定制化",建议保险公司在产品与服务方面进行双向开拓，一方面，将开发增值服务作为基本立足点和吸引眼球点，在提供基本保障的基础上，为投保人创造更多独具竞争力的服务项目；另一方面，在产品上改变现有定式产品的现状，可以将所有的旅游产品一个一个碎片化，形成一个产品工厂，由公司根据不同旅行社和消费者的需求去组合产品或者干脆由消费者自行选择组合，满足日益多元化的市场需求，提升客户体验。关于互联网保险产品定位的更多阐述可参阅 8.4 节。

4. 安全性定位

互联网保险的安全性包括信息技术安全和市场交易安全。从前者看，建议加强技术研究，尽快建立互联网保险专用网络。一是实现保险业务流程网络化，使投保人、被保险人足不出户即可享受到"一站式"服务体验；二是建立互联网保险网络动态安全风险评估和监测体系，确保投保人、被保险人的隐私信息安全；三是形成一套科学合理、高效的信息筛选机制，使消费者摆脱互联网海量信息的干扰。

8.3.3 互联网保险的创新

互联网保险凭借保险行业理念创新、营销和商业模式创新、产品和个性化服务创新以及渠道建设拓展创新，重塑了保险产业的核心竞争力，其本质是创新保险生产方式，扩大保险服务对象，通过保险经营和服务的改善，提升保险生产和服务效率。

1. 保险理念创新

我国传统的保险主要为线下销售与推广，追求销售业绩，后期的保险服务工作具有一定的局限性和弊端，很难实现对消费者利益的全面维护，导致保险难以满足消费者的需求。

我国互联网保险模式下的保险理念实现了巨大的转变，互联网具有很强的开放性和交流性，互联网模式下的保险业务能够实现更高的服务质量和水平。

互联网保险转变了传统的思想观念，构建了以客户为核心的服务理念，加强了对客户本身需求的了解。在整体的互联网保险中，侧重于后期的销售服务工作，把传统的销售重点转变到后期的服务重点中，有效满足人民群众的需求。

另外，互联网的出现也改变了人民群众的生活方式和消费习惯，在日常生活中，碎片化和场景化的理念逐渐出现，使互联网保险逐渐趋向简单化、单一化和短期化，主要体现在保险功能逐渐简单，保险责任和保险标的单一化，保险期限的短期化。例如运费险，运费险是随着互联网保险发展过程而产生的一项内容，主要应用在各种交易平台，在交易双方出现交易行为、存在一定的退货行为时，运费险就起到很大的作用。保险公司会对退货产生的运费进行保险服务，保障消费者的合法权益，也能够维护商家的利益，实现消费者和商家的共赢。

2. 商业模式创新

我国传统的营销模式主要是由保险代理人来进行保险的销售与服务，而在互联网背景下的保险营销模式逐渐转变为官方网站模式、第三方电子商务平台模式、中介代理模式、专业互联网保险公司模式和网络互助保险模式。

1）官方网站模式

在互联网保险中，保险公司官方网站模式是互联网保险的主要形式，能够有效地满足各方面需求，受到社会的广泛欢迎。

保险公司利用互联网的优势，构建属于自身企业的官方网站，在网站中能够为消费者提供产品查询、产品报价、在线投保、网上支付、自助理赔以及在线客服等功能，整体的操作流程更加便捷化，节省了时间，提高了效率。

该模式以大中型保险公司为主，因大中型保险公司拥有充裕的资金、多种多样的保险产品和完善的运营服务体系，有能力建立自己的销售平台，以满足保险产品销售、提供客户服务、品牌展现的发展需要。该类保险公司由于经营时间长，客户群体庞大且品牌认可度高，公司官网有较高的访问流量，能有效引导销售业务归集。采取该模式的受益机构主要为传统大中型保险公司、上市险企等。

2）第三方电子商务平台模式

第三方电子商务平台是一种新型的销售模式，是指保险公司与第三方电子商务公司共同合作，构建互联网网络销售平台，制定相应的保险经营模式，开展相应的保险业务。

第三方电子商务平台在近几年来有着巨大的发展，电商平台能够实现对大数据和互联网以及云计算等技术的应用推广，在相应的数据分析中实现对客户数据的了解，借助对客户需求的分析来为客户提供更具针对性的服务，通过后台对客户在各种软件或平台中的浏览和交易等进行分析，为客户提供具有针对性和有效性的保险服务，满足人民群众的需求。

第三方网络平台包括四类：①信息类网络平台，如百度、腾讯等互联网公司利用互联网优势在网上销售保险产品。②电商平台，如苏宁、阿里巴巴、京东等大型电商平台利用客户规模优势在网上销售保险产品。③第三方保险专业中介平台，如小雨伞等利用保险专业中介优势在网上销售保险产品。④销售特定产品和服务的平台，如携程网等利用客户转换率高的优势在网上销售保险产品。

与保险公司自营平台相比，第三方电子商务平台类似于保险超市，其优势在于汇聚了不同公司的保险产品，有利于消费者比较和选择，充分发挥粉丝经济与互联网销售协同作用的销售模式。

3）中介代理模式

该模式只为交易双方提供需求信息，进行需求对接，具有独立运营、信息化程度高及流程专业的特点，目前依靠其流量优势，主要集中于潜在客户群广泛、易核保的意外险、健康险、家财险以及部分创新型险种。中介代理包括兼业代理、专业代理两种。

兼业代理是指代理公司运用自有客户体系进行产品推介，该模式险种较为单一。如汽车票务销售公司代理交通意外险、银行代理理财类保险等。专业代理需要具备专业的网销保险牌照，同时满足资本金等多方面监管要求。此类代理能在线高效完成产品销售及后续理赔服务，具有完善的风控机制，能有效识别承保环节的潜在风险。

4）专业互联网保险公司模式

专业互联网保险公司模式主要是指整体的保险过程全都在网上实现以及完成的模式。专业的互联网保险公司不涉及线下的保险销售工作和服务，从销售的开始到理赔的结束，全都是通过互联网实现，能够有效地降低人工成本与支出，提高交易的便捷性。

该模式下，业务办理在线完成，不设线下实体门店。紧紧锁定网络消费目标客户群体，针对材料充分、责任明确、一定限额内的理赔事件，在理赔时进行线上快速理赔服务。此类从业机构具有保险产品开发资质。

众安保险是我国第一家专业的互联网保险公司，主要经营责任保险和保证保险两种保险类型，实现了良好的发展。截至 2022 年，国内专业互联网保险公司仅有众安保险、泰康在线、安心保险、易安保险四家。该类专业公司的股东拥有强大的互联网或保险行业背景，在资金、技术、客户资源、人才储备等方面能够提供大力支持，使主营保险业务快速步入正轨（表 8-1）。

表 8-1　我国四家互联网保险公司基本信息

基本信息	众安保险	泰康在线	安心保险	易安保险
成立时间	2013 年 10 月	2015 年 11 月	2015 年 12 月	2016 年 2 月
注册资本	12.41 亿元	10 亿元	10 亿元	10 亿元
经营范围	企业 / 家财险、货运保险、责任保险、信用保证保险、短期健康 / 意外伤害保险；机动车保险	企业 / 家财险、货运保险、责任保险、信用保证保险、短期健康 / 意外伤害保险；机动车保险	企业 / 家财险、货运保险、责任保险、信用保证保险（仅限家庭装修保险）、短期健康 / 意外伤害保险；机动车保险	企业 / 家财险、货运保险、责任保险、信用保证保险、短期健康 / 意外伤害保险

续表

基本信息	众安保险	泰康在线	安心保险	易安保险
主要股东	蚂蚁金福 19.9%；腾讯 15%；平安保险 15%	泰康保险集团 99%；泰康资产管理 1%	玺萌置业 15%；通宇世纪 14.5%；红海明珠 14.5%；中诚等信 14% 等	银之杰 15%；光汇石油 115%；银必信资管 14% 等

资料来源：张莹莹. 我国互联网保险产品发展研究 [D]. 石家庄：河北经贸大学，2018.

在我国现阶段的发展下，专业的互联网保险公司较少，整体的保费规模较小，缺乏专业的经营管理模式，需要不断地探索与经营，并且在互联网行业内缺乏相应的法律制度与规定，很难实现完善的监管与治理，使互联网保险公司的发展存在一定的风险与难度。

5）网络互助保险模式

中国保监会在 2015 年初出台《相互保险组织监管试行办法》，为"相互保险"业务的开展打下了基础。2016 年 6 月，中国保监会批准众惠财产、信美人寿和汇友建工财产三家相互保险社筹建，标志该业务在我国正式落地。

我国互联网保险企业图谱如图 8-3 所示。

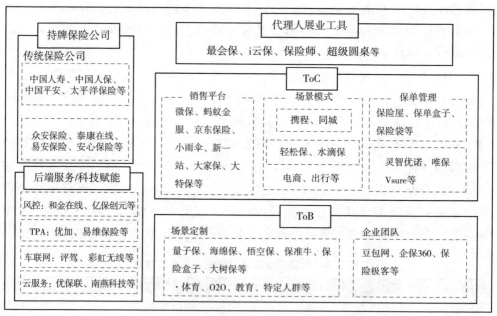

图 8-3　我国互联网保险企业图谱
资料来源：艾瑞咨询。

3. 产品创新

与传统保险产品相比，互联网保险产品在诸多方面都有明显的区别。

在产品功能上，传统保险产品保障范围广、综合性强、周期长、价格高；而互联网保险产品根据不同用户需求对保障范围进行精分，其产品小而精，具有很强的针对性，保障周期较短且价格较低。基于长尾理论的小众创新产品将打破"二八定律"为传统保险业的发展注入活力。基于长尾理论和互联网随时随地在线的特性，原本不具有规模效益的互联网保险产品逐渐被开发出来，如快递运费险、手机碎屏险和飞机延误险等。

在理赔服务方面，相比传统保险产品的线下理赔，互联网保险产品采用线上理赔，实现了操作简化、客户互动数字化和索赔处理自动化。

操作简化：传统的依赖保险代理人或中间人的方法随着客户与保险公司之间互动的减少而消失。在互联网的帮助下，从购买、续订到提出索赔的过程，几乎所有程序都经过了简化。与这些服务相关的操作进行了数字化处理，客户可以单击一个按钮购买保险单，并在几分钟内收到保单的电子邮件。甚至索赔流程也演变为无纸化交易，使客户不必经历传统保险所需的烦琐的理赔流程。

客户互动数字化：客户不得不就问题或疑问给保险公司写信的日子已经一去不复返了，现在的客户越来越多地寻找即时解答。新时代保险公司正在大量使用聊天设施，以确保客户能够立即找到答案。保险公司还引进了新技术，如聊天机器人，它替代人类提供一些常见问题的答案，缩短了客户查询答案的时间。

索赔处理自动化：保险业的数字化转型，通过人工智能、机器学习和预测分析，提高了运营效率。索赔可以通过移动应用程序立即处理，帮助保险公司减少了编写保单的时间。一些数字保险公司要求投保人上传被保险车辆遭受损害的照片并提出索赔，比传统方法快得多。

在定价模式方面，传统保险定价模式是基于历史数据的静态精算模型，而互联网保险公司更多基于大数据的动态精算模型，满足客户差异化的需求，更具有针对性，产品销售转化率更高。依靠海量的客户数据，保险公司可以从产品设计、定价方式以及承保风控等环节进行重新塑造，有利于增强保险市场产品多样性，促进保险产业创新发展。

互联网保险与传统保险的对比见表 8-2。

表 8-2　互联网保险与传统保险的对比

因素	传统保险	数字保险
定价	由于多个分支机构和离线程序，运营成本很高	由于在线机制具有成本效益，运营成本较低
购买程序	多步骤程序且复杂，需要文书工作来启动该过程	在线进行无纸化交易模式，简单易用，便于在线购买保险

因素	传统保险	数字保险
通信	要理解复杂的术语和条件或行话	通过社交媒体、应用程序、网站、电邮、文本等多种媒体,易于阅读和访问
索赔	需要几份文件来确定索赔	客户友好和无忧无虑地索赔,通过网站、应用程序或电话在线提出索赔
文书工作	购买、续订、提出索赔或查询等所有形式的交易所必须有文书工作	一个完全数字化的过程,几乎不需要文书工作

在产品种类方面,互联网保险的诞生就是一场创新革命,其保险种类的多样化创新成为必然。传统保险主要包括社会保险之外的商业补充保险、人身安全类保险、财产险等,互联网保险种类繁多,从雇主责任险、动物咬伤险到单身险等,且投保所花费的资金额度也有了更为明确的等级划分,从上百万元到几元、几十元不等。互联网保险种类的多样化使保险在社会的普及成为可能,能够在其经济负担范围之内满足社会群体在保险方面的各种需求。

随着"互联网+"的深化,非寿险产品创新和多样化定制化趋势日渐强化。不管是有噱头的"赏月险""雾霾险",还是"加班险""步步保""牛油保"以及"悦听保"等,这些从产品形态、承保流程、客户体验等不同角度的尝试与创新,都给非寿险的产品创新和供给带来了新的变化。

但从总体来看,我国保险产品创新能力仍然不足,产品单一化、同质化的特征仍未消除,产品缺乏特色、吸引力不足等问题依然普遍存在,制约了保险业务的发展。

4. 渠道创新

传统保险通过实体售卖,主要营销渠道包括直销、银行代理、电话销售等,在增长上面临空间的有限性和成本相对高昂等问题。互联网保险则是在网络平台中售卖,各保险企业致力于在投保、缴费、承保、理赔环节实现全过程的网络信息化,拓展了营销的宽度。

传统保险销售主要依靠层层设立物理网点,以及保险代理人、银保、电销、经纪人或代理人等人海战术,中间渠道具有较强的议价能力,并获取了较高的佣金费率,是一种典型的高成本、"金字塔式"销售模式。互联网保险销售则利用自营平台、第三方平台等方式直接触达客户,开展保险直销和代销等,可以节约大量的网点成本和人力成本,获取用户的可变成本大大低于传统保险销售模式,相对而言,是一种低成本、扁平化的销售方式。

互联网及其技术的应用可重塑保险产业整个售后环节,无论是咨询还是理赔,都可以借助互联网实现效率的提升。一些新兴专业互联网保险公司,充分利用移动端开展了线上产品咨询以及线上理赔等服务，不仅使客户足不出户就可享受到保险产品，同时也不必花费大量时间和精力在理赔环节，通过 App 上传现场照片或资料也可达到传统理赔现场勘察的效果，服务效率得到极大提升。国内保险公司的互联网销售渠道有三种不同的建设方式。

（1）自建网络平台。国内主要保险公司基本上都建立了自有网络销售平台，如中国平安的万里通和一账通，中国人寿的国寿 e 家，新华保险、太平洋保险、太平人寿的网上商城，以及泰康保险的泰康在线。

（2）与专业第三方保险销售网站合作，由保险代理、经纪公司等提供的保险服务，如中民保险网、慧择保险网。

（3）与电商平台合作，如与淘宝、京东、腾讯、网易合作的在线保险销售。

案例分析 8-1

8.4　互联网保险产品

8.4.1　互联网保险产品的基础知识

1. 互联网保险产品的定义

保险产品是保险公司为市场提供的有形产品和无形服务的综合体，由保险条款、保险合同以及保险服务等部分组成。

保险产品在狭义上是指由保险公司创造、可供客户选择在保险市场进行交易的金融工具；在广义上，保险公司向市场提供并可由客户取得、利用或消费的一切产品和服务，都属于保险产品服务的范畴。

相应地，互联网保险产品在狭义上是指由互联网保险公司研发和用于用户购买的金融产品；广义上是指互联网保险公司向保险市场用户提供的可用于使用或消费的所有保险产品和服务的总和。

2. 互联网保险产品的特点

1）网络化

互联网保险不同于传统保险行业中由中介代理保险产品、线下网点办理保险业务的销售模式，只需通过网络平台，进行网页和程序设计，使用计算机这一媒介进行保险产品销售即可。

2）电子化

互联网保险使用网络进行操作，保险流程全部电子化。相比传统线下保险销售模式有许多优点，如可以准确实时地进行数据传递，对消费者来说更加便利，几分钟内就能完成投保。

3）销售模式更标准

在传统保险销售过程中，一般代理人得向投保人进行条款说明，而互联网保险模式则显得更加标准化，所有保险相关信息及条款直接显示在网页上，更加通俗易懂，明确且清楚，利于消费者理解，消费者对于不理解的地方可以与平台客服在线沟通，及时答疑解惑，避免产生不必要的麻烦，利于减少投保后可能产生的纠纷。

4）成本低

互联网保险销售模式相比传统保险线下销售模式，减少了中介代理费及网点运营费，有效降低了保险公司的成本。

5）利于保险公司及客户间的交流

互联网保险使保险公司和客户能及时进行交流。于客户而言，能从网页上了解到保险公司的相关信息，也能对不同保险公司的保险产品进行深度对比，既方便了客户，也使客户与保险公司间的互动性变得更强。

6）灵活性

互联网保险弥补了保险线下营销方式的某些不足，更加灵活，有利于风险防控，能更好地发挥市场的作用，从而在市场上占据绝对的主动权。

7）保费低

互联网保险相对传统线下保险模式能大幅度节约保险公司成本，正因如此，互联网保险的保费低于传统线下保险模式的保险费用，更易受到消费者的欢迎。

相比传统保险产品，互联网保险产品的保障范围大多小而窄，保障期限也短，保险金额也低。因此当客户想要得到较长期限、保障范围较大的保障，叠加多款互联网保险产品后与某一款传统保险产品的保障范围、保险期限及保险金额基本相似时，其叠加的互联网保险产品的保险价格则会高于某单款传统保险产品，这样的情况下购买传统保险产品则更合算。互联网保险产品与传统保险产品的比较见表 8-3。

表 8-3　互联网保险产品与传统保险产品的比较

产品类型	保险责任	保险期限	保险金额	保险价格	理赔流程	购买频率
互联网保险产品	小而美	短期为主	低	低	线上	高
传统保险产品	大而全	长期为主	高	高	线下	低

资料来源：张莹莹. 我国互联网保险产品发展研究 [D]. 石家庄：河北经贸大学，2018.

8.4.2 我国的互联网保险产品

小视频

什么样的保险适合互联网保险

1. 什么样的保险适合成为互联网保险

汉德尔发现：产品越简单、客户越容易理解、交易金额越小的保险产品，越易于在网上进行销售。客户使用网络渠道购买保险时考虑的主要因素有渠道覆盖面、降低交易成本的能力和渠道的可信任程度。

适合互联网渠道销售的保险产品包括短期简单理财险、短期健康险、意外险、简单标准化定期寿险、车险等，不适合通过互联网渠道销售的如长期分红险、长期寿险、健康险、农险、企业财产险等复杂财险。不同保险产品的交易规模与复杂性如图 8-4 所示。

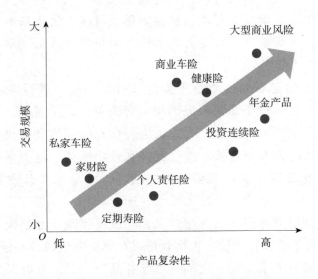

图 8-4 不同保险产品的交易规模与复杂性
资料来源：徐徐. 互联网保险的效应、困局与突破 [J]. 中国保险，2015（3）：20-24.

根据中国银保监会 2020 年发布的《互联网保险业务监管办法》，保险公司开展互联网保险销售，应在满足本办法规定的前提下，优先选择形态简单、条款简洁、责任清晰、可有效保障售后服务的保险产品，并充分考虑投保的便利性、风控的有效性、理赔的及时性。

互联网保险产品最大的特点就是定位要准，最大的卖点就是要满足用户的有效需求，要明确目标客户、销售渠道、销售方式，把准切入点和痛点。经济学上，把消费者愿意为之付费的需求，称为"有效需求"；相对应地，消费者不愿意为之付费的需求，可以称为"无效需求"或者"伪需求"。优秀、有卖点、能爆红的互联网保险产品，就是用户愿意为之付费、卖得出去、卖得出规模、不靠补贴、不靠免费的产品。现阶段这样的产品，大致具有以下三个特征。

（1）价低、量大、风险集合、利于精算。

从整体来说，互联网保险产品按照产品的特点可以分为服务型产品和工具型产品。

传统的车险产品和企财险、工程险、责任险等产品都属于典型的服务型产品，其特点就是保额较大、风险责任较宽、承保数量不大、核保要求高，且线上必须依赖线下提供的服务，包括承保咨询、理赔和防灾防损等服务，个性化、专业化、贴身化、强调服务的特征明显。

现在的绝大多数互联网保险产品都是工具型产品，特点是保额较小、保费低廉、风险单一、承保数量大、核保简单，且线上销售基本不需要依赖线下提供的服务，各类承保、理赔及咨询服务都可以在线上完成，场景化、碎片化、工具化的特征明显。

比如，淘宝的运费险、旅游平台的飞机延误险、旅行取消险等，都是中性的工具性产品，打个钩就可以购买，解决单一风险需求、金额不大、量大等特点让保险双方共同受益，保险人方便精算、销售和提供服务，还可以节约成本，被保险人方便购买、享受保障和理赔服务。这类保险很难通过服务去销售，是互联网保险产品创新的主战场，也是未来开发和推广的重点方向。

无论是工具型产品还是服务型产品，互联网保险产品最大的特征是必须量大、价低，利于精算和比价，否则就难以在线上完成销售和服务。

（2）匹配场景需求，相互之间是"互补品"关系。互补品的消费是互相促进的。例如大闸蟹和醋就是互补品，吃大闸蟹就要吃醋，所以把香醋和大闸蟹一起销售，比单独卖醋要容易卖出去，也更容易把醋卖出好价钱。

互联网保险产品里，非常经典的退货运费险，是淘宝交易的互补品；航空延误险，是携程、去哪儿机票交易的互补品。"无交易，不保险"，只有在交易场景下，用户才有保险需求，才愿意付费买保险。没有交易场景，或者说当前不处于交易流程中，用户就没有保险需求，哪怕给用户免费赠送保险，大多数用户还是会因担心泄露个人信息而不愿意填写身份证号码和手机号码去领取。

一些看上去非常有创意的互联网保险产品，最后大都销量惨淡，原因就在于没有适合的交易场景，唯一的交易场景就是购买保险。这就像只销售咖啡伴侣而不卖咖啡一样尴尬，最终难以促成交易。

（3）产品销售对象是大量有支付习惯的用户。

如果一款产品瞄准的客户都是没有支付习惯的客户，那它的销售显然难以取得成功。如当前国内互联网领域某些平台的注册用户大都是靠免费、补贴获取的。这些客户，要么没有绑定银行卡，要么从未使用银行卡进行过支付，即便有保险需求，也难以便捷地完成购买操作。如果要求客户先绑定银行卡再填写投保信息，由于绝大多数保险产品本身就不是强需求，烦琐的购买流程将最终导致大多数客户放弃购买。前几年，滴滴和快的为了争夺用户，其大股东腾讯和阿里巴巴通过高频出行领域的高额补贴，培养用户使用微信和支付宝绑定银行卡进行支付的习惯，最终对大量用户的出行习惯和支付方式产生了颠覆性的影响。没有支付，谈何交易？

除了支付习惯，还需要考虑有支付习惯的客户占比，有的 O2O 项目表面上有几十万注册用户，但真正有支付历史的用户比例有多少？非补贴情况下有支付历史的用户比例有多少？这些用户才是互联网保险产品真实有效的购买者基数，通过计算这个数字，就可以大概判断出互联网保险产品的预期销量。

上述两个特点，决定了一个互联网保险产品能不能卖出去和能卖出去多少这两个核心问题。任何一个希望通过互联网保险产品实现保费规模扩大的产品开发，都必须解决好这两个问题。

2. 我国互联网保险产品的种类

1）产品种类的变化

为避免风险，在互联网保险发展之初，互联网销售多选择价格低、责任简单的保险，保险市场上多数互联网保险产品是财产保险和人身保险。2011—2019 年互联网保险保费收入结构及互联网程度见表 8-4。

表 8-4　2011—2019 年互联网保险保费收入结构及互联网程度

年份	保险行业保费收入结构		互联网保险行业保费收入结构		互联网程度	
	产险 /%	寿险 /%	产险 /%	寿险 /%	产险	寿险
2011	32.20	67.80	69.00	31.00	2.14	0.46
2012	34.40	65.60	91.00	9.00	2.64	0.14
2013	36.10	63.90	81.30	18.70	2.25	0.29
2014	37.30	62.70	58.90	41.10	1.58	0.66

续表

年份	保险行业保费收入结构		互联网保险行业保费收入结构		互联网程度	
	产险 /%	寿险 /%	产险 /%	寿险 /%	产险	寿险
2015	34.70	65.30	34.40	65.60	0.99	1.00
2016	29.90	70.10	21.80	78.20	0.73	1.12
2017	28.80	71.20	26.30	73.70	0.91	1.04
2018	30.90	69.10	36.80	63.20	1.19	0.91
2019	30.50	69.50	31.10	68.90	1.02	0.99

资料来源：中国保险行业协会公开数据。

人身保险包括航空意外险、短期健康险、人身意外保险、定期寿险等。财产保险包括汽车保险、家庭财产保险、货物保险等。车险本身结构比较复杂，从投保性质分为交强险（国家规定强制购买）和商业险（车损险、第三者责任险、盗抢险等），交强险的标准特性以及较低的价格使其更容易线上化。理财险较强的投资理财特征更容易让用户理解和接受，保障功能不强、核保要求不高的特征也带来了客户黏性和规模效应，使其成为互联网保险的主力。其中许多产品只是将传统的保险产品在线销售，而真正具有互联网创新精神的产品非常罕见。

这些产品设计出来便出现简单化、同质化情况，给行业带来了一定的负面影响。在市场上保险产品同质化的情况下，更多的客户倾向于选择品牌知名度较高的保险产品，以获得未来更好的售后服务和保险保障。这种情况下，小型互联网保险公司生存出现问题。同时，如果产品同质化情况比较严重，很多保险公司就将陷入价格大战，严重危害了市场正常秩序。

随着互联网保险的发展，其种类越发多元。我国互联网保险从最初的车险、人身险、意外险、理财险等传统保险类型，到大量涌现的退货险、支付宝安全险、银行卡安全险等依托电子商务而开展的保险品种，再到熊孩子险、碎屏险、高温险等新型保险，创新越来越活跃，种类越来越多元。

2）产品的分类

按照一般分类方法，我国互联网保险产品主要可以划分为三大类：寿险产品、财险产品、创新型保险产品。

寿险产品在网上销售时，以万能险、国内外旅游意外保险、交通工具意外保险等为主。从销量来看，投资类型的保险产品占据主导地位，如投资连结险、万能险受到许多消费者的喜爱。

　　财险产品网售以退货险、家财险、针对移动支付工具个人账户安全险、车辆险为主。它们具有明显的相似特征：保期短、费率低、简单明了、投保方便，但同时也因其简单性，操作较为容易，竞争也就尤为激烈。

　　创新型保险产品主要有恋爱保险、加班保险、中秋赏月保险等，这类保险充满新意，迎合网民需求，有着很强的宣传性。

　　三类互联网保险产品见表 8-5。

表 8-5　三类互联网保险产品

项目	寿险产品	财险产品	创新型保险产品
主要产品	万能险、交通工具意外保险、重大疾病险、癌症预防险、投资连结险、分红险、国内外旅游意外保险、年金险	退货险、家财险、针对移动支付工具个人账户安全险、车辆险	中秋赏月保险、加班保险、恋爱保险
特点	占主导地位，万能险和投资连结险最受青睐	保期短、费率低、简单明了、投保方便	充满新意，宣传性强

　　根据新颖度，我国互联网产品可分为传统型产品、改良型产品以及创新型产品。新产品在概念上并不是固定的，对于同一概念会因保险市场不同而有所区别。

　　传统型产品：目前网上销售较多、业绩较好的仍是车险、意外险、旅游险、家财险、理财型寿险等。

　　改良型产品：如境外旅游保险、自驾游保险、女性关爱保险、各种理财产品等。

　　创新型产品：因互联网交易风险而创新性地推出的保险产品，如退费险、正品保证险、包装破损险、盗刷险、账户安全险等。

　　除此之外，互联网保险产品还可以根据营销渠道划分为直邮产品、营销产品、网上产品、直销产品、电话销售产品、代理产品、银保产品，根据产品来源划分为自主研发型产品和引进型产品，根据监管要求划分为报批产品和报备产品、法定产品和商业保险产品。

　　3. 我国互联网保险产品的问题

　　1）创新产品较少，产品结构单一

　　尽管目前我国互联网保险界新型险种层出不穷，但这些产品在产品经营层面上的意义并未超过营销与宣传。保险产品大多仍然局限于传统保险形式的范畴。

　　当前我国互联网保险行业仍然以销售包括寿险在内的诸多理财类产品为

主，此类险种的收益普遍较高，考虑到我国保险资金运用收益率普遍较低，以高收益险种为主体的单一化互联网保险产品结构可持续发展能力较弱，不利于整个行业的发展。

我国互联网保险业也广泛营销车险、货运险、航空意外险等诸多在线互联网产品，但此类产品的收益率较低，往往很难吸引大量的消费者。新型在线产品的低收益率对其研发与销售形成较大的阻碍，不利于互联网保险产品的创新化、多样化发展。

2）安全性的缺乏与潜在的信用风险

由于互联网自身的开放性和高风险性，我国互联网保险的信息安全技术也尚不成熟，互联网保险缺乏安全性且存在较为严重的潜在信用风险。缺乏对互联网保险行业有效统一的信用评级模式，导致潜在信用风险难以得到合理评估与保证。

3）保险产品的非标准化

与大多数传统保险产品相同，我国的互联网保险产品大多有非标准化的特征，即保险产品的具体收益难以通过明确的收益率等形式准确量化。

以互联网大力营销的寿险产品为例，在面对几页或者几十页的产品说明书时，除非是专业人士，否则很难弄清楚说明书里哪些是重要的条款，更不用说准确地计算出保险产品的收益率并进一步进行产品的横向比较。

传统保险销售可以借助营销场景和对营销者的信任成功激发客户购买欲望，进而解决保险产品本身非标准化带来的困扰，但互联网保险缺乏实际的营销场景，线上营销模式下的消费者很容易认为产品太复杂难以理解，或因担心受骗而选择放弃购买。这样非标准化的保险产品很难通过互联网进行广泛销售。

8.4.3　国外的互联网保险产品

新科技使客户能够方便地从互联网购买保险。但是不同国家由于互联网发展所处的阶段不同，技术、文化、制度也不同，互联网保险发展不尽相同。国外互联网保险业务在产品和路径选择上各有特点。

从分布地区来看，无论是欧洲、北美洲的国家还是亚洲、非洲、拉丁美洲的国家都有互联网保险业务。

从互联网保险产品来看，车险和家财险等一些相对简单的产品越来越多地实现在线销售；至于复杂的人寿保险和健康类保险保障计划，消费者还是倾向于从保险代理和经纪人处寻求建议；即用即付型的保险产品也因大数据分析技术的兴起实现了实时的在线承保。

从客户群体来看，互联网保险的主要客户群有汽车驾驶员、小型工商户、年轻消费者等，互联网保险消费者代际效应较为明显。

1. 美国

在美国，互联网保险产品种类丰富，几乎任何保险产品均可通过互联网保险公司提供，从汽车保险到家庭和房屋保险、人寿保险，甚至医疗保健政策。大多数此类公司都使用数字平台和算法来承保其保单，从而减少了大部分开销。由于许多这类公司几乎没有实体办公室，运营费用被大幅削减。虽然其中一些是独立初创公司，但依旧得到了消费者的信任和知名品牌的支持。

投资百科（Investopedia）综合考虑了金融稳定性评级、消费者评论、消费者投诉指数与全国平均水平之比、移动接入、全国可用性以及定价等方面，遴选出 2021 年美国六家最佳互联网保险提供商：Esurance、Lemonade、Root、Next、Oscar、Haven Life。

1）综合排名第一：Esurance

Esurance 是一家美国保险公司。它在网上直接面向消费者销售汽车、家用、摩托车和租房保险。其主要竞争对手是以 GEICO 和 Progressive 为首的其他个人保险公司。

Esurance 于 1999 年创立，成为首批通过互联网直接向消费者销售保单的保险公司之一，而不是使用现场会议或电话。2000 年，Esurance 被白山保险集团的子公司——美国民国控股公司收购。总部位于旧金山的 Esurance 公司当时已扩展到 24 个州。

Esurance 提供多种保险产品以供客户选择，保险范围覆盖房屋、汽车、生命甚至宠物等。客户可以选择需要的保单或捆绑保险一起保存。

Esurance 拥有强大的移动应用程序，并提供大量折扣：核心折扣、亲和力团体折扣、费用节省折扣、租房者折扣、免索赔折扣、防御性司机折扣等。

Esurance 拥有并得到了全州（Allstate）的支持，该公司是全美最大的公开持有的个人保险公司，其评级为 A+（高级），自 1999 年以来一直在撰写保单。它在大多数州运行，但并非所有产品都在每个州提供，例如在弗吉尼亚州可以购买汽车保险，但不能购买摩托车保险。

Esurance 的许多产品都可以在线或通过移动应用程序进行报价、捆绑和购买，而无须与代理交谈。如果不打算在保单开始时全额在线支付保费，Esurance 会收取每月分期付款费用，根据投保人的保险范围，预计每月 3 美元到 10 美元不等。

Esurance 没有任何实体店，鼓励通过电话、电子邮件甚至社交媒体渠道联系。

Esurance 的优势在于其移动体验，而不是定价和客户服务。Esurance 应用程序是汽车保险行业中评价最高的移动应用之一，提供其他保险公司没有的、有用的理赔功能。Esurance 的汽车索赔满意度低于平均水平，许多投保人抱怨理赔延迟。其费率也远高于平均水平，其他国家保险公司提供同样的保险，费用为数百美元，而 Esurance 少则数千美元。Esurance 的优缺点见表 8-6。

表 8-6 Esurance 的优缺点

优点	缺点
提供一系列保险产品可供选择	消费者投诉数量多
在全部 50 个州和 DC（哥伦比亚特区）提供	汽车保险仅在 43 个州提供
向司机提供很多折扣	客户按月支付保费需分期付款
强大的移动应用设备和网站	—

资料来源：Investopedia 官网。

2）房产保险第一：Lemonade

Lemonade 公司于 2015 年 4 月创立，在美国提供租房保险、房主保险、宠物保险和定期人寿保险，在德国和荷兰提供内容和责任保险，在法国提供租房保险。公司总部设在纽约市，截至 2020 年，拥有大约 100 万客户，70% 的客户年龄在 35 岁以下。[①]

公司注册为公益公司，明确使命是"将保险从必要的邪恶转变为社会公益"。其业务计划包括每年将其承销利润的一部分捐赠给每个客户在注册时选择的非营利组织。Lemonade 使用人工智能和聊天机器人来处理索赔。在 2020 年一项客户满意度研究中，J.D.Power（君迪）将 Lemonade 列为租房者保险承运人中最高的。

Lemonade 使客户能够在不到两分钟内在线购买保险，甚至能够立即向连接的银行账户支付批准的索赔。虽然尚未在全国范围内提供服务，但 Lemonade 提供了一长串额外的保险选项，使得客户更容易找到符合需求的组合。

虽然 Lemonade 在 2015 年才推出，但多年来在财产保险界引起了一些轰动。该公司提供房主保险、租房者保险和公寓保险，在 24 个州和哥伦比亚特

---

① 数据来源：保观.保费翻倍，净亏损扩大，Lemonade 还能撑起百亿元估值吗？[EB/OL].（2021-04-16）.https://zhuanlan.zhihu.com/p/365326220.

区都有房主政策。

所有保单都可轻松在线购买或通过 Lemonade 的移动应用程序购买，事实上，获得报价只需要几秒钟，购买新保单只需不到两分钟，这有助于客户选择最好的房主保险。如果有问题，准备购买保险，或需要提交索赔，可以通过电话、电子邮件或公司强大的移动应用程序获得客户服务。

Lemonade 需要每月保费的固定百分比来支付运营费用，并与其他公司一起支付索赔，之后剩下的任何东西都捐给客户选择的慈善机构。由于 Lemonade 不会通过拒绝房主的索赔或减少支出来赚取额外的利润，这让许多投保人认为，在他们最需要的时候，可以安心获得所需的保险。

虽然 Lemonade 尚未通过贝氏评级（AM Best）的评估，但该公司持有金融分析公司 Demotech 的 A 级财务稳定性评级（表 8-7）。

表 8-7　Lemonade 的优缺点

优点	缺点
获得报价和策略的时间短	只在 23 个州和华盛顿提供
剩余资金捐献给慈善机构	目前未获 AM 最佳评级
强大的移动应用程序简化流程	消费者投诉多
立即支付 金融稳定性 A 评级	—

资料来源：Investopedia 官网。

3）车险第一：Root

Root 成立于 2015 年 3 月，其汽车保险业务一直稳步增长。基于应用程序的平台允许司机根据驾驶习惯节省保费，在计算报价之前使用创新的"试驾"。2018 年，Root 成为医疗保健行业之外第一家获得独角兽地位的保险科技初创公司（一家价值超过 10 亿美元的私营初创公司）。

Root 是一家精通技术的汽车保险公司，直接奖励好司机的良好驾驶习惯。该应用程序功能丰富，通常允许司机将保费削减一半（或更多）。2015 年成立时 Root 只能为美国 30 个州的司机提供汽车保险服务。[①] Root 要求驾驶员下载其移动应用并执行数周的试驾，而应用则监控后台中的驾驶行为。如果驾驶员通过驾驶考试，则提供部分基于试驾期间计算的驾驶分数的保费。Root 广告说，它们只为好司机投保，以便将保费保持在低于其他保险公司的水平。

Root 的试驾是一个为期两三周的数字行程跟踪器，直接通过 Root 移动应

---

① 数据来源：Root 官网。

用执行。Root 借此衡量和评估司机的日常驾驶习惯，包括速度、攻击性，甚至最常开车的时间。有了这些数据，Root 能够更好地计算司机在方向盘后面构成的风险，进而确定保费奖励。一旦试驾完成并提供报价，消费者可以通过信用卡甚至 Apple Pay 的应用程序轻松购买保险。

Root 为使用 Autosteer 模式驾驶的特斯拉车主提供折扣，使他们成为第一家根据驾驶员是否运营半自动驾驶车辆来调整保费的保险公司。Root 宣布与卡瓦纳达成协议，卡瓦纳是一个买卖二手车的电子商务平台，Root 成为为卡瓦纳的在线购车平台开发综合汽车保险解决方案的独家合作伙伴。

Root 的覆盖范围比较有限：不投保沙滩越野车、摩托车或其他特殊车辆，2015 年成立的时候只在美国 30 个州注册并提供汽车保险服务。[①] 然而，该平台一直在扩展，预计不久将进入更多的州（表 8-8）。

表 8-8　Root 的优缺点

优点	缺点
优秀的司机会获得奖励	只在 30 个州提供
客户节省汽车保险费率	参加为期 2~3 周的试驾才能获得资格
路边援助包含在每个政策中	暂未覆盖摩托车、ATV（全地形车）和商用车
功能丰富的移动功能	—

资料来源：Investopedia 官网。

4）商业保险第一：Next

Next 商业保险成立于 2016 年，为各种公司和行业提供在线商业保险，创新了复杂的商业保险。Next 保费低廉，购买每月起价低至 19 美元的保单只需几分钟。

Next 保险使客户可以在短短几分钟内在线获得一般责任保险、商业保险、企业主保单（BOP）保险、财产保险、商业卡车 / 汽车保险、工人赔偿保险或专业责任保险的报价。

无论是摄影师、DJ（迪厅、酒吧等场所的音响师，也指电台音乐节目主持人）、承包商、健身教练，还是教育家、顾问，只要在 Next 保险涵盖的 1 300 多个职业之中，都可以通过电话或网络购买保险，每月最低只需 19 美元。但是，Next 没有提供移动应用程序，且并不是所有的商业保险产品都可以提供给每个人（表 8-9）。

---

① 数据来源：Root 官网。

表 8-9　Next 的优缺点

优点	缺点
八种保险类型可供选择	部分产品不在每个州提供
在 49 个州提供	无移动应用程序
为多种类型的企业提供保险	—
在线购买方便快捷	—

资料来源：Investopedia 官网。

5）健康险第一：Oscar

Oscar 是连接消费者与医生和供应商的医疗保险网络，为参与者提供了使用尖端设施的机会和与所需护理的全天候联系。虽然目前产品仅在 18 个州提供，但一直在拓展。

如今美国的医疗保险与 10 年前大不相同，尤其是随着《可负担医疗法案》的通过，为自己或家人购买 Oscar 健康保险的过程可以简单、明了。

Oscar 为个人和家庭提供医疗保险，以及商业和医疗保险计划。有了 Oscar，消费者可以立即获得需要的护理，特别是远程医疗。无论何时都可以在 15 分钟内安排与董事会认证的医生一起就诊（无论是需要诊断还是只想补充处方），无须共同支付或自付费用。

Oscar 应用程序可以让消费者找到和访问医疗保健专业人员，看到实验室的结果，访问账单和处方，甚至审查索赔。此外，消费者还可以跟踪应用程序中的每日步骤，每年在亚马逊积分中赚取高达 100 美元的积分，专门用于实现其健康目标。

Oscar 的一些好处仅限于计划特定领域的参与者。例如，只有纽约居民才能利用 Oscar 中心——布鲁克林最先进的卫生设施。Oscar 的优缺点见表 8-10。

表 8-10　Oscar 的优缺点

优点	缺点
全天候免费远程医疗	部分产品不在每个州提供
提供个性化服务	无移动应用程序
覆盖人群广	某些福利仅限于特定领域参与者

资料来源：Investopedia 官网。

6）寿险第一：Haven Life

Haven Life 提供高达 300 万美元的可负担期限保险，便捷的数字化操作流程使在线购买人寿保险比以往更加容易。Haven Life 公司由 Mass Mutual 提供支持，获得了全球保险公司专业评级机构贝氏评级评定的 A++（高级）评级，服务范围覆盖全国。

Haven Life 于 2015 年首次亮相，该公司归 Mass Mutual 所有，自 1851年以来，一直被保险界信赖。根据美国保险监督官协会（NAIC）的数据，Haven Life 拥有令人印象深刻、低于平均水平的投诉指数。

Haven Life 提供的在线定期人寿保险适用于大多数州的客户。虽然它们目前不提供其他类型的人寿保险（如终身保险或临终保险），但提供三种不同的附加险（Haven Life Plus、加速死亡福利和保费豁免）。此外，符合条件的申请人还可以选择即时保险，这是一项无须医疗检查政策，保额高达 100 万美元的即时保险。

Haven Life 使消费者可以在几分钟内完成投保。消费者能够在大约 30 秒内获得估计报价，得到一个更深入的报价也花不了 3 分钟。投保过程中如果有问题，可以通过电子邮件、电话甚至实时聊天联系 Haven Life 的客户服务部门（表 8-11）。

表 8-11　Haven Life 的优缺点

优点	缺点
大多数州有售	只有定期保单可用
持有 A++ 最佳评级	许多申请者需要先体检再确定保险范围
提供即时覆盖的医疗检查	现役军人不符合条件
标准期限保单可购买至 64 岁	—

资料来源：Investopedia 官网。

2. 印度

印度数字保险公司 Acko（又称"保险科技公司"）正在通过创新提供突破性的保险产品，改变数字保险格局。其通过网站或移动应用程序提供数字自行车保险和数字汽车保险等保险产品。

Acko 是印度首家全数字保险提供商，于 2016 年成立，是印度目前增长最快的保险公司，提供汽车和出租车保险（综合汽车保险、第三方汽车保险、商用车保险）、自行车保险（综合汽车保险、第三方汽车保险）、健康保险

（健康保险、团体医疗保险）、电子保险（移动保险、设备保险）。

Acko 已经取消了保险代理人的概念，并通过互联网直接向客户提供保险产品。无纸化交易在购买、续订和注册索赔方面给顾客提供了全新的体验。

3. 欧洲

Knip 股份有限公司是欧洲第一家数字保险公司，专门从事移动保险管理。Knip 于 2013 年 9 月创立后飞速成长。作为一家初创公司，它由来自美国、瑞士、德国和荷兰的风险资本家资助。公司在德国工商总会（IHK）注册，并由德国技术检验局（TÖV）认证。

Knip 应用程序是一个创新型移动保险经理，使客户得以轻松跟踪其所有的保险单、保费和福利，并接受全方面的建议。Knip 允许用户在智能手机上处理他们的保险，以电子方式调整保费、执行新保单或取消旧保单。Knip 提供全部保单的概述，使客户能够与经验丰富的保险专家聊天，获得独立建议和优惠。其所有保险都在一个免费的应用程序上进行，具有德国技术检验局（TÜV）批准和安全的网上银行。

Digital Insurance Group（DIG）成立于 2017 年，由 Knip 和荷兰领先的保险软件提供商康帕鲁合并而成。目前活跃在欧洲、拉丁美洲和亚洲。

DIG 是全球保险公司、银行和经纪商的下一代技术合作伙伴，得到美国和欧洲顶级风险投资者的支持，如 66 号公路风险投资公司、芬奇资本、克里索风险投资公司、雷达尔平风险投资公司、QED 投资者和苏黎世保险。

DIG 的尖端技术可以轻松集成任何内部或外部数据，并快速推出新的保险主张，包括客户参与和代理平台、移动应用程序、客户门户和创新产品。

 思考题

1. 如何理解互联网保险和传统保险的关系？它的"四个定位"分别是什么？

2. 互联网保险有哪些特点？简述互联网保险的利弊。

3. 相对于发达国家，我国发展互联网保险业务存在哪些制约因素？

4. 哪些保险产品更容易发展成为互联网保险产品？它们有哪些共性特征？

5. 互联网保险能够从哪些方面促进保险成为更加"有温度的人民保险"？

参考文献

[1] 唐海峰.我国互联网保险产品发展刍议 [J].武汉金融，2017（2）：48–50，76.

[2] 张莹莹.我国互联网保险产品发展研究 [D].石家庄：河北经贸大学，2018.

[3] 任舒倩.我国互联网保险的风险评估 [D].长沙：湖南大学，2019.

[4] 刘云飞.我国互联网保险风险及其防控 [J].时代金融，2020（19）：71–73.

[5] 唐金成，韦红鲜.中国互联网保险发展研究 [J].南方金融，2014（5）：84–88.

[6] 贺栋，利铮.走近理财型保险 [J].中国外汇，2013（22）：63–65.

[7] 黄益平，王海明，沈雁，等.互联网金融 12 讲 [M].北京：中国人民大学出版社，2016.

[8] 陈秀芬，唐宇石.大数据时代我国互联网保险的现状与发展研究 [J].改革与战略，2016，32（6）：33–37.

[9] 郭殊涵.国内外互联网保险发展比较及其对我国的启示 [J].中国市场，2017（3）：72–73.

[10] 上海保监局"上海保险业依托互联网发展与监管研究"课题组，冯志坚，张舒宜.国外互联网保险发展的理论与实践 [J].上海保险，2015（2）：57–60.

[11] 王洋.国外互联网保险行业的发展、监管经验及对我国的启示 [J].武汉金融，2017（3）：53–56.

[12] 张雪梅，韩光.国外互联网保险监管比较及其经验借鉴 [J].国际金融，2017（3）：75–80.

[13] 叶治杉.中国互联网保险发展历程、风险与路径探寻 [J].技术经济与管理研究，2021（3）：78–81.

[14] 李伟群，张勇博.互联网保险发展及监管环境变革 [J].上海保险，2021（10）：5–9.

[15] 于越.中国互联网保险发展研究 [J].全国流通经济，2021（18）：160–162.

[16] 孙喆，刘传明.互联网保险、网络溢出与居民网络消费：基于非对称空间网络权重的经验证据 [J].财经论丛，2020（3）：45–56.

[17] 李计，罗荣华.互联网保险发展面临的机遇、挑战与应对策略研究 [J].价格理论与实践，2019（3）：105–108.

[18] 李亚光，闫俊花.我国互联网保险的发展基础、过程与逻辑 [J].现代管理科学，2017（3）：51–53.

[19] 马树才，秦海涛.对我国互联网保险行业发展问题的思考 [J].财会月刊，2017（5）：119–123.

[20] 孔月红，周红雨.专业互联网保险公司发展的 SWOT 分析 [J].武汉金融，2016（12）：37–39，43.

[21] 袁华，李政道."互联网＋"背景下我国保险产业发展路径探寻：基于 SWOT 分析法 [J].金融与经济，2016（11）：81–85.

[22] 钟润涛，胥爱欢 . 美、英、日三国互联网保险发展比较及对我国的启示 [J]. 南方金融，2016（9）：77-82.

[23] 任晓聪，和军 . 我国互联网保险进入全面发展期：主要障碍与破解之策 [J]. 南方金融，2016（7）：78-82.

[24] 李琼，吴兴刚 . 我国互联网保险发展与监管研究 [J]. 武汉金融，2015，184（4）：31-34.

[25] 胡月 . 网络保险的风险管理问题及解决措施 [J]. 全国流通经济，2020，2262（30）：143-145.DOI：10.16834/j.cnki.issn1009-5292.2020.30.045.

[26] 刘姣 . 试析互联网保险的风险及防范思路 [J]. 商展经济，2021，28（6）：62-64.

[27] 张则鸣 . 论互联网保险的形态、定位与技术支撑 [J]. 上海保险，2014，346（8）：6-8，21.

[28] 高丽娟 . 网络保险发展的理性思考研究 [J]. 财经界，2019（27）：232-233.

[29] 李洪，孙利君 . 我国互联网保险发展现状、风险及防范对策 [J]. 管理现代化，2020，40（2）：97-99.DOI：10.19634/j.cnki.11-1403/c.2020.02.022.

第9章
区块链及其应用

 学习目标

1. 理解区块链系统的整体架构和基本原理。
2. 掌握公链、私链和联盟链三种链的不同之处及应用场景。
3. 熟悉基于区块链的智能合约的特点及智能合约的局限性。
4. 了解区块链在金融和贸易领域中的基本应用。

 思政目标

1. 结合习近平总书记在《求是》杂志发表的重要文章《不断做强做优做大我国数字经济》，站在统筹中华民族伟大复兴战略全局和世界百年未有之大变局的高度，深刻理解区块链等数字技术在推动数字产业化，健全完善我国数字经济治理体系，不断做强做优做大我国数字经济中的重要作用。

2. 古往今来，很多技术都是"双刃剑"，一方面可以造福社会、造福人民，另一方面也可以被一些人用来损害社会公共利益和民众利益。区块链为数据要素的管理和价值释放提供了新的思路，为建立跨产业主体的可信协作网络提供了新的途径。同时，区块链等数字技术带来的网络安全威胁和风险日益突出，国家关键信息基础设施面临较大风险隐患。要强化底线思维和风险意识，把科技伦理要求贯穿于科学研究、技术开发等科技活动全过程，推动科技向善，确保科技活动风险可控，科技成果造福于民。

引言

习近平总书记在中共中央政治局第十八次集体学习时发表讲话指出（2019 年 10 月 24 日），要利用区块链技术探索数字经济模式创新，为打造便捷高效、公平竞争、稳定透明的营商环境提供动力，为推进供给侧结构性改革、实现各行业供需有效对接提供服务，为加快新旧动能接续转换、推动经济高质量发展提供支撑。在《中华人民共和国国民经济和社会发展第十四个五年规划和 2035 年远景目标纲要》中，区块链被明确写入，"培育壮大人工智能、大数据、区块链、云计算、网络安全等新兴数字产业"。

近年来，全球市值最高的 10 家公司，有 7 家是典型的互联网公司，很多工业时代伟大企业的代表，都逐渐地退出了历史的舞台。换句话说，互联网带来了信息重构，让整个世界发生了天翻地覆的变化。区块链会带来一个足以比肩信息重构的变化，区块链技术改变了价值交互的方式，未来我们的商业世界和生活方式都会被重塑。区块链技术创新不断，与金融、政务、医疗、物流、公益等领域的融合进一步加速。国内外金融科技企业也在此布局，积极拥抱区块链和数字产业。全球企业区块链支出规模保持高速增长，区块链监管政策也更加成熟。

9.1　区块链和智能合约

9.1.1　区块链的架构

区块链系统的整体架构由数据层、网络层、共识层、激励层、合约层和应用层这六层架构组成（图 9-1）。

1. 数据层

数据层通过链式结构、非对称加密和共识算法来完成数据的存储并保证交易的安全实现。

数据层的每个区块由区块头和区块体组成，区块头通常存放着前块哈希、Merkle（默克尔）根、时间戳、随机值和难度目标等数据，区块体内是交易数据的集合。目前，数据层数据存储的类型主要分为两类：基于交易的模型和基于账户的模型。

在斯图尔特·哈伯（Stuart Haber）等对区块链的研究基础上，区块链采

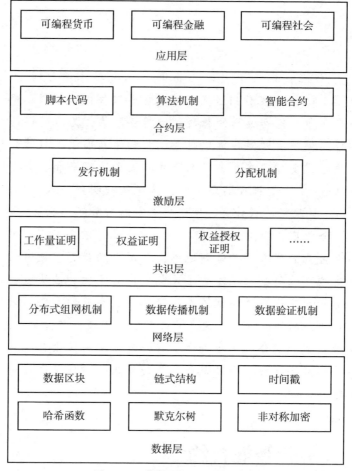

图 9-1　区块链的六层基础架构

用了运算更快、使用更简便的哈希指针来连接区块，使一个个孤立的区块通过前块哈希建立前后逻辑上的联系，并通过默克尔树的方法来保障块内交易（图 9-2），交易产生的数据都需在区块体内两两哈希形成父节点，父节点再两两哈希形成上一层节点，直至形成最后的默克尔根，任何交易数据的更改变化都可以通过比较默克尔根进行检查，可以说"牵一发而动全身"，从而保证了区块链数据层数据的不可篡改和可追溯性。

2. 网络层

网络层包括分布式组网机制、数据传播机制和数据验证机制等。网络层以 P2P 协议为传输协议，通过对等节点形成组网，任何节点都可随时加入和退出网络，且无须中心服务器的干涉，新交易信息在区块链网络中是公开透

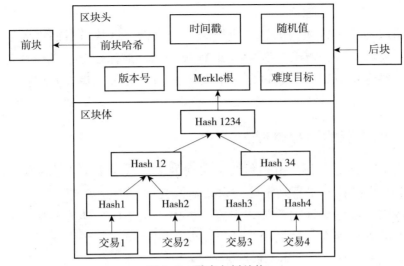

图 9-2　默克尔树结构

明的，监听网络的任一节点在新交易发布后都可验证交易的签名，验证通过即可将交易放入新区块，并运用工作量证明（Proof of Work，PoW）算法来争取区块的记账权。

3. 共识层

共识层主要封装网络节点的各类共识算法，主要有 PoW、权益证明（Proof of Stake，PoS）算法，共识层通过这一系列的网络技术算法使互不信任的节点在短时间内正确结果达成一致，建立信任。

4. 激励层

激励层是将经济因素集成到区块链技术体系中来，包括经济激励的发行机制和分配机制等，激励层的目的是通过提供激励机制刺激网络中的每个节点参与区块链中新区块的生成（挖矿）和验证工作，每个节点参与共识的目的是追求自身利益的最大化。该层主要出现在公有链中，因为在公有链中必须激励遵守规则参与记账的节点，并且惩罚不遵守规则的节点，才能让整个系统朝着良性循环的方向发展。所以激励机制往往也是一种博弈机制，让更多遵守规则的节点愿意进行记账。

5. 合约层

合约层主要封装各类脚本、算法和智能合约，通俗来讲就是通过算法和程序编码等将传统合约内容变为一段可自行执行的数字化程序，来完成一些数字资产的自动化处理，比如金融领域的众筹，智能合约是区块链可编程特性的基础。

6.应用层

应用层封装了区块链的各种应用场景和案例。区块链目前主要运用于数字货币、金融交易、物流、物联网和 AI 等方面。应用层除了基于特定具体业务开发一些专用应用外，还可以对下层数据和业务进行集成处理构建区块链的通用服务平台。

9.1.2 区块链的运行原理

区块链可以定义为：由一种技术实现的大规模、去中心化的经济组织模式。这里所指的技术主要是密码共识技术，其中包括分布式账本、哈希函数、非对称密码、工作量证明等具体内容。去中心化是区块链的典型特征，在这一特征下将不再存在传统的中心清算组织，在该经济组织模式下的所有数据为全体参与人共有，且不可篡改、不可伪造。

区块链的实现主要是依靠密码共识技术，因此区块链的运行原理就是密码共识机制中各项具体内容的运行原理的组合。下面将介绍应用在区块链中的密码共识机制的几项核心技术。

1.分布式账本

在任何一个经济组织中，都需要账本来记录经济活动的发生，并将账本所记录的内容作为经济活动发生的唯一真实凭据，以此保证经济活动进行的有序性与可追溯性。在中心化的经济组织中，通常由组织内部的专门机构或组织外部的第三方机构进行账本的记录，并由机构的权威性保证账本记录的真实性。其中，每个国家的中央银行汇总了全国所有关于主权货币流通记录的账本，形成国家的总账，并以国家权威保证记录的真实性。可以发现，无论是分账还是总账，只要存在非共享式的中心化记账方式，记账和对账的过程就无法向公众公开，存在账本记录真实性的舞弊空间。因此，分布式账本作为去中心化的记账方式，可以取代中心化的体系，从根源上杜绝该问题的发生。

在去中心化的经济组织中，整个组织的所有经济活动都将记录到同一本账本中，且该账本将分发共享至全体组织成员的个人账户中，实现人手一本账本的目标，因此该类账本被称为"分布式账本"。当经济活动发生时，其将会被记录在交易双方的账本上，并即时同步到所有人的账本中，因此，组织当中的每一项经济活动都将在所有人的账本上留下痕迹，且只有超过 51% 的组织成员的账本上存在该条记录，才能认为该记录是真实的，从而最大限度地保证记账的真实性。换言之，如果有人意图篡改自己的账本，比如虚增储蓄记录，尽管他能够在自己的账本上增添记录，但是由于没有公开同步到所有人的账本中，在交易双方核对账本时，多出来的储蓄金额并不能出现在对方的账本中，此时篡改暴露，只需要再与全部人的账本进行比对就能轻易发现其舞弊行为。

2. 哈希函数与非对称密码

尽管去中心化的分布式账本能够充分保障记账数据的真实性，但仍然存在以下问题：①既然所有的经济活动都是公开记录的，如何保证个人的隐私？②如何保证记录在分布式账本中的数据的安全性？

上述两个问题涉及信息加密的内容，而在区块链中，主要采用哈希函数对信息进行加密。哈希函数是一种数学函数，可以将任意长度的输入信息压缩成指定长度的二进制输出，这个输出值称为"哈希值"，这个压缩的过程则称为"哈希"。哈希函数最大的优势在于它能够对特定的输入信息进行哈希并输出唯一对应的哈希值，且对同一组信息进行哈希，总能得到相同的哈希值，而只要原始输入信息发生变化，就会哈希出完全不同的哈希值。此外，尽管原始信息与哈希值存在一一对应的关系，也无法通过哈希值逆推原始信息的内容，这一特性大大保障了信息的安全性，而具有这一非对称关系（只能顺推不能逆推）的密码也被称为非对称密码。

因此，在分布式账本上进行记账时，需要先将交易内容通过哈希函数转化成唯一对应的哈希值，再将哈希值记录在分布式账本中，这样就能达到数据加密的效果，进一步加强了分布式账本中的数据的安全性与隐私性。当第三方金融机构需要审查企业的交易信息时，只需将企业所提交的原始数据转化为对应的哈希值，再将哈希值与分布式账本的记录进行比对，即可确定原始数据的真实性，这一过程也被称为密码共识。

3. 区块和区块链

当一个去中心化的经济组织以分布式账本的形式开始运行并记录交易数据时，只要该经济组织内部仍然存在交易，则分布式账本就会一直记录下去。然而，随着交易的不断进行，分布式账本上所记录的哈希值必然会越来越多，导致分布式账本所占用的储存空间越来越大，这既不利于数据的存储，也不利于数据的核验和回溯。为了减小分布式账本所占用的空间，可以采用类似传统会计账本的分页记账方法，即以一段时间（如每分钟、每小时、每天等）为记账周期，将这段时间内所记录的内容看作一页，输入哈希函数获取该页内容的哈希值，最终可以将一页的数据压缩成一串指定长度的二进制数据。随后，将该哈希值放至下一页的开头，就可以在下一个时间段重复上述操作，实现每一页数据的压缩。此外，需要对账时，只需要核对最后一页，即最新一页账本的哈希值，即可快速实现数据的核验。

因此，经济组织只需根据组织内部交易频率的大小来确定记账周期，即可开始记账。事实上，区块链中的"区块"就是指包含一段时间内交易信息的数据包，此处的每一页账本都可以看作一个区块，而前一个区块通过哈希函数嵌套进入后一个区块则可以看作账页之间的"链"，由此连接形成的连续积累的分布式账本数据链就成为"区块链"（图 9-3）。

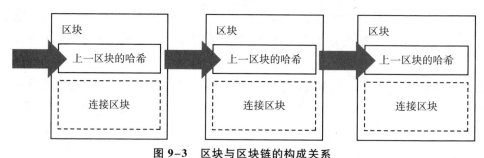

图 9-3　区块与区块链的构成关系

4. 智能合约

智能合约是保障整个去中心化的经济组织正常运行的重要契约手段。智能合约的本质是一套以数字形式定义的承诺，包括合约参与方可以在上面执行这些承诺的协议。这意味着合约需要以数字形式写入计算机可执行的代码中，只要参与者达成合约建立的权利和义务的约定，就由一台计算机或者计算机网络自动执行。此外，智能合约一个最大的特点在于，它是一份存储在分布式账本中的数字契约，这意味着智能合约可以以哈希值的形式被经济组织中的所有人记录并验证，从而无法被任何人篡改，也无法被某一个人强制执行，最大限度地保障了智能合约按照约定自动执行的可靠性与安全性。

智能合约的执行过程可以分为以下三个步骤。

（1）创建合约，锁定数字资产。当合约的参与方在合约宿主平台（如以太坊）上安装合约，并致力于合约的执行时，合约就会被发现并存储在区块链中。

（2）调用合约提供的接口执行程序。当合约开始执行时，就无法被中止，直到程序执行完毕完成交易为止。

（3）由合约来完成资产的转移。智能合约需要特定数字形式，以所属区块链系统的协议实现资产转移。

5. 私钥与确权

在区块链中，各参与主体并不直接以自己的真实信息在分布式账本上进行数据的记录，而是以一串由数字和字母随机构成的地址进行匿名登记，从而保护参与者的交易隐私，以防公开对账时泄露参与者的交易状况。而每个地址都有一个与之对应的私钥，且私钥与地址之间具有严格的数学关系，即通过私钥可以推算出地址，但从地址无法推算出私钥。

因此，只有参与主体拥有私钥时，才能够确定其有权支配对应地址的资产，这个过程称为确权。如果某参与主体丢失或遗忘了私钥，则该主体永远无法动用对应地址的资产。可以认为，私钥就是某个节点参与区块链的证明，没有私钥则被认为没有参与到该区块链中，自然无法动用区块链中的任何资产。

例如，当两个节点之间发生交易，产生原始交易指令：从 ahs9fhekjkd41as4f5sf（地址一）向 incjws85siad5fdg9pdg45saf5（地址二）支付 10 000 元人民币，且需要将该交易信息广播给区块链中的所有人并记录在分布式账本上时，需要完成以下步骤。

（1）准备。将原始指令输入哈希函数获得哈希值，称为"交易摘要"，便于后面的运算和传输。

（2）签名。用付款地址的私钥跟交易摘要做签名运算，得到"交易签名"。签名运算是一项复杂的数学运算过程，其结果可以将私钥和交易指令紧密绑定在一起。

（3）广播。将"交易摘要"和"交易签名"通过互联网广播到区块链的所有节点。

（4）验证。接收到广播信息的各节点通过对广播者的地址和"交易签名"进行验证运算，即可得到"交易摘要"，如果计算得到的"交易摘要"与广播者广播的"交易摘要"相同，则可说明该交易确实由持有私钥的节点授权完成，即确权成功。这里的验证运算是上文提到的签名运算的逆运算，但是由于私钥与地址的非对称性关系，不需要通过对私钥和交易签名进行运算，只需要对地址和交易签名进行运算即可得到原始的"交易摘要"。

（5）记账。如果大于 51% 的节点确权成功，那么该条"交易摘要"就会被记录在分布式账本中，该笔交易才算完成。由上述的确权与记账的流程可以看出，私钥与地址的存在使得区块链上的各节点具有更好的隐私环境，并能够确保

扩展阅读 9-1

每条交易都是基于交易双方的授权而完成，保证了交易的真实性与安全性。

9.1.3　区块链的特征

区块链具有去中心化、公开可验证、难以篡改、匿名性、自治性、可追溯和集体维护等特征。

1. 去中心化

区块链是一种分布式数据库，每个节点同步复制，且各个节点数据库中拥有完整的区块链上所有数据和历史信息。由于每个节点均拥有完整的检索数据，因此在每一个节点都能直接查询到区块链上的任何记录，不需要依赖第三方。

此外区块链采用 P2P 通信，即节点之间直接通信而不需要经过第三方。区块链每个节点都独立地和其他节点进行通信，每个节点都会采用"存储–转发"策略来"收听"其他节点发送的内容，并且广播自己产生的信息或者转发收到的信息（图 9–4）。这种通信方式可以避免区块链网络依赖一些关键的中间节点，也可以防止少数节点被恶意操纵后对整个区块链网络产生影响。由于采用了 P2P 通信方式，

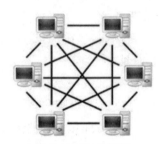

图 9–4　P2P 网络

区块链的"去中心化"特性比常见的互联网应用（如万维网服务）更强。

2. 公开可验证

区块链的节点均可见，尤其对于公链而言，链上数据完全公开透明。此外区块链技术基础是开源的，除了交易各方的私有信息被加密外，区块链的数据对所有人开放，任何人都可以通过公开的接口查询区块链数据和开发相关应用。区块链上的数据普遍采用哈希算法以及数字签名来验证，保证数据的正确性以及一致性。

每一个区块中都保留着该区块数据进行哈希计算的结果，因此只需要对块内的数据再次进行哈希算法计算并与块中的结果比对，便可知晓这块数据是否正确。并且在区块中保留着其父系的区块哈希值，前一块的哈希值要用于该区块来计算该区块的哈希值，因此一个节点数据的改变会影响到后面所有的节点数据。

区块链上保存的来自用户的数据都包含该用户的数字签名，数字签名的特点是可以迅速验证签名的正确性，而且篡改数据、伪造签名几乎都是不可能的。每个区块链的节点软件都会独立验证每条数据的签名是否吻合。正是

哈希算法以及数字签名两大验证算法保证了区块链数据的可验证性。

3. 难以篡改

区块链作为分布式数据库，每一个节点均拥有单独验证的能力，通过共识算法保证各个节点的数据保持一致。每个节点单独的验证算法加之区块链所有的共识机制（consensus）难以让所有的节点改变数据。只要不掌控超过51% 的数据节点，就无法修改数据，这也保证了区块链的安全性。

4. 匿名性

区块链运用哈希运算、非对称加密、私钥公钥等密码学手段，在实现数据完全开放的前提下，保护个人交易隐私。区块链的账户和背后的真正用户身份并不存在对应关系，虽然每笔交易相关的账户以及资金往来很清晰，但是并不知道交易账户使用者背后的身份。此外，也很难从采用 P2P 通信方式的区块链本身的记录里发现使用者的 IP 地址。

5. 自治性

区块链技术试图通过构建一个可靠的自治网络系统，从根本上解决价值交换与转移中存在的欺诈和寻租现象。

在具体应用中，区块链采用基于协商一致的规范和协议（一套公开透明的算法），各个节点都要按照这个规范来操作，这样就使所有的工作都由机器完成，使对人的信任改成了对机器的信任，人为的干预不起作用。

6. 可追溯

一个区块链系统通过区块数据结构存储了创始区块后的所有历史数据，区块链上的任意一条数据皆可通过链式结构追溯其本源。

7. 集体维护

区块链系统由其中所有具有维护功能的节点共同维护，所有节点都可以通过公开的接口查询数据和开发应用。

9.2　区块链的共识机制及分类

9.2.1　区块链的共识机制

区块链是去中心化的，在进行信息传输和价值转移时，必须有一套保证每一笔交易在所有记账节点上的一致性和正确性的规则与机制，这就是区块链的共识机制，即在一个互不信任的市场中，要想使各节点达成一致的充分必要条件是每个节点出于对自身利益最大化的考虑，都会自发、诚实地遵守协议中预先设定的规则，判断每一笔记录的真实性，最终将判断为真的记录记入区块链之中。共识机制有很多种共识算法，最常见的有工作量证明、权益证明、权益授权证明（delegated proof of stake，DPoS）等。

1. 工作量证明

工作量证明的逻辑是：货币的产生，需要付出一定的工作量和成本，不能凭空得来，这种机制赋予了货币一定的商品属性，使货币无须中心化机构的干预，市场自身可以通过"价格机制"对货币的供应进行自动调节。当货币价格上涨时，更多的人投入工作量，创造出更多的货币，增加了货币供应，使货币价格回落；当货币价格下跌到付出的工作量和成本之下时，创造货币的一部分人就会退出，减少了货币的供应，结果是货币的价格又会回升，这种机制保证了货币的价值稳定，使货币具有价值存储能力，从而使货币获得了人们的信任。

工作量证明是一种应对服务与资源滥用，或是拒绝服务攻击的经济对策，一般要求用户进行一些耗时适当的复杂运算，并且答案能被服务方快速验算，以耗用的时间、设备与能源作为担保成本，来确保服务与资源是被真正需求、使用。在基于 PoW 构建的区块链网络中，节点通过计算随机哈希散列的数值解争夺记账权，求得正确的数值解以生成区块的能力是节点算力的具体表现。

2. 权益证明

权益证明和权益授权证明这两种机制是针对工作量证明机制的不足之处进行优化和完善而产生的，应用范围目前也集中在后期产生的一些数字货币权益证明（又称持有量证明）中。例如，加密数字货币点点币（peercoin）采用工作量证明机制发行新币，采用权益证明机制维护网络安全，与要求证明人执行一定量的计算工作不同，权益证明要求证明人提供一定数量加密数字货币的所有权。

权益是指节点所拥有的资产，如代币，根据用户拥有的资产比例决定成为下一个区块生产者的概率，比例越高，其成为生产者的概率越大。权益证明机制的运作方式是，当创造一个新区块时，矿工需要创建一个"币权"交易，交易会按照预先设定的比例把一些币发送给矿工本身。权益证明机制根据每个节点拥有代币的比例和时间，依据算法等比例地降低节点的挖矿难度，从而加快了寻找随机数的速度。PoS 也称股权证明，类似于财产储存在银行，这种模式会根据用户持有的加密数字货币的量和时间，分配给用户相应的利息。能否获得记账权也取决于权益持有量的多少，谁持有的币越多，谁有越大的可能性获得记账权。

权益证明的显著优势在于具备安全性，降低集中化的风险以及提升能效，但是没有从根本上解决 PoW 的问题。

3. 权益授权证明

权益授权证明是在 PoS 基础上产生的，在 PoS 机制下，持有代币数量少的人很少有机会当选记账者。为了获得记账权，他们便商量采用权益授权证明机制，即通过投票选举的方式，选出生产者，代表他们履行权利和义务，代表节点轮流进行记账从而获得分红，并将节点获得记账（挖矿）总收入的一部分作为报酬，分给投票的用户。如果生产者不称职，随时可能会被投票出局。投票的权重和分配的收益，都是按照持有的加密货币数量占总量的百分比来计算的，51% 的股东的投票结果是不可逆且有约束力的。

权益授权证明机制与董事会投票类似，该机制拥有一个内置的实时股权人投票系统，就像系统随时都在召开一个永不散场的股东大会，所有股东都在这里投票决定公司决策。基于 DPoS 机制建立的区块链的去中心化依赖于一定数量的代表，而非全体用户。在这样的区块链中，全体节点投票选举出一定数量的节点代表，由他们来代理全体节点确认区块、维持系统有序运行。同时，区块链中的全体节点具有随时罢免和任命代表的权力。如果必要，全体节点可以通过投票让现任节点代表失去代表资格，重新选举新的代表，实现实时的民主。

权益授权证明机制可以大大缩小参与验证和记账节点的数量，从而达到秒级的共识验证，同时还能大幅降低维护区块链网络安全的费用。然而，该共识机制"去中心化"程度较弱，代理节点由人为选出，公平性相对较低，由代币的增发来维持代理节点的稳定性，因此仍然不能完美解决区块链在商业中的应用问题，因为该共识机制无法摆脱对于代币的依赖，而在很多商业应用中并不需要代币的存在。

此外，还有燃烧证明（proof of burn）机制、为了防止匿名开发人员在不提供可行的加密数字货币的情况下收集和窃取资金而设计的开发者证明（proof of developer）机制、根据交易量和活跃度等维度进行证明的重要性证明（proof of important）机制等共识证明方式。

9.2.2　区块链的三大链式结构

根据应用范围，区块链可分为公有链、联盟链和私有链。无任何准入门槛、任何人均可加入的网络称为公有链；有准入门槛且范围是在多机构组织间，经过联盟内部讨论准许的网络称为联盟链；有准入门槛且范围在单机构组织内部，不对外开放的称为私有链。相对来说，越靠近公有链，对节点的认证和权限管理要求越少，去中心化程度越高。越靠近私有链，对节点的认证和授权管理程度越高，中心化程度越高。

1. 公有链

公有链的任何节点都向所有参与者开放，每个用户都可以参与这个区块链的计算，而且任何用户都可以下载获得完整的区块链数据。公有链具有独立运行、人人参与记账交易、账本公开、代码开源等特点。公有链上任何人都可以通过区块链网络发送交易，将有价值的交易信息记录在区块链上，任何人都可以通过区块链浏览器查看交易信息，区块链上的交易信息是透明的，但身份具有匿名性。为了保证公有链机制可审查，公有链一般都会将代码开源在 Github 网站上，任何人都可以查看、下载和运行代码。

公有链有如下四点核心特征：从人的角度来看，记账公共化，所有用户都可以竞争记账权，检查交易的合法性；从数据的角度来看，链上数据公开透明，任何人都可以拥有全部历史数据的账本；从代码的角度来看，公有链的治理（包括维护和技术升级）由公共社区完成；从价值的角度来看，参与贡献的人可获得相应的经济奖励。

公有链通过将账本公共化、记账公共化、治理公共化和激励公共化，为所有使用者提供最为一般化的信任服务。公有链带来的自发性信任，简单来说源于其设计过程中的共享原则，即为聚集社区和持续发展，设计了经济激励机制，系统中参与贡献的人可获得相应的经济奖励。但公有链本身并没有某种资产注入来支付奖励，而是系统自我发行了一种"资产"，即系统代币，这种系统代币是使用系统服务的凭证。因此，公有链系统资产本身的价值与系统本身的生态、用户结构以及外部市场、投资者心理都有很大关系，经常出现大幅波动，带来投机与炒作的空间。

一个公有链的流行程度取决于这条链的节点是否足够分散，节点越分散，代表权利越分散，也就保证了这条链的可信程度。公有链除了共识机制等技术优势，社区运营发展也是成功的关键要素之一。一条公有链参与的开发者、使用者越多，这条公有链的影响力就越大；反之，这条公有链有可能会被大家抛弃。公有链一般会通过代币机制鼓励参与者竞争记账，来确保数据的安全性。

目前来看，公有链这种全球信任的使用场景较为有限，仅能在纯粹记账和封闭性合约的领域中使用，灵活度较低，还需较长的发展过程。

2. 联盟链

联盟链是指链上每个节点的权限都完全对等，各节点在不需要完全互信的情况下就可以实现数据的可信交换，联盟链的各个节点通常有与之对应的实体机构组织，通过授权后才能加入或退出网络。联盟链是一种公司与公司、组织与组织之间达成联盟的模式。联盟链节点都是预先选定的且节点数有限，并通过共识机制确认，根据联盟链内部的信任程度和相关需求程度，选择匿名或非匿名方式运行。联盟链容易进行控制权限设定，因此联盟链的交易速度更快，具有更高的扩展性，并能很好地保护交易隐私。联盟链主要运用在企业级应用中，一般不需要代币作为激励机制。例如，政府部门之间和企业之间的业务，通过区块链技术为各部门之间建立一个公开透明的账本，可以大幅度提升部门之间的工作效率。在这种情况下，每个部门作为记账节点出现，其实激励已经演变成为跨部门业务协同给大家带来的经济效益。

联盟链的交易数据发布、验证、接收运转在多机构组织之间。一般情况下，数据仅对联盟内的成员开放，有关记账权取决于联盟规则，但最终的账本数据由整个网络的组织机构共同维护。联盟链的治理问题则完全交由联盟内部决定，一般包括多方主导或者采用民主协商方式进行公平治理，通过在联盟内多组织间实现共有账本、共建记账、协作治理的方式，在联盟范围内建立可信基础。同时账本数据多方冗余存储可带来难篡改的特性，从而提升多方业务协同运作效率，建立机构间的信任基石。

联盟内通过对交易数据多方共识，来保证业务数据的高效多方验证。由于各个机构均搭建网络节点，数据可以去中心化存储在各个机构，并通过多方冗余保管的方式，提高数据篡改难度。因此，只要联盟链系统稳定运行，非法交易就无法通过全部机构的共识确认过程，可提高数据在机构间的可信流转。

联盟链由于将范围限定在多组织间，其基本组织模式一般分为两种。

第一种模式可总结为"先有联盟后有链"。假设某些组织机构决定要成立联盟，启动一个链来共享数据，它们通过事先协商好各联盟成员在联盟中的角色、投票权重、准入机制、承担的责任、利益分配等，将这些协商事宜落实为合同、公司股权、章程等，最终基于各方的链下信任，寻求联盟链技术，启动运行。第二种模式可总结为"先有链后有联盟"。联盟本身的成立、准入、责任、利益分配等治理机制均通过链来进行，发起方将线下的合同转换为线上合约代码逻辑，联盟本身是由链组织起来的。

第一种模式主要是把区块链作为一种多主体间的可信交互系统来使用，更关注当前现实的可行性以及合规性。第二种模式更关注基于区块链产生的多方信任，通过程序表达，为多方赋予机器信任，但这种模式在一定程度上依赖法律的变革，所以当前的联盟链一般采用简化的"先有联盟后有链"的策略。

联盟链的代表是超级账本（hyperledger），该项目是首个面向企业开放的区块链技术，在 Linux 基金会的支持下，吸引了包括国际商业机器公司（IBM）、英特尔（Intel）、摩根等在内的众多科技和金融巨头的参与。联盟链主要应用群体是金融机构、商业协会、集团企业及上下游企业，能够广泛服务于支付清算、票据、保险等金融领域以及供应链管理、工业互联网、产品溯源、版权等实体经济领域。

联盟链为多企业主体在交互协作、互信和安全认证方面提供了机器信任的基石，并降低总体的业务维护成本。对于传统金融机构而言，联盟链将有效降低对账、清算、审计等线上环节的运营与人力成本；对于非金融行业，联盟链能够减少价值链各环节的信息不对称，从而提升协作效率，降低整体交易成本；对于个体而言，陌生双方或多方能够跨越物理距离的限制，在网络上安全地传递价值，从而创造更多的供给与需求。

3. 私有链

在某些区块链的应用场景下，开发者并不希望任何人都可以参与进来，因此建立了一种不对外公开、只有被许可的节点才可以参与并且查看所有数据的私有区块链。私有链一般适用于特定机构内部的应用场景，如数据管理与审计。在一个组织机构比较复杂的企业中，各个部门作为节点出现，可以解决部门之间的信任问题；在一个组织机构相对简单的企业中，区块链更多的是作为一个分布式数据库使用，当一个节点崩溃的时候，其他节点可以正常工作，不会导致系统服务中断。

私有链中交易的发布、验证和接收完全由私有的单组织制定，不对外开放读写权限。私有链因为网络规模小且一般为内部网络，往往可以有较快的交易确认速度、更好的隐私保护且不容易被恶意攻击，常用于企业内部的数据库管理、审计等，以及政府的预算和执行或者政府的行业统计数据等，它们内部之间需要透明，但没必要对外开放。

私有链的价值主要体现在可以提供安全、可追溯、不可篡改和自动执行的运算平台，同时体现在可以防范来自内部和外部的对数据的安全攻击。

9.3　区块链在金融和贸易领域的应用

9.3.1　区块链技术的特性及其应用演进

区块链技术是一种通过去中心化的方式按照一定的时间顺序集体记录、维护一个可靠交易数据库的技术，即按照时间借助分布式节点，将数据区块以顺序相连的方式组合而成的链式数据结构的公开交易数据记录技术。区块链技术核心的本质是解决了在不依靠任何中心或中介机构，且无前置信任基础的条件下，建立信任机制，并完成所需的价值转移的难题。正是基于这一点，区块链系统可以看作一个"无须信用"的系统，而且系统本身的信用，是不基于任何法律法规，用机器语言来实现的。在系统运作时，其信用产生不受任何使用者的影响，也无法被破坏。典型的区块链应用基础架构包括 6 层（图 9-1），其中数据层、网络层、共识层是应用的基础层，是区块链技术应用必不可少的架构，而激励层、合约层和应用层则不是区块链应用的必要因素。例如，在私有链中，节点间的"权益"往往在链外完成分配，可能无须激励机制，因此不包含激励层。区块链技术从诞生至今共经历了三个主要阶段。

（1）数字货币阶段（区块链 1.0），也就是加密货币阶段，区块链技术在加密货币中的应用得到广泛关注，去中心化、自由流通、发行量固定、发行不受单一机构操控等突出优点让人们看到了区块链在加密货币方面的应用价值，并很快推动全世界范围内出现了多种类型的加密货币。

（2）智能合约阶段（区块链 2.0），在应用层面从加密货币扩展到金融行业，涉及价值交换和传递，人们开始意识到几乎所有的金融交易都可以被放至区块链之中进行，其在股票、债券、期货等金融资产交易的登记注册、传递和交换等领域的应用优势显现。

（3）扩展应用阶段（区块链 3.0），区块链的应用价值不再局限于其技术本身，相关的衍生应用价值也被逐渐探索出来，去中心化程度不同的区块链也具有不同的应用场景，区块链的应用探索开始从金融领域向国际贸易、融资、认证、法律等领域渗透。

9.3.2　基于区块链的数字货币运行机制

区块链技术的第一个也是最广为人知的应用是建立了快速、低成本和安全交易且无须中介的在线支付系统。这个领域有很多项目，如莱特币、EOS、

NEO、瑞波币、Dash，以及 Facebook 的 Libra（天秤币）。除了门罗币等加密货币外，还包括协议代币（如以太币）、实用代币、证券代币（如加密股票、加密债券）、自然资产代币、加密法定货币和稳定币。

1. 防双花机制

1）双花问题的含义

所谓双花问题，就是指在区块链加密技术出现之前，加密数字货币和其他数字资产一样，具有无限可复制性，人们没有办法确认一笔数字现金是否已经被花掉。因此，在交易中必须有一个可以信赖的第三方来保留交易总账，从而保证每笔数字现金只会被花掉一次。

2）双花问题的解决

中心化的管理系统通过实时修改用户余额，可以有效地防止双重支付（用户利用网络延迟把同一笔钱支付给两个人），然而无人监管的去中心化的系统很难防止这一情况的发生。

中本聪通过使用区块链盖时间戳并发布全网的方式，保证每笔货币被支付后，不能再用于其他支付。当且仅当包含在区块中的所有交易都是有效的且之前从未存在过，其他节点才认同该区块的有效性。

2. 加密机制

区块链运行中采用了大量的密码学技术和算法，如哈希算法、哈希指针、默克尔树。各种算法的概念及作用如下。

1）哈希算法

区块链中最常使用的两个哈希算法分别是：SHA-256 算法，主要用于完成 PoW 计算；RIPEMD-160 算法，主要用于生成数字钱包地址。

2）哈希指针

哈希指针是一种数据结构，哈希指针指示某些信息存储在何处，我们将这个指针与这些信息的哈希值存储在一起。哈希指针不仅是一种检索信息的方法，同时也是一种检查信息是否被修改过的方法。

区块链可以被看作一类使用哈希指针的链表。这个链表连接一系列的区块，每个区块包含数据以及指向表中前一个区块的指针。区块链中，前一个区块指针由哈希指针所替换，因此每个区块不仅仅告诉前一个区块的位置，也提供一个哈希值去验证这个区块所包含的数据是否发生改变。

3）默克尔树

默克尔树是区块链中重要的数据结构，其作用是快速归纳和校验区块数据的存在性与完整性。区块链网络中，通过默克尔树检查一个区块是否包含了某笔交易，而无须下载整个区块数据，即实现简化支付验证（simplified payment verification，SPV）。SPV是一个区块链轻节点，也就是我们大部分人在电脑中安装的轻量级的数字钱包。理论上来说，要验证一笔交易，钱包需要遍历所有的区块，并找到和该笔交易相关的所有交易进行逐个验证才是可靠的。但有了SPV就不用这么麻烦了，它不需要同步下载整个区块链的数据，即不用运行全节点就可以验证支付，也不需要验证区块和交易，用户只需要保存所有的区块头就可以了。

9.3.3　区块链在国际金融领域中的应用

1. 区块链在国际金融清算中的应用

近年来，越来越多的华尔街金融机构开始引入区块链技术，因为其便于实时记录信息，且不存在中央记账系统普遍存在的技术瓶颈。其分布式特性也使攻击者或黑客更难以控制。作为美国华尔街交易的最大信息存储公司，存管信托和清算公司（DTCC）已经于2017年1月通过启用新区块链技术取代了世界上最大的金融机构中央数据库。

DTCC总部设在纽约，记录和报告美国几乎所有的股票、债券和衍生品交易。DTCC新构建了基于区块链技术的分布式分类账，所有成员金融机构可同时更新和查看交易信息。DTCC分类账仅对受邀参与者开放。新的分类账将取代现有的数据库，称为交易信息仓库，记录有关通过DTCC信用违约掉期交易的信息，这些掉期交易在2008年金融危机中发挥了重要作用。2016年，DTCC负责监管约11万亿美元的信用违约互换（CDS）交易，占全球市场份额的80%。所有银行均依靠其交易信息仓库来确定何时到期付款及付款金额。由于数据库以分布式进行编辑，因此，能够提供更加简化和可靠的信息来源。DTCC经过一段时间运行确定数据库成功后，将利用这项技术直接转移资金，而不仅仅是记录信息。

此外，美联储、英格兰银行和澳大利亚银行等全球主要央行自2013年起已经组织专门团队研究如何将区块链技术运用于央行的货币政策与金融监管机制当中。高盛银行、摩根大通银行、巴克莱银行等大型国际银行，也在同时推进各自牵头的分布式金融网络平台。

2. 区块链在国际贸易融资中的应用

融资是全球贸易得以正常运转的核心动力，包括如信贷、保险及信用证等多种融资形式。全球的贸易融资每年有近10万亿美元的交易额，在快速发展的同时仍存在许多亟待解决的问题：①审批流程异常烦琐。如进口银行须审查进口商的融资协议，然后将融资款项交予代理银行；出口银行须使用进口银行的融资款项进行反洗钱检查。②由于跨国交易存在严重的信息不对称问题，欺诈行为频频发生。如出口商利用信息识别时滞，使用单张发票或货单从多家银行获取短期融资。③耗时冗长，烦琐的审查流程导致付款延迟并延长了货物的运送时间。

区块链技术能够简化融资流程，做到融资文件即时审批；能够去中介化，使贸易金融不再需要中介机构承担风险或执行合同；能够做到流程可追踪，分布式账本提供的标题和提单列示货物位置与所有权，这些都为贸易融资提供了许多便捷。通过为贸易融资提供交易状态实时、准确的视图，极大地方便银行等金融机构对基于贸易链条的应收、应付账款或库存进行融资产品的推动，降低获取原始信息的人工管理成本。贸易背景项下的单据流、货物流和资金流可以实现实时更新，使贸易金融生态系统更稳定、更可靠，极大地提高了贸易融资的透明度。

2016年9月，英国最大的金融机构巴克莱银行率先利用区块链技术完成全球首笔出口贸易结算交易。出口商品是爱尔兰出产的芝士和黄油，进口商则是位于离岸群岛塞舌尔的贸易商Seychelles，借助区块链技术提供的记账和交易处理系统，将该笔正常结算需1个月以上的交易在短短4小时内完成。2018年5月，汇丰银行利用区块链技术完成了全球首笔真实贸易融资。该行与荷兰国际合作，通过美国R3公司的分布式账本平台Corda，成功为食品和农业巨头嘉吉集团（Cargill）的一笔从阿根廷出口到马来西亚的大豆交易提供了信用证，并将传统上需要5～10天的金融文书交换时间缩短到了不到24小时。

2020年5月，中国人民银行、中国银行保险监督管理委员会、中国证券监督管理委员会、国家外汇管理局发布关于金融支持粤港澳大湾区建设的意见，提出深化粤港澳大湾区金融科技合作，加强金融科技载体建设。在依法合规、商业自愿的前提下，建设区块链贸易融资信息服务平台，参与银行能以安全可靠的方式分享和交换相关数字化跨境贸易信息。

9.3.4　区块链在数字版权交易中的应用

数字作品在进行线上交易时，由于双方信息不对称，无法提供足够的信任，需要对交易信息进行甄别，导致交易效率低，且无法完全保证交易信息的真实性。基于区块链系统的智能合约技术，可对数字版权提供方身份进行第三方验

小视频

区块链在版权
交易中的应用

证，自动执行数字版权的交易流程，并确保整个交易过程在相应条件触发时自动完成，无须中间平台的介入，大大减少了版权授权交易过程中人为因素的干扰，降低交易成本，实现交易即履约、交易即清算，实现版权交易各环节透明化的同时也能保障版权交易各方的最大权益。此外，区块链共识机制和智能合约构建了去中心化环境下的数据生成、传输、计算和存储的规则协议，为以数据为载体的数字内容作品和资产价值的安全流动创造了条件。由此，可实现价值转移基础协议，便于数字版权交易、消费和流转。

　　而数字版权的归属以及保护也是数字版权交易的基础。根据"谁先创作、谁先申请，谁就拥有著作权"的原则，通过区块链技术为作品加盖时间戳，使用 UTC（协调世界时，又称世界统一时间、世界标准时间、国际协调时间），证明原创作品的创作发布时间。

　　通过哈希算法提取数据"指纹"，建立"数据对象"与其"指纹"（哈希值）一一映射关系，通过非对称加密技术确定数据本身的所有权归属，保证数据对象的真实性、完整性和唯一性，建立数据私钥所有者和数据对象之间的硬连接，实现数据确权，从而为数据内容作品版权归属明晰提供技术手段。经由区块链，将版权登记的"申请人 + 发布时间 + 发布内容"三者合并加密上传，版权信息拥有唯一区块链 ID（身份标识号）。而区块链具有去中心化的技术特性，每一个节点保留一份数据副本，单点数据的丢失不会影响数据完整性，此外，通过共识机制保证单点难以对数据进行篡改，保证了数据将永久保存。区块链将数据以链式存储，所有数据操作和活动都可被查询与追踪，为数据全生命周期审计、溯源提供了手段。

　　通过区块链、公钥加密和可信时间戳等技术，为原创作品提供原创认证、版权保护和交易服务，由此大大降低确权和交易的成本。版权登记阶段，通过"数字作品内容信息 + 原创作者信息 + 原创时间"等信息一键上链，快速完成登记过程；数字版权交易阶段，根据用户、内容产出者、供应商等多方的合同约定，通过智能合约实现高度透明的版权自动化交易与支付；如果在作品传播阶段涉及维权，区块链可实现原创者个人信息、作品信息、版权归属信息和交易信息的全生命周期溯源，同时将侵权信息固化，方便侵权主体溯源和举证。

　　区块链技术也重新定义了数字化作品产业链的利益分配方式。以文化产业链为例，原创作者在链条上分配的利益往往最少，在发行环节中的利润更多，因此对于原创作者并不公平。而通过区块链进行数字作品的上链以及交易，作品在产业链上的流通更加透明，减少了中间流通环节，原创者能分配到更多的利益，也更能激活创作者的活力。数字内容作品分发传播环节，基于区块链不可篡改和公开透明的特点，数字内容作品浏览量、下载量和交易量被有效记录在区块链网络，杜绝中心化平台暗箱操作，保障原创者应得利益，提升原创者创作积极性。

扩展阅读 9-2

此外，通过数字版权可以使一份作品被分割为多份，让多方共同拥有，也带来了更多的商业模式。通过智能合约，可帮助原创者、内容提供商、内容平台分发商、数字内容传播方等多方参与者，按照共识约定实现收益自动化分配，平衡各方利益，推动构建良好数字版权交易生态。

区块链技术的发展充满波折，从最初各国监管机构态度不一，到近两年对区块链技术的认识才逐步普及，全球大部分政府和机构认识到了区块链技术在经济体制变革、社会机制优化、公共服务完善等方面存在的巨大价值，并在国家战略层面逐步关注和推动区块链技术。2016 年 12 月，区块链首次作为战略性前沿技术写入我国《"十三五"国家信息化规划》。2017 年 1 月，工业和信息化部发布《软件和信息技术服务业发展规划（2016—2020 年）》，提出区块链等领域创新达到国际先进水平等要求。2017 年 2 月，我国央行基于区块链的数字票据交易平台测试成功。2017 年 7 月成立央行数字货币研究所，积极推进数字货币的研发工作。2017 年 8 月，《国务院关于进一步扩大和升级信息消费持续释放内需潜力的指导意见》发布，提出开展基于区块链、人工智能等新技术的试点应用。

扩展阅读 9-3

国家"十四五"规划纲要指出，进一步明确发展云计算、大数据、物联网、工业互联网、区块链、人工智能、虚拟现实和增强现实等七大数字经济重点产业。2021 年，工业和信息化部、中央网络安全和信息化委员会办公室联合发布《关于加快推动区块链技术应用和产业发展的指导意见》，全国各个省、区、市也都出台了各自的"十四五"规划纲要。据不完全统计，已有 29 个省、区、市在"十四五"规划中提及要大力发展区块链技术。

当前我国区块链技术持续创新，区块链产业初步形成，区块链成为建设制造强国和网络强国、发展数字经济、实现国家治理体系和治理能力现代化的重要支撑。相信随着数字化的不断深入，区块链的发展将会迎来更多的应用落地。

9.4　区块链在供应链金融中的应用

9.4.1　传统供应链金融模式的含义与发展历程

1. 传统供应链金融模式的含义

供应链金融模式主要指由第三方金融机构主导，以供应链上的核心企业为中心，针对供应链上游与下游小微企业提供的专门的资金融通服务。其中，供应链指生产及流通过程中，涉及将产品或服务提供给最终用户活动的上游与下游企业所形成的网链结构，而核心企业则指在整个供应链上规模较大、作为节点所连接的上游企业与下游企业较多、企业信用较好的大型企业。

在传统的供应链生产模式下，核心企业需要依靠上游供应商提供各类精细化的生产原材料，并将产出的产品供应给下游经销商进行再包装、转化与销售。在此过程中，以核心企业为中心将会形成大量以小微企业为主体的一级供应商与经销商，且随着行业的发展，供应链将不断延长，从而产生二级、三级等多级供应商与经销商，形成供应网络。

尽管小微企业在供应链中扮演着极其重要的角色，但单个企业存在规模小、资产少、流水少、风险高以及较低的议价权带来的应收账款积压等问题，往往容易造成第三方金融机构对小微企业，尤其是处于供应链末端的小微企业的信用评级较低，直接导致供应链上小微企业融资困难的问题。事实上，满足小微企业对资金融通的需求，维持小微企业在正常经营过程中现金流的稳定与健康，是确保供应链生产体系健康发展和效率最优的前提与基础。

因此，针对供应链生产体系进行特殊的金融服务设计，解决小微企业融资困难问题，已然成为中国国民经济健康发展的必由之路。事实上，在现阶段供应链金融模式设计的思路已经十分明确，即以供应链上下游真实交易为基础，以企业交易行为所产生的确定的未来现金流为直接还款来源，为供应链上的企业提供金融解决方案的金融服务模式，可以达到优化现金流，继而提高供应链整体效率的目的。

2. 供应链金融模式的发展历程

中国供应链金融的发展有赖于改革开放 40 多年中制造业的快速发展，"世界制造中心"吸引了越来越多的国际产业分工，中国成为大量跨国企业供应链的汇集点。中国的供应链金融快速发展，在短短的十几年内从无到有、从简单到复杂，并针对中国本土企业进行了诸多创新，中国供应链金融发展经历了四个阶段（表 9-1）。

表 9-1　供应链金融发展阶段一览表

发展阶段	1.0 阶段	2.0 阶段	3.0 阶段	4.0 阶段
发展模式	传统线下银行贷款	"四流"融合	传统供应链金融	基于区块链的供应链金融新模式
主要特征	围绕传统银行进行融资，仅以企业自身信用支撑进行贷款资格认证与授信额度	线上业务快速发展，在企业运营过程中实现"四流"融合	建立供应链金融平台，完成对供应链中企业融资流程的整合	供应链金融模式上叠加以区块链为代表的新金融科技，金融服务覆盖全链

1）1.0 阶段——传统线下银行贷款模式

在特殊的供应链金融服务模式尚未开发普及时，供应链上的小微企业主要以传统的银行贷款的方式进行融资，其主要表现为：单个小微企业作为供应链上的独立单元向银行融资，仅以公司自身的信用以及相关财务资料为支撑，向银行申请贷款的资格认证以及贷款金额的确认（图 9-5）。在 1.0 阶段，小微企业往往会因为无法主动向贷款方提供完备的报表信息，或者在贷款方银行账户现金流水不足、自身还款能力较差、可抵押资产较少等问题，导致贷款资格认证不通过或最终确认贷款金额低于所需资金。由此可见，1.0 阶段的金融模式是十分低效的，且无法解决大量小微企业资金短缺的问题。

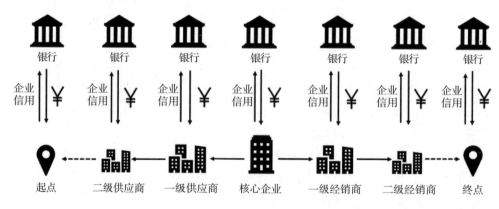

图 9-5　传统线下银行融资模式

2）2.0 阶段——"四流"融合模式

在 2.0 阶段中，"四流"融合主要指资金流、信息流、物流、商流的相互统一和对应。其中，资金流是指货币流通的过程，方向是由客户经过零售商、分销商等指向供应商；信息流是指整个供应链上信息的流动，方向是在供应商与客户之间的双向流动；物流是指物资流通的过程，方向是由供应商经过分销商、零售商等指向客户；商流是指买卖或交易活动的过程，通过商流活动发生商品所有权的转移，方向是在供应商与客户之间的双向流动。

"四流"融合需要将资金流、信息流、物流和商流有机结合在一起，并将相关信息通过线上 ERP（企业资源计划）系统平台加以整合连接，利用信息之间的比对与验证，提升真实交易的透明度，方便第三方金融机构进行融资贷款资格与授信额度的认证，并确保整个供应链的有序运行。

3）3.0 阶段——传统供应链金融模式

3.0 阶段作为 1.0 阶段与 2.0 阶段的突破性发展，集中了 1.0 阶段第三方金融机构主导以及 2.0 阶段线上平台"四流"融合的优势，首次为供应链设计了专门的特殊化金融服务模式，即传统供应链金融模式。在该模式下，核心企业作为连接供应链上下游小微企业与第三方金融机构的桥梁和纽带，为供应链中企业融资流程的整合发挥重要作用。

在传统供应链金融模式的框架构建中，首先需要确定核心企业。一般来说，核心企业处于供应链中的核心生产地位，多数负责生产最终产品，具有生产规模大、技术水平高、资金实力雄厚、资产体量大、现金流健康、直接交易的上下游企业数量多等特点。其次，与核心企业直接发生交易的上下游企业是该企业的一级供应商与一级经销商，一级供应商与一级经销商继续双向延伸供应链，形成多级供应商与经销商。最后，金融机构作为第三方实体，将融资业务扩展至全链，最终构建成为传统供应链金融模式框架（图 9-6）。

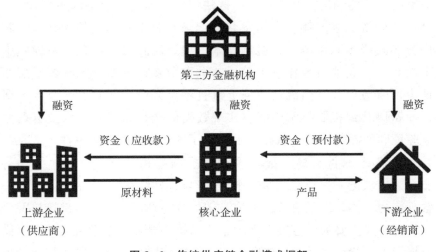

图 9-6　传统供应链金融模式框架

传统供应链金融模式存在以下问题：①核心企业的参与积极性不高，原因在于在现行模式下，作为担保方需要投入人力、物力进行与金融机构的确权（债权与货物提取权）工作，且该过程对核心企业产生的直接收益并不显著。②核心企业的信用无法通过供应链传递至二级及以后的供应商与经销商，导致处于供应链非中心端的小微企业的应收款与预付款资产缺乏优质信用支撑，提升了该类资产的融资难度。③由于"四流"数据服务平台没有实现去中心化，在企业与客户两端进行数据记录的过程中，仍然存在舞弊的空间，因此对交易凭证、票据、背景等真实性的审核仍然较为烦琐。④对服务平台的数据没有完善的保密机制，数据安全依然受到较大的网络威胁。

4）4.0阶段——基于区块链的供应链金融新模式

"区块链+供应链金融"是在传统模式上叠加新金融科技，该模式属于4.0变革阶段，是金融科技在传统行业领域的应用，也是当前供应链中融资模式升级的重要方向。4.0阶段旨在通过引入密码共识、分布式账本、智能合约等区块链技术，解决3.0阶段存在的问题。

扩展阅读9-4

9.4.2 基于区块链的供应链金融模式的特征与发展现状

在传统供应链金融模式中，主要存在核心企业信用无法传递到二级与二级以下的小微企业、"四流"数据在企业间不互通所造成的末端企业"信息孤岛"以及经营数据舞弊等问题。而在供应链金融4.0阶段，区块链技术的引入有效地解决了上述问题，并形成了"区块链+供应链"金融的新模式。

新模式的特征主要体现在信息数据记录与管理技术上的突破，尤其是区块链中分布式账本和密码共识机制技术的应用。在去中心化的新模式中，供应链上的每一个企业被看作一个单独的数据节点，分布式账本技术能够实现供应链上所有节点的"四流"数据上链且不可篡改，同时保证节点数据的隐私性，而密码共识机制技术则能够实现数据的全节点记录，以及节点之间的对账、验证和回溯等功能，从根本上提高了3.0阶段的可实现性。

1. "区块链+供应链"金融平台的基础架构

整个"区块链+供应链"金融平台的建构以供应链上下游企业、核心企业和金融机构为主体，以区块链技术为基础，分为外部接口与内部接口两个板块运行。外部接口主要为供应链上下游企业、核心企业与金融机构三方提供界面化的数据录入、验证、授权、对账、审查等操作服务，主要分为权限管理、授信管理、交易管理和溯源追踪四个模块。内部接口主要对接区块链系统的底层核心技术，负责将外部接口的信息转化为数字形式，写入区块的分布式账本，并为外部接口提供数据存储、数据管理、开发基础、算法基础、信息加密等功能，实现供应链信息与区块链信息的相互转化（图 9-7）。

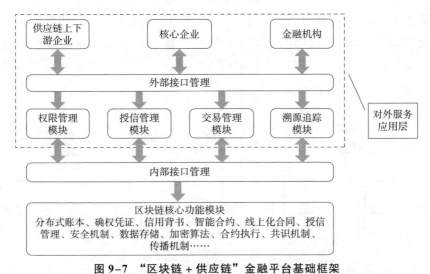

图 9-7 "区块链 + 供应链"金融平台基础框架

2. "区块链 + 供应链"金融模式的运作流程

在传统供应链金融模式中，核心企业只与一级供应商发生直接交易并生成信用，而从一级到多级之间发生的交易只能传递上一级企业的信用，与核心企业并不能直接发生联系。这一模式直接导致了核心企业的授信无法沿供应链传递，提高了链上企业的融资难度。此外，传统的中心化信息记录方式产生的大量交易凭证使得出资方的审核过程十分烦琐，对于财务状况较差的企业甚至需要花费大量的人力、物力对每一个交易凭证进行真实性的核查，这也使得很多金融机构不愿意为供应链末端的小微企业提供融资服务。

为解决上述问题，在"区块链 + 供应链"金融新模式中，以一级经销商与供应商对核心企业的债权，即核心企业的信用为基础，设计开发了"可拆分、可流转"的债权凭证，这一金融工具可以帮助核心企业授信直达全链，并大大减少交易凭证审查所需的工作量。该债权凭证以无记名式电子凭证的形式存储在分布式账本上，可以在节点之间进行拆分流通交易，而拥有该凭证的节点（链上的中小企业）则拥有对核心企业的债权（主要是真实交易形成的应收款和预付款）。当债权凭证背后的债务到期时，核心企业需向当时点债权凭证的持有人进行偿付，即如果债权凭证保留在上下游企业的账上，则向上下游企业进行偿付，如果债权凭证被抵押到第三方金融机构，则向第三方金融机构进行偿付。

如图 9-8 所示，首先，区块链技术通过分布式账本进行各节点之间的数据互通，建立链上企业与金融机构的联系。各参与主体需要将本企业的"四流"数据统一记录在分布式账本上，实现数据上链。同时，"四流"数据上链时需要由交易双方用私钥进行授权，并由所有节点进行验证与确权，保障数据的真实性。"四流"数据一经上链则无法篡改，为后续可能的数据回溯提供真实依据。

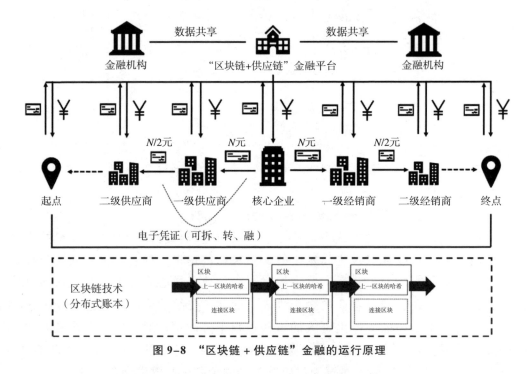

图 9-8 "区块链 + 供应链"金融的运行原理

其次，在实现数据互通的基础上，通过债权凭证这一金融工具实现债权的分拆与信用的全链传递。在这一过程中，第三方金融机构需要先对核心企业的资产状况、经营状况、财务状况等资料进行系统评估，以确定核心企业获得贷款的授信额度，该额度即为核心企业能够签发给一级供应商与经销商的债权凭证的总额度，也是供应链上的全部企业能够从"区块链 + 供应链"金融平台上获取的所有融资额度。在此基础上，核心企业与一级供应商和经销商的债权份额可以按照交易合同的比例拆分并转移到二级企业，二级企业再进行拆分并按比例向末端供应链转移，直到最低一级的企业。在债权凭证流转的过程中，下一级企业对上一级企业的部分债权被转化为下一级企业对核心企业的债权，而该部分债权因在金融机构对核心企业的授信范围内，故能凭借该债权凭证轻松获得贷款。分布式账本的存在使债权凭证流转的全过程得以记录且无法被篡改，能够做到全链的信息回溯。

最后，各层级的企业通过流转得到的债权份额可以在金融机构直接获得相对应的授信额度，即核心企业的信用可顺利传达全链，降低了链上小微企业融资门槛与融资成本的同时，也降低了金融机构给小微企业贷款的风险。

此外，自动执行的智能合约使链上企业的融资与交易的效率大大提高，同时极大地降低了融资和交易过程中可能发生的违约风险以及交易成本。链上的企业与金融机构只需通过外部接口创建一份智能合约，并在"区块链＋供应链"金融平台上安装该合约，即可锁定交易节点的数字资产（包括债权凭证），调用合约接口的执行程序执行合约内容。合约一旦执行则无法被中止，直到合约上的程序执行完毕，并最终完成交易为止。无论是债权凭证的拆、转、融，还是链上企业之间的其他交易行为都可以以智能合约的方式进行自动交割，既能在分布式账本上留下不可篡改的交易记录，又能免除传统交易过程的烦琐手续，是4.0 阶段的重要交易方式。

 思考题

1. 什么是区块链的共识机制？目前主要的共识机制有哪些？

2. 举一个例子或者场景说出智能合约和传统合约的差异。智能合约面临的最大难题是什么？

3. 比较三种不同的区块链：公有链、私有链和联盟链，举例说明它们各自的应用场景。

4. 2020 年 3 月 31 日，习近平总书记在浙江杭州城市大脑运营指挥中心考察调研时发表重要讲话，指出："运用大数据、云计算、区块链、人工智能等前沿技术推动城市管理手段、管理模式、管理理念创新，从数字化到智能化再到智慧化，让城市更聪明一些、更智慧一些，是推动城市治理体系和治理能力现代化的必由之路，前景广阔。"试论地方政府如何基于区块链搭建分布式政务数据共享平台，充分融合各个部门的数据，提高政务部门业务协同效率，进一步提升政务服务的质量，让群众满意。

 参考文献

[1] NAKAMOTO S. Bitcoin：a peer-to-peer electronic cash system[R]. Consulted，2008.

[2] 袁勇，王飞跃．区块链技术发展现状与展望 [J]. 自动化学报，2016，42（4）：481-494.

[3] DWORK D，NAOR M. Pricing via processing or combatting junk mail[J]. Lecture notes in computer science，1993，740（1）：139-147.

[4] JAKOBSSON M，JUELS A. Proofs of work and bread pudding protocols[C]. Communications and Multimedia Security. Dordrecht：Kluwer Academic Publishers，1999：258-272.

[5] 郭上铜，王瑞锦，张凤荔．区块链技术原理与应用综述 [J]. 计算机科学，2021，48（2）：271-281.

[6] 刘懿中，刘建伟，张宗洋，等．区块链共识机制研究综述 [J]. 密码学报，2019，6（4）：395-432.

[7] 沃巴赫，林少伟．信任，但需要验证：论区块链为何需要法律 [J]. 东方法学，2018（4）：83-115.

[8] BUTERIN V.A next-generation smart contract and decentralized application platform White Paper[EB/OL]. [2020-06-18]. https：//github.com/ethereum/wiki.

[9] 贾丽平．比特币的理论、实践与影响 [J]. 国际金融研究，2013（12）：14-25.

[10] 祁明，肖林．虚拟货币：运行机制、交易体系与治理策略 [J]. 中国工业经济，2014（4）：110-122.

[11] 洪蜀宁．比特币：一种新型货币对金融体系的挑战 [J]. 中国信用卡，2011（10）：61-63.

[12] 郑书雯．P2P网络基于Bitcoin虚拟货币的信用模型 [D]. 上海：上海交通大学，2012.

[13] 牛敏．基于区块链技术的数字版权管理模式研究 [D]. 北京：北京印刷学院，2017.

[14] 孙新宪，王鹏．小微型企业融资模式优化研究：基于"区块链+供应链金融"视角 [J]. 财会通讯，2021（14）：135-140.

[15] 刘昌用，胡森森，钟廷勇，等．区块链：密码共识原理、产业与应用 [M]. 北京：电子工业出版社，2019.

[16] 谢泗薪，胡伟．基于区块链技术的供应链融资服务平台构建研究 [J]. 金融与经济，2020（1）：85-90.

[17] 赵正．宝武集团，用区块链破题供应链 [J]. 商学院，2020（1）：67-69.

第 10 章
全球数字货币

学习目标

1. 了解全球数字货币发展的背景，以及目前数字货币有哪几种表现形势。

2. 熟悉目前全球私人数字货币的主要类型和特征。

3. 理解全球央行数字货币的定义和特征。

4. 掌握中国人民银行积极开展数字人民币研发的背景、意义和数字人民币的特征。

5. 了解数字人民币与支付宝、微信支付等的区别。

思政目标

1. 通过讨论分析 Facebook 发起的 Libra 和数字人民币的技术、功能和风险问题，认识到中国央行数字货币的技术、政策及监管均体现出世界较高水平，反映出中国特色社会主义制度在金融和经济方面的创新成果，激发学生科技强国、科技报国的信念。

2. 数字人民币的发行、流通和国际化，能够推动人民币承担起"为中国人民和世界人民服务"的货币职能。通过学习央行数字货币的定义和特征，了解以数字人民币为代表的主权数字货币发行、流通与国际化有利于弥补以美元为代表的少数西方国家货币主导国际货币体系的缺陷和不足，促进公平、公正、高效的新国际货币体系的构建与完善。

3. 2021年9月中国人民银行等十部门发布《关于进一步防范和处置虚拟货币交易炒作风险的通知》，通过学习私人加密数字货币的特点，进一步明确与虚拟货币相关的非法金融活动给我国金融体系带来的风险，认识到我国构建多维度、多层次的虚拟货币交易炒作风险防范和处置体系的重要性。

 引言

数字货币最初以私人数字货币的形式出现，这些私人数字货币改变了传统货币的形态、流通方式及支付方式。目前，各国对私人数字货币的监管态度褒贬不一。面对私人数字货币带来的安全问题，各国监管当局纷纷引入新型监管理念，通过完善监管规则和细化监管要求，来应对私人数字货币对监管的挑战。面对私人数字货币对法定货币市场产生的威胁，同时也为了降低发币成本和提高支付、清算、结算的效率，研究并实施央行数字货币（CBDC）的发行成为很多国家的选择。

2022年1月16日《求是》杂志发表习近平总书记重要文章《不断做强做优做大我国数字经济》。习近平总书记在文章中强调，近年来，数字经济发展速度之快、辐射范围之广、影响程度之深前所未有，正在成为重组全球要素资源、重塑全球经济结构、改变全球竞争格局的关键力量。党的二十大报告提出"加快发展数字经济，促进数字经济和实体经济深度融合，打造具有国际竞争力的数字产业集群"的任务。数字人民币是数字经济发展的基石。中国是最早研究数字货币的国家之一，目前，中国数字人民币试点已经形成"10+1"格局，包括10个试点地区及北京冬奥会场景。数字人民币已悄然进入百姓的日常生活。

货币对维持国家经济金融正常运转具有重要作用。金融安全是国家安全的重要组成部分，防止发生系统性金融风险是金融工作的永恒主题。中国人民银行研发的数字人民币是对现有纸钞的替代，也就是 M0 的替代，它使得交易环节对账户依赖程度大为降低，有利于人民币的流通和国际化，同时可以实现货币创造、记账和流动等数据的实时采集，为货币的投放、货币政策的制定与实施提供有益的参考。在我国推行数字货币的必然趋势下，应从法律条款、技术安全、监管方式、环境建设方面着手，避免数字货币雷区，推动数字人民币实现创新、健康发展。

10.1　数字货币的类型及竞争格局

10.1.1　数字货币的内涵与外延

数字货币是一种不需要物理载体的新型货币。狭义的数字货币是指电子货币，也就是使用支付宝、微信钱包等第三方支付以及使用银行卡刷卡消费时所用的货币；广义的数字货币则包含了电子货币和使用区块链加密技术产生的虚拟货币，如 Facebook 推出的 Libra、央行发行的法定数字货币等。那么，数字货币本质上是不是货币？货币的职能包括价值尺度、流通手段、储藏手段、支付手段和世界货币五个方面，其中核心职能是价值尺度。由私人发行的货币由于价值波动较为剧烈而不能实现货币的价值尺度功能，因而本质上并不算货币，只能算作一种数字资产；Facebook 推出的数字货币 Libra 以一篮子货币作为储备资产，使用点对点交易，能够实现价值尺度、流通手段和贮藏手段等职能，但由于 Libra 尚未获得各国政府的许可，目前还有待考察；由央行发行的法定数字货币则与央行发行的纸币一样，能够实现货币的基本职能，属于货币范畴。

1. 最早的数字货币

1983 年，大卫·乔姆（David Chaum）最早提出数字货币的概念，其提出的 E-Cash 是基于银行—个人—商家的三方模式，其突出特点是具有匿名性和不可追踪性。数字现金的唯一性是通过随机配序产生的唯一序列号来保证，然后银行通过盲签名来对该数字货币进行匿名背书。由于每一个随机序号都会被储存在数据库中以备交易时验证，随着交易规模越来越大，数据库也会越来越大，因此认证的过程就变得越来越困难。

2. 大型商业机构发行的数字货币

随着金融创新的不断推进和数字货币的发展，一些大型跨国商业机构注意到了数字货币的商业价值，开始尝试发行自己的数字货币，如高盛推出的 SETLcoin、摩根大通推出的 JPMCoin 等。全球社交媒体巨头 Facebook 则联合 MasterCard、eBay、Spotify 和 PayPal 等在内的 28 家大型商业机构推出数字货币 Libra，其与其他私人数字货币相比具有以下不同：Libra 背后有 Libra 协会成员投入的资金作为储备金以保持币值稳定，而其他私人数字货币背后则没有实物资产做抵押；与其他私人数字货币完全去中心化不同，Libra 成立了 Libra 协会来实现调控货币供应的职能，并未完全去中心化；只有当用户用法币按一定比例购买 Libra 时，对应数量的 Libra 才会被创造出来，Libra 总量可变，而其他私人数字货币总量固定。

Libra 的出现对于传统商业银行、第三方支付机构甚至各国央行来说都是一个不容忽视的问题。对传统商业银行而言，由于过去拥有一定的垄断地位，商业银行对客户的信用、偿债能力设定了较高的门槛，使得很大一部分群体被排除在现代金融服务体系之外，使用现代金融服务也需要支付高额的交易费用。对于微信、支付宝和 PayPal 等第三方支付机构而言，Libra 拥有覆盖面广、交易费用低的优势，使用点对点交易，每笔交易无须经过商业银行等中心化机构进行结算，对于客户来说具有更高的交易效率和更大的隐私性，由此带来很大的威胁。对各国央行而言，如果本国经济发展不稳定，使用 Libra 作为本币或许是更好的选择，但本国央行将彻底失去发行货币的权力和铸币税收入，而对于较为强势的主权货币，Libra 会在一定程度上替代本国的主权货币，使得央行对货币供应量的控制力减弱，也会扭曲本国货币政策传导机制。因此，Libra 不仅需面对来自各国监管机构各种纷繁复杂的监管标准，还需面对来自传统商业银行以及第三方支付机构的联合围剿。

3. 央行发行的数字货币

央行发行的数字货币又称法定数字货币，是央行利用区块链技术、分布式记账技术和加密技术等金融创新手段发行的货币，本质上与目前广泛使用的纸币没有区别，只是没有物理载体，其背后是以国家信用为价值支撑，相比其他数字货币安全性最高。2014 年，中国人民银行成立法定数字货币研究小组研究法定数字货币的可行性。2020 年，中国人民银行工作会议已明确要在部分城市试点法定数字货币。法定数字货币可供选择的发行方式有"一元体系"和"二元体系"两种，一元体系直接越过商业银行，会削弱商业银行的作用，可能会引发现行货币体系的混乱；二元体系则与现行体系有许多相似之处，对现行货币体系的影响较小，二元体系或许是更好的选择。我国法定数字货币与金融科技加速互动发展，金融科技创新为法定数字货币发行和流通提供了技术支持与完善的金融基础设施条件，而且法定数字货币的发行能促进大数据和金融科技行业的智能化。法定数字货币的推行会使央行掌握大量用户数据，有效提升经济交易活动的便利性和透明度，减少洗钱、非法融资、逃漏税等违法犯罪行为。央行还可以利用大数据来实现货币政策精准化实施和对经济运行情况进行动态监管，但也会使用户隐私问题变得敏感。如何在大数据分析与用户隐私之间找到平衡点是法定数

扩展阅读 10-1

字货币需要面对的一大难题，也是法定数字货币能否全面碾压具有匿名性特点的私人数字货币的关键。

10.1.2　数字货币的分类

1. 按照实体经济与数字货币之间的发展关系分类

（1）封闭性数字货币。此种数字货币与实体经济并无实质联系，只在特定虚拟社区进行商品交易，如魔兽世界交易平台中流通的金币。

（2）单向流动性数字货币。此种数字货币通常需用法定货币购买后在对应平台流通，如亚马逊币、腾讯 Q 币等。

（3）双向流动性数字货币。此类货币能够与法定货币进行转换和买卖。不仅如此，无论是真实的商品服务还是虚拟的商品服务，均可运用双向流动性数字货币购买，如泰达币、以太币等。除前两类传统型数字货币，现今广受全球推崇的便是第三种加密类数字货币。

2. 按照发行主体分类

（1）法定数字货币，是国家依法发行、具备所有货币属性的虚拟价值符号，是数字化的现金，通常则被称为央行数字货币、央行加密货币、央行电子现金等。法定数字货币发行主体是央行，非法定数字货币则是由私人企业发行，两者的对比见表 10-1。因而，央行发行的法定数字货币是以国家信用作为背书，货币的价值稳定，在大部分情况下都与传统的货币现金具有相同的性质，可以起到代替实物现金的作用。法定数字货币具有法偿性，任何机构或个人无理由拒收。同时，其使用者没有限定范围，既可以在发行国国家内流通，其他国家或地区基于对发行国的信任也可以使用。从技术层面上来看，法定数字货币具有中心化特征，区块链或分布式账本等传统非法定货币使用的技术，只是其可选的技术之一。

表 10-1　法定数字货币与非法定数字货币对比

对比项目	法定数字货币	非法定数字货币
发行主体	货币当局	私人机构
信用保障	政府保障	用户间信用
内在价值	较稳定	不稳定
使用范围	不限	不限
交易成本	较低	较高
安全性能	高	较高
交易公开程度	公开	匿名

（2）非法定数字货币，又称为民间数字货币、私人数字货币等。私人机构发行的非法定货币，缺乏国家信用背书，早期的私人数字货币也不与任何"贵金属"挂钩，导致其币值不稳定，具有较大的风险。因而非法定货币并不完全满足货币的三大功能，即流通手段、价值尺度和贮藏手段。大多数机构或个人持有非法定数字货币的目的以投资为主。技术层面上来看，非法定数字货币主要使用以加密算法为核心的区块链技术，去中心化是其最主要的特征。

10.1.3　全球私人数字货币的类型和特征

私人数字货币是指私人发行的数字货币，主要包括以太坊、莱特币、瑞波币等，最早的私人数字货币于 2008 年由中本聪提出，拥有去中心化、匿名化等特点。在此之后，全球私人数字货币市场规模呈现指数级别的增长。

1. 私人数字货币的类型

根据赋值方式的不同，私人数字货币可以划分为两类：①基于区块链的原生代币，指依赖于区块链系统并在该系统内产生和使用的数字货币，又称加密数字货币。②在区块链上发行运营，但以链外资产支持的数字货币，又称稳定币。

1）加密数字货币

加密数字货币存在去中心化、匿名化的特点，并无国家主权信用背书，内在价值为零，波动幅度较大。它们的价值仅来自公众认为它们能跨时间换取其他商品、服务或一定数量的主权货币，即价值共识。价值共识主要来源于两个方面：①加密数字货币挖矿的速度和成本。数字货币的供应方式是通过区块形成奖励投放，需要消耗能源和时间，合理的区块奖励机制能确保加密数字货币供应量平稳。②暗网与加密货币在加密性和隐蔽性上天然契合，暗网交易中往往使用加密货币作为支付手段，对加密货币存在需求。一旦人们失去价值共识，加密数字货币构建的贸易体系将瞬间崩溃，这点类似于银行的挤兑。

2）稳定币

稳定币以一系列法定货币计价的资产为储备资产，币值相对于加密货币更为稳定：①稳定币可以发挥分布式账本拥有的即时交易、可编程、开放和匿名等特点。②稳定币挂钩链外价值，提供"混合驻锚"的实践载体，缓解主权货币作为国际货币存在的"特里芬两难"。然而，由于稳定币的发行方为非官方机构且不受国界限制，在无全球统一监管框架限制下，未能有公信力确保储备资产的安全，未能明确储备资产管理的透明度，未能明确发行者和持币者的权责，这些都将导致稳定币的价值不稳定。例如，2019 年 4 月，纽约总检察长办公室起诉 Tether 公司挪用稳定币 USDT 储备金弥补 8.5 亿美元亏损，造成 USDT 币值大跌。

2. 私人数字货币的主要特征

1）去中心化

私人加密数字货币采用去中心化的点对点交易模式，不依赖于金融中介机构，可以减少交易费用和提升效率。传统货币电子交易依赖银行等中介机构，通过央行提供的支付系统实现汇兑收支，国内的大额支付系统尚无法保证资金实时到账。国际金融交易中，国际资金清算系统（SWIFT 系统），通过硬件、软件和人员组成的监管机制确保国际资金流转的安全性，支付效率较低。私人数字货币以区块链形式运行记账，通过公私钥匙进行交易签名验证，消除对中介的需求，减少交易费用，让交易更加高效。

2）匿名性

私人加密数字货币的匿名性即用户在使用数字货币过程中，可选择匿名交易。不过，多数数字货币交易自有保密措施都包含特定线索，帮助确定利益相关人员，如时间戳、IP 地址等，这些特定线索可防止外界人员窥探或窃取相关交易信息。另外，由于虚拟网络经济交易可能面临被感染风险，由此，数字货币独有的保密措施将与各经济交易场所、网络钱包、用户设备等系统建立安全连接，加强数字用户程序的隐私与安全设置。这使相关网络用户具有了功能优良且隐私性强的操作系统，避免恶意插件更换交易信息或目标钱包地址等行为。

3）算法性

数字货币发行、推广的最大保障是具有可供反复验证的数学模型。私人数字货币通过各种共识算法、机制（如工作量证明或权益证明）消除对可信中介的需求，依靠预定的算法规则、完整可靠的数据库完成了信用背书，确保不存在"双花"等问题。这种自证其信的信用范式，极大地降低了信任成本。现阶段，数字货币广受认可的是基于密码学的哈希算法。哈希算法最关键的效用在于确保数据高度一致、不可篡改且绝对私密。哈希算法亦能够提供数字货币的交易流程依据，使各环节节点据此达成账务真实准确的共识。但在现实中，使用场景的缺失，可能导致资产安全和公平仍存在问题。由于其通过工作量证明或股权证明等共识机制维护节点，PoW 机制导致需要大量算力进行节点确认，货币吞吐量有限，不能满足零售货币高并发需求，而 PoS 机制则要求拥有一定数字资产才可参与记账，存在公平性问题。

4）自治性

数字货币借助区块链技术能够实现金融活动自治交易。简言之，相关金融活动无须经过中介机构，仅利用数字货币便可完成点对点、端到端的经济交易。数字货币架构于区块链，催生了共享、共治和共识的商业自组织框架。这进一步使数字货币依托数学算法背书成为新型货币发行方法。纵观目前运行比较成功的以太币，均未配备中心化服务器，也不会被中心化机构掌控，更不设运维人员。所以，一定程度上数字货币的发行方可以看作数学算法模型，其运行和流通属于完全自治。

5）可编程性

属于区块链技术核心的分布式共享账本具有数字货币可编程性特点，并体现在金融机构账目方面数字符号间的增减。数字货币若想完成交易，需要计算机代码完成程序之间的账户信息交换。这样的信息交换是预先编制好的智能合约，只要利益涉及方按照约定条件达成，分布式共享账本将自动履约，任何相关方均无法违背。这里可以明确，数字货币的可编程性使金融机构具备了资金流向的追溯能力，货币政策、市场流动的精准执行和预测也成为可能。就金融清算方面来说，数字货币可编程性赋能经济交易实时清算功能，充分避免了传统金融结算中海量核算工作，极大地提高了资金的周转速率。

10.1.4 全球数字货币发展情况和趋势

1.全球数字货币发展情况

近年来，各类数字货币均呈现出较快的发展趋势，全球的数字金融基础设施也在此推动下逐步重建，经济社会的数字货币格局已渐具雏形。当前全球数字货币的发展主要有以下几个特征。

1）法定数字货币研发计划广泛推开

国际清算银行（BIS）2020年四季度向全世界65家央行发出的调查问卷显示，有86%的央行表示正在对央行数字货币进行研究或实验。其中，10%的央行已上线数字货币试点项目。目前，巴哈马、乌拉圭、厄瓜多尔、委内瑞拉、泰国和柬埔寨等国已发行数字货币，中国等不少新兴市场国家也在积极开展零售型央行数字货币的应用测试。

2）新型数字货币竞争激烈

2019年，"合成霸权数字货币"的概念由英国央行行长马克·卡尼（Mark Carney）提出，旨在取代美元成为世界货币，由Facebook发行的数字货币Libra将锚定一篮子货币，一定程度上具有作为全球货币的潜力。2020年1月21日，国际清算银行、加拿大央行、英国央行、日本央行、欧洲央行、瑞典央行和瑞士央行官网同时发布一则信息，成立央行小组，开展CBDC应用案例研发。这一组合成为最有可能创建"合成霸权数字货币"的组合。2021 年，Libra 更名为 Diem，从锚定一篮子货币改为单一锚定美元，将服务于美元数字化战略。同时国际货币基金组织（IMF）的研究报告显示全球金融市场可能因为数字货币的竞争而分裂为多个"数字货币分区"。

2. 全球数字货币发展趋势

1）发达国家和新兴经济体国家数字货币差异化发展趋势

新兴经济体国家和欠发达国家对于数字货币的研究推广，较发达国家更为积极也更为激进，希望在新的一轮数字货币竞争中找到新的机遇，但整体而言并没有较为成功的案例。厄瓜多尔和乌拉圭均已发行或试验 CBDC，但没能取得大众对于央行的信任，均以失败告终。反观发达国家央行数字货币研究工作开展较晚，在落实上也较为谨慎。欧洲、美国、加拿大等国数字货币仍在研究实验阶段。

CBDC 对宏观经济有较强的影响力，若 CBDC 用于跨境交易，资金流动风险将进一步加剧。因此任何国家在发行 CBDC 时都应该做好准备，对于一些法币弱势的国家亦是如此。

2）数字货币价格波动和交易激增下各国面临更加严峻的监管形势

数字货币交易尽管火热，但是市场依旧跌宕起伏。随着市场参与人数不断扩大、交易额不断上涨，各国也将会面临更加严峻的监管形式。美国、英国等多国央行行长均对当下数字货币市场表示担忧，重点监管数字货币金融犯罪以及数字货币的价值波动。

3）大型互联网企业借势数字货币开发新型分布式商业模式

近年来数字货币快速发展的主要推手是新兴互联网企业，从马克·扎克伯格（Mark Zuckerberg，Facebook 创始人兼首席执行官）到埃隆·马斯克（Elon Musk，特斯拉创始人兼首席执行官），都在尝试以在线社交、新能源等新技术业态发动新型数字化金融生态，规避来自监管和传统金融的壁垒约束。我国国内的大型互联网企业也基于其在金融零售领域已经具备的数据积聚优势，积极借助区块链技术构建联盟链架构下的数字金融生态。

10.2　全球私人加密数字货币的实践

数字经济给人类生产、生活和生态带来的深刻变革，为货币的数字化转型提供了土壤、搭建了舞台，私人数字货币应运而生。私人数字货币可以看作数字经济向金融领域"渗透"和"赋能"的一个重要体现。

私人数字货币并非传统法定货币的数字化形态，而是一种全新的货币形态。私人数字货币的加入将使国家货币体系趋向多元化。在主权国家货币与私人数字货币"双轨制"运行体系下，私人数字货币将会削弱主权国家货币地位、引发铸币权由政府向企业转移、降低传统货币政策的有效性。

1. 削弱主权国家货币地位

私人数字货币是超主权货币的试金石。现有以美元为中心的国际货币体系存在制度性缺陷，国际社会缺乏对美元发行量的有效约束，美元的中心地位导致了国际金融市场存在系统性风险。超主权货币为促进国际货币体系改革提供了新的思路，也是未来国际货币体系的发展方向。私人数字货币的发行不依赖于某一国家政府，超越区域限制的无国界特征赋予了私人数字货币超主权货币的特质，其具有的数字技术优势和跨境支付优势也有利于私人数字货币构建全球性金融生态体系。私人数字货币由无锚定物向有锚定物演进，具备了常规的基本货币职能，逐渐打破法定货币与私人数字货币之间的边界。私人数字货币的推广普及，势必与国家法定货币展开直接竞争，分流部分法定货币使用者，削弱主权国家货币地位。

虽然中国明确禁止私人数字货币与人民币的交易活动，但如若其他国家许可私人数字货币在本国流通，必将产生示范效应。政府完全禁止私人数字货币在本国流通的难度较大且成本高昂，随着私人数字货币影响力的提升，最后会出现被迫接受主权国家货币和私人数字货币"双轨制"货币体系的局面。极端情况下，私人数字货币会完全替代法定货币。

2. 铸币权由政府向企业转移

铸币权是指货币印刷和发行的权力，政府的铸币权垄断是实施货币总量运作的前提保障，在此基础上，政府可以通过增发货币的方式实现超发收益，增加财政收入。铸币权是影响一国国际地位、金融安全和国际关系的重要砝码，已成为国际竞争的重要领域之一。众所周知，美元作为主要的国际储备货币和商品交易媒介，美国的铸币权覆盖全球大部分国家，进而享有全球性的铸币税收益。

私人数字货币的发行不依赖于政府，货币的发行、流通、管理由企业承担，这将打破铸币权由政府垄断的局面，全球铸币权的竞争将由各国政府之间的竞争演变成政府与数字企业之间的竞争。数字经济的快速发展和数字技术的进步为数字企业发行货币提供了有力支撑，数字企业作为信用主体的公信力不断提升，政府的社会信用主体地位相对下降会迫使政府将部分铸币权让渡给数字企业。

　　作为私人数字货币开拓者的比特币，个人和机构均可以使用计算机运行特定算法进行"挖矿"获得比特币，其铸币权公正合理地分配到"矿工"手里。人人参与的铸币机制使私人数字货币成为一种投机货币，缺乏固定的信用主体和价值支撑，难以保证币值的稳定性。以比特币为代表的私人数字货币难以取得与政府相抗衡的公信力，其对政府铸币权的影响能力有限。与之相反，以 Libra 为代表的私人数字货币具有主权货币实体支撑，以及有公信力的企业联合体信用支撑，以 Facebook 为主导的企业联合体作为信用主体的公信力大幅提升，政府和公众对 Libra 的接受度远高于其他数字货币。如果 Libra 成为主流私人数字货币，Facebook 将成为全球性央行，通过增发 Libra 获取铸币税，侵蚀各国央行铸币权。中国加速推进法定数字货币落地的原因之一，就是为了进一步巩固央行对于货币铸币权的控制，以应对私人数字货币对中国金融主权的挑战。

　　3. 降低传统货币政策的有效性

　　若私人数字货币广泛使用和流通，将使法定货币脱实向虚，逐渐丧失调控经济的能力。目前央行传统的货币政策工具主要包括改变法定存款准备金率、调节再贴现率和公开市场业务。改变法定存款准备金率是调节货币供给的最强有力手段，通过改变货币扩张乘数进而影响商业银行的信用创造能力，也是中国常用的货币政策工具之一。然而私人数字货币无须缴纳存款准备金，改变法定存款准备金率也不会对私人数字货币产生任何作用，央行调整准备金政策的效力将被稀释。再贴现率影响商业银行的资金成本，央行可以通过调节再贴现率控制商业银行的信贷规模。然而私人数字货币的出现使商业银行融资渠道日趋多元，商业银行对央行再贴现率的依存度下降，对央行再贴现政策不再敏感。公开市场业务具有伸缩性、灵活性和逆转性等优点，受欧美等发达金融市场国家的青睐，公开市场业务需要以中央银行对货币发行权的垄断为前提。然而私人数字货币的出现使央行货币负债能力下降，削弱央行货币吞吐能力，公开市场业务可操作性极大降低。

　　央行调控的前提条件是垄断货币发行权、充当最后贷款人，通过投放或回收基础货币，调控银行体系流动性，影响短期利率。然而私人数字货币将挑战法定货币发行的垄断地位，降低传统货币政策的有效性。私人数字货币或将影响央行货币垄断权，削弱货币政策的独立性。随着私人数字货币 Libra 的用户增加，政府货币政策的有效性大打折扣。一方面，政府将损失部分铸币税收入，这将破坏政府实施货币政策的资金来源渠道，降低传统货币政策的独立性；另一方面，货币政策的中介目标及货币政策工具的有效性大幅降低，难以有效调控货币价格和数量，传统货币政策濒临失效。

4. 数字货币对于中国来说机遇与挑战并存

基于区块链技术的私人数字货币改变了传统的货币形态，颠覆了公众对于货币的认知。如果中国不及时抢占数字货币领域制高点，很容易沦为国际私人数字货币的附庸。数字货币作为新生事物，对于中国来说机遇与挑战并存。

中国法定数字货币是传统法定货币的数字化形态，以国家信用为背书，具有稳定的价值基础。国家主导发行的数字货币仍然具有"中心化"的特点，央行有能力保证货币价值的稳定性和货币政策的独立性。法定数字货币未改变货币政策的传导方式和传导路径，央行可以通过发行法定数字货币巩固自己的法定货币地位，增强货币市场控制力，保护货币主权，传统的货币政策依然有效。发行法定数字货币还将拓展货币政策的调控空间，提升货币政策的有效性、时效性和精准性。不仅如此，发行法定数字货币还能够提升和加强中国在国际数字货币体系建设过程中的参与度与话语权，加快人民币国际化步伐，甚至主导全球数字货币的标准制定，进而增强人民币的国际竞争力，遏制国际私人数字货币对中国经济社会带来的潜在威胁。

10.3　全球央行数字货币

10.3.1　央行数字货币的定义及分类

目前全球对于央行数字货币并没有统一的定义，大多是指央行发行的新形式货币，区别于实物现金以及央行储备资金或清算账户的资金。央行数字货币能够代替现金活跃在金融交易的各个场景中。

随着各国央行注意到数字货币的潜力，有关央行数字货币的定义和探讨开始出现于国际清算银行和国际货币基金组织等国际组织的报告中。BIS 在2017 年三季度报告中参考支付和市场基础设施委员会（CPMI）对数字货币的定义，将 CBDC 定义为可用于点对点交换的电子化的中央银行负债。2018 年3 月，CPMI 和市场委员会联合发布《中央银行数字货币报告》，将 CBDC 定义为不同于传统准备金账户或结算账户余额的一种数字形式的中央银行货币。同年，IMF 发布报告将 CBDC 定义为由中央银行以数字方式发行并作为法定货币的一种新货币形式。2020 年 6 月，IMF 在工作论文中明确给出 CBDC 的定义，即主权货币的数字表示，由一国中央银行（或其他货币当局）发行并作为其负债。这一定义是目前最被认可的 CBDC 定义。

对于 CBDC 的分类，BIS 和 IMF 都指出可获得性（accessibility）是一个重要特征，并依此将 CBDC 分为两类，即批发型（wholesale）和通用型（general），前者仅限于一组预定义的用户，通常是银行和国家支付系统的其他成员，后者则可由公众广泛获取。类似地，IMF 将 CBDC 分为批发 CBDC（W-CBDC）和零售 CBDC（R-CBDC）。除了用户范围不同，这两类数字货币在架构设计和经济影响等方面也存在较大差异。由于多数国家央行已经实现了准备金或结算账户余额的数字化，因此批发 CBDC 对现有银行间批发系统的变革相对可控；零售型 CBDC 将为普通用户提供直接获得央行资金的渠道，以替代现金为起点，还可能对银行存款构成替代，因此将对现有支付体系造成较大冲击。

10.3.2　全球央行数字货币的主要特征

2019 年，国际清算银行与支付和市场基础设施委员会对各个国家央行数字货币的研究现状进行了调查，调查显示 80% 的国家正在积极研究主权数字货币问题。大部分研究是概念性的，主要集中在主权数字货币的投放、重塑支付体系对国家的潜在影响等。目前，各国央行数字货币仍处于研发阶段，尚未实际全面发行，各国央行数字货币在模型设计上大致达成共识，主要有以下特征。

1. 在发行模式方面，采取中心化形式发行，百分百全额缴纳储备金

数字货币的价值来自公众认为它们有跨时间换取其他商品、服务或一定数量的其他主权货币的能力。私人数字货币虽具有去中心化的特点，可规避发币主体滥发货币的可能性，但也导致私人数字货币缺乏价值基础，无法维持币值稳定。不同于私人数字货币，央行数字货币具有中心化发行的特点，通过国家信用为数字货币背书，避免币值剧烈波动。同时，央行数字货币采用百分百储备金的形式发放，避免数字货币过度发行造成恶性通货膨胀，有利于维持数字货币的价值和金融体系的稳定。

2. 在投放机制方面，基本采用双层投放机制，避免对金融体系造成冲击

双层投放机制指由央行负责数字货币的投放和回笼，但央行并不直接与消费者对接，而是通过商业银行向央行申请兑换数字货币，由商业银行面向社会公众提供央行数字货币和对应的服务。双层投放机制无须央行与社会公

众直接接触，可在避免金融基础设施另起炉灶、金融脱媒等一系列问题的同时，充分调用商业银行在服务网点等资源技术方面的优势，不会对现有的金融体系造成过度冲击。

3.在监管设计方面，普遍采用多层级的匿名监管设计，满足合规性和匿名性的双重需求

尽管大部分国家对央行数字货币仍然停留在概念讨论阶段，但可以发现在匿名监管框架的设计方面具有一定共性，且普遍采用多层级的匿名监管设计。例如，部分央行使用分布式分类账本技术为反洗钱、反恐融资合规性程序提供了一种数字化解决方案，反洗钱相关机构会定期向每个央行数字货币用户发布附时间限制的匿名凭证，在一定额度内，用户可选择保持交易的匿名性，央行或中介机构将无法查看用户的身份和交易历史，满足使用群体的客观需求和法律的监管要求。但超过额度的交易无法使用匿名凭证，必须接受反洗钱相关机构的审查。

4.在底层技术方面，以分布式账本为底层技术，并基于该技术长期演化

私人加密数字货币普遍采用去中心化的区块链技术，而央行数字货币具有中心化的特点，区块链暂时无法满足央行数字货币在零售场景的高并发交易需求，因此央行数字货币普遍考虑采用分布式账本技术，确保支付系统的高效和可编程。央行数字货币发行流通技术框架将基于市场竞争环境演进，去粗取精实现最优化。但在技术迭代中，仍要确保央行数字货币的底层技术满足以下四点：①合作性记账，即大量第三方机构参与维护，更新账本（如交易），通过"共识过程"以确保账本所有节点都同步存储相同的信息。②数据共享，即分布式账本提供访问范围更广的账本读取权限和更新（写入）账本数据的权限。③加密技术，包含加密技术的一系列特征，如使用公共密钥来验证发送付款指令者的权限。④可编程性，即创建"智能合约"用于自动执行协议条款并发起相关交易，无须人工干预。

10.3.3 CBDC 的特点

与私人数字货币相比，央行数字货币具有一些不同的特点和优势。

1.具有更高的公众接受度

央行数字货币由央行统一发行，既是国家主权法定货币，又采取100%的准备金，能够有效避免数字货币的过度发行和保持币值的稳定，因此具有更高的公众接受度，对内可抵御私人数字货币对主权货币的侵蚀，提升支付

清算基础设施的效率，提振公众对本国金融体系的信心，对外可提供给客户更便捷更低价的跨境支付手段，提升本国货币国际化程度。

2. 底层技术的设计有利于适应交易需求

目前大多数央行数字货币都采用分布式账本技术作为底层技术，能够较好地适应高频并发式的交易需求，同时能促进央行数字货币交易中介的扁平化，减少价值交换中第三方中介机构的手续费和摩擦成本，从而降低交易成本。

3. 有利于货币政策传导和金融监管

在货币政策方面，央行数字货币可完善货币政策传导渠道，提升货币政策有效性。主权数字货币可通过带有"条件触发机制"的智能合约，对信贷主体和使用场景予以限制，实现贷款的精准投放，避免资金空转。同时，分布式记账技术的应用能促进央行数字货币交易中介的扁平化，提升金融市场的流动性，疏通利率传导渠道。

在金融监管方面，央行数字货币有利于金融监管的实施，降低经济犯罪的可能性。纸币由于其物理属性无法被监管部门追踪，部分加密私人数字货币也由于其去中心化的设计而具有匿名性，导致经济犯罪层出不穷。不同于纸币和私人数字货币，央行数字货币中心化发行，并通过分布式记账技术留下交易记录，辅之以大数据分析，可进行反洗钱、支付行为和监管调控指标分析，能有效降低经济犯罪的可能性。

4. 促进普惠金融发展

在金融服务方面，主权数字货币可提升金融包容性，助力普惠金融发展。一方面，央行数字货币可以完善征信信息，减少信息不对称。对在传统金融服务中因征信数据缺少、固定资产较少等原因难以获得信贷的中小企业和个人而言，央行数字货币能有效改善这一现象，提升信贷可得性。另一方面，央行数字货币可以提供更为便捷的访问金融服务的途径。商户有动力完善数字货币账户的应用场景和生态服务链以抢占客户，从而潜在地解除银行对金融服务设置的限制，并解决银行网点不足的社区面临的许多问题。

10.3.4　主要国家和地区央行数字货币进展

发展央行数字货币是未来的大势所趋，全球主要国家都在进行央行数字货币的研究和筹备（表 10-2），部分国家甚至已经开启了试点工作，并在央行数字货币的目标、定位、运营管理和技术等方面取得了积极进展。

表 10-2　主要国家央行数字货币进展

国家	央行数字货币探索情况
中国	2014 年，中国人民银行成立法定数字货币研究小组，论证央行发行法定数字货币的可行性；2016 年 1 月，中国人民银行召开数字货币研讨会，论证央行数字货币对中国经济的意义，并认为应尽早推出央行数字货币；2017 年 1 月，中国人民银行正式成立数字货币研究所，并在国务院批准下，开展 DC/EP（数字货币/电子支付）的法定数字货币研发工作；2019 年 11 月，中国人民银行副行长范一飞表示，央行法定数字货币已基本完成顶层设计、标准制定；2020 年 4 月，央行法定数字货币推进试点测试
美国	2020 年 2 月，美联储主席表示数字美元是优先级很高的项目，美联储正在对央行数字货币进行研究，但尚未决定是否推出
英国	2015 年 3 月，英国央行宣布规划发行一种数字货币；2016 年，在英国央行授意下，英国伦敦大学研发法定数字货币原型——RSCoin 以提供技术参照框架；2020 年 3 月，英国央行发表央行数字货币报告，探讨向数字经济转变
加拿大	2016 年 6 月，区块链联盟 R3 与加拿大银行共同发起法定数字货币 Jasper 项目；2019 年，新加坡金融管理局和加拿大银行完成了使用央行数字货币进行跨境货币支付的试验
日本	2020 年 7 月，日本央行发布研究报告《央行数字货币：与现金具有同等功能的技术课题》，宣布开始试验数字日元，明确了数字日元的规划、设定及实施路线。2021 年 4 月 5 日开始对数字日元进行示范测试。2023 年春季启动一项与日本三大银行和地方性银行协调发行数字日元的试验，计划用两年时间核实存取款是否有问题
泰国	2018 年 10 月，泰国政府发行数字货币 CTH 120 亿枚；2019 年 7 月，泰国央行副行长公开表示，其与中国香港金融管理局共同合作研发的数字货币项目正式进入第三阶段；2020 年 1 月，中国香港金融管理局与泰国央行公布数字货币联合研究计划——Inthanon-LionRock 项目的成果，并发表研究报告
厄瓜多尔	2014 年 12 月，厄瓜多尔推出了电子货币系统；2015 年 2 月，运营电子货币系统和基于该系统的厄瓜多尔币，市民可通过该系统在超市、银行等场景支付；2018 年 3 月，政府宣告系统停止运行
立陶宛	2018 年，立陶宛启动了 LBChain 区块链平台项目，积极研究区块链和数字货币；2019 年 12 月，立陶宛央行批准数字货币 LBCoin 的实物样本，代币基于区块链，于 2020 年春季发行；2020 年 7 月，立陶宛成为第一个发行央行数字货币的欧盟国家

资料来源：巴曙松，张岱晃，朱元倩.全球数字货币的发展现状和趋势[J].金融发展研究，2020（11）：3-9.

1. 中国

中国在央行数字货币研发上进展最为迅速。2014 年中国人民银行便成立了法定数字货币研究小组，并明确了发行数字货币这一战略目标。近年来相关研发工作陆续启动，相关研发消息持续披露。2019 年 11 月，中国人民银行副行长范一飞就表示，中国法定数字货币基本完成了顶层设计、标准制定、功能研发和联调测试等工作。2020 年 4 月，央行数字货币首个应用场景在江苏省苏州市相城区落地。

中国央行数字货币采用"一币、两库、三中心"架构。"一币"指法定数字货币，即由央行担保签发的代表一定金额的加密字符串。"两库"指的是数字货币发行库和数字货币商业银行库，前者是央行在法定数字货币私有云上存放法定数字货币发行基金的数据库，后者是商业银行在其本地或央行法定数字货币私有云上存放法定数字货币的数据库。"三个中心"即认证中心、登记中心和大数据分析中心，分别负责对身份信息的集中管理，数字货币的流通、清点核对等全程登记和反洗钱、监管指标分析。

2. 欧盟

2019 年底，欧洲央行宣布成立专门的央行数字货币工作组，并推出名为"欧洲链"的新概念项目，探索数字货币的匿名性问题及其实践。2020 年 10 月，欧洲央行发布首份数字欧元报告，阐释了数字欧元的定义和技术方案，为数字货币项目的启动奠定了政策基础。2020 年 7 月，法国央行开始与欧洲清算系统、汇丰银行、法国兴业银行等多家机构合作，进行央行数字货币银行间结算测试。德国、荷兰、意大利等欧元区国家也加快推进相关研究。

数字欧元将作为一种新的安全支付解决方案以适应数字化时代的需要。欧洲央行行长克里斯蒂娜·拉加德（Christine Lagarde）表示，欧洲人的消费、储蓄和投资行为越来越数字化，监管当局将确保人们信任欧元，使其适应数字时代需求。数字欧元是欧元体系的直接负债，可以与欧元的其他形式同等程度兑换，数字欧元报告强调了欧洲中央银行对数字欧元的控制。在数量上，数字欧元应始终处在欧洲中央银行的完全控制之下；在技术上，提供数字欧元的后端基础设施可以是集中的，也可以将责任分散到用户和受监督的中间商，但不管采取何种方式，后端基础设施最终都应该由央行控制。此外，欧洲公众对数字欧元隐私性高度关注。2021 年 4 月，欧洲央行公布的针对公众的咨询结果显示，欧洲民众最为看重的功能分别是隐私性、安全性以及横跨全欧元区的支付能力。

3. 美国

美国发行数字美元旨在维护美元的国际地位。2020 年，美国在 2 万亿美元经济刺激法案初稿中提出了两种数字美元设计方案：一种类似银行存款，普通公众直接在美联储开户，账户里的余额即为数字美元；另一种与私人数字货币相似，家庭、企业等实体部门无须在美联储开户，而是通过加密货币技术，直接持有美联储发行的美元，实现"点对点"支付。在运营模式上也有两种方式：一是由美联储直接向社会公众提供数字美元服务；二是由会员银行代理运营数字美元钱包。根据法案初稿的设计，数字美元还会计息，利率高于存款准备金利率和超额准备金利率。数字美元使用场景主要包括境内支付、跨境支付以及通过数字美元钱包直接向特定人群发放福利和补贴，尤其是向受疫情影响较大的居民发放补贴。

4. 日本

日本于 2016 年与欧洲央行开启了合作实验，研发批发型数字货币的分布式记账技术。2018 年，日本银行研究所对于数字货币可能对既有法律和社会系统的冲击与影响展开讨论。日本银行系统内部的结算部门在 2020 年 7 月专门设置了数字货币小组，开始出台零售型数字货币系统构建的具体计划。2021 年 4 月 5 日，日本央行开始对 CBDC 进行第一阶段的验证性测试。从 2023 年春季开始，日本央行启动一项与日本三大银行和地方性银行协调发行数字日元的试验，计划用两年时间核实存取款是否有问题，并决定是否会在 2026 年发行数字日元。

日本发行数字日元旨在"提高整个支付和结算系统的稳定性和效率"。出于国情考虑，日本央行高度关注数字日元的普及性和抗逆性。长期以来，日本对现金高度依赖，并被称为"世界上最喜欢现金的国家之一"，现金大量用于交易和价值储存，无现金支付发展速度较慢。同时，日本的智能手机普及率也不高。因此，日本在技术方面高度关注数字货币的普及性，要求数字日元为所有人提供无障碍服务，包括没有智能手机的民众。此外，由于日本是一个经常遭受地震灾害的国家，因此对技术的抗逆性要求较高，从而保证数字日元在地震、断电断网等紧急情况下依然可以使用。

5. 以色列

以色列银行早在 2017 年就开始研究数字谢克尔（以色列法定货币）。2021 年 5 月，以色列银行突然透露了其发行 CBDC 的最终计划。它只用了一个月就开始测试其技术，并且选择使用以太坊的许可版本作为其首选区块链。以色列银行行长认为，数字谢克尔在该国进入流通至少需要 5 年时间，而一开始的重点将是跨境支付。尽管以色列政府对加密货币的态度并不太强硬，但以色列银行行长提出了他对比特币的看法：比特币不是支付系统，也不是货币，在最好的情况下，它是一种金融资产；在最坏的情况下，它是一种金字塔骗局。

目前，各主要经济体均在积极考虑和推进央行数字货币的研发。根据国际清算银行 2022 年发布的央行数字货币报告，各国央行正在数字货币与数字货币如何助力普惠金融中布局，已有 68 家央行宣布，它们正在积极参与 CBDC 研究或开发工作。巴哈马中央银行、加拿大银行、中国人民银行、东加勒比中央银行、加纳银行、马来西亚中央银行、菲律宾中央银行、乌克兰国家银行和乌拉圭中央银行已经发行或正在试点零售型 CBDC。

10.4　中国央行数字货币的特征及意义

10.4.1　中国央行数字货币发展背景

1. 数字经济发展需要建设适应时代要求、安全普惠的新型零售支付基础设施

当前中国经济处在由高速增长转向高质量发展阶段，以数字经济为代表的科技创新成为催生发展动能的重要驱动力。随着大数据、云计算、人工智能、区块链、物联网等数字科技快速发展，数字经济新模式和新业态层出不穷。

近些年来，中国电子支付工具迅速发展，为公众带来了便捷高效的支付手段，在推动数字经济发展的同时培养了用户的数字支付习惯，激发了公众对技术和服务创新的需求。要实现高质量的经济发展，需要更加安全普惠的新型零售支付基础设施，进一步满足社会公众多样化的支付需求，提升基础金融服务水平与效率，促进国内大循环畅通，为构建新发展格局提供有力支撑。

2. 现金的功能和使用环境正在发生深刻变化

随着数字经济的发展，现金的使用率呈下降趋势。根据 2019 年中国人民银行开展的中国支付日记账调查，手机支付的交易笔数、金额占比分别为 66% 和 59%，银行卡交易笔数、金额分别为 7% 和 23%，而现金交易笔数、金额分别为 23% 和 16%，有 46% 的被调查者在调查期间未发生现金交易。现金交易笔数较多，但金额相对较小，对一半以上的人而言，生活中仍有机会使用现金交易。根据国家统计局发布的数据，中国流通中现金供应量（M0）从 2018 年的 7.32 万亿元增长到 2022 年的 10.47 万亿元，流通中现金（M0）供应量同比增长率也从 2018 年的 3.6% 增长到 2022 年的 15.3%。特别是在一些金融服务覆盖不足的地方，公众对现金的依赖度仍较高。

3. 加密数字货币特别是全球性稳定币发展迅速

自 2009 年 1 月比特币网络上线以来，私营部门相继推出各种加密数字货币。以比特币为代表的这些加密货币并非主权货币，缺乏主权国家信用背书，价格波动和能源消耗大，交易效率低，难以胜任货币职能。在现实中，比特币常被用于投机活动，加密数字货币在日常交易中应用较少。但加密数字货币"去中心化""完全匿名"的特性却吸引了许多不法分子，常作为暗网和黑

市交易的结算工具，并被用于洗钱等非法经济活动，对金融和社会稳定产生威胁。

针对加密数字货币价格波动较大的缺陷，目前一些商业机构推出所谓"稳定币"，试图通过与主权货币或相关资产锚定来维持币值稳定。这些商业机构计划推出的全球性稳定币，将为国际货币体系、支付清算体系、货币政策、跨境资本流动管理等带来诸多风险和挑战。2019 年 6 月，美国公司Facebook 顺势推出的 Libra 对国际传统经济货币结算产生超强影响。但对我国而言，这一项目却可能成为超主权货币的存在。一方面，Libra 凭借美元为支撑，通过短期政府债券与一篮子银行存款，确保稳定性和低通货膨胀率；另一方面，Libra 并未将人民币纳入一揽子货币中，在阻碍人民币国际化的同时还严重威胁了人民币主权地位。所以，央行适时推出数字货币应对这一威胁，并于 2020 年 4 月率先完成区域性的闭环试点测试。

10.4.2 中国央行数字货币发展的意义

央行数字货币 DC/EP 的意义在于它不是现有货币的数字化，而是 M0 的替代。它使交易环节对账户依赖程度大为降低，有利于人民币的流通和国际化。同时 DC/EP 可以实现货币创造、记账和流动等数据的实时采集，为货币的投放、货币政策的制定与实施提供有益的参考。

1. 丰富央行向社会公众提供的现金形态，助力普惠金融

随着数字技术及电子支付的发展，现金在零售支付领域的使用日益减少，但并不代表不需要使用现金。央行作为公共部门有义务维持公众直接获取法定货币的渠道，并通过现金的数字化来保障数字经济条件下记账单位的统一性。研发和发行央行数字货币能够丰富向社会提供的现金形态，满足公众对数字形态现金的需求，进一步降低公众获得金融服务的门槛，保持对广泛群体和各种场景的法定货币供应，助力普惠金融。未来没有银行账户的社会公众可以通过数字人民币钱包享受基础金融服务；短期来中国内地的境外居民也可以在不开立中国内地银行账户情况下开立数字人民币钱包，满足在中国内地日常支付需求。

2. 支持零售支付领域的公平、效率和安全，更好地支持经济和社会发展

央行数字货币的发行将为公众提供一种新的通用支付方式，提升支付工具的多样性，有利于提升支付体系效率与安全。央行数字货币与一般的支付工具处于不同维度，既有差异，又能互补。与一般的电子支付工具相区别，

央行数字货币借鉴了电子支付技术和经验并对其进行有益补充，以提升金融普惠水平。央行数字货币是国家法定货币，安全性高；定位于 M0，主要用于零售支付；具有价值特征，无须银行账户即可进行价值转移，支持"双离线"支付，环境适用性较一般的支付工具强；支持可控匿名，有利于保护个人信息和数据安全；其"支付即结算"的特性能够提高公司的资金周转效率，支持经济的发展。

目前，中国是全球移动支付最发达的国家，数字经济的快速渗透将为移动支付带来新的市场增量。根据中国支付清算协会发布的数据，2022 年全年非银行支付机构移动支付业务规模为 10 046.84 亿笔，交易总量为 348.06 万亿元，用户最常使用的移动支付产品是支付宝、微信支付和银联云闪付。现在人们生活中常用的支付宝、微信支付等电子支付工具已成为一种公共产品或服务，一旦出现服务中断等极端情况，将会对社会经济活动和群众生活产生非常大的影响。中国人民银行作为公共部门，提供的央行数字货币能够在支付宝、微信支付等服务中断的极端情况下，为社会提供类似功能的工具和产品，打破第三方支付垄断局面，支持零售支付领域的公平、效率和安全，维护社会稳定。

3. 降低现金发行和管理成本，提升经济交易活动透明度

现金的设计、印制、调运、存取、鉴别、发行、回笼、销毁和防伪反假等环节需要消耗大量的人力、物力和财力，管理成本较高。央行发行的数字货币本质上是一种虚拟货币，虽然前期的研发和运营平台搭建费用高，但后期只需要定期管理维护即可，其边际成本会随数字货币的发行规模递减。央行数字货币的发行能够减少交易过程中现金的使用量，从而降低传统纸币发行和流通的高昂成本。

现金交易是"无痕"的，货币流通数据难以追踪，故而现钞实物的转移和流通经常失去监控，在反洗钱、反恐怖、反偷税漏税、反商业贿赂等方面存在诸多漏洞和隐患，也增加了金融监管的成本。而央行数字货币具有可追溯的特性，能够通过大数据分析追溯用户的交易信息及行为特征，有助于对洗钱、偷漏税、贪污等违法犯罪行为进行有效规制，从而更好地支持社会发展。

4. 探索改善跨境支付，促进人民币国际化

第二次世界大战以来，美元获得主要全球储备货币地位，在全球储备货币中占据超过 60% 的市场份额。受益于美元的主导地位，美国主导构建了全球银行结算系统 [SWIFT、CHIPS（纽约清算所银行同业支付系统）]，掌握全

球范围内进行金融制裁的强有力工具。历史上美国曾经动用 CHIPS 和 SWIFT 对朝鲜、伊朗和俄罗斯进行过金融战。在跨境支付领域，央行数字货币可以脱离 SWIFT 账户体系而独立运行，将成为中国摆脱对现有 SWIFT 和 CHIPS 支付体系依赖的探索，为人民币流通和国际化带来便利。

跨境支付涉及货币主权、外汇管理政策、汇兑制度安排和监管合规要求等众多复杂问题，需要国际社会共同致力解决。货币国际化是一个自然的市场选择过程，国际货币地位根本上由经济基本面以及货币金融市场的深度、效率、开放性等因素决定。人民币支付系统的现代化、数字化对于提高人民币地位，增加人民币的跨境使用会有一定帮助。数字人民币具备跨境使用的技术条件，但当前主要用于满足境内零

售支付需要。未来，中国人民银行将积极响应 G20 等国际组织关于改善跨境支付的倡议，研究央行数字货币在跨境领域的实用性。根据境内试点情况和国际社会需要，中国人民银行将在充分尊重双方货币主权、依法合规的前提下探索跨境支付试点。

5. 应对加密货币挑战，捍卫国家货币主权

近年来，私营部门推出各种加密货币，给国际货币体系、支付清算体系、货币政策、跨境资本流动管理等带来诸多风险和挑战。加密货币被广泛用于投机、洗钱等活动，对我国现有的支付方式、主权货币地位和金融稳定都存在威胁。而 Facebook 基于全球十几亿用户推出的超主权货币 Libra 带来了更加紧迫的威胁。央行数字货币的推出有利于应对加密货币特别是全球性稳定币发展迅速带来的挑战，捍卫国家货币主权和法币地位。

6. 减少现金交易中的病毒传播机会

目前虽然人们对现金的使用量大大减少，但现金并未完全退出市场。现金交易过程中，交易双方需要直接接触，交易期间数次辗转于他人之手的纸钞可能携带大量细菌和病毒，增加了交易者被感染的风险。央行数字货币推出后，人们更加倾向于使用央行数字货币在内的非直接接触的交易媒介，减少现金的使用量，减少货币交易中的病毒传播机会，保障人民的健康与安全。

10.4.3 中国央行数字货币 DC/EP 的定义和特征

1. 定义

央行数字货币是数字货币电子支付的简称，也称为数字人民币，是中国人民银行将要发行的法定数字货币，由指定运营机构参与运营并向公众兑换，

以广义账户体系为基础，支持银行账户松耦合功能，与实物人民币等价，并具有价值特征和法偿性。

2. 特征

（1）数字人民币是央行发行的法定货币。一是数字人民币具备货币的价值尺度、交易媒介、价值贮藏等基本功能，与实物人民币一样是法定货币。二是数字人民币是法定货币的数字形式。从货币发展和改革历程看，货币形态随着科技进步、经济活动发展不断演变，实物、金属铸币、纸币均是相应历史时期发展进步的产物。数字人民币发行、流通管理机制与实物人民币一致，但以数字形式实现价值转移。三是数字人民币是央行对公众的负债，以国家信用为支撑，具有法偿性。

（2）数字人民币采取中心化管理、双层运营。数字人民币发行权属于国家，中国人民银行在数字人民币运营体系中处于中心地位，负责向作为指定运营机构的商业银行发行数字人民币并进行全生命周期管理，指定运营机构及相关商业机构负责向社会公众提供数字人民币兑换和流通服务。

（3）数字人民币主要定位于现金类支付凭证（M0），将与实物人民币长期并存。数字人民币与实物人民币都是央行对公众的负债，具有同等法律地位和经济价值。数字人民币将与实物人民币并行发行，中国人民银行会对二者共同统计、协同分析、统筹管理。国际经验表明，支付手段多样化是成熟经济体的基本特征和内在需要。中国作为地域广阔、人口众多、多民族融合、区域发展差异大的大国，社会环境以及居民的支付习惯、年龄结构、安全性需求等因素决定了实物人民币具有其他支付手段不可替代的优势。只要存在对实物人民币的需求，中国人民银行就不会停止实物人民币供应或以行政命令对其进行替换。

（4）数字人民币是一种零售型央行数字货币，主要用于满足境内零售支付需求。央行数字货币根据用户和用途不同可分为两种：一种是批发型央行数字货币，主要面向商业银行等机构类主体发行，多用于大额结算；另一种是零售型央行数字货币，面向公众发行并用于日常交易。各主要国家或经济体研发央行数字货币的重点各有不同，有的侧重批发交易，有的侧重零售系统效能的提高。数字人民币是一种面向社会公众发行的零售型央行数字货币，将立足境内支付系统的现代化，充分满足公众日常支付需要，进一步提高零售支付系统效能，降低全社会零售支付成本。

（5）在未来的数字化零售支付体系中，数字人民币和指定运营机构的电子账户资金具有通用性，共同构成现金类支付工具。商业银行和持牌非银行支付机构在全面持续遵守合规（包括反洗钱、反恐怖融资）及风险监管要求，且获央行认可支持的情况下，可以参与数字人民币支付服务体系，并充分发挥现有支付等基础设施的作用，为客户提供数字化零售支付服务。

10.5 中国央行数字货币运行原理

10.5.1 中国央行数字货币运营模式

央行数字货币投放方式与实物人民币基本一致，采用"中央银行－商业银行／其他运营机构"的双层运营模式。中央银行处于第一层，第二层由商业银行和其他运营机构（三大电信运营商和两大互联网支付服务提供者）组成。央行先把数字货币兑换给商业银行／其他运营机构，商业银行／其他运营机构向央行缴纳 100% 的准备金，再由商业银行／其他运营机构兑换给公众（图 10–1）。

图 10–1 央行数字货币运营模式

中国人民银行负责数字人民币的发行、注销、跨机构互联互通和钱包生态管理，同时审慎选择在资本和技术等方面具备一定条件的商业银行作为指定运营机构，牵头提供数字人民币兑换服务。在中国人民银行中心化管理的前提下，充分发挥其他商业银行及机构的创新能力，共同提供数字人民币的流通服务。具体来说，指定运营机构在中国人民银行额度管理下，根据客户的身份识别强度为其开立不同类别的数字人民币钱包，进行数字人民币兑出兑回服务。同时，指定运营机构与相关商业机构共同承担数字人民币的流通服务并负责零售环节管理，实现数字人民币安全高效运行，包括支付产品设计创新、系统开发、场景拓展、市场推广、业务处理及运维等服务。

相较于央行直接向公众发行 DC/EP 的单层运营模式，双层运营模式能够趋利避害。单层运营模式会使公众直接在中央银行账户系统开立数字账户，一方面中央银行将承担巨大风险，另一方面央行与商业银行的职能不同，虽然央行在顶层技术上具有优势，但商业银行等机构已经发展出比较成熟的 IT 技术设施、服务体系、相关人才储备和经验，实行单层运营模式将要求央行重新建造一个体系来服务公众，是对资源的浪费。此外，采用双层运营模式不会改变现有货币投放体系和二元账户结构，不会对商业银行存款货币形成竞争，对商业银行存款产生挤出效应，不影响商业银行贷款投放能力，不会增强商业银行对同业市场的依赖，导致金融脱媒；不影响现有货币政策传导机制，不会强化压力环境下的顺周期效应，有利于维持金融系统的稳定和经济稳定。双层运营模式能够发挥商业机构的资源、人才和技术优势，充分调动市场力量，促进创新，同时分散风险，防止风险过度集中。同时，由于公众早已习惯通过商业银行等机构处理金融业务，采取双层运营模式也有利于提升社会对央行数字货币的接受度。

10.5.2　我国央行数字货币运行的特征

相比传统的电子支付工具（如微信、支付宝等），我国央行数字货币具有以下几方面的特征。

（1）价值特征和无限法偿性。央行数字货币由中国人民银行信用背书发行，是央行对公众的负债。其本质是货币，具有官方赋予的价值特征，并且在日常支付使用时无须绑定银行账户就能实现价值转移，这与我们通常所使用的必须要绑定银行账户才能进行转账付款的微信、支付宝相比有着本质的区别（表 10-3）。另外，央行数字货币和人民币都属于法币，具有无限法偿性。这意味着任何机构和个人都不能拒绝接受，即只要能使用电子支付的地方，就必须接受央行数字货币。

表 10-3　我国央行数字货币与支付宝、微信的区别

维度	央行数字货币	支付宝、微信
法律效力	地位等同于人民币现金，必须接受 DCEP	地位低于人民币现金，部分商户不支持支付宝或微信支付
安全性	具有无限法偿性	存在小概率破产风险
结算模式	央行货币结算	商业银行存款货币结算
支付便利性	在现有支付网络边界，均可达到	转账仅限于在使用同一家第三方支付机构的用户之间
承担职能	主要用于替代现金 M0	主要替代银行卡和支票等支付工具
可扩展性	小额零售业务	小额零售、大额转账
额度	依实名认证程度分级	支付平台内部规定
交易手续费	小额低频交易中使用免费，而在大额高频的兑换和交易中心收取较高手续费	提现有手续费
回报	无利息	可以有一定的投资收益
运营投放体系	"中央银行—商业银行"二元模式	断直连模式："第三方支付机构——网联（非银行支付机构网络支付清算平台）—商业银行"
管理模式	中心化，保证央行在投放过程中的中心地位	原则上第三方支付公司只负责支付信息收集、转发，并为消费者提供更加便捷的支付产品，但并不具体负责资金清结算业务过程
技术选择	开放，不局限于区块链技术	云计算、物联网、区块链、人工智能等技术
隐私保护	可控匿名	一定程度匿名
离线支付	双离线	否

（2）M0 属性。央行发行数字货币的目的之一就是要实现现金的数字化改造。目前，纸钞、硬币的印制、发行、回笼和储藏各个环节成本都非常高，还要投入大量资金做防伪技术，流通体系层级多，携带不便易失窃。市场上主流的移动支付方式，如支付宝和微信支付，均需要绑定银行卡才能进行支付，无法满足公众对匿名支付及离线支付的需求，无法完全取代现金。因此央行数字货币在设计上侧重于替代 M0，并且和现金一样不偿付利息。同时由

于在我国目前的货币体系中，基于商业银行账户体系的 M1（M0+ 企业在银行的活期存款）或 M2（M1+ 储蓄存款 / 定期存款）基本已经实现了数字化，支持 M1 和 M2 流转的银行间支付清算及第三方支付机构各种高效的网络支付手段已基本能够满足目前经济发展的需求，所以在短时间内没有必要对其进行再一次的数字化改造。

（3）采用"双离线"支付。"双离线"是指收支双方设备在不具备网络的条件下也能进行支付交易。相比于需要网络支持的微信、支付宝，央行数字货币在这一点上完全吸收了纸钞的设计理念。考虑到通信基础设施比较差的偏远山区、因地震或台风造成通信中断、地铁或地下超市人员密集造成网络卡顿等一系列不便于利用网络支付的情况，央行数字货币的"双离线"设计展现出极大的环境适用性优势。

（4）采取账户松耦合形式，实现可控匿名。目前的电子支付方式如银行卡支付、互联网支付等，都是采用账户的紧耦合形式，即转账、支付和交易需要通过实名认证且与银行卡绑定。随着信息时代的发展，人们越来越注重个人隐私及信息安全，传统的电子支付无法满足人们对匿名支付的需求。央行数字货币借鉴了 UTXO（未花费的交易输出）的账户松耦合模式，无须通过银行账户的绑定就可以实现转账交易，从而实现可控匿名。央行对于用户的交易数据有着完全的权限，而对于商业银行和商家来说需要经过用户的允许才有权限查看用户的交易记录及信息。这种可控匿名，一方面保护了数据安全和用户的隐私；另一方面也使央行可以通过大数据分析追溯用户的交易信息及行为特征，打击洗钱、匿名操纵、恐怖融资等违法犯罪行为。

（5）采用"双层投放双层运营"体系。我国央行数字货币的发行将采取传统的中央银行—商业银行的二元模式。上层是中央银行对商业银行，下层是商业银行对普通用户。央行数字货币的投放基本和现钞一致，都是中心化的投放机制。商业银行向中央银行申请数字货币业务，个人和企业向商业银行或其他商业机构申请兑换数字货币。在发行时，首先由央行将数字货币发放到商业银行，同时等额扣减商业银行 100% 的存款准备金，再由商业银行将数字货币兑换给公众。采取中央银行—商业银行的二元模式，一方面，央行可以充分利用商业银行各方面的资源、人才及技术优势，分散央行所承担的压力和风险；另一方面，也可以延续当前的货币体系，避免对商业银行存款产生挤出效应，导致金融脱媒。

（6）采取中心化的管理体系。央行在发行数字货币的过程中坚持中心化的地位，拥有发行数字货币的最高权限。对数字货币坚持中心化的管理模式，一方面，可以通过央行背书为数字货币提供强有力的信用担保，确保央行数字货币具备同人民币一样的法律效力；另一方面，中心化的管理使央行能够及时掌握数字货币的投放数量、投放领域及流通情况，更有利于央行精准实施货币政策和宏观审慎监管。同时，中心化的管理模式维持了原有的传统货币管理方式，能够有效防止货币超发。

10.5.3 央行数字货币对我国金融体系的影响

1. 利于增强央行对货币供应量的控制，更有效地进行流动性管理并引导基准利率

近年来，随着电子支付等信息技术的发展和金融产品的不断创新，货币外延逐渐扩大，货币需求函数变得不稳定，货币流通速度也越来越难以预测，货币政策对货币供应量和总需求难以控制。法定数字货币的推出会提升法币地位，使央行对基础货币的控制加强（规模会增大）。此外，随着法定数字货币推行，商业银行竞争将加剧（特别是活期存款受到影响），而且央行正在有序打破刚兑、减少隐性担保，银行将更加重视对流动性（超额准备金）的管理，这有利于增强央行流动性供求管理工具的有效性，进而更好地引导货币市场利率（基准利率），完善利率机制，促进货币政策框架转型。

2. 减少货币政策时滞，提高我国货币政策效力

货币政策时滞是影响货币政策效应的一个重要因素。由于法定数字货币是可控匿名的，央行将能精准地监测数字货币投放后的流向，如是否进入实体部门，并能掌握大量实时的数字货币流通数据。央行据此可以进行大数据分析，构建实时高频的观测指标，对宏观经济金融状况进行现时预测，这有利于央行更好地把握实际经济情况、进行宏观审慎评估，及时采取合适的政策，进而减少内部时滞。此外，由于法定数字货币是可编程的，央行还可以对法定数字货币设计（内置）一些前瞻的触发条件，如"流向主体条件触发"。通过将一些政策目标内嵌入数字货币投放过程中，有利于实现精准调控、智能调控，进而使货币政策能有针对性地对政策目标产生影响，从而减少外部时滞，增强货币政策的作用效果，提升金融稳定性。

3. 改变支付市场格局，为第三方支付发展带来机遇和挑战

数字人民币和微信、支付宝支付都是人民币的数字化呈现方式，但数字人民币具有更高的支付便利性和信用背书。第三方支付机构以信任为纽带进行连接，已经实现10亿级的直线连接。现有的第三方支付都要求在联网的情

况下，买方和卖方必须有一方是联网状态，支付才能进行，而数字人民币支付可以允许双方在离线状态下进行。最为重要的是，央行数字人民币具有的无限法偿性、可控匿名性、双离线支付、央行信用背书等特性均优于第三方支付业务相关服务。此外，数字人民币是央行负债，直接与央行结算系统连接，由于其不依赖账户，完成货币权属转移即可完成支付全流程，所以具备"支付即结算"的特性。

央行数字人民币自有的竞争优势，是第三方支付无法比拟的。这势必会对第三方机构的金融业务进行挤压，随着流量红利的消失，依靠流量衍生出的金融业务显而易见地将受到冲击，若想尽可能降低这种冲击，需要提前布局谋求新的路径。但第三方支付机构可以在已经积累的用户数据（尤其是用户行为数据）基础上，注重对用户体验提升的挖掘。同时，央行数字货币可以通过构建全球性的巨型支付数据库打破跨境电子商务所面临的支付困境，帮助跨境电子商务突破时空限制，促进跨境支付便利化。在这一情境下，第三方支付可以进一步利用央行数字货币完善体系的优势，加强自身技术和产品研发，进一步提高用户体验感，实现新一代产业升级，获得更多的产业红利。

4. 维护本国货币主权，推动人民币国际化进程

各国央行积极探索 CBDC，希望增强本币作为支付手段的吸引力，以应对全球稳定币对货币主权构成的威胁，维护本国货币主权。同时，CBDC 的全球推广可能对全球流动性和安全资产供应产生影响，在某些情况下还会导致大规模资本流动、汇率波动以及其他资产价格效应。因此，各国央行需要在货币主权维护、货币国际化与平稳跨境资本流动等目标之间作出权衡。

根据国际清算银行的定义，货币的国际化是指一种货币在发行国境外可以同时被本国居民或非本国居民持有或使用。目前是推动人民币国际化的有利时间窗口，充分发挥数字人民币的跨境优势是其中重要一环。中国人民银行在 2014 年开展数字货币研究，而且基于我国在大数据与人工智能领域业已取得的进展以及在全球范围内都处于成熟领先状态的应用场景，稳步推进数字货币的研发。鉴于我国数字货币研发进度已接近完成封闭测试，未来将在条件成熟时在全国范围内推广应用，并通过深圳的数字货币应用示范区，现与港澳金融市场的应用对接，在加快国内实体经济与数字经济融合的同时，助推人民币国际化。

扩展阅读 10-2

案例分析 10-1

思考题

1. 从货币的职能来分析，比特币、Libra 等数字货币为什么不是真正意义上的货币？

2. 全球私人数字货币的类型和特征是什么？

3. 我国央行数字货币的特征及发行的意义是什么？

4. 我国央行数字货币与支付宝、微信支付的区别是什么？

5. 2020 年 4 月，Libra 项目发布白皮书，指出天秤币的目标是要建立一套简单、无国界的货币和为数十亿人服务的金融基础设施，在全球范围内转移资金时，像发短信或分享照片一样轻松、划算，甚至更安全。Libra 的野心是要来校准国际货币体系，请结合 Libra 项目发布的白皮书，分析 Libra 的发行将给我国金融体系带来的风险和挑战。

参考文献

[1] 尹鉴，衣保中. 全球数字货币的发展趋势及我国的实践创新 [J]. 经济体制改革，2021（4）：166–172.

[2] 巴曙松，王珂，朱元倩. Libra 的监管挑战：基于金融创新视角的研究 [J]. 金融论坛，2020（5）：7–14.

[3] 郭笑春，汪寿阳. 数字货币发展的是与非：脸书 Libra 案例 [J]. 管理评论，2020，32（8）：316–326.

[4] 戚聿东，褚席. 国际私人数字货币对中国经济的影响与应对之策 [J]. 财经问题研究，2021（2）：53–61.

[5] 巴曙松，张岱晃，朱元倩. 全球数字货币的发展现状和趋势 [J]. 金融发展研究，2020（11）：3–9.

[6] 中国人民银行数字人民币研发工作组. 中国数字人民币的研发进展白皮书 [EB/OL].（2021–07–16）[2021–08–24].https://www.gov.cn/xinwen/2021–07/16/5625569/files/e944faf39ea34d46a256c2095fefeaab.pdf.

[7] BIS.BIS Innovation Hub work on central bank digital currency（CBDC）[EB/OL].（2021–02–03）[2021–08–24].https://www.bis.org/about/bisih/topics/cbdc.htm.

[8] 陈燕红，于建忠，李真. 中国央行数字货币：系统架构、影响机制与治理路径 [J]. 社会科学文摘，2020（11）：49–51.

[9] 姜婷凤，陈昕蕊，李秀坤. 法定数字货币对货币政策的潜在影响研究：理论与实证 [J]. 金融论坛，2020，25（12）：15–26.

[10] 宋爽，刘东民. 央行数字货币的全球竞争：驱动因素、利弊权衡与发展趋势 [J]. 经济社会体制比较，2021（2）：1–11.

[11] 章玉贵. 全球数字货币竞争生态与我国数字货币发展前瞻 [J]. 学术前沿，2020（11）：36–42.

[12] 马红霞. 全球央行数字货币的发展现状、运行风险及趋势预测 [J]. 湖湘论坛，2023（5）：1–10.

第 11 章
数字金融风险与监管

学习目标

1. 了解中国数字金融产业的发展现状。
2. 掌握数字金融风险的基本类型，数字金融风险的特点及成因。
3. 了解国内外数字金融监管现状。
4. 掌握数字金融监管的理论基础。
5. 能结合具体情况对数字金融监管提出相关建议。

思政目标

1. 当前金融科技与金融创新快速发展，如何处理好金融发展、金融稳定和金融安全的关系成为我国面临的重要问题。学生通过对数字金融风险与监管的学习，要认识我国一直坚持稳中求进工作总基调，以深化供给侧结构性改革为主线，坚决打赢防范化解金融风险攻坚战，各项工作迈出坚实步伐。

2. 我国一直毫不松懈地监控和化解各类金融风险，强化金融法治，完善长效机制，金融科技在部分领域位居世界前列，防范化解金融风险攻坚战取得了实质性突破。学生通过学习数字金融风险的特点及成因，要不断提高金融素养，切实增强机遇意识和风险意识，推动我国实现稳增长和防风险长期均衡。

3. 数字金融打破了传统的金融业态，推动技术创新、金融创新与数字创新的融合发展，但也可能引发监管真空、监管套利等问题。2022 年 1 月，中国人民银行印发《金融科技发展规划（2022—2025 年）》，提出新时期金融科技发展指导意见，明确提出加快监管科技的全方位应用，强化数字化监管能力建设。通过对数字金融风险监管经验的学习，学生要了解树立安全发展的理念，推动我国金融监管向更有效率和更加具有针对性的方向发展，为经济增长提供稳定、可持续的金融监管环境。

 引言

中国人民银行印发的《金融科技发展规划（2022—2025 年）》进一步指出，要坚持"数字驱动、智慧为民、绿色低碳、公平普惠"的发展原则，以加快金融机构数字化转型、强化金融科技审慎监管为主线，将数字元素注入金融服务全流程，将数字思维贯穿业务运营全链条。

党的二十大报告对金融体系的风险防范提出了总要求：发展不平衡不充分问题仍然突出，推进高质量发展还有许多卡点瓶颈。深化金融体制改革，建设现代中央银行制度，加强和完善现代金融监管，强化金融稳定保障体系，依法将各类金融活动全部纳入监管，守住不发生系统性风险底线。

金融是现代经济的核心，关系我国的发展和安全，当前金融机构数字化转型不断加快，认识数字金融的风险与监管问题，是防范化解金融风险、做好金融稳定发展工作的需要，是坚持以人民为中心的发展思想，在高质量发展中促进共同富裕的表现。

11.1　数字金融行业面临的风险及成因

11.1.1　数字金融的风险类型

1. 信用风险

一般认为，信用风险是银行贷款业务或投资债券业务中产生的一种风险，即为借款者违约的风险，指在交易活动中，交易对方不愿意或者无法全部履行交易合同的内容和义务，进而导致金融资产的所有者发生资产损失的不确定性。在一个金融活动中，交易双方在履行合同的过程中都有可能发生违约行为，引发信用风险。

一方面，大数据和人工智能技术在传统金融业的运用，成为金融业防范风险和业务推进的基础推动力，通过大数据信息的收集，金融机构能够准确掌握数据信息，进行自动数据分析，大大降低了信用的获取成本和金融服务的进入门槛。通过对用户历史信息的分析，更能准确掌握用户资金状况，甚至预测未来的消费情况，有效避免违约，减少信用风险的发生。另一方面，就目前中国的情况来看，数字金融的优势发挥并不充分，处理个性化的信息仍缺乏技术和渠道支持，信息不对称问题显著，存在投资者难以获得资金具体流向信息、借款人的借贷信息以及信用状况披露不充分、大数据背景下有效信息的收集难度增加等问题，提高了信用风险水平。

2. 流动性风险

2009 年中国银监会印发的《商业银行流动性风险管理指引》中将流动性风险定义为：商业银行虽然有清偿能力，但无法及时获得充足资金或无法以合理成本及时获得充足资金以应对资产增长或支付到期债务的风险。由此，可将数字金融流动性风险定义为：数字金融企业无法及时获得充足资金或无法以合理成本及时获得充足资金以应对资产增长或支付到期债务的风险，以及投资群体无法按预期期限和收益标准实现资金与资产转换的风险。其关键点是理财资金和债权资产的匹配在数量、时限上形成不合理错位，导致预期收入受到损失。

3. 操作风险

巴塞尔银行监管委员会将操作风险定义为：由于内部系统软件不完备、外部操作所造成的损失风险。

相对于传统的金融服务，数字金融业务操作风险的特殊性主要体现在：大数据的经营、操作主体的变换、数字金融账户的授权使用、操作流程设计对网络系统的依赖，以及真假电子货币识别等方面。数字金融风险控制的核心在于对数据的整合、模型构建和定量分析，由于平台数据获取主要是基于业务的交易数据，形成维度单一，再加上实际操作中还存在"刷信用""改评价"等行为，数字金融的大数据风险控制在操作中存在风险"有偏"隐患；数字金融环境下的操作主体大都是客户在自有计算机上实现，如不熟悉具体的操作规范与要求，可能会引起不必要的损失，同时互联网交易系统的设计缺陷、安全性以及运行的稳定性等，也可能引发金融业务的操作风险；数字金融可能会存在由于没有树立良好的信誉而导致的各项业务不能在良好的信用环境下有序展开而面临风险；互联网由于时效性和快捷性的特点，往往一步小小的操作过失便带来无法挽回的巨大损失，而且互联网通过媒介对信息的传播速度非常快，操作风险很可能进一步发酵，导致声誉风险。

4. 技术风险

技术风险是指伴随着科学技术的发展、生产方式的改变而产生的威胁人们生产与生活的风险。数字金融技术风险是指由于互联网金融平台计算机网络系统的技术支持缺陷或技术解决方案不成熟而引起交易主体资金损失的可能性。

数字金融对互联网技术的依赖性很强，互联网技术性风险会对数字金融交易中的资金安全构成威胁。例如，由于网络及计算机自身缺陷或技术不成熟造成的停机、堵塞、出错及故障等，以通过病毒、黑客等人为破坏手段构成的网络软硬件瘫痪、信息泄露、被篡改等，都有可能导致资金的截留或被盗。同时，互联网支付密钥的技术管理以及 TCP（传输控制协议）/IP 的安全性，对承担金融活动中资金主体的资金安全性来说也面临考验。因为互联网金融活动的交易信息完全通过网络传输，在这个过程中存在非法盗取、篡改以及个人信息泄露风险。此外，在技术支撑上，很多互联网金融机构往往通过购买外部技术支撑来解决内部技术和管理问题，而在互联网技术设备上我国又缺乏自主知识产权优势，国外进口的互联网软硬件设施对我国的金融信息安全问题造成的隐患也不可忽视。

5. 信息安全风险

信息安全风险是指在信息化建设中，各类应用系统及其赖以运行的基础网络、处理的数据和信息，由于其可能存在的软硬件缺陷、系统集成缺陷等，以及信息安全管理中潜在的薄弱环节，而导致不同程度安全风险。

信息安全风险很大程度上由技术风险导致。当互联网病毒对平台进行攻击或者工作人员操作不当时，客户的信息面临泄露的风险。客户信息一旦被不法分子盗用，便会产生巨大的经济损失。此外，信息安全风险也可能来源于客户本身。生物识别技术在数字金融中越来越多地应用，指纹识别、角膜识别、刷脸支付等都已经是日常操作。不法分子获取人类生物特征的途径增多，如通过表情拍照等获取客户生物数据、利用 AI 技术进行表情调整等，这些都给数字金融的发展带来信息安全风险。

6. 法律法规风险

法律法规风险指数字金融机构或平台因违反监管规定和原则而陷入法律诉讼或遭到监管机构处罚，进而遭受损失的风险，其中也包括由于法律或监管规则发生变化而导致互联网金融机构不能正常运营，甚至导致其竞争力下降或无法生存的风险。

我国数字金融的发展尚处于起步阶段，但非常迅猛，基于传统金融制定的银行法、证券法、保险法，很难满足数字金融业务的监管需求。目前，我国数字金融的法律法规风险主要表现在：①现有法律的运用风险，即现有法律运用到数字金融领域的难以适用，容易导致交易主体之间的责、权、利边界不明确，一方面增加交易的不确定性，另一方面对某些创新的数字金融行为本身的违法与不违法难以界定。②法律空白风险，即法律空白可能造成的"搭便车"风险集聚，而数字金融本身涉及领域的交叉属性，使得其立法过程很复杂，难度超过传统金融，如实名制和客户隐私保护两难问题的解决等，更加剧了这种风险的不确定性。

7. 道德风险

金融道德风险是指进行金融工作的相关人员，因为违反了相应的规章制度而产生的风险。金融活动中风险问题的加剧和金融环境中不良资产的产生多是因为金融道德风险的问题，因金融道德风险的隐蔽性比较强，对金融行业的可持续发展造成了严重的影响。数字金融行业中，投资人只关注自身的收益，而贷款者隐瞒自己的真实信息拿到贷款后"跑路"或违约，平台在获得大量融资后"跑路"，这些道德风险均在频繁地爆发。

8. 信誉风险

信誉风险是指从事数字金融业务的机构由于自身经营不善、疏于对平台的监管、安全防范措施不到位等，没有建立良好的客户关系，没有树立良好的信誉，导致其自身金融业务无法有序开展，同时造成向客户传递虚假信息导致客户经济损失可能性的风险。

无论是传统金融机构还是数字金融服务提供者，信誉风险的消极影响都是长期持续的。信誉风险不仅会使公众失去对数字金融服务提供者的信心，还会使数字金融服务提供者和客户之间长期建立的友好关系受到损害。由于数字金融业务采用的多是新技术，更容易发生故障，任何原因引起的系统问题都会给数字金融服务提供者带来信誉风险。一旦从事数字金融业务的机构提供的金融服务无法达到公众的预期水平，或者安全系统曾经遭到破坏，就会影响数字金融服务提供者的信誉，进而出现客户流失和资金来源减少等问题。数字金融的信誉风险一旦形成，对平台的消极影响将是长久的。

11.1.2 数字金融风险的特点

加强风险防控是数字金融健康、快速、可持续发展的前提条件，"风控为王"是决定数字金融前途和命运的首要准则。从当前数字金融风险的表现形式来看，其主要具有以下特点。

1. 风险的多元性、扩散性与交叉传染性

数字金融作为金融业与新一代信息通信技术高度融合的产物，一方面，其表现形式非常丰富，而且尚处在发展演进之中，新的模式还在不断涌现；另一方面，数字金融涉及的领域也非常广泛，既包括技术，又包括管理、法律、标准规范等。因此，数字金融的风险呈现出较多元性的特点，需要对不同形式的风险类型进行分别对待。

小视频

数字金融风险特征

数字金融企业都建立在互联网网络技术的基础上，数字金融具备高科技的网络技术所具有的快速远程处理功能，为便捷快速的金融服务提供了强大的 IT 技术支持。但反过来看数字金融的高科技也可能会加快支付、清算及金融风险的扩散速度，加大金融风险的扩散面积和补救的成本，企业一旦遭受风险，那么风险就可能迅速在平台上扩散，难以控制，轻则影响企业的日常运营，重则让企业系统瘫痪，平台交易无法进行，企业用户资料泄露，资金安全受到威胁。当然，如能采取较为得力的措施，就可使风险得到有效控制，并且成本较小、难度也较低。比如计算机系统遭受攻击时，只要消除相应的隐患即能得到控制，此类风险也会随之消除。

数字金融企业与担保企业、银行、第三方支付机构以及其他数字金融企业有着千丝万缕的联系，当遭受风险时，特别是资金方面的风险，必定会彼此影响、相互关联，使得金融风险交叉传染的可能性增加。如某一数字金融公司出现资金流动性风险，它会向金融机构贷款或是向同行业其他公司借款以渡过难关，但是如果公司本身的问题最后得不到解决，势必会波及其他合作伙伴。因此，数字金融的风险具有相互关联的多边性，往往是一个系统性风险。

2. 风险监管的复杂性、多重性与滞后性

数字金融的业务运作是通过网络实现的，不但交易过程具有虚拟性和跨时空性，而且交易的不透明性和交易对象的模糊性，使对风险的监管变得异常复杂和困难，出现交易风险。由于被监管者和监管者之间信息不对称，金融监管机构难以准确了解金融机构资产负债实际情况，难以针对可能的金融风险采取切实有效的金融监管手段，将给现有的监管体系带来严峻挑战。因此，从风险监管的角度，既要求政府跨地区、多部门协同监管，又要求政府对数字金融的各个环节、各个参与方进行针对性的监管，体现出监管多重性的特点。

改革开放以来，中国的金融监管体系历经"分分合合"。2023 年 3 月，中共中央、国务院印发了《党和国家机构改革方案》，决定在中国银行保险监督管理委员会基础上组建国家金融监督管理总局，不再保留中国银行保险监督管理委员会。国家金融监督管理总局统一负责除证券业之外的金融业监管，强化机构监管、行为监管、功能监管、穿透式监管、持续监管，统筹负责金融消费者权益保护，加强风险管理和防范处置，依法查处违法违规行为，作为国务院直属机构。此次金融机构改革是中国金融监管体制迈向更加完善的重要一步。这也意味着，成立近5年的银保监会将完成其历史使命，"一行两会"时代落幕，"一行一局一会"时代来临。数字金融的发展具有业务混合的复杂性质，这种跨界特性就需要多部门的监管，单一的监管机构无法对其起到全面的监管作用。数字金融领域发展之初，监管政策都是空白，没有任何经验和范本。现有的关于数字金融的监管政策都是在其发展过程中出现问题之后才出台，即对数字金融的监管也存在一定的滞后性。

3. 影响的广泛性和破坏的增强性

相比传统金融，数字金融受众面更广、公众性更强。数字金融属于普惠金融的范畴，其普惠性与草根性吸引了众多参与者，消费者大多为金融长尾市场的中小企业和普通民众。其中，"长尾"人群的资金出借方多为金融知识、风险意识相对缺乏，不具备良好的风险识别能力和风险承受能力的普通民众，属于金融消费者中的弱势群体。资金需求方主要是在传统金融机构无法获得资金需求的小微企业、个体工商户和普通民众，用户本身风险较高，极易出现不良贷款。由于涉及人数众多，一旦发生数字金融风险特别是系统性风险，危害影响面相当广泛，将对整个社会产生巨大的负外部性，甚至引发严重群体性事件。

此外，数字金融对传统金融的风险具有放大效应。例如数字金融的信用风险及流动性风险会受技术安全风险的影响而呈放大趋势，互联网技术所具备的高度传播性特征将会加大数字金融的破坏性及风险造成的损失。

11.1.3 数字金融风险的成因

1. 社会征信体系不完善

征信是专业化、独立的第三方机构依法收集、整理、保存、加工自然人、法人及其他组织的信用信息，并对外提供信用信息服务的一种活动。征信活动离不开数据库建设。

目前，我国征信系统多种数据库并存，既存在国家金融系统征信数据库、政府公共服务平台征信数据库，也有互联网企业征信数据库等。虽然我国征信数据库数量不断增长，但是征信系统仍不完善：①一些群体缺少征信记录。如小微企业和低收入群体缺少信用记录，更缺乏相应的数据分析。这直接制约了 P2P 信贷、众筹平台等对其的信用评估、贷款定价以及风险管理缺乏基础。许多 P2P 平台不得不通过线下调查来获取金融消费者信用信息，由此导致其征信成本上升。这既影响了数字金融的运行效率，也不利于经济高质量发展。②我国征信数据库互相分割，没有形成共享征信系统。即使企业或个人存在失信行为，也不影响通过其他金融渠道进行融资。这必然增加网络借贷者的投机风险，直接影响到经济高质量发展的信用基础。③在征信管理中，对失信者惩戒力度较弱。有的网络金融征信平台仅仅通过"黑名单"等办法对失信行为进行惩戒，无法有效打击金融失信行为。因此，当前数字金融发展中存在的征信问题严重限制了我国经济高质量发展。

2. 数字金融法律制度不健全

数字金融的健康发展需要良好的法治环境。目前在金融领域，中国已经制定了《中华人民共和国票据法》《中华人民共和国保险法》《中华人民共和国证券法》《中华人民共和国证券投资基金法》《中华人民共和国信托法》等基本法律。但是，随着金融技术的创新，数字金融的相关立法并未及时跟进，导致该领域非法集资、金融诈骗等现象时有发生，网络信贷等数字金融行为无法规范运行。由此，严重影响了数字金融的顺利推进。数字金融运行不但需要良好的法制环境，也离不开有效的制度保障。当下，数字金融发展迅速，这就需要制度的规范。但是，目前数字金融发展中相关制度却相对滞后，主要表现为：部分数字金融企业的市场准入门槛过低，有些领域甚至没有相关制度规定；已出台的一些制度随着新技术、新产品、新服务的出现不能及时跟进，原有制度无法有效规范数字金融主体行为。

3. 现有的监管体系滞后

在传统的金融业监管中，经过长时期的积累，已形成了较为严格的监管体系。2023 年，中国人民银行、国家金融监督管理总局、中国证监会"一行一局一会"监管格局形成，进一步强化了金融监管之间的统筹协调。但是金融数字化的不断深入，也给金融监管带来新的课题。

"金融科技的核心是以技术带动金融资源的高效配置"，其发展过程中必须重视监管。但对于新兴的数字金融而言，当前数字金融监管仍存在以下问题：一方面，一些领域数字金融监管缺位。在现实金融领域，有的数字金融企业利用金融新产品和金融新服务来逃避审慎监管，造成监管缺位或监管空白，不利于数字金融业态持久发展。另一方面，有的金融企业虽然出台了相关的监管措施，但存在监管不力问题，主要表现为监管技术手段落后、监管有效性不强。"我国金融监管体系的不完善，使不法分子容易钻法律的漏洞，进行不正当获利，却难以得到应有的惩罚"，由此影响了数字金融推动经济高质量发展的进程。

4. 技术架构的复杂性及其快速演进

数字金融综合应用互联网、大数据、云计算以及各类智能终端等各项技术，并围绕金融业务的需求进行开发和应用，两者相互结合所形成的技术系统既具有较高的开放性，又必须兼容当今社会上应用面较广的各类技术体系。以手机终端为例，数字金融系统一般既要开发基于安卓的应用，又要开发基于苹果 iOS 的应用，有的甚至还要开发基于微软 Windows Phone 系统的应用，接入平台的终端越多、体系越复杂、涉及的技术越广泛，所面临的风险自然会越高。而且诸如"黑客"的攻击、病毒的攻击以及操作的失误等防不胜防，相关的风险自然不可避免。与此同时，由于与数字金融相关的技术演进十分迅速，新旧技术体系的衔接、新系统的技术漏洞等，对 IT 系统运行相对缺乏经验的数字金融企业而言，所面临的挑战必然更为严峻。

5. 消费者金融素养亟待提升

金融素养是金融活动主体在管理金融资源过程中应该具备的金融意识、金融知识、金融技术、金融态度和金融行为的总和。金融素养既包括金融服务者的素养，也包括金融消费者的素养。

数字技术在给民众提供更便捷、更优质的金融服务的同时也对部分风险意识相对薄弱的消费群体产生了新的冲击。这就要求数字金融参与者必须具备较高的金融素养，以更好地从事数字金融活动，促进经济高质量发展。

目前，我国数字金融活动主体素养较低。一方面，金融服务机构从业人员的金融素养较低。作为数字金融服务提供者，银行、保险、证券等金融机构从业人员，由于接受金融职业道德教育相对较少，其金融伦理素养偏低；知识更新不及时，致使其无法熟练掌握数字金融知识更好地服务广大客户。另一方面，金融服务对象金融素养不高。我国居民数字金融素养水平普遍较低，大部分消费者不懂基本的金融伦理道德规范，缺乏金融专业知识，其利用数字技术进行信用管理、贷款、股票买卖和保险投资等的能力较弱，直接影响了数字金融的发展进程。金融活动参与者数字金融素养偏低不但影响了数字金融的正常推进，也对我国经济高质量发展产生巨大阻碍作用。

扩展阅读 11-1

11.2　探索协调统一的数字金融监管路径

11.2.1　数字金融风险防范和监管的理论基础

1. 金融创新理论

20 世纪 70 年代，西方经济学者逐步将约瑟夫·熊彼特（Joseph Schumpeter）创新理论引入金融研究中，形成了各具特色的金融创新理论。数字金融便是一种典型的金融创新，金融创新会掩盖许多传统金融风险和新增风险，使得金融体系脆弱性不断增加。金融创新理论主要包括对金融创新动因的研究和对金融创新经济效应的研究。

从创新动因的角度看，金融创新理论包括需求主导型金融创新理论、供给主导型金融创新理论和规避管制型金融创新理论。具有代表性的需求主导型金融创新理论主要有财富效应理论、需求推动理论，其中，财富效应理论认为财富增长是金融业创新的主要动力，因为财富增长加大了人们对金融资产和金融交易的需求，改变了人们对于金融服务的偏好；需求推动理论认为客户对金融产品和金融服务的新需求是金融创新的主要原因，比如，希望金融产品和金融服务能够实现流动性与收益性相结合。具有代表性的供给主导型金融创新理论主要有技术推进理论和交易成本理论。其中，技术推进理论认为技术革命与进步，尤其是信息技术在金融业的应用是金融创新的主要原因；交易成本理论认为金融创新的支配因素是较低交易成本。具有代表性的规避管制型金融创新理论主要包括规避管制理论和诱导约束理论。其中，规避管制理论认为金融创新主要是由于金融机构为了获取利润而回避政府的管制所引起的；诱导约束理论认为金融创新是金融机构为获取最大利润，减轻外部对其产生的金融压制而采取的自卫行为。

从经济效应的角度看，金融创新经济效应包括金融创新的微观经济效应和金融创新的宏观经济效应。金融创新的微观经济效应主要分析金融创新对微观经济变量的影响，其中，凯斯和赛达纳（1998）分析了不完全信息市场上金融创新的财富效应；道（1998）重点分析了金融创新的风险套期功能。金融创新的宏观经济效应主要分析金融创新对宏观经济变量的影响，其中，爱兰德（1995）认为金融创新对货币需求有稳定作用，建立了加入金融创新的货币需求理论模型；阿罗（1995）研究发现金融创新在决定货币需求总量及波动性中起着重要作用，并且这种作用随着通货膨胀率的提高而增强。

2. 金融脆弱性理论

金融脆弱性理论适应解释金融风险成因、探求金融市场稳定的现实需要而产生和发展。该理论认为，金融体系本身存在着脆弱性，金融脆弱性是引发金融风险的根本原因。金融脆弱性分为广义的金融脆弱性和狭义的金融脆弱性。广义的金融脆弱性泛指一种趋于高风险的金融状态，包括一切融资领域中的风险积聚；狭义的金融脆弱性是指高负债经营的行业特点决定了金融业具有更容易失败的特性。金融脆弱性理论研究的代表学者有明斯基和克瑞格。

明斯基（1985）最早从企业角度对传统信贷市场的脆弱性问题进行了系统研究，分析了企业财务杠杆与经济周期的联动变化，形成了"金融脆弱性假说"。明斯基的研究将借款企业分为安全型、投机型和高风险型三类。安全型借款企业预期收入总额大于到期债务本息，而且每一个时期的预期收入都能偿还到期债务本息，运行比较稳定，风险也最低。投机型借款企业在借款后的前一段时期，每期预期收入只能偿还到期债务利息，需要靠债务滚动（借新还旧）来维持，但长期内预期收入总额大于债务额，到期可以偿还债务本息。高风险型借款企业预期收入在总量上大于债务总量，但从第一期到最后一期之前的每一时期，预期收入不仅小于到期债务本金，甚至还小于到期利息，直到最后一期企业的预期收入才能够偿还每一时期到期债务。随着经济稳定繁荣，企业预期收入看好，投机型借款企业、高风险型借款企业的借款不断增加，与此同时金融脆弱性却在悄然中积聚。一旦经济出现波动，投机型借款企业、高风险型借款企业的债务就会难以偿还，金融脆弱性就会显现出来。

之后，克瑞格（1995）为了更好地解释金融脆弱性，从银行角度对传统信贷市场的脆弱性问题进行了研究，形成了"安全边界"理论。安全边界可以理解为银行利息所提供的风险报酬和收益保障。克瑞格的研究发现，商业银行的信贷决定主要看借款人过去的信贷记录，而不用太关注未来预期。随着经济稳定扩张，很多有较大风险的项目也不会出问题，使得具有良好信用记录的借款人越来越多，银行依然根据过去信贷记录来做信贷决定。结果，安全边界就在难以察觉的侵蚀中不断地模糊，增大了金融脆弱性。

3. 信息不对称理论

信息不对称理论是由 2001 年获诺贝尔经济学奖的 3 位美国经济学家——乔治·阿克尔洛夫（George Akerlof）、迈克尔·斯宾塞（Michael Spence）、约瑟夫·斯蒂格利茨（Joseph Stiglitz）提出的。该理论认为，在市场经济活动中，由于社会分工和专业化，各类交易主体对有关信息的掌握是有差异的，即信息不对称；信息不对称会使各交易主体处于不平等地位，掌握信息更充分的交易主体在交易中处于比较有利的地位，掌握信息更少的交易主体则处于弱势地位；信息不对称会导致逆向选择和道德风险。不对称信息是金融风险产生的主要原因。

在金融市场中，信息不对称是指交易的一方对交易对手缺乏充分了解，以至于在交易过程难以作出准确判断。信息不对称会导致金融体系中的逆向选择和道德风险问题。逆向选择是由于交易发生前的信息不对称而产生的问题；道德风险是由于交易发生后的信息不对称而产生的问题，取决于当事人的行为，道德风险普遍存在于以信用为基础的各种金融业务关系中。比如，由于信用不良借款者的存在，金融机构作出不发放任何贷款的决定，使得信用良好的借款者也无法获得贷款，便产生了逆向选择问题；又如，借款人从金融机构获得贷款后，采取不负责任的态度，将资金用于不利于金融机构的投资活动，使得贷款不能偿还，便产生了道德风险问题。这两种问题都会影响金融资源的有效配置，降低金融市场的运行效率，从而产生金融风险。

4. 金融监管理论

金融业的运营常常伴随着金融风险，而金融风险一旦突破临界点，就会演化为金融危机，给人民生活和社会生产带来灾难。为防范金融风险和金融危机，保障金融秩序稳定和金融体系安全，金融监管理论由此而产生，并随着金融监管实践的发展变化而变化。

金融监管有狭义和广义之分。狭义的金融监管主要是指一国中央银行或其他金融监管机构对金融机构所实施的各种监督和管制，包括对金融机构的市场准入、业务范围、市场退出等方面的限制性规定，对金融机构内部组织结构、风险管理和控制等方面的合规性要求，以及一系列相关的立法体系与过程；广义的金融监管还包括各金融机构的内部控制和稽核、行业自律性组织的监管等。

金融监管理论随着金融实践的发展而不断发展完善。20 世纪初至 30 年代，中央银行制度普遍确立，真正意义上的金融监管开始出现，金融监管理论也开始萌芽，研究重点集中在中央银行实施货币管理和防止银行挤兑的政策层面。20 世纪 30—70 年代，由于金融市场时有失灵，金融监管开始重视金融体系的负外部性、金融市场的信息不对称和金融机构的垄断倾向。该时期，金融监管理论主张政府干预、放弃自由银行制度、弥补金融市场缺陷，研究重点集中在对金融机构经营行为的规制、监管、干预上，核心是金融体系的安全优先。20世纪70—80年代，金融监管的金融自由化理论逐渐发展起来。金融自由化理论主张金融体系的效率优先，要求放松对金融机构的过度监管，在利率水平、业务范围和经营地域等方面作出适合效率要求的必要调整，实现金融监管效果与促进经济发展目标的相适应。20世纪90年代以后，金融监管理论主张安全与效率并重。①注重功能监管，从功能角度进行金融监管，更能保持法规制定和执行稳定，更能适应不同国家及金融国际化的需要，更能降低监管套利的可能性。②注重资本监管，提出了最低资本充足率要求，推行金融机构的资产业务限制，避免金融业务交叉感染和过度竞争。③注重市场纪律监管，政府监管与市场约束结合将改善政府监管效率。④注重激励监管，将监管的激励方案与索取权联系起来。

金融监管的理论依据主要有金融风险论、社会利益论、投资者利益保护论等。金融风险论认为，金融业是一个特殊的高风险行业，金融体系内存在"多米诺效应"，一个环节的风险会造成整个金融体系的连锁反应，金融风险会直接影响货币制度和宏观经济的稳定，因此，有必要对金融业实施监管。社会利益论认为，金融监管的出发点是维护社会公众的利益。投资者利益保护论主张为投资者创造公平、公正的投资环境。

5. 大数据理论

麦肯锡咨询公司（2011）在研究报告《大数据：下一个竞争、创新和生产力的前沿领域》中最早提出了大数据的概念。维克托·迈尔－舍恩伯格与肯尼斯·库克耶（2013）在《大数据时代：生活、工作与思维的大变革》中则让大数据成为全球热议的话题。

大数据是指以新数据处理技术为手段，通过对海量、结构复杂、内容多样的数据集进行分析，以较快速度预测事情发生的可能性，形成极具价值的洞察力，得出规律性、根本性的判断、趋势或预见。大数据建立在人类存储信息量和计算机数据处理能力都快速增长的基础上。与传统数据相比，大数据具有4V特征，即海量的数据规模（volume）、快速的数据流转和动态的数据体系（velocity）、多样的数据类型（variety）、巨大的数据价值（value）。

在大数据时代，经济社会发展的方方面面都可以数据化，每个主体，无论是政府机构、企业还是个人，都在产生数据，既是数据的创造者和传播者，也是数据的接收者和分享者。大数据依靠的是与某事物相关的所有数据，而不是少量的数据样本；大数据发掘的是事物背后的相关关系，而不是因果关系，即会发生什么，而不是为什么会发生。大数据给经济社会发展的各个领域带来了变革性的影响，谁拥有大数据以及对大数据的发掘能力，谁就将占领市场竞争的战略制高点。

大数据与金融业具有高度契合性。金融业中蕴藏着丰富且呈爆发式增长的客户数据，大数据可以使得对客户数据挖掘成为可能。大数据已经在数字金融中被运用到风险防范和监管中，数字金融海量客户的信用信息分析正是运用大数据技术才得以实现。

6. 长尾理论

克里斯·安德森（2006）最早提出了长尾理论。该理论认为企业销售收入不再依赖于 20% 的客户群，原来被忽视的那 80% 的客户群也是有利可图，能产生巨大的商业价值。长尾理论的基本原理就是积少成多，当数量足够庞大之时，小市场也可以汇聚成大规模。这 80% 客户群的需求虽然零散、小量、个性化，但是聚集起来就会形成一个巨大的长尾市场。

长尾理论是对传统"二八定律"的颠覆。传统"二八定律"认为，20%的客户给企业创造 80% 的企业收入，处于"长尾"的大部分客户不创造或者只创造很少的企业收入。互联网的出现改变了这种局面，互联网信息技术使得开发长尾市场的边际成本变得很低甚至为零，那些原先被忽视却数量庞大的客户群"不值得投入"就会变得"值得投入"。要使长尾理论更有效，就得降低门槛，尽量增大尾巴。金融市场是典型的长尾市场，传统金融机构的工作重心主要集中在满足 20% 的高净值客户群的金融需求上，分布在尾部有许多小额、零散、个性化的融资需求、理财需求则由于需要耗费传统金融机构较高成本、较大精力而长期得不到满足。数字金融的业务创新主要针对分布在金融长尾尾部的小额、零散、个性化的融资需求、理财需求。这也使得数字金融风险的覆盖面更广、影响范围更大，重则会影响社会稳定。

11.2.2　国外的数字金融监管风险与启示

目前，由于欧美国家的数字金融业态成熟较早，发展也比较完善，金融企业、行业协会、政府都会很重视数字金融风险的整治和监管，学习国外的数字金融风险监管经验，对我国的数字金融风险防范具有重要的借鉴意义。

1. 企业层面的风险控制

Lending Club 成立于 2007 年，该公司具有强大的风险控制和管理能力，贷款利率长期维持在 4%。加强风险控制的检验主要有以下四个方面。

1）打造安全透明的平台

①注重平台安全。计算机系统和网站安全性都达到了行业准入标准。

②注重信息披露。对于每一笔借款项目，系统都会要求披露借款项目信息和借款人详细信息。③资金交由 Web-Bank 托管。该银行再将债权转让给平台收取本金和手续费，投资者在平台上购买收益权凭证。

2）风险定价

风险定价是平台的核心技术和关键环节。①对借款人进行审核。借款人的 FICO 得分要高于 660 分，债务收入不低于 35%，有 3 年以上信用记录。②对通过初审的借款人进行信用评级。分为 7 个等级，每个等级包括 5 个子级，总共 35 个信用评级，根据 FICO 积分和其他数据，得到基准信用等级。③根据信用评级决定贷款利率。借款利率与信用评级成反比，评级越低，借款利率会越高，借款利率等于基准利率加上风险波动率。利率确定以后，平台会公布借款人信息和借款项目信息，以便投资者进行选择。

3）分散投资

对投资者也有一些规定，年收入在 7 万美元以上，投资于平台的个人财富不能超过总财富的 10%，一笔投资要尽量覆盖多个借款人的项目，投资可以自己手动选择不同的借款人和借款项目，也可以设置一定的收益目标、投资金额，从不同等级风险的借款项目中构建最优风险偏好的贷款组合，事实上，分散投资的风险防范效果很不错。

4）债权交易

收益权凭证持有人可以在二级债权交易平台上把凭证转移给其他人，同时，投资者还可以把债权打折转让给其他专业的投资机构。

2. 行业协会方面的自律管理

行业协会通过制定行业标准，对会员企业进行监督和管理。英国采取的是行业自律先行、监管随后跟进的办法。例如，2011 年成立的英国 P2P 金融协会、2012 年成立的英国众筹金融协会，全球第一家 Zopa 借贷 P2P 平台在英国诞生，所以英国的数字金融自律管理也很早。

英国的数字 P2P 金融协会成立以后，政府认可了其合法性，2011 年 8 月，Zopa 等 8 家数字 P2P 平台成立了英国 P2P 金融协会，它们的交易规模占到英国数字 P2P 网贷市场总额的 95%。该协会的主要目的是对行业进行监管，设立数字 P2P 公司运行标准，维护行业规范发展。该数字 P2P 金融协会制定了所有会员必须遵守的自律性运营规则，包括资金存管、信用和支付能力评估、反洗钱和反欺诈、计算机设施、客户投诉、平台破产等方面，英国政府要求其他数字金融企业也要遵守该运营法则。

英国数字 P2P 金融协会准则对数字 P2P 平台运营管理作出了详细规定，

从而较好地规范了数字网贷中的各种风险。保证成员单位在数字 P2P 金融协会是受到严格监管的，有利于客户信任，行业自律的缺陷就是只对协会自身成员有约束力，对协会之外的企业和从业者没有约束力。

3. 国家层面的风险监管

美国政府对数字金融的监管具有典型意义。美国已经将数字金融各个业态置于可以监管的法律之内。

1）对数字支付的监管

美国法律主要是监管数字支付的电子转账账单信息、消费者隐私保护、存款保险、反洗钱等方面。其具体表现为：①纳入现有法律。虽然没有专门的数字支付法规，但是会从现有法律中找到监管依据。②联邦政府和州政府联合监管。联邦政府层面主要由联邦存款保险公司负责监管，州政府可以规定各自的数字支付标准。③向数字支付机构颁发牌照。美国对非银行数字支付机构进行发放牌照管理。④功能监管和资金第三方存管。监管重点为数字支付业务的交易过程，数字支付平台的沉淀资金存入联邦保险公司在商业银行开设的无息账户。⑤接受反洗钱监管。数字支付机构要接受联邦和州两级政府的反洗钱监管。

2）对数字 P2P 借贷的监管

①数字网贷并没有专门的法律监管。2011 年，美国政府问责办公室向国会提交了数字网贷监管报告，数字网贷涉及的监管法律有《诚信信贷法案》《平等信用机会法案》《民事救济法案》《公平信用报告法案》《金融现代化法案》《电子资金转移法案》《商业电子签名法案》《银行保密法案》《公平债务催收实践法案》。②行为监管。网络借贷的不同业务行为由不同的机构监管，美国证券机构是数字网贷的主要监管机构，联邦证券交易委员会负责准入监管，各州监管机构实施地域准入监管，联邦贸易委员会监管不公平条款和在催收中使用威胁和骚扰的手段行为，联邦存款保险公司监管消费者个人信息安全，联邦消费者金融保护局受理消费者投诉。③信息披露。证券交易委员会重点监管数字网贷平台是否按照要求定期进行信息披露。

3）对数字理财的监管

美国将 PayPal 货币基金纳入证券监管体系由美国证券交易委员会监管，监管依据主要有《证券法》《证券交易法》《投资公司法》《投资顾问法》《多德－弗兰克法案》。美国数字理财领域的监管重点有：①信用质量，SEC（美国证券交易委员会）规定数字基金只能投于高质量证券。②到期期限，数字基金的最大加权期限从 90 天缩短为 60 天。③投资多元化，数字基金不可都投资给某个发行者的证券。④信息透明度，数字基金对基金投资组合要有信息披露。

4）对数字银行的监管

美国的数字银行监管体系比较成熟。①重视监管立法，政府监管部门制定了详细的数字银行监管章程。②准入监管，要求新成立的数字银行必须符合相关标准，提交安全评估报告。③功能监管，货币监理署、联邦储备委员会、联邦存款保险公司依据现有法律对数字银行业务进行监管，对业务和产品开发实行报备制，对其业务流程和系统安全进行风险评估。

5）数字货币的监管

目前，各国对数字货币的监管主要集中在数字货币交易的登记和注册环节。

11.2.3　数字金融风险监管经验对我国的启示及政策建议

国外数字金融风险防范和监管的经验做法对于我国具有重要的启示作用和借鉴意义。归纳起来，主要有以下几个方面。

1. 金融消费者权益保护是根本出发点

金融消费者权益保护是数字金融风险防范和监管的根本出发点。从国外数字金融防范的经验做法来看，无论是企业层面、行业层面还是国家层面，都非常重视保护数字金融消费者的合法权益，不约而同地将金融消费者权益保护放在首要位置。涉及金融消费者权益保护的法律法规和风控措施相当完善，包括IT系统安全、借款人信用审核、投资人条件、投资额度限制、分散投资、风险定价、个人信息安全、资金存管、风险揭示、投诉受理、强制信息披露、反欺诈等方面。可以说，一切风险防范和监管措施都以保护金融消费者权益为根本出发点。学习国外经验，我国在数字金融风险防范和监管中也应该高度重视保护好金融消费者合法权益，完善金融消费者权益保护的法律法规和相关举措，使金融消费者权益保护与数字金融健康发展统一起来。

2. 社会征信体系建设是基础条件

美国、欧洲等国外征信公司主要以营利为目的，实行市场化运作，其数据系统庞大、可靠且专业，可以给数字金融机构提供准确的信用记录和信用信息，实现机构与客户间充分的信息对称。比如，P2P风控中常用到的信用评分就是依托于健全的信用体系，使得平台可以较低成本获得借款人信用信息，进而比较准确地估计风险，并针对不同信用评分的人实行差异化利率，更有效地防范P2P网络借贷中的违约风险。可以说，无论是在数字金融发展较早、发展较好的美国，还是在欧洲，成熟完善的信用体系在数字金融风险防范和监管中都起到了基石性的作用，为数字金融发展提供了良好的土壤。

目前，国内并没有统一的信用评分，中国人民银行的征信系统也还没有与数字金融机构实现对接。加强数字金融风险防范和监管要加快建立健全社会征信体系：①制定科学的信用数据标准，扩大信用数据收集范围。数字金融信用体系建设中，相关部门应制定统一的数据标准与格式，在商业银行等持牌金融机构传统数据来源基础上，充分利用互联网、移动终端机平台，加强对各类数据的收集与有效整合，使其更好地为数字金融建设服务。②健全社会征信系统，重视数据资源共享。应充分利用大数据、区块链等现代技术，逐步建立中国人民银行征信中心与多元市场化的征信机构"错位发展、功能互补、差异竞争、相辅相成"的征信市场组织结构，不断扩大征信系统覆盖范围，充分实现各征信机构资源共享。③强化征信监管，保证数据真实。当前，中国人民银行征信中心和其他民间征信机构必须加强征信监管，重视数据采集质量，维护数据安全，建立和完善征信市场的准入与退出机制，促进征信行业健康规范发展，为金融推动经济高质量发展打造良好的信用环境。

3. 调整和完善数字金融监管法律法规体系是客观依据

20 世纪 70 年代，欧美国家开始对数字金融进行法律法规建设，采取的方式是对仍然适用的法律继续沿用，对不适用的法律进行修订、完善，同时制定相关新法规以补充覆盖。经过几十年的发展与完善，欧美国家逐步建立起了涵盖交易规则、交易保护、制度标准等内容的数字金融法规体系。我国数字金融的法律法规建设可以借鉴国外经验，从三个层面加大力度：①梳理与互联网相关的现有法律法规，结合数字金融特点加大基础性立法工作，如明确数字金融交易主体的责权利、行业准入门槛、交易行为规范等。②修订和完善数字金融的配套法律体系，如修订现有法律体系中对数字金融不适用的条款，完善对互联网犯罪责任追究的法律规范。③补充制定有利于互联网健康发展的行业法规，如互联网公平交易规则、消费者权利保护以及安全法规等。

我国数字金融风险防范和监管一定要根据数字金融的发展形势，一方面，要在现有商业银行法、票据法、保险法、证券法和电子签名法等金融法律法规基础上，对相关制度、规定进行补充、修订和完善，出台与数字金融创新发展相符的规范性文件。另一方面，要根据数字金融发展进程，及时出台新的法律法规和部门规章。相关部门要在已经出台的《非银行支付机构网络支付业务管理办法》《网络借贷信息中介机构业务活动管理暂行办法》等法律法规基础上，遵循科学性、安全性、流动性、普惠性及服务实体经济的原则，及时出台新的法律法规，进一步规范数字金融的市场准入、行业竞争、业务监管，推进数字金融有序发展。同时要加大对数字金融领域违法违规行为的惩处力度，降低数字金融领域的违法犯罪行为，为经济高质量发展创造优质的法制环境。

4.实行功能监管是内在需要

从国外特别是美国的实践看，对数字金融的监管以功能监管和行为监管为主，而不是采取单一监管主体、实行机构监管的方式。究其原因，就是数字金融普遍存在跨界、跨领域的混业经营情况，而国外对各类金融业务的监管体制较为健全和完善，能基本涵盖数字金融业务形态。数字金融监管也根据数字金融业务的性质纳入现有金融监管框架，相关监管部门根据其职权范围对数字金融机构进行监管。实行功能监管可以有效避免由于监管空白导致的数字金融风险。

目前，我国实行分业监管模式已经不适应数字金融的混业经营，造成了对数字金融的监管缺位问题。加强数字金融风险防范和监管，就要改革分业监管体制，对数字金融中定位模糊、监管重叠的新型业务从业务的性质、功能和影响上划归相应部门监管，实行功能监管。

5.自律管理和他律监管相结合是现实路径

在加强监管的同时，国外注重行业自律与企业内控流程相互补充，一方面强化数字金融企业内部控制制度，增强风险防范能力，从源头上防范数字金融风险；另一方面鼓励各类数字金融业态的行业自律，成立了相关的行业协会组织，这些数字金融行业协会起到了制定行业标准、推动同业监督、规范引导行业发展的重要作用。特别是，在数字金融发展初期、政府监管还没有到位的时候，行业协会组织承担了部分政府的监管职能，通过制定自律准则，规范和引导数字金融机构行为，营造良好的市场环境和秩序，填补了监管空白。

考虑到数字金融创新速度快而立法和法律修订又相对滞后的现实情况，加强我国数字金融风险防范和监管，既要强化政府监管的他律作用，也要推动数字金融行业协会组织建设和数字金融机构制度完善，充分发挥行业协会组

扩展阅读 11-2

案例分析 11-1

织和企业内部控制制度的自律管理作用。

 思考题

1. 与传统金融相比，数字金融的风险有哪些特征？

2. 基于互联网科技的数字金融缓解了什么样的风险？又放大了什么样的风险？

3. 互联网平台的长尾特征是否意味着大型的数字金融机构都天然地具有"大而不倒"的特性？

4. 数字金融如何处理好金融监管过程中鼓励金融创新与维持金融稳定之间的关系？

5. 金融科技公司是数字金融发展中的重要部分，请尝试选取合适的金融科技公司进行具体的金融风险分析并提出解决建议。

6. 改革开放以来我国金融监管水平不断提升，在许多专业性领域国家的金融监管能力已经达到世界领先水平，能够有效管控和防范系统性的金融风险，但也存在数字金融监管滞后于金融创新、协调性弱、穿透力不足等问题，可针对性采取哪些措施解决？

 参考文献

[1] 田晓丽，任爱华，刘洁.信用风险防范视角下的数字金融探析 [J].征信，2021，39（3）：65-72.

[2] 王汉君.互联网金融的风险挑战 [J].中国金融，2013（24）：54-55.

[3] 洪娟，曹彬，李鑫.互联网金融风险的特殊性及其监管策略研究 [J].中央财经大学学报，2014（9）：42-46.

[4] 刘旭辉.互联网金融风险防范和监管问题研究 [D].北京：中共中央党校，2015.

[5] 何宏庆.数字金融：经济高质量发展的重要驱动 [J].西安财经学院学报，2019，32（2）：45-51.DOI：10.19331/j.cnki.jxufe.2019.02.007.

[6] 卫晓锋.数字普惠金融的风险与监管 [J].金融理论与实践，2019（6）：49-54.

[7] 邹静，张宇.数字金融的研究现状、热点与前沿：基于 Cite Space 的可视化分析 [J].产业经济评论，2021（5）：133-146.DOI：10.19313/j.cnki.cn10-1223/f.2021.05.008.

[8] 郑联盛.中国互联网金融：模式、影响、本质与风险 [J].国际经济评论，2014（5）：6，103-118.

[9] 田晓丽，李鹏燕，刘岱.大数据背景下数字金融信用风险评估与防范 [J].河北金融，

2021（8）：20–22，33. DOI：10.14049/j.cnki.hbjr.2021.08.006.

[10] 李树文 . 互联网金融风险管理研究 [D]. 大连：东北财经大学，2016.

[11] 姚国章，赵刚 . 互联网金融及其风险研究 [J]. 南京邮电大学学报（自然科学版），2015，35（2）：8–21. DOI：10.14132/j.cnki.1673–5439.2015.02.002.

[12] 姚博 . 数字金融产业创新发展、传导效应与风险监管研究 [M]. 北京：经济管理出版社，2019.

[13] 黄益平，黄卓 . 中国的数字金融发展：现在与未来 [J]. 经济学（季刊），2018，17（4）：1489–1502. DOI：10.13821/j.cnki.ceq.2018.03.09.

[14] 黄浩 . 数字金融生态系统的形成与挑战：来自中国的经验 [J]. 经济学家，2018（4）：80–85. DOI：10.16158/j.cnki.51–1312/f.2018.04.011.

[15] 杨群华 . 我国互联网金融的特殊风险及防范研究 [J]. 金融科技时代，2013，21（7）：100–103.

[16] 廖愉平 . 我国互联网金融发展及其风险监管研究：以 P2P 平台、余额宝、第三方支付为例 [J]. 经济与管理，2015，29（2）：51–57.

教师服务

感谢您选用清华大学出版社的教材！为了更好地服务教学，我们为授课教师提供本书的教学辅助资源，以及本学科重点教材信息。请您扫码获取。

➤➤ 教辅获取

本书教辅资源，授课教师扫码获取

➤➤ 样书赠送

财政与金融类重点教材，教师扫码获取样书

 清华大学出版社

E-mail: tupfuwu@163.com
电话：010-83470332 / 83470142
地址：北京市海淀区双清路学研大厦 B 座 509

网址：https://www.tup.com.cn/
传真：8610-83470107
邮编：100084